KB253968

전쟁과 양심

세 계 와
한 국 의
양 심 적
병 역 거 부

전쟁과 양심

세 계 와
한 국 의
양 심 적
병 역 거 부

강인철 지음

성균관대학교
출 판 부

양심은 옳고 그름에 대한 판단을 추구하는, 절박하고 구체적이며 강력하고 진지한 마음의 소리이다. 그런데 양심의 내밀한 윤리적 명령에 따라 전쟁을 개시하거나 지지하는 사람이 세상에 얼마나 될까? 오히려 전쟁은 뭇사람들의 양심을 억압하거나 마비시키는 주범이기 십상이다. 전쟁 선동가들은 나약함, 비겁함, 매국의 징표라며 양심을 조롱하고 경멸한다. 그래서, 전쟁은 양심의 적이다. 역으로, 비록 취약하고 무력해 보일지언정 양심은 전쟁의 가장 끈질긴 적수이다.

전쟁은 최대 규모로 조직화된 국가폭력이자, 폭력의 현란하고도 잔혹한 과시이다. 전쟁은 평시엔 상상하기조차 어려운 집단적 야만이 실행될 광기 어린 상황을 조성한다. 어린이·노인·여성 등 민간인에 대한 집단학살, 제노사이드와 인종청소, 도시를 인공 황무지로 만드는 초토화 폭격, 집단강간, 소년병 동원, 생화학 무기 사용, 봉쇄에 의한 대량 아사餓死 유도, 강제 이주와 추방 등 허다한 전쟁범죄가 과도한 열광과 과장된 공포 속에 대량생산되기 쉬워진다.

그러므로 전쟁도, 폭력도, 군대도 결코 '윤리적으로 중립적인 도구'일 수 없다. 국가와 군대, 준군사조직에 의해 자행된 전쟁 폭력이야말로 인

양심적 병역거부자들이 무려 70년 동안 국가폭력에 당한 수난은
근세 이래 한국 종교사에서 '천주교 대박해大迫害' 다음에 해당하고
현대의 종교적 비극으로는 단연 최고의 위치를 차지한다
필자는 재난에 가까운 이 야만의 역사를 기록해 남겨야 한다는
무거운 책임감과 의무감을 느꼈다

간 양심에 대한 중대한 도전이자 시험이다. 그 양심이 종교적인 것이든
도덕적인 것이든 철학적인 것이든 말이다.

전쟁의 불가피함, 심지어 전쟁의 미덕美德을 강조하는 윤리학과 신학
이 개입할 때 양심을 위협하는 폭력의 도전은 더욱 깊어지고 증폭된다.
정치인들뿐 아니라 종교 지도자들도 전쟁에 신성한 후광을 제공해왔고,
때때로 전쟁 참여를 신자들의 의무로 제시했으며, 전쟁에서의 희생을 숭
고한 순교 행위로 미화해왔다. 많은 신학자와 교학자教學者들이 당면한
전쟁들을 성스러운 전쟁으로, 혹은 십자군전쟁으로 칭송하거나 찬양하
곤 했다.

그런 와중에도 비폭력의 신념으로 무장하여 전쟁과 폭력의 광풍에 맞
서 싸운 이들도 끊이지 않았다. 윌리엄 제임스도 그중 한 사람이었다. 그
는 "미국 심리학의 아버지"로 불리는 탁월한 심리학자이자 저명한 실용
주의 철학자였을 뿐 아니라,[1] (잭슨 리어스에 의하면) "웅변의 평화주의자이
자 반제국주의자"이기도 했다. 제임스는 그 자신만의 독특한 방식으로,
점점 확산해가던 군사주의militarism 문화와 사고방식을 비틀고 뒤집는 방
식으로, 전쟁이 제기하는 양심의 도전에 대처하고자 했다. 유럽에서 전

쟁의 기운이 빠르게 고조되는 가운데 군사주의·군국주의에 감염된 많은 지식인들이 "전쟁의 도덕성" 운운하며 전쟁예찬론을 펼치던 1910년에 그는 "전쟁의 도덕적 등가물moral equivalent of war"이라는 글을 발표했다(1910년은 제임스가 작고한 해이기도 했다). 이 글에서 그는 전쟁이나 군복무가 용기, 영웅적 희생, 냉정함, 규율·기강과 같은 일부 덕목virtue을 생산함을 인정했다. 동시에 그는 화려함과 스펙터클에 대한 애착, 전투에서 신체적 능력을 시험해보고픈 유혹, 극한상황 속 집단생활의 동지애 등 문명화된 인류에게도 격세유전처럼 끈질기게 작용하는 본능의 존재를 잊어서는 안된다고 주장했다. 그는 이러한 본능적 충동들을 평화적 목적을 위해 제어하고 이용하는 시도나 방법들, 전쟁과 군대 생활이 생산하는 잠재적 덕목들을 군사주의와 연결짓지 않으면서 비군사적 방법으로 산출하는 방법과 사례들, 한마디로 그가 "전쟁의 도덕적 등가물"이라 부른 것들을 나열하고 권장했다.[2] 군사주의자들과의 정면충돌을 한사코 피해보려는 제임스의 조심스런 접근은 그 무렵 전쟁예찬론이 얼마나 만연했는가를 역설적으로 입증한다.

　제임스를 비롯한 다수의 당대 지성인들이 전쟁으로 인한 양심의 위기에 진지하게 응답하고자 했다. 광기가 넘실대는 애국주의와 민족주의의 거친 파도 속에서도 양심적 지식인들은 어떻게든 전쟁을 막아보려 동분서주했다. 그러나 인류사 초유의 '세계대전'이 기어이 발발하고 말았다. 1차 대전에 이르러 전쟁과 양심의 대립은 광범위하고 대규모적인 '양심적 병역거부'의 형태로 표출되었다. 양심적 병역거부가 소수파 개신교 평화주의자들을 넘어 주류 종교와 교단의 신자들로, 나아가 종교를 넘어 세속적 평화주의자들로 확산함으로써 대부분의 서구 사회들에서 전 사회적인 쟁점으로 부상한 건 1차 대전이 처음이었다. 주지하듯이 양심적 병역거부는 주로 '징집제' 도입과 관련된다. 모병제나 지원병제 아래 자발적으로 입대한 경우에도 군복무 도중 병역거부 신념이 싹틀 수는 있지만, 군입대 여부가 선택사항인 경우 양심적 병역거부로 인한 갈등은 거의 벌어지지 않는다. 첫 번째 세계대전이 시작되자 유럽 각국은 경쟁적으로 징병제를 도입했다. "세계전쟁world war"이 발생한 덕분에 "징병제의 세계화"가 이뤄졌던 셈이다. 징병제의 세계화와 보편화는 "징병제의 적대적 동반자"인 양심적 병역거부의 세계화·보편화를 초래했다.

각 나라가 전쟁에 뛰어들고 앞다퉈 징병제를 도입하자, 많은 평화주의자들이 양심적 병역거부자들을 지지하고 지원하는 활동에 나섰다. 1차 대전 당시 유럽에서는 로맹 롤랑, 헤르만 헤세, 바르트 더리흐트 등이 양심적 병역거부자들의 권리를 위해 싸웠다. 미국의 저명한 사회학자이자 철학자인 조지 허버트 미드도 1차 대전 당시 양심적 병역거부자들을 지원했다. 2차 대전 때는 미국에서 가톨릭일꾼Catholic Worker의 공동창립자인 도로시 데이와 피터 모린 등이 같은 활동에 나섰다. 훗날 국제적인 인류학자로 명성을 쌓은 빅터 터너, 세계적인 가톨릭 사상가이자 명상가로 인정받게 되는 토머스 머튼은 2차 대전에 징집되자 각각 영국과 미국에서 양심적 병역거부자가 되었다.

두 차례의 세계대전을 겪고 난 후 전쟁과 양심의 적대성과 양립 불능성은 더할 나위 없이 명백해졌다. 토마스 머튼이 좋은 예이다. 종전 직후인 1948년에 발간한 『칠층산』에서 머튼은 "전쟁에서 사용되는 수단의 윤리성" 문제를 전쟁의 정당성과 필요성을 의심하는 핵심 논거로 제시했다. 그는 "비무장 도시 폭격, 민간인 대량학살"이 자행되는, "현대 전쟁에 사용된 수단 방법의 부도덕성에 대해서는 의심할 여지가 없다"고 단언했다. 같은 책에서 머튼은 "전쟁을 증오 때문이 아니라 공동선을 위해 적을 죽이는, 고통스럽지만 불가피한 사회적 수술로 간주하는 것은 교회의 정신이 아니"라고 못 박았다.[3] 유사한 취지에서 도로시 데이도 "전쟁을 수단으로 악과 싸운다"는 전쟁 지지자들의 주장을 강하게 논박했다.[4]

　20세기 들어 한국인들은 일제 하의 태평양전쟁을 포함하여 한국전쟁, 베트남전쟁 등 세 차례의 큰 전쟁들을 직접 혹은 간접으로 경험했다. 그러나 지난 세기의 한국 역사에서는 평화주의적 에토스를 발견하기가 어렵다. 서구 사회들에서 그랬던 것처럼, 해방 후 한국에서도 "대체복무제 없는 징병제"를 도입함에 따라 평화주의 교회들과 국가의 충돌이 본격화되었다. 양심적 병역거부로 인한 갈등은 한국전쟁 발발 직후부터, 즉 1949년에 법제화되었지만 작동 불능 상태에 있던 징병제가 전쟁 초기부터 제대로 가동되면서 시작되었다. 전쟁 말엽인 1953년에 이르자 국가는 양심적 병역거부자들을 일제히 감옥으로 보내기 시작했다. 그러나 한국 사회는 다른 서구 사회들처럼 양심적 병역거부 문제로 사회 전반이 홍역을 앓아본 적이 없다. 이 문제가 전체 사회 성원들이 진지하게 고민하는 주제로 떠오른 적이 아예 없었다는 얘기이다. 그러니 양심적 병역거부자들을 존중하고 보호하는 제도적 장치도 있을 리 없었다.

　그러나 지난 세기의 한국 사회에 양심적 병역거부자가 희소했던 건 아니다. 오히려 정반대였다. 비록 공론의 무대 위로 올라오지는 못했을지라도 우리 사회의 '어둡고 격리된' 곳들에서 양심적 병역거부 문제는 반세기 전부터 줄곧 존재해왔다. 양심적 병역거부로 실형을 선고받은 이들이 2만 명에 가까웠음에도 불구하고, '종교적·사회적 시민권'을 충분히 인정받지 못하는 소규모 개신교 종파들의 문제로 한정되었기에 50년 넘도록 사회적 쟁점으로 떠오르지도 못했던 것이다. 양심적 병역거부처럼 오랫동안 망각과 무관심 속에 방치된 쟁점도 찾아보기 어렵다. 심지어 민주화 이행이 시작된 다음에조차 이 문제가 공론화되는 데 십수 년의 세월이 더 필요했다. 한국에서 민주화운동을 선도한 진보적 종교인들이나 인권운동가들마저 이 문제에 대해 무지하거나 거리를 두는 태도를 취해왔다.

　양심적 병역거부자들의 희생은 시민사회와 주류 종교들의 철저한 외면 속에 국가가 집요하고도 야만적으로 특정의 소수파 종교 신자들에게 고통을 가한 경우에 해당한다. 양심적 병역거부 쟁점은 한국 현대사에서 갈등적이고 불균형한 종교-국가 간 상호작용이 어떻게 '종교의 자유'에 파괴적인 영향을 미치는가를 선명하게 보여주는 사례이기도 하다. 극도로 강경한 그리고 점점 더 강경해지는 권위주의적 안보국가security state와의 절망적인 상호작용이 수십 년 동안 계속되는 가운데, 제칠일안식일예수재림교회 교단 내부에서 심각한 논쟁과 내분이 발생했으며, 결국 그 여파로 전쟁 및 평화와 관련된 핵심 교리를 수정하여 양심적 집총거부 원칙을 포기하기에 이르렀다.

갈등이 시작된 지 50년 남짓 지난 2001년에 와서야 이 쟁점이 비로소 사회적으로 공론화되면서 널리 알려졌다. 21세기로 접어들면서 우리 사회에서도 의미 있는 변화가 진행되었다. 이 문제를 사회적 쟁점으로 끌어올리는 데 결정적인 역할을 했던 언론, 시민단체, 학계 등은 양심적 병역거부 문제를 소수자 인권, 양심의 자유 보장 차원에서 적극적으로 공론화했다. 2001년부터 양심적 병역거부는 개신교 계통 소수 종파 신자들에 국한된 문제로부터 벗어나, 비非종교적 평화주의자들과 주류 종교인들까지 포괄하는 전 사회적 문제로 변모했다.

2010년대가 되자 '양심적 병역거부의 범죄화'는 '양심적 병역거부의 비非범죄화'라는 국제적 추세에 반하는 "한국만의 유별난 특수성"으로 자리 잡았다. 경제협력개발기구OECD 회원국 중 유일하게 양심적 병역거부자들을 투옥할 뿐 아니라 전 세계 양심적 병역거부 수인囚人 대부분을 한국이 산출하는 상황이 되자, 한국의 양심적 병역거부 문제가 열띤 국제적 관심사로 떠오른 것이다. 한국 정부의 처벌 일변도 대응에 자극을 받아, 유엔인권이사회와 유엔자유권규약위원회UNHRC, 유럽인권재판소ECHR 등의 국제기구들이 양심적 병역거부 및 대체복무제와 관련된 새로운 국제 규범과 판결 기준을 고민해야 할 지경이 되었다. 이 시기에 양심적 병역거부의 범죄화는 한국의 인권 후진성을 상징하는 대표적인 지표로 간주되었다.

최초 공론화로부터 다시 20년 가까이 지난 2020년부터 한국에서도 양심적 병역거부자들을 위한 대체복무제가 시행에 들어갔다. 양심적 병역거부자들을 감옥에 가두어 전과자를 양산하는 대신, 대체복무를 통해 징병제가 요구하는 국방의무를 "다른 방식으로" 이행하게끔 한 것이다. 양심적 병역거부자에게 대체복무 기회를 허용하는 일대 전환이 현실화된 데는 2018년 6월 헌법재판소가 병역법 5조 1항에 대해 내린 헌법불합치 판결, 같은 해 11월 양심적 병역거부는 병역법 88조 1항에 규정된 입영 기피의 '정당한 사유'에 해당하므로 무죄無罪라는 대법원 판결이 결정적이었다. 헌법재판소가 2019년 말까지 대체복무제를 포함하는 내용의 병역법 개정을 강제한 탓에, 우리 사회와 학계는 양심적 병역거부에 관한 변변한 역사서 한 권조차 없는 학문적 척박함 속에서 쫓기듯 새 시대로 진입하게 되었다.

2018년까지 양심적 병역거부 때문에 2만 명 가까운 이들의 감옥행이 이어졌다. 군부정권 시기에는 군대에서 당한 혹독하고 잔인한 고문과 구타로 5명이 사망하기도 했다. 양심적 병역거부자들이 온몸으로 감당해야 했던 온갖 문화적 폭력도 이루 헤아릴 수 없다. 양심적 병역거부자들이 무려 70년 동안 국가폭력에 당한 수난은 근세 이래 한국 종교사에서 '천주교 대박해大迫害' 다음에 해당하고, 현대의 종교적 비극으로는 단연 최고의 위치를 차지한다. 필자는 재난에 가까운 이 야만의 역사를 기록해 남겨야 한다는 무거운 책임감과 의무감을 느꼈다.

필자는 이번 연구의 결실로 출간되는 '한국의 양심적 병역거부 2부작'이 모쪼록 향후 연구에 대한 자극제가 되길 바란다. 가능하다면 앞으로의 연구 방향을 안내하거나 향도向導하는 나침반 역할도 어느 정도 할 수 있으면 좋겠다. 무엇보다도 세계와 한국을 아우르면서 양심적 병역거부 문제를 통사적으로 추적한 최초의 역사서라는 점에서 이번 2부작의 일차적인 의의를 찾을 수 있지 않을까 생각한다. 세계적 차원의 양심적 병역거부, 대체복무, 평화운동 역사도 단순한 배경적 논의를 넘어 비교적 비중 있게 소개되고 분석되었다. 한국과 세계의 비교 분석에도 공을 들였다. 양심적 병역거부 공론화 지연과 평화운동 지체·약세의 요인들을 해명하기 위해, '종교적 군사주의'를 포함하여 '한국적 군사주의' 분석에 많은 지면을 할애했다. 종교-폭력-평화의 복잡한 함수관계에도 주목했다.

필자는 이 2부작이 학문적으로뿐만 아니라 사회적으로도 기여할 수 있기를 희망한다. 2018년 헌법재판소와 대법원의 판결에 따라 2019년 한 해 동안 떠들썩한 논쟁 속에서 '한국형 대체복무제'가 만들어졌다. 2020년에는 대체역 편입 신청자들의 양심적 병역거부권 혹은 양심적 병역거부자 지위—한마디로 양심적 병역거부자로서의 자격—부여 여부를 심사하고 결정할 단심제 기관으로 '대체역심사위원회'가 설립되었다. 그러나 '36개월 교정시설 합숙근무'로 압축되는 한국형 대체복무제도는 '보복적'이라거나 '징벌적'이라는 평가를 받을 만큼 엄격하게 설계되었다. 대체복무제 도입이 양심의 자유를 확대해나가는 과정에서 획기적인 진전임은 분명하며, 따라서 이 새로운 제도를 안착시키는 것은 어렵지만 대단히 중요한 과업일 것이다. 양심적 병역거부 문제를 바라보는 우리 사회의 시각은 여전히 심각하게 분열되어 있으며, 사회적 합의 수준은 낮고 사회적 공감대는 협소하기만 하다. 양분된 국민 여론도 그대로이므로 대체복무제도 운용을 둘러싼 사회적 논란 역시 앞으로 상당 기간 지속될 수밖에 없을 것이다. 이런 상태가 지속될 경우 힘겹게 출범한 제도 자체가 공중분해될지 모른다는 우려도 있다. 반면에, 양심적 병역거부와 대체복무제에 대한 뿌리 깊은 대중적 반감이 여전하기에 반대여론을 달래느라 제도 자체가 지나치게 가혹하고 고통스럽게 설계되었으므로, 이를 보다 인간적인 방향으로 개혁해 가는 과제도 함께 제기되고 있다. 결국 우리 사회는 대체복무제도의 '안착安着'과 '개선改善'이라는 이중의 과제에 직면해 있는 셈이다. 한편으로 소모적인 사회적 논란을 최소화하면서도, 다른 한편으로 현재의 대체복무제도를 보다 인간적이고 관용적인 방향으로 점차 개선해야 한다.

지난 2020년 4월 필자는 곧 신설될 대체역심사위원회의 초대 위원장 직을 정부로부터 제안받았었다. 대체복무제도의 안착과 개선에 일정한 역할을 할 수 있는 기회였지만, 필자의 소명은 연구자이지 행정가가 아니라는 생각에 제안을 고사했다. 공직 제안을 고사한 후 필자는 양심적 병역거부 연구에 곧바로 착수했고 그로부터 5년 동안 이 연구에 매달렸다. 필자의 이번 연구가 양심적 병역거부라는, 아직 낯설게 느껴지는 쟁점에 대해 사회적 합의 수준을 끌어올리고 공감대를 확충함으로써, 한편으로는 '제도의 내파內破'라는 불행한 사태를 막으면서 제도를 안착시키고, 다른 한편으로는 '제도의 인간화'를 도모하는 데 기여할 수 있기를 고대한다. 나아가 대체복무제도가 보다 인간적이고 관용적인 방향으로 개선되어 복무기간이 단축되고 복무 영역이 다변화되며 대체복무 심사도 덜 까다로워짐으로써 제도 진입장벽이 낮아져 대체복무자 숫자도 점차 늘어나게 된다면, 우리 사회에서 양심·종교의 자유가 질적으로 심화됨은 물론이고, 사회 곳곳으로 평화문화peace culture가 확산되며, 현역 군복무자들의 인권과 근무환경도 개선되고, 복지후진국에 머물러 있는 한국의 복지국가화도 앞당기는,5 일련의 긍정적인 연쇄 효과들이 나타날 미래를 꿈꾼다.

필자는 양심적 병역거부 연구를 평화연구 혹은 평화학peace studies의 일부로 자리매김하는 것이 중요하다고 생각한다. 양심적 병역거부 문제는 전쟁과 병역 문제를 넘어, 혹은 그 근저에서, 폭력과 평화라는 주제로 연결된다. 폭력의 신성화 혹은 탈신성화, 폭력 대 반폭력, 나아가 지난 수십 년 동안 세계교회협의회가 주창해온 '정의로운 평화just peace' 개념[6]에 농축되어 있는 평화와 정의·평등의 관계 등 여러 차원들이 양심적 병역거부 문제와 연루되어 있다는 말이다. 이번 2부작에서 '폭력' 문제를 다루는 부분이 큰 비중을 차지하는 것은 아니지만, 이 주제를 도외시하고 양심적 병역거부 문제를 논할 수 없는 것 또한 사실이다. 평화 개념 역시 양심적 병역거부와 떼려야 뗄 수 없는 관계를 맺고 있다. 그것이 종교적인 동기이든 비종교적인 동기이든, 대부분의 양심적 병역거부는 평화주의pacifism 신념에서 비롯되기 때문이다.

동일한 취지에서 필자는 양심적 병역거부 행위를 양심과 종교의 자유를 확보하고 확장하려는 인권운동이자, 징병제와 군사주의를 문제화하는 평화운동peace movement의 관점에서 접근할 필요가 있다고 생각한다. 이번 2부작은 양심적 병역거부 이슈의 '공론화 이전'과 '공론화 이후'로 나뉘는데, '공론화 이전' 시기에는 양심적 병역거부 행위가 종교인들에 한정되었으므로, 양심적 병역거부 연구도 '한국 종교사'의 일부라는 성격을 강하게 띤다. 반면에 이 시기의 양심적 병역거부는 사회운동으로서의 성격, 즉 양심과 종교의 자유를 확보하려는 '인권운동'이나, 군사주의에 대한 저항으로서 '평화운동'의 성격이 약한 편이었다. 강인화가 언급하듯이, 2001년 이전에는 (신앙고백이나 간증의 측면은 강한 반면) "양심적 병역거부 행위의 평화운동 성격"은 약했고, 병역거부자들 자신이 사회운동을 한다는 자의식이 부재하거나 그런 사회운동적 해석을 거부했다. 특히 여호와의증인 신자들은 중립 교리에 따라 탈정치 입장을 강하게 고수했고, 사회운동도 정치의 일환이라 여겨 멀리했다. 여호와의증인 신자들은 대체복무제를 대안으로 주장하지도 않았고, 관련 입법 활동에 관여하는 것도 꺼리는 편이었다.[7] 이런 사정 때문에 평화운동으로서의 양심적 병역거부 연구라는 성격은 이번 책보다는 '공론화 이후' 시기를 다루는 2부작의 다른 책에서 보다 분명히 드러나게 될 것이다.

이미 언급했듯이 이번 2부작 중 한 권은 '2001년 이전 시기'를 집중적으로, 다른 한 권은 '2001년 이후 시기'를 집중적으로 다룬다. 2부작이라고는 하나 두 권은 각자 충분한 독립성과 완결성을 갖도록 집필되었으므로 독자들로선 따로 읽어도 무방할 것이다. '2001년 이후'에 해당하는 2권에서는 양심적 병역거부 문제 공론화, 평화운동으로서의 병역거부운동 등장과 발전, 대체복무제 도입을 위한 분투, 어렵게 쟁취한 대체복무제의 여러 한계들, 종교-폭력-평화의 포괄적 관련 속에서 종교와 양심적 병역거부의 관계 등을 규명하는 데 주력했다. 2부작의 1권에 해당하는 이 책은 크게 세 부분으로 구성된다. 각각 세계 차원과 한국 차원에서 양심적 병역거부의 역사를 개관하는 1부와 2부, 세계와 한국을 비교해보면서 한국의 특성을 탐색하는 3부가 그것이다.

우선 1부는 일종의 배경적 논의로서 양심적 병역거부의 국제적 흐름과 역사를 아우른다. 세계적 차원에서 양심적 병역거부의 역사를 포괄적으로 개관한 후, 보다 심화된 이해를 도모하기 위해 미국 사례를 따로 자세히 들여다보았다. 1부를 통해 독자들은 평화교회들의 역사가 무려 4세기에 걸친 끝없는 "이주移住의 역정"이었음을 확인하게 될 것이다. 이들 "종교적 유랑자들"은 양심적 병역거부 신앙을 지켜냈던 반면, "잔류자들"은 대부분 현실과 타협하고 이 신앙을 포기했다. 20세기 들어 양심적 병역거부권이 점차 도입·확산되어 마침내 국제적 규범으로 인정되고, 이에 발맞춰 대체복무제도 갈수록 인간적인 얼굴로 변모해 가는 과정도 살폈다. 평화운동의 태동과 발전이 이런 변화를 추동했다는 사실 또한 강조했다. 독자들은 1부를 읽으면서 로맹 롤랑, 버트런드 러셀, 헤르만 헤세, 바르트 더리흐트, 토마스 만, 알버트 아인슈타인, 헬렌 켈러, 도로시 데이처럼 이미 잘 알려진 평화운동가들 외에도, 윌리엄 제임스, 조지 허버트 미드, 지그문트 프로이트, 빅터 터너, 레온하르트 라가츠, 윌터 라우센부시, 가가와 도요히코 등 평화운동 역사에서 자주 언급되지 않았던 지식인들을 재발견하는 즐거운 체험을 하게 될 것이다. 또 미국의 토머스 머튼과 무하마드 알리의 병역거부를 통해 양심적 병역거부자의 심사 절차와 기준들을 보다 자세히 파악할 수 있을 것이다. 아울러 미국 사례를 통해 '모병제 하의 양심적 병역거부' 문제에 대한 이해를 높일 수 있으리라 기대한다.

이 책의 2부는 최초의 양심적 병역거부자가 나온 한국전쟁 때부터 2000년까지 반세기 역사를 주로 다루게 된다. 여기서 필자는 식민지 시대가 한국 양심적 병역거부 역사의 단순한 '전사前史'가 아니라는 주장을 개진했다. 이런 견지에서 1939~1945년 사이 출현했던 "양심적 병역거부의 선구자들"에 새롭게 주목했다. 필자는 1939년 6월부터 식민지 조선에서 시작된 이른바 '등대사 사건' 연루자들이 아니라, 그 직전인 1939년 상반기 중 일본에서 투옥되어 고초를 겪은 재일조선인 여호와의증인 신자들이 한국 최초의 양심적 병역거부자들일 가능성이 높다고 보았다. 또 식민지 말기 징병제 도입 시기의 선택적 병역거부자들을 한국 양심적 병역거부 역사에 처음으로 편입시켰다. 1944년 1월부터 1945년 8월까지 덕유산·지리산을 거쳐 경남 함양 괘관산 일대에서 항일무장투쟁을 벌인 하준수 등 '보광당' 참여자 73명, 1944년 7~8월 징집을 피해 경북 경산 대왕산 일대에서 '죽창의거'를 일으킨 김특술·안창률·김경화 등 29명, 장준하와 김준엽 등 학병으로 일본군에 징집되었다가 1944년 3월부터 개별적으로 탈영한 후 무장독립투쟁에 합류한 50여 명 등이 그 주인공이었다. 아울러, 식민지 조선에서 평화주의 및 평화운동의 사실상 부재 현상을 동시대 일본과의 비교 맥락에서 고찰하기도 했다.

또 2부에서는 1950년대 초부터 1960년대 중반까지를 중심으로 징병제 도입과 정착에 따른 교회-국가 갈등의 점진적 격화 과정을 다뤘다. 또 1960년대 후반부터 2000년까지를 대상으로 교회-국가 갈등의 극대화, 그리고 그에 따른 재림교회 내부의 진통에 주목했다. 이 과정에서 재림교회와 여호와의증인 교단을 체계적으로 대조하는 작업에도 신경을 썼다. 재림교회가 가공할 국가폭력에 떠밀려 분열되고 종국에는 집총거부 교리를 포기했던 데 비해, 여호와의증인 교단은 국가와의 공포스런 상호작용 속에서도 비교적 단단한 내적 단결을 유지하면서 병역거부 포기 압력을 이겨냈다. 필자는 여호와의증인 교단의 '승리' 요인이 무엇이었는지 다각적으로 따져보았다. 아울러 그동안 단편적으로만 알려졌던, 재림교회와 여호와의증인 신자가 아닌 몇몇 병역거부자들에 대해서도 독자들은 흥미를 느낄 법하다고 생각한다. 한국전쟁 당시의 아나키스트 이문창, 1950년대의 김성호와 문기병·홍명순, 1960년대 베트남전 시기의 김동희와 김이석, 베트남전 당시 한국계 미군이었던 김진수, 1970년대의 김홍술과 승려 효림 등이 그들이다. 대천덕 신부 등 한국에서 활동했거나 대체복무를 이행한 외국인 양심적 거부자들 역시 우리 시선을 끈다. 자료가 많지 않지만 예비군과 학생군사훈련을 중심으로 직장과 학교에서의 양심적 병역거부 사례도 최대한 상세하게 검토해보았다.

3부에서는 한국의 양심적 병역거부사史에서 나타나는 특징들을 서구사회들과의 비교 맥락에서 고찰한다. 비교역사적 접근으로써 양심적 병역거부의 '한국적 특수성'을 살펴보려는 것이다. 일단 한국의 특징들을 개관한 후, "한국적 군사주의의 힘"에 초점을 맞춰 양심적 병역거부 문제 해결이 장기간 지체되었던 사정을 따져보았다. 또한 한국 주류 종교들에 깊이 파고든 군사주의―종교적 군사주의―를 개신교를 통해 살펴보았다. 필자는 "군사화된 개신교 현상"을, 군사주의가 교회 안으로 침투하여 뿌리내리도록 기여하는 "보다 제도화된 통로들과 기제들", 그리고 공식적인 규범이나 교리로 제도화된 것은 아니나 군사주의가 신자들의 "일상적 생활 및 의식을 지배하도록 허용하고 조장하는 기제들"로 나누어 고찰했다.

금번 2부작은 한국연구재단 우수학자지원사업의 일환으로 집필되었다. 이번 연구를 지원해준 재단에 감사드린다. 연구프로젝트에 응모하도록 필자를 추천해준 한국사회사학회에도 감사드린다. 한동안 역사에서 사라졌던 우수학자지원사업이 2000년에 재생한 것은 필자로선 큰 행운이었다. 덕분에 5년이라는 충분한 시간 여유를 갖고 양심적 병역거부 주제에 몰입할 수 있었다. 이번 지원이 없었더라면 이 방대한 주제를 2부작으로 구체화할 엄두조차 내지 못했을 것이다. 이 책들의 출판을 흔쾌히 허락해주었을 뿐 아니라 졸고가 돋보이도록 멋지게 편집, 색인, 도판 작업을 해준 성균관대학교출판부 현상철 편집자와 김수영 디자이너께 다시금 감사드린다. 두 분과는 지난 7년에 걸쳐 무려 7권의 책을 함께 만들어가는, 정말 흔치 않은 소중한 인연을 이어가고 있다.

이 2부작은 필자의 열아홉 번째와 스무 번째 단독저서이자, 퇴임 후 첫 저작이다. 필자가 28년 동안 몸담았던 학과가 작년 초 갑자기 역사에서 사라졌다. 아무런 사전 협의나 예고도 없었는데 폐과를 일방통보하는 기습적인 짧은 이메일로 한 인문학 학과의 30년 역사가 한순간 허망하게 증발해버렸다. 인문학의 '죽음'은 그 비극성에도 불구하고 죽음을 공모하고 집행하는 이들의 경박하고 무신경한 태연함 때문에 호러 코미디 같은 외양을 띠었다. 한창 2부작 집필에 골몰하던 필자로선 난데없이 벼락이라도 맞은 느낌이었다. 학과 구성원들이 사후적으로나마 몇 차례 항의 목소리를 내봤지만 아무 소용이 없었다. 이 사태에 책임을 지고자 참담한 심정으로 정년을 2년 앞두고 조기 퇴직을 신청했다. 이것이 정년 퇴직 전 출간 예정이던 이번 2부작이 퇴직 후로 밀려난 연유이다.

2025 가을

강인철

목차

제
1
장

서 론

양심적 병역거부는 종교적 신념에 따라 혹은 도덕적·정치적·사상적인 이유로 병역이나 전투 업무를 거부하는 행위를 가리킨다. 주지하듯이 '양심적 병역거부'라는 용어는 conscientious objection to military service의 번역어이다.[1] 풀어쓰자면 병역 혹은 군복무military service에 대한 양심적 반대 혹은 거부 행위conscientious objection인 셈이다.

양심적 거부는 종교적 신념에 기초한 것일 수도 있고, 도덕적·정치적·사상적 신념에 기초한 것일 수도 있다. 그런데 이 말에는 2000년이 넘는 기나긴 양심적 병역거부 역사가 응축되어 있다. 양심적 병역거부 역사 자체가 양심의 원천을 종교적인 것에서 도덕적·정치적·사상적인 것으로 점점 확장해온 과정이었다. 이런 확장 과정이 20세기, 그것도 그 후반부 동안 대부분 성취되었다. 20세기는 양심적 병역거부 역사에서 가장 찬란한 빛을 발하는 "위대한 세기"였다.

미네소타대 법학 교수인 존 매서슨은 양심적 병역거부에 대해 약간의 설명을 덧붙이면서 다음과 같은 정의를 제공한 바 있다.

병역에 대한 양심적 거부는 자신의 종교적, 도덕적, 혹은 윤리적 신념에 기초하여 전쟁 참여에 반대하는 개인들에 의해 취해진 입장을 가리킨다. 그 같은 거부는 전투 요원 복무 거부, 징병 등록 거부, 전쟁 목적에 할당되는 세금 납부 거부, 혹은 전쟁 노력에 대한 모든 유형의 기여 거부 등 다양한 형태를 띨 수 있다. 양심적 거부는 긴 역사를 갖고 있고, 그 범위 면에서 국제적이다. 역사적으로 볼 때 그 기본적 동력은 종교적인 것이었다.[2]

이 정의에서 흥미로운 점은 양심적 병역거부가 단순히 무기 휴대 및 살상훈련·행위 거부("전투 요원 복무 거부")만이 아니라, 징병 대상자 신고 및 등록 거부, "전쟁 목적에 할당되는 세금 납부 거부", "전쟁 노력에 대한 모든 유형의 기여 거부"까지 포괄할 수 있는 넓은 개념이라는 것이다. 이 정의에는 양심적 병역거부가 "긴 역사"를 갖고 있고, 특정 국가만의 문제가 아니라 여러 나라에서 폭넓게 등장하는 현상이며("국제적 범위"), 애초에 종교적 신념에서 태동하고 추동된 행위("종교적 동력")라는 인식도 담겨 있다. 국가인권위원회는 양심적 병역거부를 "자기의 신앙이나 도덕률 및 철학적·정치적 이유에 따른 양심상의 결정으로 전쟁에 참가하여 인명을 살상하는 병역의무의 일부 또는 전부를 거부하는 행위"라고 정의했다.[3] 여기서 "병역의무의 일부 또는 전부"라는 구절은 양심적 병역거부가 다양한 하위유형들을 포함하는 개념임을 보여준다. 예컨대 "전투 요원 복무 거부"를 선언하는 사람이 "비전투 요원 군복무"는 수용할 수도 있는 것이다.

양심적 병역거부자conscientious objector에 대한 정의는 양심적 병역거부 개념에서 곧바로 연역할 수 있다. 즉 양심적 병역거부자는 "징집 대상자로서 양심상의 이유나 종교적·인종적·도덕적·인도주의적·정치적·철학적 또는 유사한 동기로부터 나오는 깊은 신념에 따라 군복무 혹은 다른 직·간접적인 전쟁 및 무력 행위에 참여하는 것을 거부하는 사람"(엠

세계평화세금펀드(World peace tax fund)의 전쟁 납세 거부 포스터(1977)

네스티인터내셔널), 혹은 "자기 자신의 '양심'에 근거해 징집과 같은 병역의 무를 거부하거나 전쟁 또는 무장 출동에 직·간접적으로 참여하는 것을 거부하는 행위를 행하는 자"(양심적 병역거부권 실현과 대체복무제도 개선을 위한 연대회의)이다. 국가인권위원회는 양심적 병역거부권right to conscientious objection 개념도 소개하는데, 그것은 "양심상의 결정을 실현하는 행위를 국민의 기본권의 범주에 포함하는 것으로 보고 헌법이나 법률에 의하여 법적 권리로써 보호해 주는 것"을 가리킨다.[4]

한편 2018년 11월 1일 한국 대법원은 양심적 병역거부를 '비범죄화' 하는 역사적인 판결을 통해 '양심良心'의 의미를 부각한 정의를 제시한 바 있다.

> 양심에 따른 병역거부, 이른바 양심적 병역거부는 종교적·윤리적·도덕적·철학적 또는 이와 유사한 동기에서 형성된 양심상 결정을 이유로 집총이나 군사훈련을 수반하는 병역의무의 이행을 거부하는 행위를 말한다. 양심을 포기하지 않고서는 집총이나 군사훈련을 수반하는 병역의무를 이행할 수 없고 병역의무의 이행이 자신의 인격적 존재가치를 스스로 파멸시키는 것이기 때문에 병역의무의 이행을 거부한다는 것이다. 결국 양심을 포기할 수 없고 자신의 인격적 존재가치를 스스로 파멸시킬 수도 없기 때문에 불이행에 따르는 어떠한 제재라도 감수할 수밖에 없다고 한다.[5]

대법원의 정의는 병역의무를 거부할 수밖에 없도록 이끄는 강력한 양심상의 이유를 강조한다. 병역의무 이행은 "양심을 포기"하는 행위이거나, "자신의 인격적 존재가치를 스스로 파멸시키는" 행위이므로, 자신의 양심과 인격적 존재가치를 지키기 위해서라면 병역의무 불이행으로 인한 "어떠한 제재라도 감수할 수밖에 없다"는 것이다. 대법원 전원합의체

대한민국 대법원 중앙홀(2015)

는 동일한 판결을 통해 '양심'에 대해서도 다음과 같은 정의를 제공했다.

> 헌법 제19조에서 보호하는 양심은 이른바 '착한 마음' 또는 '올바른 생
> 각'을 뜻하는 것이 아니라, 옳고 그른 것에 대한 판단을 추구하는 가치
> 적·도덕적 마음가짐을 뜻한다. 이것은 개인의 소신에 따른 다양성이
> 보장되어야 하고 그 형성과 변경에 외부적 개입과 억압에 의한 강요가
> 있어서는 안되는 윤리적 내심 영역이다. 이러한 양심은 어떤 일의 옳
> 고 그름을 판단할 때 그렇게 행동하지 않고서는 자신의 인격적 존재가
> 치가 파멸되고 말 것이라는 강력하고 진지한 마음의 소리로서 절박하
> 고 구체적인 것이어야 한다.[6]

'양심'이라는 용어는 "중의적"이다. 거기에는 "'윤리·도덕적인 마음'
이라는 의미와 '내면의 깊은 신념'이라는 의미가 공존"한다.[7] 양심의 개
념이 이처럼 복합적이므로, 그것의 진정성에 대해 심사한다거나 검증한
다는 것은 지극히 어려운 일일 수밖에 없다. 다시 말해 "본질적으로는 양
심을 심사하거나 판단하는 것이 불가능"하고, "양심을 심사한다는 것 자
체가 이미 '양심의 자유'를 침해할 소지가 다분하며", 따라서 양심적 병
역거부를 둘러싸고 "양심을 검증하는 절차와 기준이 늘 뜨거운 쟁점"이
었으며, 그 결과 "이미 대체복무제를 시행해온 많은 나라들은 심사를 통
한 판별을 사실상 포기하고, 대체복무의 강도를 통해 병역거부자를 인정
하는 방식", 다시 말해 "양심 자체에 대한 직접적 판단이 아니라 일정한
불이익을 감수할 수 있는가에 대한 간접적 판단을 통해 이루어지는 것이
보다 현실적이고 적합한 방식"임을 인정하고 있다.[8]

그리스도교 초기 역사로까지 소급되는 양심적 병역거부는 대개 '양
심적 전쟁 거부'와 '비폭력 평화주의'를 전제한다. 거부의 범위나 대상
에 따라 다양한 하위유형들이 존재하지만, 그 뿌리는 양심적 전쟁 거부

conscientious objection to war에 있다. 다시 말해 양심적 병역거부는 포괄적으로 '양심적 전쟁 거부'에서 출발하는 것으로, 조직화된 인명 살상행위인 전쟁에 반대하는 입장이 전쟁을 수행하는 전문집단인 군대, 병역, 집총執銃훈련을 거부하는 태도, 나아가 납세를 포함한 모든 형태의 전쟁 협력·기여 활동에 대한 거부로 확장되고 구체화된 것이다. 아울러, 역사적으로 볼 때 로마 시대로 소급되는 최초의 양심적 병역거부자들, 그 이후 오랜 세월에 걸쳐 등장한 거부자들의 압도적 다수가 평화주의 신념의 소유자들이었음은 명백한 사실이다. 그러나 병역이나 전쟁을 거부하는 양심이 반드시 '비폭력' 신념 혹은 '평화주의' 신념에 따른 것이어야 하는 건 아니다. 요컨대 비非평화주의자도 양심적 병역거부자가 될 수 있다. 이 논쟁적인 주제도 20세기에 와서야 비로소 진지하게 논의되기 시작했다.

1. 양심적 병역거부 연구의 국내외 동향

국내외를 막론하고 양심적 병역거부에 관한 연구는 정치·사회 상황과 밀접히 연계된다는 특징을 보여준다. 정치·사회 상황 가운데 병역제도, 특히 징병제 도입, 전쟁의 발발과 종결, 평화운동의 활성화 정도, 평화주의 교단들의 교세와 정치사회적 영향력, 양심적 병역거부권 및 대체복무권 인정 여부 등이 주요 변인으로 작용했다. 양심적 병역거부자들을 위한 대체복무제alternative service가 도입된 직후 시기에도 관련 연구가 크게 활성화되는 모습을 보인다. 한마디로 양심적 병역거부 주제가 사회적으로 쟁점화·공론화될수록 학계 연구도 덩달아 활발해지는 양상인 것이다.

먼저, 서구 사회와 학계의 경우를 잠시 고찰해보자. 앞서 언급했듯이,

양심적 병역거부나 전쟁 거부는 그리스도교 초기 역사부터 발견될 만큼 오래되고 익숙한 현상이었다. 그러나 서구 사회들에서 19세기 나폴레옹 전쟁 이후 각국으로 징병제가 확산되면서 국가와 역사적 평화교회들historic peace churches 사이에 충돌이 빈번해졌고, 양심적 병역거부 문제가 비로소 전 사회적 쟁점으로 부각되었다. 보편적 징병제가 확고하게 집행된 제1차 세계대전 시기에는 사태가 자못 심각해졌다. 양심적 병역거부에 관한 연구가 부쩍 활성화되기 시작한 것도 이 무렵부터였다.

서구 사회들에서 1920~1970년대는 대체복무제의 확산, 2차 세계대전 이후 징병제에서 모병제로의 회귀, 그리고 병역거부 사유의 확대 인정, 대체복무 기간 축소와 복무기관 다변화 등 "대체복무제도의 인간화"로 표현할 만한 변화들로 특징지어지는 기간이었다. 양심적 병역거부의 법적 정당성, 대체복무제 도입 필요성과 설계 방식 등을 둘러싼 논쟁이 활성화되자 법학계와 역사학계, 그리고 전쟁·평화 교리 및 교회사를 포함한 그리스도교 신학계를 중심으로 학문적 논의도 더욱 활성화되었다.

'표준적 국제 규범'으로 주장할 수 있을 정도로 양심적 병역거부권 인정 문제가 "이미 해결된" 쟁점이 되어 버린 1980~1990년대에 이르러, 서구 사회들에서는 역설적으로 관련 연구가 점점 활력을 잃어버렸다. 시간이 흐르면서 대체복무제도 자체가 안착安着 단계를 지나 완숙完熟 단계에 다가가고, 지원병제도 아래서 군복무 중의 양심적 거부까지 인정됨에 따라, 양심적 병역거부 쟁점이 더 이상 사회적 갈등이나 공론화의 대상이 되지 못하면서 이에 관한 연구도 점차 잦아든 것이다.

양심적 병역거부자의 대체복무권 인정이 당연시되는 상황에서, 연구의 양적 감소 추세가 뚜렷한 가운데 지난 30~40년 동안 서구 학계의 양심적 병역거부 연구는 대략 다섯 가지 주제를 중심으로 전개되었다. 첫째, 베트남전쟁 당시 미국의 가톨릭 주교단이 공론화했지만 여전히 법적으로는 미해결 쟁점인 '선택적인 양심적 병역거부selective conscientious objec

-tion'에 관한 연구이다. 이것은 '모든' 형태의 병역과 전쟁에 반대하는 것이 아니라, '특정한 전쟁' 혹은 대량살상무기 사용 등 '특정한 전쟁 수행 방식'을 거부하는 것, 특히 정의로운 전쟁 교리를 신봉하는 교회와 신자들이 '불의한 전쟁unjust war'으로 간주한 전쟁에 대한 참여와 협력을 거부하는 것이다. 베트남전쟁 이후 1991년의 걸프전, 2001년 이후의 아프가니스탄전쟁, 2003년 이후의 이라크전쟁을 거치면서, 선택적인 양심적 병역거부 문제가 학계의 꾸준한 관심을 받고 있다.[9] 둘째, 특정 국가, 특정 지역, 특정 시대, 특정 교단의 양심적 병역거부에 대한 '역사적' 연구들이다.[10] 셋째, 흑인이나 여성과 같은 사회적 소수자들의 양심적 전쟁·병역 거부에 대한 연구들이다.[11] 넷째, 여전히 양심적 병역거부 문제로 내홍을 겪고 있는 그리스·폴란드·벨라루스·튀르키예(터키) 등 유럽 주변부 사회들이나, 이스라엘·남아프리카공화국·콜롬비아 등 비서구 사회들의 양심적 병역거부에 대한 연구들이다. 그중에서도 이스라엘과 남아프리카공화국에 대한 연구가 유난히 많은 편이다.[12] 마지막으로, 가장 주목할 만한 변화로서, '양심적 거부conscientious objection'의 대상과 의미가 전쟁·병역 영역을 넘어 급진적으로 확대되는 추세이다. 지난 수십 년 동안 낙태·사후피임·안락사·존엄사 등과 관련된 간병 및 치료 영역, 나아가 동성결혼 서비스, 동물실험, 진화론·창조론 교육에 대한 양심적 거부로까지 확대되면서 일일이 열거하기조차 힘들 정도로 많은 관련 연구들이 봇물 터지듯 쏟아져 나오고 있다. 특히 의료윤리와 생명윤리 분야가 가장 치열하고 뜨거운 연구 주제로 떠오른 상태이다.

그렇다면 한국 학계의 상황은 어떠한가? 서구 학계에서는 20세기 초부터 양심적 병역거부에 관한 연구가 활성을 띠었지만, 한국의 경우 양심적 병역거부로 인한 갈등의 시간이 70년이나 누적되었음에도 불구하고 이 주제에 대한 연구 역사는 20여 년에 불과하다. 〈표 1-1〉에서 보듯이, 한국에서 최초의 관련 연구가 출현한 시점은 1984년으로 소급된다.

〈표 1-1〉 양심적 병역거부 관련 연구의 시기별 추이: 1984.1~2024.10 [13]

발표 연도	단행본	학술지 논문	학위논문		보고서/자료집	합계
			박사	석사		
2000년 이전		1(1984)		3****		4
2001		2				2
2002	3	2		3	1	9
2003	1*	6		1		8
2004	2	3			1	6
2005	1	8	1	1	1	12
2006		8**		5	1	14
2007	1	4		3	1	9
2008	2	3		2	1	8
2009		3		5		8
2010		3		1		4
2011	1	2	1			4
2012		6		1		7
2013	1	2		1		4
2014		1	1			2
2015		3	2			5
2016		5	1	1		7
2017		3		1		4
2018	2	12		2	4	20
2019		17***			3	20
2020	1	4	1	1		7
2021	2	5	1			8
2022		2		1		3
2023		3				3
2024		2				2
합계	17	110	8	32	13	180

* 단행본 수록 논문 1건 포함. ** 학술대회 발표 논문 1건 포함. ***학술대회 발표 논문 2건 포함.
**** 2000년 이전의 관련 석사학위논문은 각각 1988년(법학), 1993년(경찰행정), 1998년(법학)에 발표되었음.

하지만 지금까지 생산된 연구물의 거의 전부(97.8%)는 2001년 이후에야 발표되었다.

연구의 이런 '시기적 지체' 현상은 한국 사회에서 양심적 병역거부 쟁점이 좀처럼 공론화되지 못했던 상황을 반영한다. 심지어 1980년대 말 민주화 이행 이후 시기에조차 꽤 오랫동안 양심적 병역거부는 학계의 주목을 받지 못했다. 요컨대, 학술지형과 정치지형의 상호 영향 및 동시적 변화라는 양심적 병역거부 연구의 일반적 특징은 한국에서 더욱 뚜렷하게 나타났다.

이런 상황이 학술 성과의 양적 흐름에도 고스란히 반영되었다. 앞서 〈표 1-1〉에서 보았듯이, 2024년 10월 말 현재까지 180편에 달하는 관련 연구들 가운데 2000년 이전에 발표된 것이 겨우 4편에 불과했을 정도로,[14] 사회적 무관심이 곧바로 학문적 무관심으로 이어졌다. 1980년대 이전에는 (학술논문은 아니지만) 감리교 목사이자 신학자인 홍현설이 『기독교사상』 1959년 3월호에 기고한 "안식교도의 집총거부 사건에 대하여"라는 글이 유일한 공론화 사례였다. 그러나 2001년의 갑작스런 정치·사회 상황 변화로 인해, 반세기의 '학문적 침묵'은 순식간에 '학문적 열광'으로 표변했다. 2001년 들어 언론과 시민단체들, 정당·의회 등 정치사회가 양심적 병역거부 문제에 대해 폭발적인 관심을 표명하기 시작했던 것이다. 그해 말부터 불교 신자인 오태양을 필두로 주류 종교의 신자들과 비종교적 평화운동가들(정치적-이데올로기적-윤리적 거부자들)이 양심적 병역거부 대열에 가세하면서 한국 종교계와 시민사회의 찬반 논란은 더욱 뜨거워졌다. 한국에서 양심적 병역거부 연구의 출발은 뒤늦었지만, 2001년 이후 불과 24년 동안 17권의 단행본을 포함하여 무려 176편의 연구 성과가 축적되었을 정도로 관련 연구의 활성화 속도는 놀랄 만했다. 2001년 이후 20여 년 동안 한국이 전 세계에서 양심적 병역거부 연구가 가장 활발하게 진행된 곳 중 하나였음은 분명하다.

그러나 필자가 2020년 6월 말까지 발표된 154편의 연구 성과를 대상으로 조사한 결과에 따르면, 한국의 양심적 병역거부 연구는 과도할 정도로 법학(전체 154건 중 87건, 56.5%)과 행정학-정책학(16건, 10.4%) 쪽으로 편재偏在되어 있다. 두 분야의 연구가 전체의 66.9%를 차지할 정도로 과도하게 편중되어 있었다. 반면에 서구 학계의 연구에서 큰 비중을 차지해온 역사적 연구, 사회학적·역사사회학적 연구, 정치학적·정치철학적 연구, 평화학적 연구, 철학적·사상적·윤리학적 연구, 신학적·교학적 연구, 종교학적 연구는 극히 희소하다. 이런 학문적 편향의 극복이야말로 향후 가장 중요한 과제로 제기되는 것이다.

지금까지의 논의를 정리해보자. 양심적 병역거부 문제는 서구 학계에서는 교회-국가 관계, 종교의 자유 등의 주제들과 관련하여 중시되어온 연구주제 중 하나였다. 법학자들만이 아니라 종교연구자들도 다수가 이 문제를 다뤄왔다. 그러나 한국 학계의 경우 2001년 이전에는 연구 자체의 극심한 빈곤을 드러냈다. 헌법학자들이 종교·양심의 자유를 언급하면서 간략히 서술하는 정도가 대부분이었고, 본격적으로 이 주제를 다룬 경우는 매우 드물었다. 더욱이 그 경우에도 외국 사례를 소개하거나 추상적인 개념을 소개하는 수준에 머물렀다. 현재 우리가 참조할 수 있는 한국에서의 연구 성과는 대부분 2001년 이후 생산된 것들이다. 연구의 역사가 워낙 일천하다 보니 이론적 쟁점들이 제대로 형성되지도 못했다. 이 분야 연구가 이제 시작 단계인만큼 여러 한계들을 노출하고 있기도 하다.

양심적 병역거부와 관련된 학문적 숙제들을 다음과 같이 정리해볼 수 있을 것 같다. 첫째, 압도적으로 법학자나 법조인이 주도하고 있는 학문 분야 혹은 접근방식의 편중성은 매우 심각한 문제이다. 그로 인해 전체적으로 역사적 시각이나 사회학적인 시각이 약하고, 종교 내부의 동학 또한 제대로 규명되지 않았다. 한국에서 최초의 양심적 병역거부자가 등장한 시점도 대해서도 논의가 분분하다. 둘째, 대부분의 논자들이 정작 이 문제의 시작이었던 재림교회 신자들은 거의 주목하지 못했고, 대부분의 관심이 여호와의증인 신자들에게 쏠려 있는 형국이다. 셋째, 재림교회와 여호와의증인의 경우 교단 내적인 갈등과 변화의 과정이 좀 더 세밀하게 추적되고 밝혀져야 한다. 넷째, 양심적 병역거부자에 대한 국가의 대응 방식과 정책이 역사적으로 어떻게 변화되어왔는지에 대해서도 좀 더 일목요연하고 체계적인 분석과 정리가 필요하다. 다섯째, 한국 사회의 종교적 비주류 세력인 이 두 종교 이외의 종교들은 이 문제에 어떻게 반응해왔는지, 그리고 극히 드물기는 하지만 (재림교회와 여호와의증인 교단을 제외한) 주류 종교들 및 퀘이커 등 소수 종교 내에서 발생한 양심적 병역거부자들에 대한 발굴 연구도 이루어져야 할 것이다. 식민지 시대와 해방 후의 비종교적인 징병 거부자들이나 탈영자들에 대해서도 연구가 필요하다. 여섯째, 양심적 병역거부자들의 내면적 고통과 갈등, 당사자-부모 및 당사자-교단지도자와의 상호작용, 훈련소·헌병대 영창營倉·군법정 등에서 진행된 행위자들의 상호작용, 병역거부자들의 수감생활 등에 대한 미시적·현상학적인 연구도 거의 이루어지지 못했다. 일곱째, 학교에서의 집총거부 문제, 즉 학생군사훈련과 관련된 갈등도 거의 주목되지 못했다. 예비군훈련에서의 문제상황도 거의 다뤄지지 않고 있다. 학생군사훈련 및 예비군훈련에서의 병역거부 문제는 한국 상황의 특수성을 잘 드러내는 중요한 연구 영역임에도 불구하고 아직은 불모지나 다름없는 상황이다.

한국 학계가 가야 할 길이 아직 멀긴 하나, 필자의 이번 연구를 가능하게 해준 중요한 선행 연구들이 있었다. 필자 자신도 유사한 작업을 시도한 바 있지만, 특히 한홍구와 임재성의 연구는 거의 한 세기에 걸친 한국의 양심적 병역거부 역사 전체를 조망한 바 있다.[15] 그 자신 양심적 병역거부자이기도 한 임재성과 이용석의 책들은 2001년 이후, 즉 양심적 병역거부 이슈 공론화 이후의 역사에 대한 유용한 개관을 제공해 주며, 임재성의 책은 공론화 이후 몇 년의 시간이 흐르면서 등장한 '새로운 양심적 병역거부운동'(혹은 '2세대 양심적 병역거부운동')에 대해서도 긴요한 정보와 시각을 담고 있다.[16] 1999년부터 우리 사회에 양심적 병역거부 문제를 선구적으로 환기喚起해 온 김두식은 한국의 양심적 병역거부 문제를 세계적 차원의 그리스도교 평화주의 전통과 연결해 사고할 수 있는 시야를 열어주었다.[17]

병역거부 선언문이기도 한 소견서, 편지, 수기, 수필, 대담, 자전적 구술 등 2001년 말부터 출현한 "정치적 거부자들"의 생생한 육성肉聲을 전하는 책들도 2008년부터 생산되기 시작했다.[18] 한국 양심적 병역거부자들의 거의 대부분을 차지하는 여호와의증인, 재림교회 신자들은 정치적 거부자들과 같은 공개선언을 하지 않지만, 2002년부터 출간된 오만규의 저서는 재림교회 신자들의 육성을 풍성하게 수록하고 있다.[19] 2001년의 정춘국을 필두로 홍영일·김재현·박화춘 등을 통해 여호와의증인 거부자들의 목소리도 직접 들을 수 있게 되었다.[20] 이런 문헌들은 그 자체로 소중한 연구 자료임은 물론이고, 때때로 의미 있는 학문적 통찰로 이어지는 입구 역할을 한다. 상당수의 법학자들이 양심적 병역거부를 둘러싼 복잡다단한 논쟁의 법률적 쟁점들, 그리고 그것의 역사적 변화를 명쾌히 정리해 주었다. 드물게 '정치철학적 접근'을 시도한 이남석의 2004년 책은 시민불복종의 관점, 양심적 병역거부와 관련된 집합적 심성이나 정서의 차원, 정의로운 전쟁론과 애국심—물론 민족주의적 애국심—의 연결 등을 천착했다는 점에서 여러모로 흥미로운 저작이었다.[21] 페미니즘과 여성학의 개입,[22] 그로 인한 양심적 병역거부 연구와 여성학·페미니즘의 접목은 연구의 시야 확장과 질적 심화에 기여했을 뿐 아니라, 병역거부운동의 지향, 나아가 병역거부자 자신의 정체성 형성에도 중요한 영향을 미쳤다.

　양심적 병역거부의 역사를 서술하면서 필자는 세 가지에 특별히 유의했다. 우선, "살아 있는 사람"이 강조되어야 한다고 생각했다. 양심적 병역거부 연구 대부분이 대체복무제도의 정당성이나 필요성, 제도 설계 등의 쟁점에 일차적으로 주목하는 법학·행정학·정책학 분야에서 이뤄지다 보니, 물화物化된 법률·법리나 제도만 보일 뿐 인간 주체가 종종 실종되어버리는 경향이 있었다. 그러므로 우리는 감정을 가진 사람, 가족·친구·동료 교인·성직자 등 복잡하고 변화하는 인간관계의 네트워크 속에 놓인 사람들에 주목해야 할 것이다. 다음으로, 이 사람들과 주체들을 양심적 병역거부를 둘러싼 "갈등적이고 전략적인 상호작용" 속에서 관찰할 필요가 있다고 판단했다. 이 상호작용에 참여하는 주체는 다양하며, 따라서 다중적 행위주체들 사이의 복합적이고 역동적이고 전략적인 상호작용에 초점을 맞추려 했다. 이때 평화주의 교단들과 양심적 병역거부자들의 피해자 위치뿐 아니라, 그들의 능동성과 주체성 측면도 주목해야 한다. 마지막으로, 부당한 '동질성 가정'에서 벗어나 양심적 병역거부자를 주로 배출하는 집단이나 단체 내부의 이질성과 다양성도 강조하려 했다. 교단 안에도, 평화운동 단체 안에도 엇갈리는 견해와 입장들이 긴장 관계 속에서 공존할 수 있다. 특히 장기간에 걸친 국가의 가혹한 처벌, 막강한 국가권력과의 끝도 없는 갈등, 사회의 냉담하고 부정적인 시선과 낙인찍기는 양심적 병역거부를 지지해온 개인들과 집단 내부에서 엇갈리는 대응과 선택, 나아가 내적 분열과 반목을 초래할 개연성이 농후했다. 양심적 병역거부 그룹 내부의 미시적인 과정도 중요한 것이다.

2. 핵심 행위자들

양심적 병역거부 쟁점과 관련된 갈등적·전략적 상호작용의 한편에는 행정부(특히 국방부), 사법부와 법률가사회, 정치사회(국회, 정당)가 있다. 상호작용의 다른 편에는 개별 양심적 병역거부자들, 그들이 속한 단체들, 시민사회 내의 지지 혹은 반대 세력들이 있다. 이런 다양한 행위주체들 가운데서도 필자는 이 책에서 ① 평화주의 교회들, ② 주류 종교와 교단들, ③ 국가, ④ 시민과 시민사회, ⑤ 사회운동(평화운동), ⑥ 국제사회의 여섯 그룹을 "핵심 행위자들key actors"로 분석했다. 그럼으로써 이번 연구가 단지 '역사적인' 고찰에 머물지 않고, '사회학적·정치학적' 고찰로 확장되도록 시도했다.

■ **평화주의 교회들** 무엇보다 중요한 행위자는 양심적 병역거부를 행한 교단과 신자들이다. 한국에서 징병제가 본격 가동된 이래 양심적 병역·집총 거부의 주역이 된 이들은 전통적인 평화교회가 아니라, 19세기 미국에서 태동하여 20세기 초 한국에 전래된 두 교단, 즉 재림교회 혹은 안식교로 약칭되는 제칠일안식일예수재림교회(Seventh-day Adventists: SDA), 혹은 워치타워성서책자협회Watch Tower Bible and Tract Society로도 알려진 여호와의증인Jehovah's Witnesses 교단에 속한 신자들이었다. 재림교회와 여호와의증인 교단은 '평화주의적'이긴 하지만 '역사적 평화교회'로 인정받지는 못한다. 1950년대 한국전쟁을 통해 한국에 진출한 두 개의 역사적 평화교회인 퀘이커와 메노나이트가 여기에 추가되어야 하나, 이들은 양심적 병역거부로 인한 갈등의 당사자로 떠오르지 않았다. 따라서 우리는 재림교회와 여호와의증인 교단에 집중해야 하며, 이 교단들의 병역·전쟁 관련 교리, 한국 진출과 양적 성장, 활동, 국가와의 갈등 등을 상세히 분석해야 한다.

그런데 평화주의적 신앙과 종말론적 성향이라는 공통점에도 불구하

고 재림교회-여호와의증인 교단 사이의 차이 또한 비교의 맥락에서 고
찰되어야 할 것이다. 두 교단 사이에는 군대를 바라보는 관점에서의 차
이, 그와 결부된 양심적 거부 유형의 차이가 뚜렷하다. 군복무와 병역 자
체를 거부하는 여호와의증인과 달리, 재림교회는 직접적인 전투준비 및
전투행위에 가담하는 것만을 거부하는, 이른바 양심적 집총거부 혹은 비
무장 군복무noncombatancy라는 독특한 평화주의적 입장을 발전시켰다.
나아가 두 교단 간에는 세속사회와 국가를 바라보는 시각 및 관계 양식
에서도 의미 있는 차이가 나타난다. 예컨대 시한부 종말론을 포함하는
극단적 종말론으로 인해 "세상으로부터 물러나기"에 가까운 성향인 여
호와의증인에 비해, 재림교회는 학교·병원·사회복지·출판 등을 통해
사회적 진출에서 비교적 적극적인 태도를 보였다. 여호와의증인과 달리
재림교회는 군대의 존재도 인정하는데, 군대 인정의 전제는 '국가에 대
한 인정'일 수밖에 없다. 이처럼 군대·국가의 인정이 결국 '군종제도'에
대한 인정, 즉 군대 안에서의 선교 기회를 활용할 필요성, 그리고 군복무
중인 재림교회 신자들에 대한 직접적인 영적 보살핌 활동의 필요성에 대
한 인정으로 이어졌다고 볼 수 있을 것이다. 나아가 양심적 병역·집총
거부로 인한 갈등 외에도, 여호와의증인 신자들은 국기 경례 거부와 수
혈 치료 거부로, 재림교회는 토요일을 안식일로 준수하는 규범으로 국가
와 갈등했다.

　여호와의증인과 재림교회라는 종교적 소수파 교단을 다룰 때 우리는
몇 가지를 항시 유념하지 않으면 안된다. 우선, 위에서도 언급했듯이 교
단 내부의 이질성과 다양성에 주목해야 생생한 현실감이 살아날 것이다.
이런 차이는 때때로 교단 내부의 갈등으로 발전할 수 있으며, 그것이 교
단 차원의 일관된 공동행동을 조율해내는 데 어려움을 초래할 수도 있
다. 심지어 내부 이견이 교단의 분열이나 분립을 결과할 수도 있다. 국가
의 차별·억압에 대항하는 종교적 소수자들을 과도하게 영웅화하거나 그

들의 주체성·저항성·자율성을 과장해서도 안되지만, 반대로 그들을 주체적 행위능력agency이 결여된 수동적 객체처럼 취급해서도 안된다.

우리는 양심적 병역·집총 거부가 강한 국가strong state에 의해 '범죄화'되었을 뿐 아니라, 처벌 강도가 매우 높은 수준에서 유지되었다는 사실에 유의해야 한다. 병역·집총 거부 행위는 개인적으로도 투옥과 전과자되기를 포함하는 격심한 고통과 손실을 수반했다. 따라서 우리는 양심적 병역·집총 거부를 공식-정통 교리로 고수하는 교단들이 한편으로는 '교리 준수'를 유도하거나 강제하기 위해 동원하는 장치나 기제 혹은 보상에 대해 관심을 기울여야 마땅할 것이다. 다른 한편으로는 '교리로부터의 이탈·일탈'을 방지하기 위해 동원하는 기제나 제재 수단 등에도 응당한 관심을 기울여야 할 것이다. 제재 수단에는 "배교자·비겁자" 낙인이나 파문, 신자 자격 박탈까지 포함될 수 있다.

■ **주류 종교와 교단들** 소수파와 다수파 종교에 대해 국가가 차별적으로 대응하는 경향을 감안할 때, 우리는 여론과 정부 정책에 큰 영향을 미칠 수 있는 개신교 주류 교단들과 주류 종교, 특히 개신교와 함께 '한국 3대 종교'를 이루는 불교와 천주교의 전쟁·군대·병역에 대한 태도, 입장, 실제 활동을 연구 대상으로 삼아야 한다. 주류 종교·교단들이 얼마나 적극적으로 전쟁을 지지하고 지원하는가, 주류 종교·교단들·신자들 내부에 군사주의적 종교문화와 집합심성이 얼마나 널리 또 강력하게 확산해 있는가, 군종제도에 대해 어떤 태도를 취하는가 등을 관찰할 필요가 있다. '평화주의 종교'에 대한 연구는 '비非평화주의 종교'에 대한 연구이기도 한 것이다.

양심적 병역거부로 인한 종교-국가 갈등이 발생하기 위한 조건에는 평화주의 교단의 존재와 영향력뿐 아니라, 주류 종교 및 교단의 전쟁·평화 교리, 주류 종교·교단 내부의 평화운동·인권운동 발전 정도, 주류 종교·교단 신자 중 양심적 병역거부자의 출현과 규모 등도 포함된다. 이런 조건들은 갈등의 발생 여부나 강도뿐 아니라, 갈등의 해결 가능성에도 중대한 영향을 미칠 수 있다. 주류 교단 소속 혹은 한국기독교교회협의회(The National Council of Churches in Korea: NCCK)와 같은 주류 교단 연합기구 소속인 인권운동·평화운동 단체의 존재 여부 및 활성화 정도에 주목해야 한다. 천주교인권위원회와 주교회의 정의평화위원회, NCCK 인권위원회, 조계종 불교인권위원회, 원불교인권위원회 등이 대표적인 사례일 것이다. 또 양심적 병역거부에 관한 주류 종교·교단의 입장 형성 및 변경에는 자파自派 신자들 중에서 양심적 병역거부자의 등장 여부와 그 규모가 특히 중요하다. 이 경우 양심적 병역거부 문제는 더 이상 "외부/타자의 문제"가 아니라, "내부/자신의 문제"가 되기 때문이다.

3대 종교로 대표되는 거대종교들의 강력한 반대에도 불구하고 국가가 소수파 종교인들을 위한 대체복무제를 도입할 가능성은 아주 낮다고 보아야 한다. 선거정치가 중요해지는 민주화 이후에는 더더욱 그럴 것이다. 이 때문에라도 주류 종교·교단 쪽을 아울러 살펴봐야 하는 것이다. 우리는 주류 종교·교단과 평화주의 교단을 양쪽에 놓고 이들의 상이한 대응을 지속적으로 또 끈질기게 비교할 필요가 있다. 이 주제는 양심적 병역거부 문제가 본격적으로 공론화되고 한국의 전 사회적 쟁점으로 부각된 2000년대 이후에 특히 상세히 다룰 필요가 있다.

■ **국가와 병역 정책** 필자가 보기에 전쟁과 군대(병역)에 대한 특정 종교의 태도를 결정짓는 혹은 예측할 수 있는 가장 중요한 지표는 해당 종교의 '국가권력과의 관계 방식', 해당 종교의 '국가권력과의 거리distance'이다. 국가권력과의 거리가 가까울수록 특정 종교의 전쟁과 군대(병역)에 대한 태도는 허용적으로 될 가능성이 높다. 반면에 국가권력과의 거리가 멀어질수록 특정 종교는 전쟁과 군대(병역)에 대해 비교적 자유로운 선택을 할 수 있게 된다.

국가의 병역 정책·제도에 대해서도 정밀한 탐구가 필요하다. 양심적 병역거부와 관련된 대부분의 갈등이 징병제 아래서 발생하는 것은 사실이지만, 단순한 징병제-모병제 이분법을 넘어 병역제도 안에서도 다양한 유형들이 존재함을 강조하는 게 중요하다. 특히 서구 사회들에서는 양심적 병역거부자들을 위해 처음 창안되었던 '대체복무제도'가 한국에서는 1969년부터 전혀 다른 맥락과 취지에서 등장하고 운영되었다는 사실에 주목할 필요가 있다. 한국적 징병제 아래서 병역특례를 포함하여 다양한 형태의 대체복무제도들이 확대·다변화되는 추세가 수십 년 동안 계속되었음에도 불구하고, 왜 양심적 병역거부자들은 대체복무제도에서 철저히 배제되었는지를 면밀히 탐구해야 한다.

아울러, 방대한 국가기구들을 동질적인 것으로 미리 전제하지 말고, 내부의 경합競合 가능성, 특히 '안보security' 관련 국가기구들—국방부, 병무청, 정보기관, 검찰, 경찰 등—과 '인권human rights' 관련 국가기구들—국가인권위원회, 법원 등—간의 경합 가능성을 열어놓아야 한다. 법원의 경우에도 하급심의 소장 판사들과 상급심의 중견 판사들 사이에 의미 있는 차이가 나타날 수도 있다. 이런 접근은 2001년 이후의 시기를 연구하는 데 특히 긴요하다.

국가 정책이라는 요인을 거시적인 것과 미시적인 것으로 다시 나누어 접근하는 게 필요하다고 필자는 판단한다. 우선, 정책의 거시적 차원으로는 징병제·모병제로 대표되는 병역제도 유형, 그리고 대체복무제 유무와 허용 범위의 두 가지가 중요하다. 다음, 정책의 미시적 차원으로는 집총훈련 면제 여부, 병역면제 형량 기준 및 그것의 상향 혹은 하향 변동, 군형법 및 병역법 위반 시 형량 및 그것의 상·하향 변동, 강제입영 조치 유무, 토요일 예배 허용 여부, 의무대원의 총기 휴대 여부, 감옥 내 성경 소지 및 종교모임 허용 여부 등이 중요하다. 이런 미시 정책적 요소들은 양심적 병역거부 문제의 향배에 중요한—때로는 결정적인—영향을 미칠 수 있다. 군형법·병역법 위반 시 형량은 (그것이 병역기피자 색출·처벌 의지와 주로 관련되는 게 사실일지라도) 양심적 병역거부자들에게도 중대한 영향을 미치는 '의도치 않은' 정책 효과를 낼 가능성이 높다.

〈표 1-2〉 정책의 거시적 차원과 미시적 차원

구분	주요 내용
거시적 차원	·병역제도의 유형
	·대체복무제 유무와 허용 범위
미시적 차원	·훈련소 입소 후 집총훈련 면제 여부
	·병역면제 형량 기준
	·군형법 및 병역법 위반 시 형량
	·강제입영 조치 유무
	·토요일 예배 허용 여부
	·의무대원의 총기 휴대 여부
	·감옥 내 성경 소지 및 종교모임 허용 여부
	·예비군 소집 및 훈련 면제 여부
	·학생군사훈련(교련) 면제 여부

■ **시민과 시민사회** 양심적 병역거부 쟁점에 대한 시민 혹은 시민사회의 반응과 관련해서, 우리는 두 가지에 주의를 기울여야 한다. 그 하나는 군사주의, 군사문화military culture의 확산 정도이고, 다른 하나는 평화주의 교회들에 대한 사회적 평판과 이미지이다. 시민/시민사회에 대한 군사문화의 영향 정도, 그리고 종교적 소수자religious minority인 평화주의 교회들에 대한 긍정적이거나 부정적인 평판·이미지가 '양심적 병역거부자를 위한 대체복무제' 허용에 대한 시민적 관용성과 어떤 상관관계를 갖는가 하는 질문도 중요한 쟁점이기 때문이다.

당연한 말이지만, 군사문화가 여전히 위력적이고 군사주의적 집합심리가 널리 확산된 상태에서 양심적 병역거부자에 대한 시민적 관용성은 낮아질 것이고, 이들을 위한 대체복무제 도입을 지지하는 여론은 낮은 수준에 머물게 될 것이다. 특히 '신성한 국방의무 담론'[23]에서 단적으로 나타나는 국방의무 혹은 병역의무의 신성화 추세, 그리고 '병역' 혹은 '병역의무'라는 기표에 과도하고 거창하게 부여된 의미(기의)의 무게는 시민사회 안에서 양심적 병역거부자들의 입지를 더욱 협소하게 만들 것이다. 평화주의 교회들에 대한 사회적 평판과 이미지가 부정적일수록, 마찬가지의 결과, 즉 양심적 병역거부에 대한 시민적 관용성은 낮아지고 대체복무제 도입에 대한 지지 여론은 왜소해지는 결과가 나타날 가능성이 높다. 이와 관련하여 2000년대 이전에는 주로 언론 보도를, 2000년대 이후에는 언론 보도와 함께 여러 여론조사 결과를 활용할 수 있다.

■ **평화운동** 사회운동의 발전 정도, 그중에서도 평화운동 및 인권운동의 발전 정도를 따지는 것 또한 중요하다. 평화주의 교회와 양심적 병역거부자를 지원하는 사회운동의 고양은 국회나 행정부는 물론이고 법원 판결에 압력을 가하는 방식으로도 대체복무제 도입과 제도 개선을 앞당길 것이기 때문이다. 실제로도 한국은 물론이고 세계 어느 사회를 보더라도, 평화·인권운동의 고양이라는 요인을 배제한 채 양심적 병역거부자를 위한 대체복무제 도입 및 개선 과정을 설명하기란 어렵다. 19세기 이후 출현한 근대적 사회운동으로서의 평화운동이 양심적 병역거부자 인권에 대한 사회적 인정과 제도화에 지대한 영향을 미쳤다는 사실에는 의문의 여지가 없다.

한국에서 2020년 대체복무제 도입은 시민사회와 정치사회의 공동 노력의 결과였다고 평가할 만했다. 특히 시민사회의 주도적 노력이 중요했는데, 일부 종교계를 포함한 반전反戰평화운동 단체와 인권운동 단체들이 핵심적인 역할을 수행했다. 역으로, 한국에서 평화운동의 오랜 약세는 양심적 병역거부의 비범죄화와 양심적 병역거부권 인정, 대체복무제 도입 전망을 암울하게 만들었다. 더구나 정작 양심적 병역·집총 거부

의 당사자였던 양대 교단들은 사회운동으로서의 평화운동을 주도하기
는커녕, 뒤늦게나마 평화운동이 출현했을 때조차 여기에 참여하기를 꺼
리면서 소극적인 태도로 일관했다. 여하튼 우리는 평화교회와 국가의 상
호작용에 개입하는 '평화운동'이라는 매개변수를 비중 있게 고려해야 한
다. 단적으로, "양심적 병역거부자의 인권 수준은 평화운동의 발전 정도
에 비례하여 높아진다"고 말할 수 있을 것이다.

■ **국제인권사회** 마지막으로 우리는 국제사회, 특히 '국제인권사회'의
존재와 영향력에도 주목해야 한다. 국제인권사회는 크게 두 가지 범주로
구성된다. 그 하나는 각국 정부들의 협의체인 국제기구들인데, 유엔 관
련 단체들로 대표된다. 1980년대 이후 양심적 병역거부 이슈와 관련하여
영향력과 구속력이 있는 결정을 내려온 유엔인권위원회(United Nations
Commission on Human Rights: UNCHR)와 그 후신인 유엔인권이사회(United Nations
Human Rights Council: UNHRC), 자유권규약의 이행을 관할하는 유엔자유권
규약위원회(United Nations Human Rights Committee: UNHRC)가 특히 중요하다.
양심적 병역거부 문제에 관한 유럽인권재판소(European Court of Human Rights:
ECHR)의 전향적인 판결들도 2000년대 이후 간접적인 방식으로 한국 상황
에 영향을 미쳤다.

다른 하나는 반전평화운동을 수행하는 국제단체들, 그리고 양심적 병
역거부와 관련된 국제종교단체들이다. 반전평화운동 단체들 가운데서
도 1921년 창립된 전쟁저항자인터내셔널(War Resisters' International: WRI)이
'전쟁없는세상'과 같은 국내의 평화운동 단체들과 긴밀한 협력관계를 유
지해왔다. 국제종교단체들 가운데서는 한국의 양심적 병역거부와 직접
적으로 관련된 두 종교단체, 즉 재림교회와 여호와의증인의 국제기구들
이 한국의 지역교회와 유기적인 상호작용을 해왔다. 한국에서 뒤늦게 활
동하기 시작한 퀘이커나 메노나이트 관련 단체들, 그리고 개신교 교단들
의 국제적 협의체인 세계교회협의회(World Council of Churches: WCC)의 동

향도 살펴볼 필요가 있다. WCC는 한국 주류 개신교 교단들의 전쟁·평화 교리에 진보적인 영향력을 발휘했다.

유엔 기구들과 반전평화운동단체 등의 국제인권사회는 대개 수동성과 사후성이라는 성격을 드러낸다. 이들은 ('연대의 상호성'에도 불구하고) 대개 난관에 봉착한 국내 단체·개인의 지원 및 지지 요청에 반응하여 사후적으로 개입하는 경향이 있다. 그러다 보니 양심적 병역거부와 관련하여 국제인권사회가 주요 행위자로서 등장하는 것은 이 문제의 공론화가 이루어진 2000년대 이후가 될 수밖에 없었다. 물론 국내 지역교회와 연결된 국제종교단체는 이미 1950년대부터 이 문제에 개입하고 있었지만 말이다.

지금까지 간략히 살펴본 것처럼 평화주의 교단들, 주류 종교와 교단들, 국가, 시민/시민사회, 평화운동, 국제인권사회가 양심적 병역거부 갈등의 '6대 행위 주체'를 이루고 있다. 우리는 양심적 병역거부를 둘러싼 복합적이고 다차원적인 상호작용에서 2001년을 전후로 주요 행위자가 크게 달라졌다는 점에도 유의해야 한다. 다양한 행위자들이 등장하여 "복합적 갈등구조"를 형성했던 2001년 이후에 비해, 그 이전에는 압도적 권력을 가진 국가와 사회적 평판도 낮은 두 개의 소규모 개신교 계통 교단들 사이에 "단순 갈등구조"가 지속되었다. 따라서 1950년대 초부터 2000년에 이르기까지 50년 동안에는 모든 면에서 약자일 수밖에 없었던 두 교단이 사실상 고립된 상태에서 "견제받지 않는 위압적 국가"와 힘겨운 상호작용을 이어갈 수밖에 없었다.

제 1 부

세계와
양심적
병역거부

제
2
장

세계적 차원에서 본

양심적 병역거부(1)

: 제2차 세계대전 이전

이 책의 1부에서는 그리스도교를 중심으로 양심적 병역거부의 역사를
포괄적으로 검토해보려 한다. 그리스도교 권역에서는 전쟁-폭력-병역에
관한 정밀하고도 풍부한 논의가 진행되어왔다. 뿐만 아니라 양심적 병
역거부, 역사적 평화교회, 평화운동과 같은 유관 개념들이 모두 그리스
도교 세계에서 발원했다. 그러나 다른 종교들, 예컨대 이슬람 세계에서
는 아직도 양심적 병역거부라는 용어 자체가 생경한 상황이다. 뒤에서
보게 되듯이 오늘날까지도 많은 이슬람 국가들은 양심적 병역거부를 인
정하지 않고 있다.

양심적 병역거부의 '세계사적' 차원에서는 16세기 종교개혁 이후 등
장했고 '역사적 평화교회'로 불려온 개신교 소수 교파들, 대표적으로 재
세례파再洗禮派 혹은 아나뱁티스트Anabaptists 중 최대 교파인 메노나이트
Mennonites와 그 분파인 아미시Amish를 비롯하여, 퀘이커(Quakers, Quakerism),
브레드런 혹은 형제단Church of the Brethren 등이 주된 연구 대상이 된다. 종
교개혁 이후 산발적으로 발생하던 병역 관련 교회-국가 갈등은 19세기
나폴레옹 전쟁 이후 각국으로 징병제가 확산하면서 본격화했고, 보편적
징병제가 확고해진 제1차 세계대전 시기에 이르러 사태는 대단히 심각

해졌다. 이 과정을 좀 더 자세히 살펴보기 위해 종교개혁 이전 시기부터 역사적 흐름을 되짚어보려 한다. 종교개혁 이전 시기에는 '가톨릭교회'를 중심으로, 종교개혁 이후 시기에는 '역사적 평화교회들'을 중심으로 양심적 병역거부 주제에 접근해야 할 것이다.

1. 양심적 병역거부의 역사적 다양성: 유형들

양심적 병역거부는 그 내부에 비교적 긴 스펙트럼을 포함하는 넓은 개념이다. 그만큼 여러 유형의 '양심적 병역거부들'이 존재한다는 얘기이다. 거부자가 되는 이유와 동기가 매우 다양하기 때문이다. 양심적 병역거부에 관한 유형론 논의가 활발한 것도 바로 이 때문일 것이다.

어떤 이들은 "살인에 반대하는 신념을 표현할 권리를 주창하기 위해" 양심적 병역거부자가 된다. 어떤 이들은 "군사주의와 가부장제에 도전하기 위해", 어떤 이들은 "특정 군사작전에 대한 기여를 거부하기 위해" 거부자가 된다. "징병제 하에서뿐만 아니라 '모병' 군인들도 병역거부자로 변신한 이들이 있고, 모든 전쟁에 반대하는 사람들이 있는가 하면 특정 전쟁에만 반대하는 사람들도 있고, 특정 상황이나 특정 대상에게만 무력 사용을 반대하는 사람들도 있다. 살상 자체를 거부하는 사람도 있고, 살상을 강요당하기를 거부하는 사람도 있으며, 전쟁이나 무력 사용, 살상 같은 것들은 거부하지 않지만 성차별과 인종주의, 자본주의, 이성애주의, 장애인 차별과 같은 사회적 폭력을 영속화하는 제도로서 군대를 거부하는 사람들도 있다."[1] 칠레의 양심적 병역거부자 하비에르 가라테는 포괄적인 군사주의(군국주의) 반대라는 맥락에서 자신의 거부 행위를 다음과 같이 의미화했다. "나의 경우는 군사주의가 상징하는 모든 것에 대한 거부인 동시에 특히 피노체트 독재정권이 무너진 이후 칠레에서 여전히 군대가 수행하는 역할에 대한 강한 비판이 바로 병역거부를 하게 된 계기였다. 독재는 끝났지만 우리는 여전히 군국주의 국가에 살고 있었기 때문이다."[2] 이번 절에서는 기존 논의를 종합하고 정돈한다는 차원에서, 또 양심적 병역거부의 의미를 좀 더 분명히 하기 위해, 양심적 병역거부의 다양성 그리고 그 주요 유형들에 대해 간략히 고찰해보자.

전쟁 혹은 병역에 대한 양심적 거부는 대략 세 가지 유형들로 나타나고 있다. ① 절대적 거부absolute objection, 이는 모든 형태의 병역과 전쟁을 반대하는 것을 말한다. ② 선택적 거부selective objection, 이는 특정한 전쟁에 대한 거부, 혹은 특정한 전쟁 수행방식, 예컨대 핵·생물학·화학무기 등의 대량살상무기(weapons of mass destruction: WMD)를 사용하는 전쟁 수행방식을 거부하는 것을 가리킨다. ③ 군복무 중의 거부in-service objection, 이는 입대 전에 양심적 거부자임을 주장하면서 민간대체복무를 수행하는 징집 대상자들과는 달리, 군복무 중에 '양심의 구체화crystallization of conscience' 과정을 겪음으로써 제대하는 길을 택하는 것을 말한다.[3]

한편, 양심적 병역거부에 대해 다른 방식의 유형화도 가능하다. 거부의 '대상'과 '범위'에 따라 다양한 유형의 양심적 병역거부를 가려낼 수 있다. 예컨대 양심적 병역거부의 '범위'에 따라서는, ① 모든 형태의 전쟁에 반대하는 '보편적 거부universalistic objection', ② 특정한 전쟁만을 반대하는 '선택적 거부selective objection', ③ 전쟁 자체에는 반대하지 않으나 대량살상무기, 그중에서도 특히 핵무기의 사용을 거부하는 '재량적 거부discretionary objection'를 구분할 수 있다. 또 거부의 '대상'에 따라, ① 군복무는 받아들이지만 무기 사용 분야는 거부하는 경우인 '전투행위에 대한 거부noncombatant objection', ② 군복무를 대신하여 공적·사적 기관에서 대체적 공익복무를 하는 '대체적 선택의 거부alternativist objection', ③ 대체복무 역시 군대 체제를 전제하고 있으며 군대를 사용하는 국가의

THE · C.O. · IN · PRISON.

권위를 인정할 수 없다는 태도로서, 군복무만이 아니라 일체의 대체복무까지 거부하는 '절대적 거부absolutist objection' 등으로 나눌 수도 있다.[4]

1989년 스페인에서 시작된 '인수미시온' 운동은 '완전 거부', 곧 국방의무를 대신하는 대체복무까지 거부했고, 그럼으로써 투옥을 감수했다. 이 운동에 기초하여 '반군사주의대안/병역거부운동연대'가 만들어졌다.[5] 그런 점에서 인수미시온 운동은 absolutist objection 혹은 absolute objection으로 표기되는 '절대적 거부'에 해당한다. 이렇게 보면 '절대적인 양심적 병역거부'는 세속적인 운동(반군사주의·반전을 지향하는 진보 그룹)과 종교적인 운동(역사적 평화교회의 일부) 모두에 해당한다고 말할 수 있을 것이다.

가톨릭 단체인 미국팍스크리스티Pax Christi-USA 산하의 '양심과 전쟁센터Center on Conscience and War'는 징병제 등록registration for the draft, 즉 징병 대상자 명부에 등록함으로써 병적兵籍에 편입시키는 절차를 중심으로 ① 양심적 참여, ② 양심적 반대, ③ 양심적 거부를 구분한 바 있다. 이 중 '양심적 참여'는 "일단 지금 등록하고 입영 여부는 나중에 결정하거나, 혹은 징병 소집이 오면 그 취지를 받아들이는 것이 옳다고 생각하는" 경우를, '양심적 반대'는 "전쟁에 참여하는 것은 잘못이라고 믿고 있음에도 등록은 하는" 경우를, '양심적 거부'는 "양심상 징병제에 전혀 등록할 수 없는" 경우를 가리킨다.[6]

20세기 후반부 동안 한국 사회에서 등장한 양심적 병역거부자는 거의 전부가 그리스도교 신자들이었다. 그러나 가톨릭이나 주류 개신교 교파들에서는 양심적 병역거부자가 거의 나타나지 않았다. 한국에서 출현한 양심적 병역거부자의 거의 전원이 재림교회 신자들이거나, 여호와의증인 소속 신자들이었다. 한편 역사적 평화교회로 불려온 개신교 계통 소수파들 가운데, 메노나이트나 아미시 등의 아나뱁티스트를 비롯하여 퀘이커, 브레드런 등은 한국에는 아예 존재하지 않거나 무시할 만한 소수

감옥에서 양심적 병역거부자들의 일상(1917)

에 지나지 않았다. 따라서 우리의 관심은 대부분 재림교회와 여호와의 증인 쪽으로 쏠릴 수밖에 없다. 그러나 서론에서 소개했듯이 둘 사이에도 중요한 차이가 존재한다.

우선, 재림교회 신자들의 입장은 병역 혹은 군복무 자체를 거부하는 것이 아니라 '총기로 무장한 전투 요원으로의 군복무'만을 거부하는 것, 즉 '비무장 군복무의 입장'이었다. 오만규에 의하면, 이 입장은 "애국적 집총거부", "양심적 협조", "양심적 무장거부"라고 불리기도 한다.[7] 위에서 소개한 유형론을 적용한다면 재림교회의 입장은 '전투행위에 대한 양심적 거부'로 분류할 수 있다.

물론 양심적 병역거부는 논리적으로 당연히 집총거부를 포함하며, 집총거부야말로 양심적 병역거부의 핵심 요소를 이룬다고 할 수 있다. 그러나 역사적 사실에 대한 보다 정확한 인식을 위해서는 때로 '집총거부'와 '병역거부'를 구분하는 게 유용하다. 실제로 병역의무 자체를 부정하지 않는 단순한 '집총거부자'의 경우 총검을 이용한 군사훈련과 전투 의무를 면제받을 수 있는 권리 즉 '비무장 요원으로 군복무를 할 권리'를 추구하는 반면, '병역거부자'는 처음부터 '민간대체복무alternative civilian service의 권리' 혹은 '군복무를 완전히 면제받을 권리'를 추구하게 된다. 양심적 거부자의 권리가 인정될 경우, 전자는 모두 군대 '안에서' 복무하는 반면 후자는 대부분 군대 '바깥에서' 복무하게 된다. 한국의 경우 법률상의 처벌 면에서도 둘은 명확히 구분되었다. 역설적인 것은 단순한 '집총거부자'가 '병역거부자'에 비해 더욱 강도 높은 처벌을 받아왔다는 사실이다. 입영 후 집총을 거부할 경우 군형법 제44조의 '항명죄抗命罪'에 해당되어 법정 최고형인 징역 3년 형(1994~2001년) 혹은 2년 6개월 형(2001년 이후)을 선고받았던 데 비해, 입영 자체를 거부할 경우에는 병역법 제88조의 '입영기피죄入營忌避罪'로 징역 1년 6개월 내지 2년 형을 선고받아왔다.[8]

앞서 보았듯이 재림교회 신자들은 군복무 자체를 거부하는 게 아니라 '무장 전투 요원으로의 군복무'만을 거부한다. 재림교회 신자들은 이처럼 '비무장 군복무'를 추구하는 데 반해, 여호와의증인 신자들은 군복무 자체를 거부한다. 따라서 '군복무'를 면제해주고 병역의무를 '민간복무'로 대체할 수 있는 선택이나 기회가 주어지지 않는 한, 여호와의증인 신자들은 병역의무 자체를 거부하지 않을 수 없게 된다. 여호와의증인 신자들은 '절대적인 양심적 거부'의 입장에 가깝지만, 한국의 적대적이고 엄혹한 상황을 고려한 일종의 타협책으로 "군복무를 대신하여 공적·사적 기관에서 공익복무를 하는 대체적 선택의 양심적 병역거부"를 추구하고 있다고 말할 수 있다.

반면에 전통적인 정의로운 전쟁이론으로 기울어 있는 주류 개신교 교파들, 그리고 공인 과정을 거쳐 정의로운 전쟁론을 권위 있는 정통 교리로 채택하고 있는 천주교 등의 경우에도, 선택적인 양심적 거부, 군복무 중의 양심적 거부, 재량적 거부 등은 충분히 발생 가능하고 실천 가능한 논리적·현실적 대안으로 남아 있다. 실제로 외국에서는 이런 선택을 감행한 수많은 사례들을 찾아볼 수 있다. '불의한 전쟁', 이른바 '더러운 전쟁dirty war'으로 낙인찍힌 일련의 전쟁들은 '그 전쟁'에 참전하기를 극구 거부하는 이들을 양산하게 마련이다. 미국에 한정하더라도 1960~1970년대의 베트남전쟁, 2000년대의 아프가니스탄전쟁과 이라크전쟁이 그런 사례에 해당한다. 오늘날에도 이스라엘이 팔레스타인을 상대로 치르는 수많은 전투들, 특히 '팔레스타인 자치지구(점령지) 복무' 문제가 유사한 논란의 대상으로 떠올라 있다.[9]

또 정의로운 전쟁 교리에 대한 비판이 확산하는 가운데 특정 전쟁이 정의로운 전쟁으로 인정받기 위한 조건들이 대단히 까다로워지고 있는 것이 제2차 세계대전 이후의 확고한 추세이다. 이제 대부분의 전쟁은 불의한 전쟁으로 해석되기 십상인 것이다. 이런 점을 감안하면, 한국에서 대체복무제도가 인정되고 도입될 경우 주류 개신교 교단들이나 천주교회에 소속된 잠재적 병역거부자들은 '대체적 선택의 양심적 병역거부'(선택적 병역거부) 입장을 비교적 쉽게 수용할 것이다.[10] 한국에서 군종제도를 받아들여 성직자를 군종장교로 파견하고 있거나 그렇게 하기 위해 노력해온 불교와 원불교의 사정도 주류 개신교나 천주교와 유사할 것으로 판단된다.[11]

2. 종교개혁 이전

미국의 종교사회학자인 밀튼 잉어는 전쟁에 대한 그리스도교적 대응 방식의 역사적 유형들을 다음 여섯 가지로 요약한 바 있다: ① 십자군crusade, 성전holy war, ② 정의로운 전쟁just war, ③ 내키지 않는 슬픈 전쟁reluctant and mournful war, ④ '이번 전쟁'에 대한 반대opposition to 'this war', ⑤ 비폭력 저항nonviolent resistance, 소명으로서의 평화주의vocational pacifism, ⑥ 무저항non-resistance, 등록의 거부refusal to register, 물러나기withdrawal.[12] 이 스펙트럼에서 ①에 가까울수록 전쟁은 종교적으로 정당화되기 쉬운 반면, ⑥에 가까울수록 전쟁의 정당성은 강하게 부정된다. 그리스도교의 전쟁 교리를 연구하는 학자 대다수는 보다 단순한 구분법을 사용하는데, 이들에 의하면 역사적으로 전쟁에 대한 그리스도교의 접근방식은 크게 세 가지로 나타났다. 십자군-성전聖戰의 입장, 정의로운 전쟁의 입장, 평화주의의 입장이 그것이다.[13] 잉어의 스펙트럼에서 ②~④는 넓은 의미의 정의로운 전쟁 입장으로, ⑤~⑥은 평화주의 입장으로 분류할 수 있을 것이다. 논자에 따라서는 ③과 ④도 넓은 의미의 평화주의에 속하는 것으로 분류하기도 한다.

어떤 것이든 위의 유형들은 특정 교리적 입장이 역사적으로 출현한 순서를 가리키는 것이 아니다. 초기 그리스도교 신자들은 평화주의적 태도를 고수했다. 십계명의 살인 금지를 비롯하여 성서의 평화주의나 비폭력 노선을 충직히 따르려는 그리스도교인들은 군인이 되거나 살상훈련을 받거나 전쟁에 참여하기를 거부했다. "서기 295년 병력을 충원하러 누미디아(오늘날 알제리)에 당도한 로마군에 입대하기를 거부한 막시밀리아누스Maximilianus는 초창기의 '양심적 병역거부자'로 기록되어 있다. 그는 기독교 신자로서 폭력을 행사할 수 없다고 주장했고, 결국 처형당했다."[14] 스튜어트 머리에 의하면 서기 170년경까지는 이런 분위기가 확고했다. 당시에는 보편적 징병제도도 부재했고, 군인 중 그리스도교로의 회심자도 없었고, 그리스도교 교회는 주류 사회에 속하지 못한 소외된 이단적 공동체에 불과했다. 그런데 170년경부터 콘스탄티누스 황제의 개종이 이뤄진 313년 사이에 의미 있는 변화가 진행되었다. 교회 규모가 커지면서 주류 사회 안에 점차 안착해갔고, 광범한 계층의 사람들이 그리스도교로 개종하는 가운데 군인 입교자도 출현했고, 이에 따라 '좋은 그리스도교인 되기'와 '좋은 로마인 되기'를 동시에 추구하는 이들이 늘어났다. 로마제국의 이교도들이 "그리스도교인들은 제국의 도움을 받으면서도 제국의 안전을 위해 싸우기를 거부한다"고 비난하자, 일부 그리스도교인들이 군대에 입대하기 시작했다.[15]

4세기에 교회와 로마제국의 관계에서 혁명적 전환이 발생했다. 양자의 관계는 적대에서 동맹으로 극적인 변화를 겪었다. 교회-국가 동맹 형성은 군대와 전쟁에 대한 그리스도교 교리에도 직접적인 영향을 미쳤다. 313년 콘스탄티누스의 개종 이후 "십자가는 군대를 대표하는 하나의 상징이 되었다." 더욱 많은 군인들이 교회의 성원이 되었을 뿐 아니라, 크리스텐덤Christendom 혹은 그리스도교사회Christian society를 보호한다는 명목으로 군인이 되는 그리스도교인도 증가했다. 급기야 "교회 지도자들은 전쟁에서 사람을 죽이는 것을 승인했고, 무기를 버리고 싸우지 않는 군인을 협박하기 위해 교회에서 제명시키기도 했다. 주후 416년에는 오직 기독교로 입교한 사람만 군대에 입대하도록 규정되었다. 즉 교회는 전쟁과 평화협정을 맺었다."[16] 보다 구체적으로, 그리스도교 교회는 174년경부터 군인 회심자를 수용하기 시작했고, 313년에는 그 자신 군인이기도 한 황제가 그리스도교로 개종했다. 이듬해인 314년에 열린 아를공의회는 "평화의 시기에 자신들의 무기를 던져버리는 사람은 (교회로부터─인용자) 추방될 것"이라고 결정했다. 350년경 알렉산드리아 대주교 아타나시우스는 "살인은 허용되지 않지만 전쟁에서 적을 죽이는 것은 합법적이며 칭찬할 만한 가치가 있다"고 말했다. 얼마 뒤 밀라노 주교 암브로스는 "전쟁에서 이교도들을 대항하여 조국을 지키거나 집에서 약자를 보호하는 것, 혹은 도적으로부터 동료를 구하는 것은 아주 의로운 일"이라고 주장했다. 급기야 416년에 이르러 로마 황제는 비그리스도교인은 아예 군인이 될 수 없도록 금지하고 나섰다. 십자가는 제국 군대에 "행운과 승리를 가져다주는 상징"이 되었다.[17]

오만규는 폭력이나 전쟁보다는 군복무 혹은 군인이라는 직업에 초점을 맞췄다. 그는 그리스도교가 공인되고 지배종교로 상승하는 콘스탄티누스 체제가 등장하기 이전에도 소수파일지언정 그리스도교 신앙─평화주의를 포함하여─과 군복무의 공존·조화가 가능하다고 생각했던 이들이 교회 안에 꽤 있었고, 이런 신자들이 로마제국의 동부 변방과 제국 중심지에 비교적 다수 분포했으며, 콘스탄티누스 체제 등장 이후에는 이들이 다수파 지위로 올라섰다고 주장했다.[18]

반복하거니와 양심적 전쟁·병역 거부는 그리스도교 초기 역사부터 발견될 만큼 오래되고 익숙한 현상이었다. 그러나 4세기 이후 주류 그리스도교는 전쟁과 군대를 수용하는 입장으로 선회하여, 정의로운 전쟁 교리, 혹은 십자군·성전 교리를 정립하게 되었다. 이로 인해 병역·전쟁에 대한 양심적 거부 문제는 수면 아래로 잠복하게 되었다. 요컨대 4세기 이후 군대와 군복무에 대한 수용성이 높아짐에 따라 평화주의는 퇴조한 반면, 정의로운 전쟁 입장이 지배적인 전쟁 교리로 자리 잡게 되었다. 밀튼 잉어 역시 초기 그리스도교에서는 평화주의의 태도가 지배적이었으나 어거스틴 이후로는 정의로운 전쟁의 교리가 점차 지배적으로 되었으며, 특히 가톨릭교회의 경우 이 교리가 최근까지도 "본질적인 패턴essential pattern"을 이루고 있었다고 설명했다.[19] 어거스틴은 정의로운 전쟁의 조건으로 정의로운 명분, 정당한 권위, 올바른 의도를, 토마스 아퀴나스는 정당한 권위에 의한 전쟁 선포, 정의로운 명분, 정의로운 수단을 제시했다.[20] 그러나 주지하듯이 중세의 십자군 원정 시기를 중심으로 한동안 그리스도교에서 지배적인 전쟁 교리의 위치를 차지한 것은 정의로운 전쟁론보다 훨씬 호전적인 '십자군 혹은 성전'의 입장이었다.

한편 중세에도 프랑스 남부의 발드파와 같은 평화주의 그룹이 가톨릭교회의 주변부에 미약하게나마 존재했던 것 또한 사실이었다.[21] 가이 허시버그에 의하면, 아퀴나스가 정립한 '이중기준', 즉 평신도는 정의로운 전쟁에 참전해야 하지만 세속사회로부터 '분리된 고상한 삶'을 영위하는 성직자와 수도자들은 전쟁에 참여하지 않아도 된다는 이중적 기준을 거부하는 이들이 중세 가톨릭교회 안에 부분적으로 존재했다.[22] "중세기에는 가톨릭교회와 상관없이 세상과의 타협을 받아들이지 않고 거부하는 소규모의 그리스도교인 단체들이 남아 있었다. 그들은 초대 교회의 관습을 따라 종교적 평등과 형제애를 강조하고, 가톨릭교회처럼 이중적인 도덕 기준을 허용하지 않고 전체적으로 더욱 높은 도덕적 수준을 유지하고자 했다. 이들 단체 가운데는 몬타니안, 도나티스트, 바울 추종자, 왈덴 학파 등이 있었다."[23] 엘리스 볼딩은 4세기부터 십자군전쟁 시기까지 그리스도교 교회 주변부에 잔존하던 평화주의자들의 동향을 개관한 바 있다.

새로운 기독교 귀족들이 전쟁을 받아들이자, 일반 기독교인들은 수천 명 단위로 이집트, 팔레스타인, 시리아, 그리고 메소포타미아 지역의 수도사 정착촌으로 피난하였는데, 이는 제국의 강압적 현실에 대한 비폭력적인 항의였다. 5세기경에는 수도사 정착촌에 거주하는 일반 기독교인들이 수만 명에 달했다.……수도원 제도에 의해 양성된 기독교 교회의 평화 전통은 전쟁을 창의적으로 완화시키는 장치들을 지속적으로 만들어냈다. 특정한 주일이나 해에는 전투를 금지한 9~10세기 '신의 평화' 선언은 소작농 그리고 타운에 거주하는 일반인들에 의해 선언되었다. 이와 비슷하게 전투 금지 시기를 규정하는 신의 휴전은 주교들이 포고하였고, 교구의 빈민들을 보호하기 위한 것이었다.……이후 십자군전쟁 시기에는 자발적 청빈을 선택하고 무장을 거부하는 대규모 평화운동이 있었다. 가톨릭 수도회인 휴밀리아티Humiliati, 가난한 금융업자들Poor Lombards, 가난한 가톨릭 신자들Poor Catholics 등의 조직에 속한 사람들이 봉건적 질서와 무기, 교회권력을 거부하고 자발적으로 빈곤한 삶을 선택했다. 십자군전쟁 말기에는 1,500여 개에 달하는 유럽의 교회들이 청빈, 자선 봉사, 비폭력의 규율에 따라 살았다. 또한 수천 명의 사람들이 도시에서 도시로 참회의 행렬을 이어갔다. 그들은 방문한 곳에서 빈곤층과 관료들 사이의 평화협상peace negotiation을 진행했다. 1233년 8월 28일에는 베로나에서 40만 명이 참여한 가운데 장기화된 유혈 내전의 종식을 위한 대규모의 대중적인 평화운동 집회가 열렸다.……이러한 운동들은 평화적인 가르침의 형태로 십자군전쟁의 대안을 제시하였다. 비무장의 탁발 수도사들이 성지와 북아프리카, 페르시아, 중국, 아르메니아, 인도, 북유럽을 돌아다니며 평화와 갈등의 비폭력적 해소의 복음을 전파했다. 방랑하는 음유시인들은 평화의 시를 암송했다.[24]

이 인용문은 정의로운 전쟁론을 넘어 노골적이고 직접적인 전쟁 찬양에 가까운 성전론이 난무했던 시기에도 적잖은 그리스도교 평화주의자들이 존재했음을 보여준다. 인용문에 직접 언급되지는 않았지만 십자군 전쟁이 한창이던 13세기 초엽에 활동한 성 프란치스코도 이 흐름에 포함될 것이다.

3. 종교개혁 이후

16세기 종교개혁 이후 개신교 일각에서 그리스도교 평화주의 전통이 되살아났다. 루터교·성공회를 비롯하여 이후 등장한 장로교·침례교·감리교 등 대부분의 주류 개신교 교단들은 정의로운 전쟁 교리를 계승했다. 츠빙글리는 그 자신이 전사戰士였을 뿐 아니라 '선제공격'의 정당성까지 주장했고, 루터는 이슬람과 가톨릭을 대상으로 한 정의로운 전쟁을 주장했다. 칼뱅은 평화와 안녕, 국가보호를 위한 국가의 임무 수행을 정의로운 전쟁으로 간주했다.[25]

주류 개신교 교파들과는 대조적으로, 메노나이트나 아미시 등 아나뱁티스트를 비롯하여 퀘이커나 브레드런 등 이른바 평화교회들은 전쟁·군대에 대한 거부 입장을 천명했다. 허시버그가 설명하듯 종교개혁 이후 그리스도교 평화주의 그룹은 ① 16세기 스위스와 네덜란드 등에서 발원한 메노나이트 등 아나뱁티스트, ② 17세기 영국에서 조지 폭스에 의해 창립된 퀘이커, ③ 18세기 초 서부 독일에서 시작된 브레드런과 덩커Dunkers,[26] 비슷한 시기 러시아에서 태동한 두호보르Dukhobors 등 세 범주로 대별된다.[27]

아직 박해의 공포가 여전했던 1540년대에 아나뱁티스트는 이미 세 개의 그룹으로 분화하고 있었다. 첫째, 스위스와 남부 독일의 스위스형제단Swiss Brethren으로, 이들은 1520년에 등장하여 1540년대에 초기적인 교단으로 조직화했다. 둘째, 모라비아의 후터파 혹은 후터라이트Hutterites로, 이들은 스위스 티롤에서 처음 형성되었다가 박해를 피해 동쪽 모라비아로 이주했다. 당시 모라비아는 15세기 얀 후스 등의 종교개혁 전통이 강하게 남아 있었고, 그곳 귀족들도 종교적 자율성을 유지하면서 후터라이트들에게 호의적으로 대했다. 제이콥 후터의 이름을 딴 이 그룹은 종말론적·신비주의적 성향이 강했고, 재산 공유 원칙을 끝까지 지켰다. 셋째, 네덜란드와 북부 독일의 메노나이트들로서, 네덜란드의 메노나이트들 가운데는 부유한 상인들이 많았다.[28]

임종운은 퀘이커를 포함한 역사적 평화교회들의 공통점으로, ① 평화주의, ② 교회 위계·양극화·전문화를 부정하고, 위계화·전문화를 통한 권위주의적 종교권력 형성을 억제하는 "plain/평민 사상", ③ 나눔이나 재산 공유제를 통해 사회경제적 평등을 추구하는 "평등주의", ④ 종교적 중앙조직의 부재나 최소화를 통해 구현되는 "분권형 공동체문화" 혹은 교단 권력의 민주적 분산 등을 든 바 있다.[29] 허시버그가 지적했듯이 퀘이커와 아나뱁티스트(특히 메노나이트)의 가장 뚜렷한 차이는 '국가관'에서 나타나는 것으로 보인다. 국가권력을 바라보는 시각 면에서 퀘이커가 '낙관주의'에 가깝다면, 메노나이트는 "죄罪로 편만한 인간사회의 본성"을 강조하는 '비관주의' 쪽으로 치우쳐 있다는 것이다.[30] 아나뱁티스트는 사회와 국가 모두가 악惡의 세력에 의해 지배된다고 보기 때문에 세속 권력에 대한 비非순응주의 그리고 '세상과의 분리'를 강조하는 경향이 있다.[31] 퀘이커는 종교의 자유를 보장하기 위한 '정교분리'를 강조하면서도 신자들의 공직 참여를 허용하지만, 메노나이트는 국가의 존재 자체를 부정하지는 않으나 신자들의 공직 참여에 대체로 부정적이며, 특히 국가폭력과 연관되는 감옥·경찰·검찰·사법·군대 등의 정부 공직에는 참여를 불허한다. 공직 참여 허용은 교육, 체신, 위생, 도로 건설, 산림·토양 보호, 농업, 과학, 소방 등에 한정된다.[32]

논자에 따라 다소의 차이는 있을지언정 아나뱁티스트로 통칭되는 다양한 종교집단들은 비폭력 혹은 무저항 신앙을 중심으로 하는 평화주의 교리를 공통적으로 갖고 있었다. 존 로스는 스위스형제단, 후터라이트, 메노나이트 세 그룹의 공통 신념을 제자도 혹은 제자직discipleship에 대한 강조, 물질·재산의 나눔과 상호책임, 전쟁 참여와 폭력 사용을 반대하는 윤리, 더 큰 사회—주류 사회—와의 분리와 차별화로 요약한 바 있다.[33] 이와 유사하게 스튜어트 머리는 아나뱁티스트의 공통 신조를 제자도, 형제애·공동체 정신, 무저항, 국가와의 분리 등으로 제시했다.[34] 허시버그도 중생重生 체험, 제자도, 양심의 자유, 정교분리, 무저항 등을 아나뱁티스트의 공통점으로 꼽은 바 있다.[35] 여기서 제자도/제자직은 유아세례를 거부하고 회개와 중생 체험을 강조하면서 재세례를 요구하는 입장, 삶과 실천의 중요성을 부각하면서 헌신·희생·고통의 가치를 강조하는 입장에서 잘 나타난다.

아나뱁티스트들은 종교개혁의 후예답게 무저항과 비폭력의 근거를 철저히 성서에서, 특히 예수의 산상수훈(산상설교)에서 찾는다. 『공동번역 성서』 마태오복음 5장을 기준으로 보자면, '눈은 눈으로 이는 이로' 되갚는 방식의 폭력적 보복을 배제하고, 오른뺨을 치면 왼뺨마저 돌려대고(38~39절), 원한을 품고 있는 이와 화해하고(23~24절), 원수를 사랑하고 자신을 박해하는 이들을 위해 기도하라는 것(43~44절), 그리고 평화를 위하여 일하는 사람은 행복하며 그들이 '하느님의 아들'이 되리라는 것(9절)이 그 골자이다. 아나뱁티스트의 무저항-비폭력 평화주의는 박해·핍박에 대한 무저항과 희생 감수, 악과 그 세력에게 폭력으로 저항하지 않음, 보복하지 않음을 뜻한다.[36] 심지어 허시버그는 아나뱁티스트들의 무저항 사상은 비폭력적 억지력까지 포함하는 모든 형태의 억지력을 부정한다고 주장한다.[37] 북아메리카의 두 메노나이트 교단인 메노나이트교회 Mennonite Church와 메노나이트교회총회General Conference Mennonite Church 가 1995년에 공동으로 작성하고 채택한 '메노나이트 신앙고백'의 제22 조("평화, 정의, 무저항")는 다음의 내용을 포함하고 있는데, 이들의 무저항- 비폭력 평화주의 신앙이 여기에 압축되어 있다.

> 우리는 평화가 하나님의 뜻이라고 믿는다.……우리는 폭력이나 전쟁 이 우리의 상황을 변화시킨다고 해도 성령의 인도함으로 평화, 정의, 화해, 무저항을 실천하신 그리스도의 길을 따른다.……예수께서는 원 수를 사랑하고, 잘못한 사람을 용서하라고 가르쳤으며, 올바른 관계를 외치셨다. 예수는 협박을 받았을 때 저항하지 않으셨고, 오히려 자신의 삶(생명-인용자)을 자유롭게 내어주었다.……우리는 그리스도를 따르 는 사람들로서 예수의 평화와 정의의 사역에 참여한다. 예수께서는 우 리를 불러 평화를 조성하고 정의를 추구함에 복이 있음을 알게 하셨 다.……우리는 그리스도의 제자들로서 전쟁을 준비하지 않으며 전쟁 행위와 군복무에 가담하지 않는다. 예수께 부여된 똑같은 성령은 우리 에게 부여되어 복수하지 않게 하고 원수를 사랑하고 용서하며, 올바른 관계를 실천하고 믿음의 공동체에 의지하여 논쟁을 가라앉히고 또한 악에게 폭력으로 저항하지 않게 한다.……우리는 국제 간의 전쟁과, 인 종 계급 간의 적대감, 어린이와 여자의 학대, 남녀 간의 폭력, 낙태, 그 리고 치명적 처벌(사형-인용자) 등 모든 형태의 폭력에 대해 증거한다.[38]

아나뱁티스트들이 평화주의만을 고수했던 것은 아니다. 비록 예외적 인 사례일지라도 아나뱁티스트들이 '폭력적 저항'에 나선 역사적 사건 이 최소한 두 차례 있었기 때문이다. 첫 번째는 1534~1535년 당시 "아나 뱁티스트의 도시"라 불렸던 북부 독일의 뮌스터에서 아나뱁티스트들이

무장투쟁을 벌였던 일이다. 이 전투에서 수많은 아나뱁티스트들이 학살당했을 뿐만 아니라, 이로 인해 얻은 오명污名 때문에 이후 신자들에 대한 보복적 대박해가 이어졌다. 뮌스터 사건은 아나뱁티스트들로 하여금 비폭력-무저항 평화주의 입장을 더욱 강하게 고수하도록 만드는 중요한 계기로 작용했다.[39] 두 번째 사건은 1917년의 볼셰비키혁명을 계기로 시작된 적군-백군 간의 러시아 내전 과정에서 1918~1919년 우크라이나 지방의 일부 메노나이트 신자들이 독일군 장교의 도움을 얻어 민병대를 조직하고 백군과 연합하여 적군과 맞서다 '반혁명 세력'으로 간주되어 몰살에 가까운 보복 학살을 당한 일이었다. 이 사건은 신생 사회주의 정부로부터 메노나이트의 양심적 병역거부권을 인정받는 일을 더욱 어렵게 만들었다.[40] 뮌스터 사건에서 그랬던 것과 마찬가지로, 러시아 민병대 사건에서 얻은 쓰라린 교훈은 아나뱁티스트들로 하여금 폭력 노선을 더욱 경원시하게 만들었다.

대체복무 중인 제정러시아의 메노나이트들(1907)

그리스도교 평화주의자들은 때때로 집권 세력으로부터 '병역면제권'을 얻어내는 데 성공했다. 해나 브록이 설명하듯이 "16세기 네덜란드의 아나뱁티스트와 퀘이커의 사례처럼 근대적 병역면제권이 처음 인정된 것도 종교적 신념에 따른 병역거부자들 덕분이었다."[41] 그러나 평화주의 종파들에 대한 주류 종교의 반응은 박해와 관용이 뒤섞인 것이었다. 다음은 노명식의 설명이다.

> 종교개혁 시대에 평화주의를 표방하고 나선 종파는 재세례파Anabaptists였다. 이 교파는 카톨릭과 신교新敎의 양편으로부터 아주 가혹한 박해를 받고 거의 절멸하였으나 그 일부가 영국으로 건너가서 침례교를 만들었다. 그러나 침례교는 17세기에 이르러 그 평화주의적 요소를 떨어버렸다. 청교도혁명 때 올리버 크롬웰의 군대 안에는 침례교도가 많이 끼어 있었다. 재세례파에 유사한 철저한 평화주의 교파로 "메노나이트"가 생기고 또 17세기 영국에서는 "퀘이커"교가 일어났다. 퀘이커교도 가운데는 경우에 따라 무기를 들고 싸운 일도 있었으나 대체로 19세기 이래 절대적 평화주의가 그 주요한 특성의 하나가 되었다. 19세기에는 이 밖에도 브레드렌파Brethren나 크리스타델피아파Christadelphians 같은 절대 비폭력주의 교파들이 일어났다. 이들은 모두 신교의 정통파 교회에서 다소를 막론하고 이단시되고 있었으나 종교적 박해를 받지는 않았다.[42]

아나뱁티스트들은 여러모로 박해의 대상이 될 가능성을 내장하고 있었다. 그들은 기존의 가톨릭적 종교질서를 전면적으로 거부하고 있었을 뿐 아니라, 폭력-전쟁-군대를 거부하며, 국가에 대한 충성맹세를 거부하고, 정부의 공직을 거부했다. 기존 질서 수호자의 눈에 이들은 도저히 신뢰할 수 없는 '무정부주의자들'이었다. 더구나 이들이 주창하는 경제적 평등 모델은 경제적 기득권자들의 분노와 보복적 대응을 촉발했다.[43] 스위스, 남부 독일, 오스트리아에 걸쳐 있던 스위스형제단의 경우 처음 10년 동안 5천 명 이상이 죽음을 당했다. 스위스형제단 신자에 대한 처형은 1614년에 멈췄지만, 그럼에도 불구하고 이들은 1815년까지도 온전한 관용의 대상이 되지 못했다. 트란실바니아와 헝가리의 후터라이트들 중에는 18세기 말까지도 사형을 당하는 이들이 있었다. 네덜란드 정부는 다른 나라보다 일찍 관용을 베풀었으나, 그곳에서도 1574년까지 메노나이트들에 대한 처형이 계속되었다.[44]

개신교와 천주교를 포함한 주류 종교들과 집권 정치세력의 '박해' 외에, '전쟁' 그리고 전쟁으로 인한 '징병' 압력도 평화주의 종파들에게 강한 부정적 영향을 미쳤다. 종교적 평화주의자들은 전쟁·징병과 박해 압박에 직면할 때마다, (자신들의 무저항 신앙에 따라) 그에 맞서 저항하기보다는 박해·전쟁을 피해 이주를 선택하는 경향이 강했다. 이 과정에서 아나뱁티스트는 유럽 전체로, 나아가 북아메리카 대륙으로 확산됨과 동시에, 몇 개의 이질적인 그룹 혹은 분파로 분화되어갔다. 다음 인용문들은 스튜어트 머리와 코넬리우스 딕의 설명이다.

> 몇몇 스위스 아나뱁티스트들은 지하로 숨거나 먼 시골 지역이나 깊은 산속으로 피신하여 살아남았으며, 아주 소수의 모임들이 지금까지 존속하고 있으며 이들은 스위스 메노나이트로 알려져 있다. 하지만, 대부분의 아나뱁티스트들은 결국 더 안전한 곳을 찾아 도피하였다. 많은 이들은 동쪽 모라비아로 도망하였으며, 그곳에서 유럽의 각처에서 피신해온 다른 아나뱁티스트들과 조우하였다. 또 다른 이들은 북쪽이나 서쪽으로 이동하여 독일과 네덜란드 지역에 정착하였는데, 옮겨가는 곳마다 자신들의 믿음에 대해서 전파하였다.……이들 지역들은 단지 일시적인 피난처 역할을 했을 뿐이었으며, 결국 북아메리카에 있는 펜

실베니아와 그 외 다른 지역으로 이주하고 나서야 스위스형제파들은 자유로이 자신들의 신앙을 펼칠 수 있게 되었다. 이들 중 대부분은 현재 메노나이트들로 알려졌으며, 이 호칭은 네덜란드에서 아나뱁티스트들에게 붙여진 이름이었다. 17세기 말에 있었던 분열 이후에, 보수적인 이들은 창시자인 야코브 암만Jakop Ammann의 이름을 따서 '아미시Amish'파를 형성했다.[45]

도시 권력자들로부터 압력이 거세어지자, 많은 독일 남부와 오스트리아의 아나뱁티스트들은 체코 모라비아의 호의적이고 관대한 토지소유자들을 의지하기 시작했다. 결국 그곳으로의 망명 행렬이 이어졌다. 비록 스위스형제파 피난민들도 이 망명 행렬에 합류하였고 또 스위스 아나뱁티스트 지도자인 발타자르 후브마이어가 모라비아에서의 초기 공동체 형성에 영향을 끼쳤지만, 독일 남부와 오스트리아 아나뱁티스트들이 모라비아에서 빠르게 늘어나고 있는 아나뱁티스트 공동체들의 주류를 이루었다. 모라비아에서의 아나뱁티스트 공동체들은 초창기 지도자들 중의 한 사람이었던 야코브 후터의 이름을 따서 나중에 '후터파'로 알려졌다.[46]

(네덜란드와 북부 독일에서—인용자) 집단이주를 하도록 압력이 거세어지기까지, 아나뱁티즘은 또한 플랑드르의 앤트워프와 그 외 다른 지역에서도 번성하였다. 아나뱁티스트들은 북쪽 방향으로는 발트 연안을 따라서 퍼져나갔으며, 단치히, 프로이센과 폴란드에까지 이르렀다. 18세기에 많은 메노나이트들이 동쪽 방향으로 더 퍼져나가면서 우크라이나와 러시아에 일시 정착하였으며, 결국에는 중앙아메리카, 북아메리카, 그리고 남아메리카로까지 이주하였다.[47]

군복무에 대한 갈등은 18세기 후반기 동안 유럽의 이주자들이 북미로 오는 흐름에 큰 영향을 미쳤다. 첫 번째 예로 1756~63년에 일어난 7년 전쟁을 들 수 있는데, 이 전쟁은 새로운 세상의 땅, 특히 캐나다 지역의 땅을 차지하려는 영국과 프랑스 간의 전쟁이었다. 이 전쟁에 이어 유럽의 강국에 의해 촉발된 인디언들과의 전쟁이 지속되었다. 그리고 나서 1775~83년에 이르는 미국혁명 전쟁American Revolution과 1789~99년의 프랑스혁명 전쟁, 1815년에 끝이 난 나폴레옹 전쟁이 있었다. 북위 49도를 중심으로 미국과 영국 사이에 불길처럼 솟아오른 원한과 적대감들이 1812년 전쟁으로 나타났고, 1815년부터 한동안 사그러들었던 긴장이 1861~65년의 미국 남북전쟁American Civil War이 일어나기까지 잠잠해졌다. 전운이 사라지면서 이민은 다시금 활성화되었다.[48]

18세기 말 프랑스에서 처음 등장한 징병제 혹은 국민개병제國民皆兵制는 역사의 물길을 크게 바꿔놓았다. 프랑스혁명 확산을 저지하고 프랑스 정부를 타도하려는 유럽 국가들의 반反프랑스 동맹에 맞서 1793년 프랑스 의회가 선포한 '국민총동원령'은 근대적 징병제의 시초였다.[49] 19세기 나폴레옹 전쟁 이후 징병제가 서구 각국으로 확산하면서 양심적 병역거부를 둘러싼 본격적인 교회-국가 갈등이 발생했다. 이 무렵부터 징병제-국민개병제를 추진하는 국가와 역사적 평화교회들 사이에 충돌이 빈번해졌다. 양심적 병역거부 문제가 비로소 전 사회적 쟁점으로 부상했다. 각국 정부들은 양심적 병역거부에 동정적이지 않았고, 따라서 병역을 거부하는 이들은 범법자로 취급되었다. 다만 19세기에 군대세military tax를 내는 대가로 메노나이트 신자들에게 병역을 면제해준 프러시아, 1874년까지 메노나이트의 병역을 면제해준 러시아 같은 예외적인 사례도 있기는 했지만 말이다.[50]

다음의 인용문은 19세기를 중심으로 역사적 평화교회의 동향을 압축적으로 설명해준다. 역사적 평화교회 신자들에게 냉담하기만 했던 19세기의 유럽 정부들에 거듭 좌절하는 가운데, 평화교회 신자들에게 남겨진 최종 선택지는 결국 징집을 피할 수 있는 곳으로의 이주였다.

평등사상은 대부분의 사람들에게 완전한 시민권을 보장해주었지만, 평등한 권리를 부여받는 것은 이와 동등한 책임을 받아들여야 하는 것을 의미했다. 특히 이러한 책임의 맨 끝부분에 명시된 군복무를 기본의무로 받아들여야 했다. 어떠한 형태가 되었든지 메노나이트들은 이러한 요구를 피해갈 수 없었다. 때때로 그들은 병역특례를 위해 무진 애를 써야 했고, 벌금, 대체복무, 이민, 믿음의 대가로 죽음을 선택해야 했다. 프랑스혁명 시기에 나폴레옹에 의해 요구된 군복무는 일반적인 병역제도로 정착되었고 모든 사람들이 참가해야만 했다. 처음에는 군복무 대신 세 가지 선택권이 사람들에게 주어졌는데, 이러한 선택권을 얻기란 거의 불가능한 것이었다. 대체복무의 몇 가지 형태가 몇 나라에서 시행되고 있었지만, 이러한 대체복무 또한 병역과 관련되어 있는 것으로 메노나이트들이 받아들일 만한 것은 하나도 없었다. 19세기의 상황 속에서 평등을 말할 때 이는 많은 사람들의 요구와 충돌하는 양심의 자유는 아예 포함되어 있지 않았다.……1803년과 1805년 수많은 기도와 금식 후에, 남부 독일의 메노나이트들은 정부가 받아들일 만한 병역 대체복무를 나폴레옹에게 직접 요청하기로 결정했다. 루크하임Ruchheim교회의 묄링거Möllinger 목사가 이러한 목적으로 나폴레옹을 만나려고 하였으나, 얼굴을 볼 수 있는 기회조차 주어지지 않았다. 프랑스 메노나이트들은 1809, 1811, 1812, 1814년과 1829년에 이르기까지 총 다섯 번씩이나 병역 대체복무를 위한 청원서를 제출하였다. 그렇지만 그 어느 것도 성공을 거두지 못했다. 1793년에 만들어진 규정에 그들을 구제해주는 내용이 있었으나, 정부는 이 내용을 거들떠보지도 않았다. 어떤 메노나이트들은 다른 사람을 고용하여 대신 군에 가도록 조처를 취했지만, 정말로 능력 있는 몇 사람만이 피해갈 수 있을뿐, 벌금으로 징집을 대신하는 것도 현실적으로 불가능하게 되었다.……위에서 언급된 방법들 중 이제 남겨진 한 가지 방법은 이민을 가는 것이었다. 그렇지만 많은 사람들에게 자신의 집을 떠난다는 것과 새로이 살 곳을 마련한다는 것은 여간 어려운 것이 아니었다. 그러나……많은 사람들이 이 네 번째 방법을 선택하였다. 네덜란드에서 이민을 떠난 그룹은 유일하게 한 그룹밖에 없었다. 1854년 프리스랜드의 발크Balk교회에는 52명의 회중이 있었는데, 미국 인디아나주 고센 근처의 뉴패리스New Paris라는 곳으로 삶의 터전을 옮겼다.……대규모의 아미시 이주 및 스위스 이주 역사는 실제 군복무의 압력이 동기가 되어 이루어진 것이었다. 1789년 이후의 프러시아와 1870년대 이후 러시아로부터 이루어진 메노나이트들의 대규모 이주도, 비록 다른 사회, 경제적 요인들과 관련이 되어 있지만, 이러한 병역 문제들에 의해 촉발된 것이었다.[51]

가이 허시버그는 메노나이트 교회의 동향에 초점을 두면서 종교개혁 이후 유럽 및 북미의 동향을 요약한 바 있다. 그에 따르면, "18세기 중엽까지 유럽의 메노나이트들은 전반적으로 역사적 반전 증언을 유지했던 것으로 보인다. 그러나 그 당시에도 몇몇 사례, 특히 네덜란드에서, 그들 본래의 입장으로부터 멀어졌던 것 같다. 이후 일반적으로 강압적인 군복무 제도가 확립되면서 유럽의 메노나이트들은 점차 역사적 위치에서 후퇴하고 19세기 말에 이르러 그들은 러시아를 제외한 모든 유럽 국가에서 몇 가지 예외를 제외하고는 군복무를 받아들이게 되었다.……민족주의와 군국주의의 세력은 매우 강력하게 자라나서 무저항 증언은 서

유럽의 메노나이트 가운데서 상실되고 말았다. 20세기가 시작되면서 러시아 미국 캐나다에서는 메노나이트들에게 모든 군복무를 제외시켜 주었으며 스위스와 독일에서는 소위 비전투 요원이라는 특권을 부여해주었다."[52]

17세기부터 20세기까지 약 4세기에 걸친 아나뱁티스트들의 고단한 이주 역정歷程을 정리해보면 대략 〈표 2-1〉과 같이 될 것이다. 도식적으로 말하자면 아나뱁티스트들의 집단적 이주 행렬은 징집을 강요하거나 군대에 대한 재정적 기여 요구 등 이들을 특정 지역에서 밀어내는push 요인들, 그리고 종교의 자유와 군복무 면제 혜택을 부여함으로써 아나뱁티

〈표 2-1〉 아나뱁티스트들의 주요 이주 역정

시기	유럽 내부의 이주	아메리카 대륙으로의 이주*
17세기	17세기 중반까지의 박해 시대에 — 스위스에서 남부 독일 및 오스트리아, 　혹은 네덜란드 혹은 북부 독일로. — 네덜란드 혹은 북부 독일에서 알자스, 　라인강 상류, 팔라티네이트로. — 스위스에서 모라비아로. — 남부 독일 및 오스트리아에서 모라비 　아로. — 모라비아에서 러시아로.	1683년 이후 네덜란드에서 펜실베이니아로.
18세기	1788년 이후 프러시아에서 러시아로.	1710~1720년대 스위스에서 펜실베이니아로.
19세기	1868년 이후 북부 독일에서 러시아와 미국으로.	1870년대 러시아에서 사우스다코타로.
20세기		1920~1950년 러시아에서 아메리카 대륙 전역으로.

* 미국 내에서의 이동, 미국에서 캐나다로의 이동, 북아메리카에서 중부·남부 아메리카로의 이동 등 아메리카대륙 내부에서의 2차·3차 이동은 포함하지 않았음.

스들을 특정 지역으로 끌어당기는pull 요인이 결합한 결과였다고 말할 수 있다. 말할 것도 없이 이주 혹은 도피라는 선택은 이들의 '무저항 신앙'에서 발원한 행동이었다. 그들은 종교적 박해, 군복무나 전쟁 참여·기여라는 국가 혹은 준準국가 집단의 강제에 '저항'하기보다는, 그 강제의 폭력에 스스로 희생자가 되거나, 그런 강제가 부재하거나 보다 약한 지역으로 이주했던 것이다.

그런데 18세기 말부터 19세기 초까지를 분기점으로 하여 아나뱁티스트의 집단이주를 가능케 하거나 불가피하게 만든 이출移出-이입移入 요인의 조합이 결정적으로 달라졌다. 이 역사적 분기점 '이전'에는 '박해-자유'의 조합, 즉 종교적 박해와 종교적 자유·관용의 조합이 아나뱁티스트의 집단이주 여부와 방향을 좌우하는 핵심 요인이었다면, 분기점 '이후'에는 '징집-면제'의 조합, 즉 군대 징집과 군복무 면제의 조합이 집단이주 여부·방향을 좌우한 핵심 요인이 되었다. 종교적 평화주의자에게 강제적 성격을 띠는 군대 징집 자체가 또 다른 형태의 박해로 인식될 수도 있었겠지만 말이다.

이런 변화를 초래한 핵심 요인은 전쟁 성격의 변화, 그리고 무엇보다 강제적·보편적 징집제도의 도입이었다. 이전까지는 소규모의 국지적 전투로 제한되었던 유럽에서의 전쟁 양상은 18세기 말 이후 대규모적이고 전면적인 전쟁으로 바뀌었다. 이에 따라 1799년 나폴레옹 등장 이후 총동원령이 내려졌고, 이런 분위기를 타고 19세기 들어 프러시아가 강제 징집제도를 선구적으로 법제화했다.[53] 이런 역사적 변화로 인해 19세기 이후 아나뱁티스트의 집단이주 출발지는 강제적 징집이 시행되었던 곳, 그럼에도 아나뱁티스트에게 징집 면제나 민간대체복무의 기회를 제공하지 않은 곳이 대부분이었다. 반대로 집단이주의 목적지는 징집제가 아직 도입되지 않은 곳, 징집제가 도입되었을지라도 아나뱁티스트에게 징집 면제나 민간대체복무의 기회를 제공한 곳이 되는 경향이 뚜렷해졌다.

처음에는 모라비아가, 그 후에는 러시아와 북아메리카가 그런 피난처로 떠올랐다.

북아메리카에서는 미국보다는 캐나다가 아나뱁티스트들의 평화주의 신념에 대해 보다 관용적인 태도를 취했다. 1808년에 온타리오주와 퀘벡주는 평시에 연 20실링, 전시에 연 4파운드를 부담하는 조건으로 역사적 평화교회 신자들에게 군복무를 면제해주었고, 1855년에는 이 조건마저 폐지했다. 1867년에 캐나다 자치령이 시행되자, 자치정부는 1868년에 평화교회의 병역거부자들에게 군복무를 면제해주는 법령을 통과시켰다. 캐나다 정부는 1873년 러시아에서 이주해온 아나뱁티스트들에게도 군면제 혜택을 제공했고, 1898년에는 역시 러시아에서 이주해온 두호보르 신자들에게도 군면제 혜택을 확장해주었다.[54]

유혈 낭자한 박해는 종식되었을지언정 근대적 징집·징병제도가 도입되고 확산하면서 점차 보편적·일반적 제도로 자리 잡음에 따라 역사적 평화교회 신자들이 딛고 설 땅은 갈수록 협소해져만 갔다. 더구나 프러시아나 러시아의 경우에서 보듯이, 양심적 병역거부자 및 역사적 평화교회에 대한 국가의 대응은 종종 일관성을 결여하고 있었다. 이런 비일관성과 즉흥성은 집단이주의 빈도를 높이는 요인이 된다.

우리는 이주 혹은 도피가 '평화주의 신앙을 유지하기 위한 수단'이기도 했다는 점을 강조할 필요가 있다. 이주 대신 정주定住를 선택한 이들 대부분이 평화주의 신앙을 점차 포기하게 되었다는 역사적 사실 또한 이런 관찰의 타당성을 뒷받침해준다. 스위스, 네덜란드, 독일 등의 사례에서 보듯이, 징집이나 군대 후원의 압력에도 불구하고 이주하지 않고 현지에 계속 남기로 결정했던 이들은 대개 민족주의적-군사주의적 주변 환경과 타협했다. 다음은 북부 독일에 남았던 메노나이트들에 대한 허시버그의 설명이다.

프러시아와 모든 북동부의 메노나이트들은 1867년 북독일연방이 세워지면서 무저항은 끝나버리고 말았다. 같은 해에 메노나이트에게 예외를 허용하지 않는 새 군복무 법이 발효되었던 것이다. 법이 통과된 후, 메노나이트들은 베를린에 상고했지만 그들에게 유일하게 용인된 것은 1868년 3월 3일, 정규복무로 말미암아 양심의 가책을 받는 사람들에게 비전투 요원으로서의 군복무를 허용하는 내각명령뿐이었다. 내각명령이 발행(발령—인용자)된 뒤에 순수하게 무저항을 주장하는 많은 수의 메노나이트가 러시아와 미국으로 이주하였다. 독일 모든 지역에서 떠나온 메노나이트들은 일반적으로 무저항 신앙에 충실한 사람들이었다. 독일에 남아 있는 사람들은 처음에 비전투 요원으로 군복무를 받아들였다. 이는 특별히 1868년 내각명령 이후 북부 독일 메노나이트에게 그러했다. 그러나 비전투 요원과 정규군 복무 사이에는 원칙적으로 아무런 차이가 없다는 것이 바로 밝혀졌다. 결과적으로 독일의 메노나이트들은 점차 모든 전쟁에 대한 반대를 포기하고 세계대전 때에는 군에 있는 모든 메노나이트가 정규군으로 복무하게 되었다. 다만, 매우 적은 수만이 법에 의해 제공된 비전투 요원을 선택할 수 있었다. 독일 메노나이트의 무저항 신앙이 이처럼 완전히 타협하는 과정이 진행되는 데는 한 세기 남짓 걸렸다. 제2차 대전이 시작되기 전, 사실상 독일 북부와 팔라티네이트 교회를 포함한 공식적인 협의회인 독일 라이히에 있는 메노나이트공동체조합은 더는 무저항 입장을 취하지 않았다.[55]

19세기 이후 네덜란드, 북부 독일, 스위스의 아나뱁티스트들은 결국 무장 군복무 혹은 (그나마 평화주의적 신념을 조금이나마 보존할 수 있는) 비무장 군복무를 받아들였다. 군복무를 수용하는 선택은 '국가로부터 거리두기'라는 또 다른 전통적 신념의 해체까지 동반했다. 물론 이런 타협적 선택에는 아나뱁티스트들에 대한 지배층의 박해 종식 및 관용, 신자들의 계층적 지위 상승 등 다른 요인들이 함께 작용했다.

19세기는 서구 사회들에서 '조직화된 평화운동'이 등장하고 확산한 시기이기도 했다. 나폴레옹 전쟁 이후 동유럽을 포함한 유럽 전역에 종교인들이 주도하기는 했으되 세속적인 성격을 띠는 평화운동이 출현했다. 처음으로 조직화된 평화운동이 탄생한 곳은 미국과 영국이었다. 1815년에 설립된 뉴욕평화회New York Peace Society를 필두로 미국 여러 주에 평화운동 단체들이 등장했고, 이들이 연대하여 1828년에 미국평화회American Peace Society를 조직했다. 뉴욕평화회 등장과 비슷한 시기에 영국에서도 평화회가 조직되었고, 이 단체는 1819년에 소식지인 「평화전달자Herald of Peace」를 발행하기 시작했다. 미국와 영국의 평화회들은 대체로 종교인들이 중심을 이루고 있었는데, 퀘이커 신자들의 주도 아래 유니테리언을 비롯한 다른 교파의 자유주의적 개신교인들이 함께하는 구도였다.[56]

나폴레옹 전쟁을 통해 전쟁-군사주의-빈곤의 연관이 뚜렷이 가시화했다. 특히 25년에 걸친 전쟁과 혁명의 격동을 매듭지은 1815년의 비엔나조약은 "세속화되고 초국적인 평화운동의 역사적 시발점"이 되었고, 이 운동이 러시아, 발칸반도, 스페인과 포르투갈 등 유럽 전역으로 퍼져나갔다. 1840년대에 런던과 브뤼셀에서 최초의 국제적 평화회의들이 열렸지만 크림전쟁과 각국의 혁명적 격변 속에 1860년대까지는 평화운동의 침체기가 이어졌다. 1848~1849년 유럽을 휩쓴 혁명의 물결, 이어진 크림전쟁(1853~1856년), 독일과 이탈리아의 통일 전쟁이 국제적 평화운동을 사실상 붕괴시키거나 분열시켰다. 미국에서도 일부 노예제 폐지론자들이 평화주의 노선을 포기하는 등 노예제를 둘러싼 갈등이 평화운동 세력을 갈라놓았고, 1861~1865년의 남북전쟁은 기존 분열을 더욱 고착시켰다. 이런 상황 전개에 대해 서보혁과 정주진은 이렇게 설명한다:

"확산되던 평화운동은 1840년대 말 유럽 전역을 휩쓴 혁명의 물결, 그리고 1850년대 중반의 크림반도 전쟁과 연이은 전쟁으로 주춤해졌다. 이때 해방을 위한 전쟁, 폭력적 혁명, 민족주의 전쟁 등을 정당화하는 분위기가 확산됐다. 특정 전쟁은 정당하고 필요하다는 생각과 정의롭고 지속적인 평화를 위해서는 그 기초로 먼저 민주적, 민족주의적 자유가 확보돼야 한다는 신념을 가진 급진주의자들은 영국과 미국을 중심으로 한 평화운동의 이념과 결별했다."[57] 1843년 처음 시작된 국제평화회의 Universal Peace Congress는 1848년 2차 회의, 1853년 3차 회의로 이어졌지만, 이후 1871년까지는 열리지 못했다.

유럽의 평화운동은 1870년대부터 활력을 되찾았다. 군비경쟁, 군사주의, 전쟁의 종식을 위한 제도적 기제에 대한 관심이 증가하는 가운데, 국제 사회주의운동의 부상은 사회정의와 계급투쟁 관점에서 평화 문제에 접근하도록 자극했다. 19세기 후반 유럽 전역으로 확산한 프리메이슨도 파리코뮨 시기에 1만 4천 명의 단원들이 파리에서 내전 종식을 위한 행진을 하는 등 전쟁 반대운동을 벌이는가 하면, 평화전략의 일환으로 공동의 언어를 창조하는 에스페란토 운동에 관여하기도 했다. 1870년대부터 1890년대까지 서구 평화운동의 발전은 눈부셨다.[58] 평화운동 단체들은 1870년 이후 급증하여 1900년 즈음에는 서유럽·북유럽·북미에 425개의 평화 단체들이 존재하게 되었다.[59] 각국의 평화운동 단체들이 급격히 증가하는 가운데 국제적 중재에서도 큰 성과가 나타났다.

1889년 국제의회연합Interparliamentary Union과 1892년의 국제평화사무국International Peace Bureau의 창립은 유럽 평화운동 조직의 초국적 기반 시설을 마련하였다. 비록 매우 초보적이었지만, 이들 기구들은 유럽의 국가연합, 군비 철폐, 시민의 권리와 자유, 평화를 지키기 위한 항구적인 국가 간 국제기구의 개념들을 발전시켰기 때문이다. 국가별 평화협회가 급증하였고, 이들은 국제적 중재에 정치적 관심을 집중하였다. 이들은 남북전쟁 이후 미국과 영국 사이에 성공적인 국제적 중재가 성립되는 데 한몫을 하였다. 1889년에 이르면 100개 이상의 국가별 평화협회에서 수천의 평화운동가가 활동하고 있었고, 이는 분명히 제1차 헤이그 국제평화회의의 개최와 이후 활동의 정치적 환경을 조성한 주요한 원인이었다. 1890~1900년 시기에 63회의 성공적인 국제적 중재가 있었다. 개별 국가 정부에 중재와 조정, 선의의 제3자 개입을 받아들이도록 로비를 벌이는 것이 평화운동의 주요한 활동 사항이었다.[60]

1843년에 처음 열린 국제평화회의는 1892년부터 매년 개최되었다.[61] 1891년부터 시작된 일련의 준비 작업에 이어, 1892년 국제평화회의 참석자들은 같은 해에 상설조직으로 스위스 베른에 국제평화사무국을 창설했다.[62] 1899년과 1907년에는 각각 러시아 황제 니콜라이 2세와 미국 대통령 시어도어 루스벨트의 제안으로 네덜란드 헤이그에서 만국평화회의 혹은 국제평화회의International Peace Conference가 열리기도 했다. 1899년의 1차 회의에는 26개국, 1907년의 2차 회의에는 44개국 대표들이 참가하여 군비축소와 평화 유지 문제를 놓고 토의했다. 참여자들은 군비축소 문제에 대해서는 합의를 이루지 못했지만, 독가스나 덤덤탄dum-dum bullets과 같은 비인도적 무기의 사용금지를 선언했고, 국제중재재판소 설치에도 합의했다. 1907년 회의에서는 전쟁 중 의도적인 민간인 살해를 금지하는 방안이 모색되었다.[63] 1904년에는 전쟁과 모든 형태의 사회적·경제적 착취에 반대하는 국제반군사주의연합International Anti-Militarist Association이 네덜란드에서 창립되었다.[64]

4. 제1차 세계대전과 전간기戰間期

1910년대의 유럽 상황은 바야흐로 역사상 처음의 '세계전쟁'을 향해 치닫고 있었다. 전쟁 기운이 고조됨에 따라 반전평화운동도 활발해졌다. 1910년에 개최된 국제평화회의는 국제법의 필요성, 민족자결권, 식민주의 비판 등을, 1913년 회의는 국제경찰 창설, 군비축소 문제를 다뤘다.[65] 20세기 들어 활성화된 평화운동은 1차 대전 이전에는 헤이그 국제평화회의를 개최하거나 국제사법재판소를 설립하는 등 "전쟁 방지의 실제적 방법의 선전"에 치우쳤지만, 전쟁이 발발한 후에는 "전쟁 자체를 거부하는 방향"으로 전환했다.[66] 그러나 세계대전이 발발하자 대중의 열정적인 전쟁 지지 광풍에 휩쓸려 평화운동은 몰락에 가깝게 쇠퇴했다. 1870년대 이후 그리스도교 평화주의자, 세속적 자유주의자들과 함께 반전운동의 한 축을 차지해왔던 '사회주의적 국제주의자들'의 경우 제1차 세계대전이 임박해지자 소수의 반전 평화주의자들을 제외한 대다수가 민족주의적 전쟁 열기에 휩쓸렸다. 그 여파로 1912년경에 제2인터내셔널은 사실상 붕괴했다.[67] 그런 와중에도 1914년에 12개 나라의 그리스도교 평화주의자들이 모여 "우리는 예수 안에서 하나이며 결코 전쟁에 참여하지 않는다"고 선언했다. 1914~1915년에 영국과 미국에서 각각 화해연대Fellowship of Reconciliation가 조직된 데 이어, 전쟁 직후인 1919년에는 더욱 많은 국가의 평화운동가들이 참여하여 국제화해연대(International Fellowship of Reconciliation: IFOR)를 결성했다. 1915년에는 여성 평화주의자들이 전쟁 종식을 위해 헤이그에 집결했고 전쟁 중에도 활동을 이어갔다.[68]

한편 보편적 징병제가 확고하게 집행된 1차 대전 시기에 이르러 평화주의자들과 양심적 병역거부자들을 에워싼 사태는 대단히 험악해졌다. 병역거부자들의 투옥 행렬이 이어지는 가운데 양심적 병역거부 문제가 전체 사회 구성원들의 중대한 관심사로 부각되었다. 대전 중에 대체복

무법을 도입한 영국이 오히려 예외적인 사례였을 정도로, 대다수 유럽 국가들에서는 양심적 병역거부자들이 줄줄이 체포되었고 심지어 죽임을 당했다.

해나 브록에 의하면, "권리로서의 병역거부는 소수의 유럽 개신교 국가들을 시작으로 20세기 초부터 조금씩 인정되기 시작했다. 양심적 병역거부권은 1902년 노르웨이에서 처음 법률로 보장됐고, 1917년 덴마크에서도 인정됐다. 1916년 영국의 병역법은 징병제를 도입할 당시부터 양심적 병역거부를 허용한 최초의 사례였지만, 1차 세계대전 동안 영국의 많은 병역거부자들은 여전히 감옥에 수감됐다."[69] 이 인용문에서 세계 최초로 노르웨이에서 양심적 병역거부권이 "법률로 보장"되었다는 표

국제화해연대 첫 회합(1919)

현은 수정되어야 한다. "세계 최초 양심적 병역거부권 법제화"의 영예는 1903년에 '방위법' 제정을 통해 양심적 병역거부권을 인정한 오스트레일리아에게 돌아가야 한다. 유럽병역거부사무국(European Bureau for Conscientious Objection: EBCO) 홈페이지의 국가별 정보에 따르면, 노르웨이 정부가 1902년에 양심적 병역거부권을 처음 인정한 것은 맞지만, 이는 법률이 아닌 "군 내부 규정internal military regulations"에 명시된 것에 불과했다. 노르웨이에서 양심적 병역거부권이 법률로 정식 인정된 때는 '군형법Military Penal Code'이 개정된 1922년이었다.[70] 노르웨이 의회가 양심적 병역거부자들의 투옥 중단을 원하는 가운데 여러 의원들이 종교에 따른 양심적 병역거부자에 대한 선고를 "당분간" 유예해달라는 청원을 공동으로 정부에 내자, 국방부 장관이 이를 군 당국에 전달했고, 1902년 봄에 군사령관이 후속 지시가 있을 때까지 종교적으로 동기화된 병역거부자들에 대한 선고를 당분간 유예하고 새로운 거부자들도 더 이상 탄압하지 말라는 "회람문circular"을 발표했던 것인데, 완전한 법제화 때까지 몇 달 동안만 지속되리라 예상했던 이 "임시 규정stop-gap regulations"이 무려 20년이나 유지되었던 것이다. 여기서 또 하나 우리가 유념해야 할 대목은 1870년대부터 부흥한 유럽 평화운동이 양심적 병역거부권 제도화에 어떻게 기여했는가를 노르웨이 사례가 잘 보여준다는 사실이다. 1890년대 노르웨이에서는 평화운동이 성장하면서 퀘이커들을 중심으로 양심적 병역거부 목소리도 증가했고, 세기 전환기에는 양심적 병역거부권 획득이 평화운동의 가장 중요한 이슈 중 하나로 떠올랐다. 평화운동가들의 점증하는 압력으로 인해 "종교적 거부자의 투옥 행렬을 멈추고 이들을 비군사적 노동에 투입하자"는 공감대가 의회 안에 폭넓게 형성되기에 이르렀고, 이런 상황이 되자 이번엔 의회가 양심적 병역거부권 인정에 소극적이던 정부로 하여금 입장을 바꾸도록 강한 압력을 행사했던 것이다.[71]

지금부터는 영국, 캐나다, 오스트레일리아, 뉴질랜드 사례를 좀 더 상세히 살펴보려 한다. 미국 사례는 다음 장에서 고찰할 것이다.

영국은 1차 대전 발발 후 첫 1년 동안 모병제를 유지하다가 1916년 1월 18~41세 미혼 남성을 징집 대상으로 삼는 병역법Military Service Act을 제정했고, 같은 해 5월 동일 연령대 기혼 남성까지 포함하도록 법을 개정했다. 당시에도 교사, 성직자, 필수산업에 종사하는 노동자, 장애인은 면제 대상이었다. 비무장 군복무마저 거부하는 사람들은 사실상의 감옥인 노동센터work center나 실제 감옥에 갇혔는데, "병역기피자를 막기 위해 감옥은 전쟁터의 참호보다 열악해야 한다"는 지침에 따라 여기에 갇힌 양심적 병역거부자들은 매우 가혹한 상황으로 내몰렸다.[72] 1차 대전 당시 케임브리지대 교수였던 천문학자 아서 에딩턴의 사례에서 보듯이 '교수'가 반드시 면제 대상이 되었던 것은 아니어서, 에딩턴은 퀘이커 신자임을 내세워 양심적 병역거부자 지위를 청원해야만 했다.[73] 역사적 평화교회(특히 퀘이커)나 여호와의증인 교단 신자들, 그리고 징병반대연대(No-Conscription Fellowship: NCF)[74] 같은 평화운동 단체 회원 등은 병역면제를 요구했지만, 그것은 재판을 통해서만 허락될 수 있었고 그나마 대부분 거부당했다. 결국 재판에서 패소한 병역거부자들은 병역을 면제받는 대신 당국의 계획Home Office Scheme에 따른 "국가적 주요 업무Work of National Importance"를 수행한다는 명분으로 노동감옥(노동센터)에 갇혔다. 가혹한 조건과 환경을 이겨내지 못하고 무려 70명의 양심적 병역거부자들이 전쟁 중에 사망했다.[75] 당시 영국에서 양심적 병역거부자들은 욕설과 구타, 투옥, 총살 위협 등에 끊임없이 시달려야 했다.[76]

1차 대전을 전후하여 사회주의자나 아나키스트 등 '세속적'이고 '정치적·도덕적인' 병역거부자들도 등장했다.[77] 〈표 2-2〉는 1차 세계대전 기간 중 영국에서 출현한 양심적 병역거부자 14,046명을 병역거부의 동기에 따라 유형별로 구분해놓은 것이다. 종교적 거부자들이 전체의 51%

〈표 2-2〉 제1차 세계대전 당시 영국의 양심적 병역거부자들: 1916~1918년

구분	비율	숫자(명)
종교적 거부(Religious Objection)	51.4%	7,224
정치적 거부(Political Objection)	45.5%	6,389
무소속-개인적 거부(Non-Sectarian Objection)	1.0%	139
이유 불명(Unknown Objection)	2.1%	294
합계	100.0%	14,046

(7,224명)에 이르고, 정치적 거부자들이 46%(6,389명)를 차지하며, 어떤 종교조직이나 정치조직에 소속됨이 없이 개인적으로 거부자가 된 이들이 전체의 1%(139명)를 차지하고 있음을 알 수 있다.[78] 종교적 거부자가 가장 많기는 하나, 대체로 사회주의자들인 정치적 거부자들의 비중도 그에 육박한다는 사실이 주목된다.

시릴 피어스가 작성한 병역거부자 리스트에 따를 경우, 1차 대전 때 영국의 양심적 병역거부자 숫자는 16,636명으로까지 늘어난다. 빅터 헐버트는 1차 대전 당시 영국 재림교회의 상황을 연구했다. 영국에서 병역법이 제정될 당시인 1916년 1월 영국 재림교회 측은 총리에게 신자들을 비전투 임무에 배치해줄 것과 안식일(토요일)에 업무를 면제해줄 것을 청원하여 허락받게 되는데, 그 당시 미국·오스트레일리아·남아프리카공화국에서도 재림교회 신자들에게 동일한 혜택이 이미 주어지고 있었다. 전쟁 때 징집 대상인 18~41세 남성에 해당하는 재림교회 신자들은 네 가지 중 하나, 즉 ① 병역법 제정 당시 필수산업에 종사하던 신자들로서 병역면제 혜택을 받았던 이들, ② 징집되었으나 필수산업의 비전투원 역할에 배치되어 병역을 대신한 신자들, ③ 징집되었지만 군복무를 거부하여 투옥된 이들, ④ 징집되어 군대 내에서 비전투 임무를 부여받아 병역을 이행한 이들에 해당했다. 헐버트에 의하면 1914년 7월 당시 영국의 재림

교회 신자는 2,571명으로 이 중 130명이 징집 대상자였는데, 그 가운데 최소한 82명이 양심적 집총거부 혹은 병역거부를 선택했고, 최소 17명은 비전투원 군복무마저 거부하여 노동센터에 갇혔다.[79]

　　18세기 말부터 양심적 병역거부를 인정해 왔던 캐나다의 경우 1917년에 징병제를 도입했다. 그러나 1917년 병역법Military Service Act에는 모호한 구석이 많았다. 종교에 근거한 양심적 병역거부를 인정하는 것처럼 보이지만, 교파 명칭을 명시한 것도 아니고 비무장 복무가 확고히 보장된 것도 아니었다. 평화교회들은 관련 규정을 명료히 해달라고 캐나다 정부에 청원했고, 1918년 7월 중앙항소법원 판사central appeal judge는 메노나이트, 퀘이커, 재림교회와 몇몇 교단들을 양심적 병역거부권이 허용되는 평화주의 종교로 인정했다. 그러나 공중의 압력 때문에 의회와 연방정부는 양심적 병역거부자들에 대한 포괄적 예외조치 허용에 부정적인 태도를 유지했다. 종교적 거부자들이 성공 가능성이 높은 병역면제 요청을 할 수 있었던 것은 사실이지만, 전쟁이 끝날 때까지도 그들의 법적 지위는 여전히 혼란스런 상태였다. 그러나 1차 대전 당시에도 퀘이커, 메노나이트, 그리고 다른 평화교회 소속 이민자들이 인구의 상당 부분을 차지했던 온타리오주와 서부 캐나다 지역에서는 대부분의 종교적 거부자들이 병역면제를 인정받았다. 모든 포괄적 예외 조치가 종료된 1918년 이후에는 병역면제를 받으려면 반드시 재판을 거쳐야만 했지만, 상당한 재량권이 주어진 재판의 과정에서는 종교적 평화주의에 대한 무지, 애국주의에 기초한 병역기피자 낙인 등이 종종 장애 요인으로 작용했다. 평화교회가 아닌 기성 교파established churches 신자들의 양심적 병역거부자 지위 신청은 원칙적으로 거부되었고, 그럼에도 비非평화교회 신자들이 병역거부를 고수하는 경우 법정은 개인적 양심에 근거한 이들의 주장에 대해 매우 부정적이었다. 양심적 병역거부권을 기각당한 이들은 군軍사법 절차와 투옥 가능성에 직면해야 했다. 캐나다에서는 1919

년 1월 현재 100명 이상의 양심적 병역거부자들이 구금 상태에 놓여 있었다.[80]

한편 오스트레일리아와 뉴질랜드도 일부 종교인들에게 병역을 면제해줌으로써 일찍이 양심적 병역거부권을 법적으로 제도화한 나라들이었다. 오스트레일리아는 1903년에 제정한 방위법을 통해 세계 최초로 양심적 병역거부권을 법제화했다. 진석용에 의하면, "'거부권'을 세계 최초로 인정한 나라는 호주이다. 호주는 1903년 '방위법'에서 "무기 소지에 대한 양심적 거부를 선언하는 자"는 병역을 면제한다고 규정하였다."[81] 이웃인 뉴질랜드는 1912년에 양심적 병역거부권을 법적으로 인정했다. 그러나 양심적 거부자에 대한 뉴질랜드 정부의 대응은 전체적으로 편협하고 가혹했다. 뉴질랜드는 1909년에 의무군사훈련제도(compulsory military training: CMT)를 도입했지만, 호주와는 달리 양심적 병역거부를 인정하지 않았다. 1914년까지 거의 5천 명이 의무군사훈련에 저항한 혐의로 기소되었고, 일부는 군 부적격자 캠프들에 갇혔다. 당시 뉴질랜드평화회의 New Zealand Peace Council, 반군사주의연맹Anti-Militarist League, 자유연맹 Freedom League 등의 그리스도교 평화운동 단체들이 의무군사훈련제도에 저항했다. 뉴질랜드는 1916년에 징병제를 처음 도입했는데, 많은 찬반 논란을 거쳐 처음에는 퀘이커와 크리스타델피안파Christadelphians 신자들에게만 자동적으로 병역이 면제되는 혜택을 부여했고, 나중에는 재림교회 신자들에게까지 확대 적용했다. 이 교단들 바깥의 양심적 병역거부자들은 투옥되어 최대 2년의 징역형을 선고받았고, 출소 후에도 계속 전쟁을 거부할 경우에는 때때로 재투옥되었다. 유달리 강경한 병역거부 입장을 고수한 14명은 강제 승선되어 외국으로 쫓겨나는 혹독한 처벌을 받았다. 1차 대전이 끝날 무렵 병역거부자들은 10년 동안 투표권과 공무담임권을 박탈당하고 있었는데, 이는 오직 뉴질랜드에서만 발견되는 징벌이었다.[82] 〈표 2-3〉은 1차 대전 당시 뉴질랜드의 양심적 병역거부

자 수치를 범주별로 구분한 것이다. 투옥된 286명 가운데 종교적 거부
자가 141명, 사회주의자가 59명, 종교적 거부자이면서 사회주의자이기
도 한 이들이 11명, 아일랜드 출신이어서 거부한 이가 23명, 아일랜드인
이자 사회주의자인 경우가 6명 등이었다.[83]

1차 대전 당시 병역거부자들을 수용한 뉴질랜드 와이케리아교도소(Waikeria Prison)(1923)

<표 2-3> 제1차 세계대전 당시 뉴질랜드의 양심적 병역거부자들[84]

거부자의 범주	거부자의 수(추정치)
모든 형태의 군복무를 거부하여 투옥된 이들(마오리족 포함)	286명
양심적 병역거부를 주장하여 병역을 면제받은 이들	100명
집총은 거부하지만 비무장 부대로 전출되는 데 동의한 이들	350명
신체검사에 불응하거나, 캠프에 참가하지 않거나, 탈영한 이들	2,155명
징집 명부에 아예 등록하지 않은 이들	3,500~5,000명
합계	6,400~7,900명

한편, 전쟁 시기에 침체됐던 평화 담론과 평화운동이 1차 대전 여파로 1910년대 말부터 다시 번성했다. 1차 대전 중에 퀘이커 교단은 미국친우봉사회American Friends Service Committee를 발족했다.[85] 메노나이트, 브레드런, 퀘이커 교단은 1919년에 인도적 구호를 위한 위원회들을 만들었다. 독일, 오스트리아, 네덜란드, 영국의 징병제 반대자들은 1921년에 평화에스페란토(Esperanto for Peace 혹은 PACO)를 조직했다.[86] 1922년에는 (1904년 창립된) '국제반군사주의연합'의 일부 구성원들이 전쟁저항자인터내셔널WRI을 창립했고, 1933년까지 그 조직이 24개 국가로 확대되었다. 1915년 헤이그에서 회합한 바 있던 일군의 여성 평화주의자들은 1919년에 '평화와 자유를 위한 국제여성연맹(Women's International League for Peace and Freedom: WILPF)'을 결성했다. 국제평화사무국도 오랜 침체를 극복하고 1920년대에 본래의 활력과 역동성을 회복했다. 1930년대에는 50개 비정부 국제기구들의 조정위원회가 '전쟁 찬양 교과서' 철폐 운동과 평화교육에 나섰다.[87] 러시아혁명의 영향력에 주목하면서 김명섭은 1차 대전 이후의 평화운동에 대해 다음과 같이 개관했다.

　비록 부르주아적 평화주의와 사회주의적 평화주의를 구별하기는 했지

만, 1917년 이후 러시아는 적어도 유럽 대륙에서 평화 담론을 주도하
였다. 1916년 노벨평화상을 수상했고 1920년대에 들어서 인도 사상과
공산주의 사상을 종합하려고 했던 롤랑(Romain Rolland, 1866~1944), 제1차
대전의 참상에 절망하고 대신 사회주의혁명이 각국에서 성공해야 비
로소 세계평화가 이룩될 수 있다고 믿었으며 결국 조국 프랑스 대신 모
스크바에서 숨을 거둔 바르뷔스(Henri Barbusse, 1873~1935) 등은 모두 이러
한 러시아발 평화 담론에 심취했던 지식인들이었다. 1920년대 유럽에
서 경쟁적으로 표출된 평화 담론은 1929년 독일에서 출판된 레마르크
의『서부전선 이상 없다』라는 문학작품을 낳기도 했으며, 1928년에는
프랑스 외무장관 브리앙Aristide Briand과 미 국무장관 켈로그Frank Kellogg
의 주도로 공격적 전쟁을 금지하는 최초의 다자조약이 체결되기도 하
였다. 1932년 롤랑과 바르뷔스가 주도했던 암스테르담 반전세계대회
는, 사상과 신조에 관계없이 모든 사람들을 반전·반파쇼 통일전선으
로 끌어모으기 위한 것이었다."[88]

많은 양심적 지식인들이 개인 차원에서, 혹은 서로 협력하여 평화 활
동에 뛰어들었다. 점점 현실로 다가오는 '거대한 전쟁'을 막아보려고 미
국에서 윌리엄 제임스가 군사주의에 맞서 평화운동에 나섰음은 머리말
에서 본 바와 같다. 역시 머리말에서 언급했듯이 1차 세계대전 당시 로
맹 롤랑, 헤르만 헤세, 바르트 더리흐트, 조지 허버트 미드 등이 양심적
병역거부자들을 돕기 위한 운동에 가세했다. 1차 대전이 시작되었을 때
이미 48세였던 로맹 롤랑은 프랑스와 독일을 상대로 전쟁 중단을 호소했
다. 그에게 매국노라는 비난이 쇄도하자 그는 프랑스를 떠나 영세중립
국인 스위스로 이주한 후 현지의 헤르만 헤세 등과 합세하여 반전 활동
을 벌였다. 1877년 독일에서 태어나 1904년부터 스위스에서 활동한 헤
세는 1차 대전 도중인 1916년부터 확고한 반전주의자로 변신했다. 그는

전쟁에 반대하면서도 국민의 한 사람으로서 의무는 다한다는 생각으로 군대에 자원했으나, 고도근시라는 이유로 징집이 거부되자 전쟁 기간을 포함한 5년 동안 전쟁포로 복지사업에 헌신했다.[89]

1차 대전 당시 그리고 그 직후에 평화주의자이자 사회주의자로 활약했던 헬렌 켈러는 노동자 대중집회에서 '반전 파업'을 요청했다: "전쟁에 맞서 파업을 벌이십시오! 여러분 없이는 어떤 전투도 할 수 없습니다! 유산탄과 독가스탄, 모든 종류의 살인 도구를 만드는 일을 거부하는 파업을 벌이십시오! 수백만 인류의 죽음과 고통을 뜻하는 전시 태세에 맞서 파업을 벌이십시오!"[90] 네덜란드의 목사였던 바르트 더리히트는 1차 대전이 발발하자 "교회의 죄"라는 선언문을 발표하여 제국주의와 교회가 공모하여 전쟁을 초래했다고 비판하며 전쟁 반대 입장을 천명했고, 곧이어 양심적 병역거부자를 돕는 운동을 전개했으며, 그로 인해 자신이 몸담고 있던 교회와 어쩔 수 없이 결별했다. 전쟁 직후인 1921년에 그는 국제반군사주의사무국(International Anti-Militarist Bureau: IAMB)을 창설했고, 1923년 네덜란드에서 양심적 병역거부를 수용하는 최초의 법률이 제정되는 데 크게 기여했다. 1925년에 스위스로 이주한 그는 1930년대에 간디, 아인슈타인, 헉슬리 등과 협력하여 국제적인 평화연대운동을 전개하는 한편 『행동으로서의 평화』, 『전쟁에 대항하는 전쟁』, 『폭력의 정복』과 같은 주요 저술들을 집필했다. "폭력이 증가할수록 혁명은 감소한다"는 철저한 비폭력주의는 그에게 "서양의 간디"라는 별칭을 안겨주었다.[91] 미국의 조지 허버트 미드 역시 1차 대전 당시 주요한 '평화의 목소리' 중 하나였다.

위에서 언급되었듯이 아인슈타인도 대표적인 평화운동가 중 한 사람이었다. "진지한 마음을 가진 평화주의자"로서 그는 더 많은 이들이 양심적 병역거부에 나설 것을 공개적으로 촉구했다. "진지한 마음을 가진 평화주의자들은……실제로 무엇인가를 시도해야만 합니다.……우리는 전쟁의 부도덕성을 이해시켜야 합니다.……두 가지 제안을 드리겠습니다. 그중 하나는……어떠한 상황에 부딪히더라도, 전쟁과 관련된 어떠한 종류의 복무에도 참여하지 않는 것입니다. 비록 커다란 개인적 희생과 고난이 따를지라도 세계평화를 위해서 무엇인가 구체적인 일을 하려고 하는 모든 이들은 전쟁과 관련된 모든 복무를 거부해야만 합니다."[92] 저명한 지식인들은 몇 차례에 걸쳐 징병제, 청소년 군사훈련에 반대하는 국제적 서명운동을 벌이기도 했다. 그중에서도 1926년의 "징병제 반대선언Anti-Conscription Manifesto"과 1930년의 "징병제와 청소년 군사훈련에 반대한다Against Conscription and the Military Training of Youth" 선언이 널리 알려져 있다.[93] 1934년 영국의 성공회 사제인 캐넌 딕 셰퍼드가 주도한 '전쟁 포기 서약'의 서명운동은 평화서약유니온(Peace Pledge Union: PPU)의 발족으로 발전했다.[94] 서보혁과 정주진은 이에 대해 다음과 같이 설명한다: "1934년 영국에서는 전쟁을 거부하는 서명운동이 시작됐다. 이 캠페인은 1936년 조직화된 운동이 됐고 800개의 지방 단체들이 지지를 표명했다. 이들은 대중집회를 열고 신문도 제작했다." 이와 유사한 맥락에서, (1926년 징병제 반대선언에도 참여한) 아서 폰손비는 징병제 반대운동 차원에서 각국 정부가 군인 모집을 반대하는 맹세에 서명할 것을 촉구하는 '평화편지 캠페인Peace Letter Campaign'을 벌였고, 12만 8천 명의 서명이 담긴 서한을 영국 정부에 전달했다.[95]

1890년대부터 1차 대전을 전후한 시기까지 유럽, 특히 독일과 스위스의 종교사회주의자들religious socialists, 영국 중심의 기독교사회주의자들Christian socialists 사이에서도 평화운동에 뛰어드는 이들이 대거 등장했다. 나중에 다시 살펴겠지만, 미국의 사회복음주의자들social gospelers 중 다수도 평화운동에 참여했다. 종교사회주의, 기독교사회주의, 사회복음의 주창자 대부분이 평화주의자들이었던 것은 아니다. 이들은 대체로 루터교, 성공회, 감리교, 회중교회 등 주류 개신교 교단에 속했으므로 평화주의 교리보다는 '정의로운 전쟁' 교리에 더욱 가까웠을 가능성이 높았다. 반면 퀘이커나 메노나이트 등 역사적 평화교회 출신의 종교사회주의, 기독교사회주의, 사회복음 참여자들은 드물었다. 그러나 종교사회주의자·기독교사회주의자·사회복음주의자들은 거의 예외 없이 '레닌식 폭력혁명 노선'에 반대하면서 합법적·평화적 개혁 노선을 옹호할 뿐 아니라, 다양한 형태의 '군사주의'에도 반대했다. 물론 누군가가 반군사주의자가 되는 동기는 다양하며 반군사주의자가 반드시 평화주의자인 것도 아니지만, 그럼에도 종교사회주의·기독교사회주의·사회복음 지지자들은 반군사주의와 폭력적 사회주의혁명 반대 입장을 매개로 종종 평화주의나 평화운동과 연결되었다. 요컨대 종교사회주의·기독교사회주의·사회복음 진영 전체가 평화운동에 참여한 것은 아니었지만, 그곳에서 다수의 걸출한 평화운동 지도자들이 배출되었던 것이다. 일본에서도 대표적인 기독교사회주의자인 가가와 도요히코賀川豊彦 목사가 평화운동을 이끌었다.

여기서는 종교사회주의의 대표적인 지도자들인 블룸하르트와 라가츠에 주목해보자. 자신을 "프랑스혁명에서 감지되었던 폭력적인 혁명주의에 동조하지 않는 사회주의자"로 규정했던 블룸하르트는 (자본주의는 물론이고) 사회주의마저도 "야만적 폭력의 정신"에 감염되었다면서 1906년 사회민주당을 탈당한 바 있다.[96] 라가츠도 러시아 10월혁명은 "전쟁사회주의"의 귀결이며, 볼세비즘의 승리로 "사회주의적 군국주의"와 "사회주의 군사화"가 세계적으로 확산하면서 사회민주주의가 변질되었고, 그로 인해 진정한 의미에서의 '인간적인 사회주의', 즉 블룸하르트가 주장했던 "비폭력적 민주적 사회주의"가 위축되었다고 주장했다.[97] 라가츠는 1차 대전은 "노동 현장에서 발현되던 자본주의의 폭력원리가 제국주의 전쟁으로 확산된 것"으로서, "세계대전의 피바다는 그리스도마저 젖게 하였다"면서 "제국주의 폭력의 악마와 민족주의 우상에 굴복한" 독일 교회의 "전쟁신학"을 맹렬히 비판했다. 그는 사회민주주의 계열의 반전 노선을 적극 지지했고, 1919년에 창립된 국제화해연대의 평화주의 입장에 동조했으며, '국제연맹'의 열렬한 지지자로서 군비확장에 반대하고 양심적 병역거부자들을 위해 투쟁했다.[98] 라가츠처럼 많은 종교사회주의자들이 1914년 1차 대전 발발을 계기 삼아 평화주의로 전환하면서 양심적 병역거부를 지지했다. 종교사회주의자들은 국제연맹에 대해서도 "국제적, 비폭력적 국제질서의 시작을 의미"한다고 높이 평가했지만, 파시즘이 창궐하자 '군사적 저항'에 반대하지 않는 노선으로 선회했다.[99] 라가츠는 이런 부류의 종교사회주의자들과도 불화했다. 라가츠와 몇몇 동료는 자신들이 속한 스위스 사회민주당이 히틀러 집권 이후 군대를 긍정적으로 평가하고, '군사적 애국주의'에 편승하고, 군사 차관에 동의하는 등 군대에 대한 기존 입장 수정을 결의하면서 종전의 "반군사적 성향"을 포기하자 집단적으로 탈당했다.[100] 라가츠의 탈당에는 스위스 사회민주당이 국제연맹 가입을 거부한 데 대한 불만도 작용했다고 한다.[101]

많은 나라에서 평화운동의 성장은 양심적 병역거부권 인정을 촉진했다. 1차 대전 종전 후 고조된 평화운동으로 인해, 그리고 주류 교파 신자들도 상당수 평화운동에 가세함에 따라, 1920~1930년대에 네덜란드·노르웨이·핀란드 등 몇몇 개신교 계통 국가들이 양심적 병역거부자들을 위한 대체복무제를 차례로 법제화하게 되었다. 전통적인 평화주의 신념으로부터 점차 멀어졌던 유럽 아나뱁티스트들도 1차 대전 후 예전의 신앙을 회복해 갔던 사실 또한 주목되며, 이 역시 양심적 병역거부권 인정의 확산 추세에 기여했다. 예컨대 네덜란드 메노나이트 신자들 가운데 1차 대전 당시 양심적 병역거부로 투옥된 이는 단 한 명에 불과했다.[102] 그러나 1922년에는 네덜란드에서 메노나이트 신자들의 주도 아래 군복무에 반대하는 단체가 설립되었고, 이 단체는 양심적 병역거부자들에게 다양한 조력을 제공했다. 1936년 네덜란드에서 열린 '제3회 세계메노나이트총회'에서는 '국제메노나이트평화위원회'가 조직되었다.[103]

제
3
장

세계적 차원에서 본

양심적 병역거부(2)

: 제2차 세계대전 이후

1. 두 번째 세계대전과 그 후

제2차 세계대전 동안에는 1차 대전 때보다 훨씬 많은 이들이 양심적 병역 거부 대열에 합류했다. 영국 인류학자 빅터 터너, 미국의 토머스 머튼도 그 대열에 속해 있었다. 1차 대전 당시와 달리 영국과 미국 등에서는 양심적 병역거부자들에게 대체복무의 기회를 제공했다. '대체복무의 제도화'는 2차 대전 시기의 양심적 병역거부 역사에서 가장 중요한 성취였다.

당시 영국 정부는 세 종류의 병역면제를 제공했다. 그것은 무조건적 병역면제, 특정화된 시민적 업무를 담당하는 조건적 면제, 전투 임무만의 면제였다.[1] 유니버시티칼리지런던UCL에서 시와 고전을 전공하는 대학생이던 빅터 터너는 1942년에 양심적 병역거부자로 인정받아, 런던 근교의 양심적 병역거부자들로만 구성된 비전투원 부대에 소속되어 폭탄 해체 작업을 포함해 여러 '위험한' 업무들을 수행했다.[2] 터너 사례는 양심적 병역거부자들의 대체복무가 아직은 민간 주도가 아닌, 군대의 지휘 아래 수행되고 있었음을 보여준다. 영국의 건축가 로런스 베이커도 유사한 군 주도 대체복무를 수행했다. 10대에 퀘이커 신자가 된 그는 2차 대전 때는 양심적 병역거부자로서 "앰뷸런스 부대에 근무하면서 중국과 일본의 전선에서 민간인 사상자, 특히 한센병 환자를 치료했다."[3]

그러나 2차 대전 시기는 "평화운동의 암흑기"에 가까웠다. 파시즘의 위협에 직면하여 평화주의를 아예 포기하거나, 종전의 '정의로운 전쟁론'으로 회귀하거나, '상대적 평화주의' 등 새로운 형태의 평화주의 사상을 주창하는 이들이 등장했다. 저명한 반전론자인 러셀과 아인슈타인도 전쟁 불가피론으로 돌아섰다.

일부 단체들과 인사들이 '반전'을 외쳤지만, 2차 대전은 평화운동의 암흑기라고 해도 과언이 아니었다. 심지어 여러 평화단체들이 '반전' 입장을 철회하기도 했다. 사회주의 계열의 단체였던 미국평화행동American Peace Mobilization은 나치 독일의 히틀러가 소련을 침공하자 소련의 보복 전쟁을 지지했다. …… 당시 대표적인 평화사상가였던 러셀B. Russell은 '상대적 평화주의'라는 이름하에 나치 독일을 물리치기 위한 전쟁은 불가피한 일이라고 주장하기도 했다. 당시 평화주의자들의 고민은 아인슈타인A. Einstein의 말에 잘 담겨 있다. "저는 모든 군대와 폭력을 증오합니다. 하지만 지금 현재에는 이러한 증오의 무기가 유일하고도 효과적인 보호 수단이라는 점에 동의하지 않을 수 없습니다."[4]

유럽에서의 파시즘 등장과 일본의 군사화, 그리고 그에 대한 서방 국가들의 경제적, 정치적 대응이 효과를 발휘하지 못하면서 군사적 수단으로 파시즘에 대응해야 한다는 주장이 힘을 얻기 시작했다. 이는 평화운동에 대한 지지의 쇠퇴로 이어졌다. 이후 발발한 2차 세계대전은 1차 세계대전 때보다 평화운동에 더 큰 타격을 주었다. 1차 세계대전 도중, 그리고 그 이후 만들어진 평화운동 단체들은 비난을 받았다. 특히 미국의 유대인들은 평화운동 단체들의 중립성과 미국 전쟁 개입에

'평화주의'의 날개를 떼버린 아인슈타인을 풍자한 카툰(1933)

대한 반대를 비난했다. 1941년 일본의 진주만 공격 후 평화운동은 소수의 헌신적인 평화주의자들만을 제외하고 거의 몰락했다. 그럼에도 평화주의자들은 전통적인 주제인 병역거부와 인도적 지원에 초점을 맞춰 평화운동을 이어갔다.[5]

1차 대전 직후부터 서구 사회들에서 평화운동이 급격히 재활성화되었던 데 비해, 2차 대전 이후에는 냉전 논리에 짓눌린 나머지, 그리고 1950년대가 시작되자마자 발발한 한국전쟁의 여파로 1920~1930년대 전간기戰間期에 견줄 정도의 평화운동이 발전하지 못했다. 토머스 머튼에 의하면, "1918년에서 1939년 사이 유럽과 미국 전역에는 종교적 이유에 근거한 정교한 반전론이 팽배해 있었다. 당시 독일, 영국, 미국에서 대규모 평화운동이 일어났다. 하지만 이런 평화운동은 한편으로는 변변한 저항도 못 한 채 전체주의 국가들에 의해 쉽사리 분쇄되었고, 또 다른 한편으로는 소위 '전형적인 정당한 전쟁 또는 방어전쟁'(제2차 세계대전을 가리킴—인용자)의 발발로 인해 억압되었다. 1945년 이후로는 그 이전 시대의 반전운동에 비견할 만한 평화운동을 찾아보기 힘들어졌다. 오히려 우리는 '평화운동'은 곧 공산주의라는 식의 황당무계하고 무지막지한 허구적 주장을 목격해왔다."[6] 2차 대전 직후 되살아난 평화운동은 냉전체제 형성기와 한국전쟁 시기에 재차 쇠퇴했다. 하지만 핵전쟁을 막으려는 운동은 2차 대전 이후 본격화했다. 서보혁과 정주진이 말하듯이, "2차 세계대전 직후 평화운동은 되살아났다.……그러나……1950년대에 접어들면서 서방과 공산권의 대결이 본격화되고 한국전쟁이 발발하면서 미국의 평화운동은 다시 쇠퇴의 길을 걸었다. 대중은 겁을 먹었고 국가안보에 관심을 가지게 됐다. 평화운동가들은 매국노로 비판을 받았고 감시를 당했으며 때로 체포되기도 했다. 냉전체제가 평화운동을 주춤하게 만들기는 했지만 핵무기와 핵실험을 반대하는 운동은 전 세계적으로 확산됐다. 북미와 서유럽, 그리고 일본에서 1950년을 전후로 반대 시위가 있었고 1954년 이후에는 핵실험에 대한 우려가 높아졌다. 그러나 대중의 지지를 받는 조직화된 핵무기 반대 캠페인은 1957년에 미국과 영국에서 시작됐다."[7]

평화운동의 부진에도 불구하고 2차 대전 이후 양심적 병역거부권 인정과 대체복무제 도입 움직임은 더 많은 서구 국가들로 확산했다. 1949년에 양심적 병역거부권을 헌법에 명문화한 독일을 비롯해, 2차 대전을 전후하여 더 많은 서구 국가들이 이 흐름에 합류했다. 노명식의 설명을 들어보자.

영국의 경우 제1차 대전 때에는 1만 6천 명의 양심적 병역거부자를 투옥하거나 심지어 사형까지 처하였는데도, 제2차 대전 때에는 6만여 명의 양심적 병역거부자들을 엄밀히 심사하여 그 약 30%만을 군무에 복무하게 하고, 나머지는 완전히 병역을 면제시키거나 민간 작업에 대체근로代替勤勞시키거나 혹은 비전투 군무軍務에 종사하게 하였다. 영국에 있어서 특히 주목해야 할 것은 신앙의 양심상 문제 이외에도 도덕적, 철학적 양심에 근거한 정치적 이유에 의한 병역거부도 법적으로 인정하였다는 사실이다. 공산주의자로서 동지가 되는 노동자를 죽일 수 없다든가, 노동당원으로서 보수당의 전쟁 정책에 양심적으로 따라갈 수 없다든가, 또는……약소민족의 자유와 독립을 억압하는 제국주의 전쟁에는 양심상 가담할 수 없다든가 하는 따위의 정치적 이유로 병역을 거부한 자도 종교적 양심 때문에 병역을 거부한 자와 똑같이 합법적으로 인정하였던 것이다. 그리고 양심적 병역거부를 합법적으로 인정한 나라는 제2차 대전 때만 하더라도 영국, 미국, 노르웨이, 네덜란드 정도에 불과했으나, 1966년 현재로는 열다섯 나라로 늘었다. 서독은 헌법 제4조 3항에 명백히 "누구도 그 양심에 반하여 무기로써 하는 전쟁의 직무를 강제받아서는 안된다"라고 밝히고 있고, 일본의 헌법은 전쟁과 무장을 완전히 포기하고 있다.[8]

가톨릭 색채가 강한 프랑스와 벨기에는 1960년대에 이르기까지도 양심적 병역거부자에 대한 법적 보호장치를 마련하지 않았다. 그러다 프랑스는 1963년에 종교적 거부자뿐 아니라 철학적 거부자도 인정하고, 비무장 군복무 그리고 (군복무 기간의 2배에 해당하는) 민간대체복무 모두를 인정했다. 벨기에는 이듬해인 1964년에 종교적, 철학적, 도덕적 거부를 모두 인정했다. 서독은 분단 기간인 1949~1990년 내내 모든 종류의 양심적 병역거부자들에게 비무장 군복무와 민간대체복무 기회를 허용했고, 동독은 1964년에 양심적 병역거부자들에게 '비무장 군복무' 기회를 제공했으며, 스웨덴은 1966년에 여호와의증인 신자들에게 모든 형태의 병역을 완전히 면제해주었다.[9] 1997년 현재 네덜란드와 핀란드도 여호와의증인 신자들을 위한 특별규정을 두고 있었다.[10]

서독은 군대도 존재하지 않은 상태에서 양심적 병역거부권이 먼저 주어진 특이한 경우였다. 안드레아스 스펙이 말하듯이, "서독은 2차 세계대전의 결과로—심지어 군대(독일연방군)를 보유하기도 전부터—양심적 병역거부권을 가지게 됐다. 이 권리는 1949년에 제정된 서독 헌법 4조 3항에 명시됐다. 그러나 이 조항은 1955년 서독의 재무장과 1956년 징병제의 재도입 이후에야 중요성을 갖게 됐다. 그전까지는 군대의 부재로 인해 헌법상의 상징적인 선언에 불과했던 것이다."[11] 후버와 로이터는 동독에서 양심적 병역거부-대체복무-개신교회의 관계를 다음과 같이 설명한 바 있다. "동독에서는 서독에서보다 6년 후인 1962년에 일반적 병역의무가 부과되었다. 처음에는 병역거부가 법적으로 허락되지 않았으나 1964년 동독은 인민군의 건설대에서의 무기를 가지지 않은 병역의 가능성을 열어놓았다. 교회는 병역거부를 일반적으로 지지하지는 않는다고 선언함으로써 이러한 규율을 가능하게 했었다. 그리고 교회는 이러한 해결책을 단지 최소한의 타협으로 간주했으며 처음부터 동등한 사회적 평화봉사를 제3의 가능성으로서 내세웠었다.”[12]

1960년대 중반 제2차 바티칸공의회를 계기로 가톨릭교회도 양심적 병역거부자들을 지지하는 입장으로 선회했다. 공의회의 영향으로 1960년대의 프랑스와 벨기에에 이어, 이탈리아(1972년), 오스트리아(1974년), 포르투갈(1976년), 스페인(1978년) 등 가톨릭 인구가 대다수인 국가들도 1970년대에 대체복무제를 도입했다. 스위스는 양심적 병역거부권 인정과 대체복무제도 도입이라는 점에서 볼 때 유럽 국가들 가운데 가장 늦은 축에 속한다. 스위스에서 병역거부권이 법적으로 승인된 것은 1996년의 일이었다.[13] 스위스에서도 1960년대 이후 양심적 병역거부권을 요구하는 이들이 늘어났지만, 그렇다고 그 비율이 전체 징집 대상자의 1%를 넘은 적은 없었다. 아디 리브니는 스위스의 이런 특성을 “공화주의적 ‘시민-군인’ 모델republican model of the ‘citizen-soldier’”로 설명했다.[14]

앞서 보았듯이 오스트레일리아는 1903년에 세계 최초로 양심적 병역거부권을 법제화했다. 그러나 1992년까지도 종교적 이유의 양심적 병역거부, 곧 “오랜 기간 신실하게 견지된 종교적 신념”을 가진 경우에만 병역거부권이 인정되었다. 그러나 그 이후 오스트레일리아는 종교적 이유뿐 아니라, 철학적·윤리적 이유의 병역거부도 인정하게 되었다. 이 과정에서 오스트레일리아는 무엇보다도 선택적 거부, 즉 “특정 분쟁이나 전쟁에 대한 양심적 병역거부”까지 인정하게 되었다.[15]

뉴질랜드에서는 2차 대전 시기인 1940년에 징집제가 재차 도입되었다. 1909년에 처음 채택되었다가 1930년에 폐지된 의무군사훈련제도CMT도 1949~1959년 사이에 부활했다. 2차 대전 당시 약 5천 명이 양심적 병역거부자 지위를 신청했지만, 뉴질랜드 정부는 이전처럼 퀘이커와 크리스타델피안파에게만 자동적인 병역면제 혜택을 부여했다. 양심적 병역거부자 지위 신청자 중 약 800명은 수용소에 갇혔고, 이들 역시 1차 대전 때의 양심적 병역거부자들처럼 10년 동안이나 투표권을 박탈당해야 했다.[16]

〈표 3-1〉에서 보듯이, 1903년부터 2003년까지 100년 동안 55개 국가들이 양심적 병역거부권을 법적으로 인정했다. 표를 통해 알 수 있듯이 냉전체제 해체가 양심적 병역거부권 인정의 중요한 촉진요인으로 작용했다. 탈냉전 시기인 1989년부터 1990년대에 걸쳐 무려 29개 국가(전체 55개 국가 중 52.7%)가 양심적 병역거부권을 제도적으로 승인했다. 2차 대전 이후에는 이미 언급한 바 있는 독일(서독)을 비롯하여 포르투갈, 스페인, 러시아가 이 권리를 아예 헌법에 명문화했다.[17] 핀란드도 헌법 127조에 "모든 핀란드 시민은 법에 따라 국방에 참여하거나 지원할 의무가 있다. 양심에 근거한 군사적 국방 참여를 면제받을 권리에 관한 규정은 법률로 정한다"고 명시하고 있다.[18] 양심적 병역거부에 대한 법적 권리를 인정하는 국가가 늘어나니 자연스럽게 이 권리를 행사하는 이들도 늘어났다. 유럽의 경우 1980년대 말에 이르면 양심적 병역거부자 수가 1960년대에 비해 6배나 증가했다.[19]

전체적으로 볼 때, 양심적 병역거부와 관련된 국가기준, 국가정책, 양심적 병역거부자들이 기대하는 목표는 역사적으로 〈표 3-2〉나 〈표 3-3〉과 같이 변화해왔다고 정리할 수 있겠다(〈표 3-3〉은 〈표 3-2〉를 좀 더 단순화한 것이다).

〈표 3-1〉 양심적 병역거부에 대한 법적 인정 추이: 1903~2003년[20]

연도	국가	누계*
1903	오스트레일리아	1
1912	뉴질랜드	2
1916	영국	3
1917	캐나다, 덴마크, 미국	6
1920	스웨덴	7
1922	노르웨이, 네덜란드	9
1931	핀란드	10
1949	독일(서독)	11
1963	프랑스	12
1964	벨기에	13
1972	이탈리아	14
1974	오스트리아	15
1976	포르투갈	16
1978	스페인	17
1988	마셜제도, 브라질, 폴란드	20
1989	헝가리	21
1990	크로아티아	22
1991	몰도바, 불가리아, 에스토니아, 체코슬로바키아	26
1992	몬테네그로, 세르비아, 슬로바키아, 슬로베니아, 우즈베키스탄, 카보베르데, 키프로스, 파라과이	34
1993	러시아, 앙골라	36
1995	아르헨티나, 아제르바이잔, 이스라엘	39
1996	루마니아, 리투아니아, 보스니아헤르체고비나, 스위스, 우크라이나	44
1997	조지아, 그리스, 모잠비크	47
1998	알바니아, 에콰도르	49
2000	대만[21]	50
2001	마케도니아	51
2002	라트비아, 몽골, 키르기스스탄	54
2003	아르메니아	55

* 당해 연도까지 양심적 병역거부를 인정한 국가의 누적 수치임.

〈표 3-2〉 유럽·미국을 기준으로 한 국가와 양심의 패러다임 변화(1)[22]

시기	국가의 기준	국가정책	양심적 병역거부자들의 기대 목표
근대 이전	양심적 병역거부 인정의 혼돈기로 비공식적 면죄와 속전(贖錢), 극단적 처벌이 공존		
근대 초기	전통적인 평화교회의 평생 신자	비무장 군복무	모든 종파의 양심적 병역거부자들의 군복무 면제
근대 중기	위 기준 및 종교적 병역거부	군이 관리하는 민간대체복무	모든 양심적 병역거부자들의 군복무 면제
근대 후기	위의 두 가지 이외의 세속적 병역거부	민간이 관리하는 민간대체복무	양심에 따른 선택적 병역거부의 옹호

〈표 3-3〉 유럽·미국을 기준으로 한 국가와 양심의 패러다임 변화(2)[23]

시기	병역거부자에 대한 국가의 기준	거부하는 행위	대체복무의 종류
초기	전통적인 평화교회에서 오랜 신앙생활	직접적인 집총	비전투 복무
중기	위의 기준과 함께, 군사훈련을 거부하는 일반적인 종교적 신념까지 포함	군사훈련 일반	군사적 보호하에서 민간대체복무
후기	위의 기준과 함께, 군사훈련을 거부하는 세속적 신념까지 포함	군사적 목적과 관련된 행위	순수 민간 영역에서 민간대체복무

2. 대체복무제의 변화

위의 〈표 3-2〉나 〈표 3-3〉에서도 확인할 수 있듯이, 시간이 흐르면서 대체복무제 자체도 중요한 변화를 겪었다. 예컨대 미국의 경우 2차 대전과 베트남전쟁을 거치면서 '종교적인' 병역거부뿐 아니라 '윤리적' 거부나 '정치적·이데올로기적' 거부도 폭넓게 인정하게 되었고, 군복무 도중의 양심적 거부in-service conscientious objection도 인정하기 시작했고, 대체복무의 기간을 축소하고 복무 분야·영역을 확대했으며, 심지어 해외 봉사활동 형태의 대체복무까지 허용하게 되었다. 가이 허시버그는 미국의 대체복무 역사에서 한국전쟁 시기가 대단히 중요했다고 보았다. 메노나이트 교회의 입장에서 그는 1950~1951년 무렵 대체복무와 관련해 비교적 확고히 정립된 네 가지 원칙을 다음과 같이 제시했다. 물론 이 원칙들은 미국 정부가 아니라 메노나이트 교회에 의해 정립된 것이다. 특히 세 번째 원칙은 정부나 민간기관이 임금 등 대체복무와 관련된 비용을 상당 부분 조달함으로써 교회 측의 과도한 비용 제출을 억제하면서, 교회가 관할하는 대체복무 기관들에 대한 국가의 과도한 개입을 막고, 대체복무자가 임금이나 근로조건에서 부당한 차별을 받지 않아야 한다는 주장을 담고 있다.

1. 양심적 병역거부자들이 징병될 때, 대체복무 프로그램은 국방부나 징병 당국Selective Service으로부터 전적으로 분리된 시민 감독하에 이루어져야 한다.
2. 양심적 병역거부자들에게 할당될 수도 있는 "국가적 중요성national importance"에 관한 일은 구제와 재건, 위생·봉사, 농업 발전, 과학 실험, 기술 협력, 그리고 그 외에 인류애 등 국제적으로 중요한 서비스를 포함시키도록 해석되어야 한다.

3. 프로그램은 다른 형태의 행정하에 아래와 같은 프로젝트들이 허용
될 수 있도록 충분한 유연성이 있어야 한다. ① 민간공공서비스CPS
가 행정, 집행하고 감독하는 프로젝트는 정부 기관들의 정상적인
운영으로부터 지명되거나 양심적 병역거부자들을 위해 특별히 설
정된 프로젝트일 수도 있다. 임금을 포함한 비용은 관련된 기관이
확보해야 한다. 교회는 이들을 위한 영적인 사역을 제공하도록 허
용되어야 한다. ② 국가적 건강과 복지에 기여하는 분야 내에서의
개인적인 시민 피고용자들에게 다른 봉사 형태로 징병된 사람(대체
복무자를 가리킴—인용자)보다 더 많은 재정적 이득을 제시하지 않는
조건으로 고용자는 임금을 지불해야 한다. ③ 교회 대행 기관으로
인정받은 정규 프로그램의 일부로서 인류애적인 프로젝트는 메노

캘리포니아 스노라인캠프의 민간공공서비스 소방대원들(1945)

나이트중앙위원회의 구제와 자원봉사 프로젝트가 징병 법안의 용어상 국가적으로 중요한 일을 수행하는 것으로 인정되어야 한다. 이 프로젝트에 관여되거나 할당된 사람들은 같은 프로젝트에서 일하는 다른 사람과 같은 조건하에 복무할 수 있어야 한다. ④ 특별히 교회 혹은 민간공공서비스CPS 행정과 감독하에 있는 양심적 병역거부자들과 민간대체복무 프로젝트는 수정된 사회서비스 캠프를 의미한다. 이 제안과 구 사회서비스 사이의 중요한 차이는 교회 기관에 할당된 사람들이 민간공공서비스CPS의 행정과 감독하에 있게 되는 것을 의미한다. 교회 기관은 책임 있는 정부 기관에 보고서를 내야 한다. 하지만, 민간공공서비스CPS 산하의 진정한 교회 기관이라는 의미에서, 이 교회 기관이 정부 행정기관에 종속된 것은 아니다. 이 계획하에 캠프의 행정비용은 교회 기관에 의해 지불되지만 정부는 임금을 지불해야 한다.

4. 종교 훈련이나 신앙으로 징병 등록을 반대하는 사람들은 그들의 반대가 조사와 청문회 후에도 지속한다면 그들의 의사를 존중히 여겨야 한다.[24]

1987년에는 유럽평의회(Council of Europe: CoE) 내의 각료위원회Committee of Ministers가 "양심적 병역거부 및 대체복무에 관한 권고[Recommendation R(87)8]"를 채택했다. 여기에는 대체복무와 관련된 세 가지 권고가 포함되어 있었는데, 그 내용은 다음과 같다. "① 대체복무와 관련하여 이는 원칙적으로 민간의 복무여야 하며 공익을 위한 것이어야 한다. 국가는 민간의 복무 외에 비무장의 군복무를 제공할 수 있는데, 이는 병역거부가 개인적인 무기의 사용에만 이의가 있는 양심적 병역거부자들에게만 해당된다. ② 대체복무는 징벌적인punitive 성격이 되어서는 안 되며, 그 기간은 일반 군복무와 비교했을 때 합리적인 한계 내의 범위에 있어야 한다. ③ 대체복무를 수행하는 양심적 병역거부자는 군복무를 수행하는 사람보다 더 적은 사회적·재정적 권리를 가져서는 안 된다. 고용, 경력, 연금 목적의 군복무를 고려하는 것과 관련한 법률 또는 규정은 대체복무에도 적용되어야 한다."[25] 유엔 사무총장의 1997년도 보고에 의하면, 당시 양심적 병역거부자에 대한 대체복무는 "구제 활동, 환자 수송, 소방업무, 장애인을 위한 봉사, 환경미화, 조경·농업, 난민 보호, 청소년보호센터 근무, 문화유산의 유지 및 보호, 감옥 및 갱생 기관 근무 등이며, 기간은 현역 복무기간의 1~1.4배 정도"였다.[26]

독일 사례는 각별히 주목할 만하다. 특히 서독의 1984년 대체복무 개혁은 획기적인 결과로 이어졌다. 독일(서독)은 2011년 징병제 폐지 이전에도 징집정책에서 점진적인 자유화 노선을 걸어왔는데, 1984년에 양심적 병역거부자 승인 절차를 과감하게 개혁함으로써 1980년대 말에는 전체 징집 대상자의 약 25%가 양심적 병역거부자 지위를 신청했고, 신청자의 99%가 양심적 병역거부자 지위를 인정받아 대체복무를 이행했다.[27] 문수현은 이에 관해 좀 더 상세한 설명을 제공하고 있다.

서독에서 양심적 병역거부는 1949년 기본법을 통해서 최초로 허용되었다가, 1956년 징집법 시행을 전후로 하여 병역거부에 대한 논의가 본격화되었다. 1968 혁명기를 전후하여 정치적인 동기에서 병역거부가 급증하게 되고 이에 따라 병역거부자에 대한 가혹한 심사와 처우가 잇따르는 등 중요한 사회적 이슈로 부각되었다. 이에 대한 반작용으로 1977년 한 해 동안 병역거부를 신청하는 모든 경우에 대해 병역거부를 인정하는 법안이 마련되기도 했지만 곧 위헌 판결을 받게 되었다. 결국 1984년부터는 국방부가 아니라 청소년·가족부 산하인 대체복무국 Bundesamt für die Zivildienst이 신설되어 서류심사만으로 대체복무자로 인정받을 수 있게 되었다. 오랫동안 대체복무는 군복무보다 1개월에

서 많게는 6개월 정도 긴 기간으로 상정되어 있었지만, 2004년부터 군
복무와 대체복무 모두 9개월로 조율되어 있다.[28]

독일연방군 사회과학연구소의 보고서에 기초하여 안드레아스 스펙
은 징병제가 재도입된 1956년 이후 독일(서독)의 양심적 병역거부운동
과 대체복무제의 관계 양상을 몇 개의 시기로 구분하여 개관한 바 있다.
〈표 3-4〉는 필자가 이를 압축해놓은 것이다.

〈표 3-4〉 독일(서독, 통일독일)의 양심적 병역거부운동과 대체복무제 변천 과정[29]

시기	특징
1956~1965년 (사회적 일탈로서의 CO)	CO의 숫자도 적고, 이들은 예외나 '사회적 일탈자'로 간주됨. 대부분의 CO는 종교집단에 속하고, 정치적 평화주의자는 소수에 불과. 이들의 존재는 정치적인 주목을 받지 못했고, 단순히 '군복무 면제자'로만 인식됨. 1960년이 되어서야 대체복무제 도입 법안이 통과됨.
1966~1968년 (CO운동의 주창기)	국내의 정치적 소요에 독일연방군 동원을 가능케 한 1968년의 '비상사태법'이 등장하면서 CO 자체가 '정치화'됨. 불과 몇 년 사이에 CO의 숫자가 두 배로 증가.
1969~1976년 (CO의 확산기)	이 기간 동안 CO 숫자가 다시 두 배로 증가하자, 국가는 CO를 "건설적으로 이용"하고자 노력하는 동시에, CO 인정 심사를 엄격하게 하는 방식으로 CO에 대한 '억압'을 강화함. 1970년대 중반 이후 CO 인정 비율이 약 70%에서 40~50%로 급감. 이에 대응하는 종교단체와 인권단체들의 활동도 덩달아 활성화됨.
1977~1983년 (사회현상으로서 CO의 안정화기)	CO 숫자는 조금씩 증가, 대체복무 자체는 안정화됨. 1977년 사회민주당 정권은 CO를 위한 질의 심사를 폐지하기 위해 우편엽서를 통한 인정 절차를 도입했지만, 헌법재판소에 의해 폐지됨. 1983년 보수 정권은 CO 대부분의 질의 심사를 행정적 신청 절차로 대체함과 동시에 대체복무 기간을 군복무 기간보다 길게 연장하는 법안을 통과시켰고, 이 법은 1984년부터 시행에 들어감.

시기	특징
1984~2010년 (대중 인식의 변화와 CO의 사회적 정상성 획득)	1984년 이후 CO 숫자는 계속 증가하면서 매년 10만 명을 넘는 수준으로 안정화됨. CO를 사회서비스 제공자로 간주하고 기성세대도 이를 수용하는 대중 수준의 인식 변화가 나타남. 이 변화가 징병 대상자에게도 영향을 미쳐 대다수 청년은 민간대체복무 수행을 고려하게 됨. CO는 정치적 의제에서 사라지고, 이 의제 자체가 탈정치화됨.
2011년 이후 (CO운동 해체기)	2010년 징병제 유예에 이어 2011년 징병제를 완전히 폐지. CO에 대한 대체복무제도도 중단됨.

* CO는 '양심적 병역거부' 혹은 '양심적 병역거부자'의 약자(略字)임.

1969년에 이르러 독일은 대체복무제의 역사에서 "위대한 예외"를 창출해냈다. 민간대체복무조차 거부하는 전면 거부자total objector를 비범죄화하면서 이들을 합법적인 제도 안으로 포용하기 위해, 대체복무제 내부로 "자발적 근로봉사제"를 도입하여 매우 포괄적인 선택권을 부여했던 것이다. 국가가 "대체복무제를 거부하려는 자에게……최후수단인 형벌 대신에 본인 스스로 정한 복무시설에서 대체복무자들의 복무기간보다 1년 더 근무하도록 요구"하는 것이 자발적 근로봉사제의 핵심이었다.[30] 이로써 독일은 절대적 거부자 혹은 전면 거부자도 항상 처벌받는 것은 아니라는 새로운 역사를 만들어냈다. 필자가 보기에 1969년 전면 거부자에게 자발적 근로봉사제를 허용한 독일은 1992년 선택적 병역거부권을 인정한 오스트레일리아와 함께 가장 중요한 '위대한 예외들'을 만들어 낸 주역이었다.

유럽에서는 2017년 현재 아제르바이잔, 노르웨이, 튀르키예(터키) 등 3개국이 징병제를 유지하면서도 대체복무제를 도입하지 않고 있었다. 역시 2017년 현재 징병제와 대체복무제를 모두 유지하고 있는 유럽 6개국(그리스, 덴마크, 리투아니아, 스위스, 오스트리아, 핀란드)의 대체복무제를 보다 상세히 소개한 것이 〈표 3-5〉이다. 이 밖에도 대체복무의 기간에 초점을 맞출 경우, (2017년 현재의 유럽을 기준으로) 대체복무 기간이 일반 군복무 기간과 동일한 경우는 에스토니아·몰도바, 1.4배인 경우는 키프로스, 1.5배인 경우는 우크라이나·러시아·벨라루스·아르메니아 등으로 나타난다.[31]

〈표 3-5〉 2017년 현재 유럽 6개국의 대체복무제 비교[32]

국가	관련 입법	CO 인정 근거	일반 군복무 기간과의 차이	복무 이행지	복무 형태	관할 부처
그리스	법률 3421/ 2005	종교 및 비종교적	1.7배	공적 영역의 다양한 기관(대도시, 본인의 거주지, 출생지 등 제외)	민간의 대체복무	국방부
덴마크	대체 복무법	종교 및 비종교적	동일	보건, 사회복지, 문화, 환경보호, 평화 유지를 위한 기관	민간의 대체복무	내무부
리투아 니아	국가 징병법	종교 및 비종교적	1.5배	군대 내 비전투원	군대 내 비전투원, 민간의 대체복무 (법적으로는 둘 다 보장)	국방부
스위스	민간의 대체복무에 관한 연방법	종교 및 비종교적	1.5배	보건, 사회복지, 문화재 보존, 환경보호, 임·농업 지원, 재해 및 비상사태 예방, 인도주의적 지원 영역	민간의 대체복무	재정 경제부
오스트 리아	민간의 복무에 관한 법률	종교 및 비종교적	1.5배	병원, 사회복지, 긴급구조 등의 공공기관, 적십자와 같은 비정부기구	민간의 대체복무	내무부
핀란드	민간의 복무에 관한 법률	종교 및 비종교적	2배 이상	중앙정부 당국, 지방 당국, 종교단체, 비영리 단체·협회·기관 등	민간의 대체복무	고용 경제부

　　2022년 8월에 연속 보도된「중앙일보」의 "징벌인가 공정인가: 대체복무 심충리포트"에서도 유럽병역거부사무국EBCO과 국가인권위원회 자료에 기초한 또다른 대체복무 비교 도표가 제공된 바 있다(〈표 3-6〉). 이 표는 복무기관, 복무기간, 복무 형태, 관할 부서뿐 아니라, '심사 방식'까지 제시하고 있는 게 특징이다.[33] 〈표 3-5〉와 〈표 3-6〉을 통해 우리는 대체복무 관할 기관이 국방부나 병무청으로 지정된 사례가 서구 선진국들에서는 드물다는 사실도 확인할 수 있다. 이런 추세는 대체복무제의 '민간 주도 원칙'을 수용하는 국가들이 증가하는 현실을 반영한다.

　　〈표 3-6〉에서 우리는 독일, 핀란드, 스위스 등이 '심사제'(양심심사)를

〈표 3-6〉 각국의 대체복무제도 비교

국가	복무기관	복무기간 (현역 대비)	복무 형태	관할 부처	심사방식 (기타)
한국	교정시설	36개월 (2배)	합숙	국방부·병무청/ 법무부*	심사제
독일	보건·복지시설	9개월 (동일)	출퇴근	연방민간복무청	신청제(2011년 모병제 전환)
대만	소방서·양로원 등 공익시설	4개월 (동일)	합숙	내정부 역정서 (병무청)	심사제(2018년 모병제 전환)
핀란드	교육·보건·복지 등 공익시설	12개월 (2배)	출퇴근	고용경제부	신청제
스위스	보건·복지 등 공익시설	390일 (1.5배)	출퇴근	연방경제부	신청제
그리스	비전투 군사복무 또는 공공기관	15개월 (1.7배)	출퇴근	국방부	심사제
우크 라이나	거리 청소 또는 보건 등 공공기관	27개월 (1.5배)	출퇴근	노동사회정책부	심사제

* 필자(인용자)가 '관할 부처'를 "법무부"에서 "국방부·병무청/법무부"로 수정했음.

아예 폐지하고, '신청제'를 채택하고 있음을 알 수 있다. 이 가운데 핀란드의 경우 1986년과 2007년에 걸쳐 심사 방식이 두 차례 변경되었다. 「중앙일보」 기사에 따르면, "1986년 '개인의 신념을 국가가 측정하고 판단할 수 있냐'는 사회적 논란과 토론을 거치며 병역거부자를 판정하는 심사제도는 이듬해 폐지됐다. 이후 복무 신청자의 윤리적·종교적 이유만 구분하다 2007년에는 법 개정에 따라 이마저도 따지지 않고 신념에 따라 집총을 거부한다는 신청서만 작성하면 대체복무를 시작할 수 있게 됐다."[34] 스위스도 2009년부터 심사제에서 신청제로 전환했다. 역시 「중앙일보」 기획기사에 의하면 "스위스는 엄격한 심사제를 유지하다 2009년부터 신청제로 변경했다. 다만 신청제 변경 이후 대체복무 신청자 수가 급증해 정부와 의회 간 논쟁이 오갔다."[35]

이처럼 징병제 아래서 대체복무제가 폭넓게 도입되었을 뿐 아니라, 많은 나라들은 2차 대전 종전終戰 이후 혹은 냉전체제 종식 이후 아예 모병제 혹은 지원병제로 전환했다. 1990년대 들어 크로아티아·슬로베니아·에스토니아·슬로바키아·체코·러시아 등 대부분의 동유럽 구 사회주의 국가들도 대체복무제를 채택했다. 나아가 냉전체제의 해체에 발맞춰 많은 나라들이 갈등의 제도적 근원인 징병제를 폐지하거나 유예했다. 보다 구체적으로, 캐나다는 1945년에, 영국은 1963년에, 룩셈부르크는 1969년에, 뉴질랜드와 미국은 1973년에, 벨기에는 1995년에, 네덜란드는 1996년에, 프랑스·스페인·아르헨티나는 2001년에, 슬로베니아는 2003년에, 이탈리아·포르투갈·체코·슬로바키아는 2004년에, 헝가리·보스니아헤르체고비나는 2005년에, 몬테네그로·루마니아는 2006년에, 불가리아·라트비아·마케도니아(북마케도니아)는 2007년에, 크로아티아는 2008년에, 리투아니아·폴란드는 2009년에, 알바니아·스웨덴은 2010년에, 세르비아·독일은 2011년에, 우크라이나는 2012년에, 조지아는 2016년에 각각 징병제를 폐지하거나 징병을 중단했다(다만 러시아의 크림반도 병합에 위협을 느낀 접경 국가들, 즉 우크라이나는 2014년 5월에, 리투아니아는 2015년 3월에, 조지아는 2017년 2월에, 스웨덴은 2018년 1월에, 라트비아는 2023년 1월에 징병제를 차례로 부활시켰다). 아울러, 많은 나라들이 지원병제도나 모병제 아래서 군복무 중의 양심적 거부까지 인정하게 되었다.[36]

3. 양심적 병역거부에 관한 국제 규범의 형성

1980~1990년대에 이르러 적어도 유엔 무대와 서구 사회들에서 양심적 병역거부권 인정은 사실상의 국제 규범으로 자리 잡게 되었다. 유엔 인권기구들과 유럽평의회가 이런 움직임을 선도했다. 물론 유엔이나 유럽 차원에서 양심적 병역거부권을 자유권(특히 사상·양심·종교의 자유권)의 일부로 간주하는 자유주의적 접근을 수용하는 데 상당한 지체가 있었던 것은 사실이었다. 그러나 오늘날 유엔의 인권기구들에서는 양심적 병역거부를 사상·양심·종교 자유의 "본질적인 일부an inherent part"로,[37] 혹은 "필수적인 일부an integral part"[38]로 인정하고 있다. 양심적 병역거부권은 '자유권규약' 혹은 'B규약'으로도 불리는 1966년의 시민적·정치적 권리에 관한 국제규약(International Covenant on Civil and Political Rights: ICCPR)의 18조, 그리고 1948년의 세계인권선언(Universal Declaration of Human Rights: UDHR)의 18조에 근거한 권리로 간주된다. 유엔인권고등판무관실(Office of the High Commissioner on Human Rights: OHCHR)은 홈페이지를 통해 다음과 같은 설명을 제공하고 있다.

양심적 병역거부는 시민적·정치적 권리에 관한 국제규약 18조에 근거하며, 이 조항은 사상·양심·종교의 자유를 보장한다. 국제인권규약이 명시적으로 양심적 병역거부권을 언급하는 것은 아니지만, 자유권규약위원회Human Rights Committee는 1993년의 일반논평general comment no.22에서 양심적 병역거부권이 18조에서 도출된다고 언명했다.……인권이사회Human Rights Council, 그리고 그 전신인 인권위원회Commission on Human Rights 역시 세계인권선언 18조와 시민적·정치적 권리에 관한 국제규약 18조에 근거하여 모든 이가 사상·양심·종교 자유의 정당한 행사로써 양심적 병역거부권을 갖는다고 인정했다(1989년, 1991년, 1993년, 1995년, 1998년, 2000년, 2004년, 2012년, 2013년에 만장일치로 채택된 결의들을 보라).[39]

유엔은 1960년부터 '인권 증진 및 보호 소위원회Sub-Commission on the Promotion and Protection of Human Rights'를 통해 양심적 병역거부권 문제를 조사하기 시작했다. 소위원회는 '종교'의 자유라는 맥락에서 양심적 병역거부권을 긍정하게 되었다. 이 소위원회는 1981년 특별보고관Special Rapporteur 두 명을 임명했는데, 이들은 1984년에 제출한 보고서에서 ① 심원한 종교적·윤리적·도덕적·인도주의적 혹은 이와 유사한 확신에 근거하여 무장 군복무를 거부하는 이들의 양심적 병역거부권을 당사국들이 법으로 인정할 것, ② 거부자가 심대한 인권침해라고 주장하는 아파르트헤이트, 제노사이드, 외국 영토에 대한 불법적 점령, 국제법에서 금지하거나 불필요한 고통을 초래하는 대량살상무기 혹은 다른 무기 사용 등에 노출될 가능성이 높거나 그렇게 강요당했을 때 현역군인에게 군복무에서 벗어날 권리를 당사국들이 인정할 것을 요구했다. 1970년에 유엔인권위원회UNCHR는 "양심적 병역거부 문제를 포함하여 인권 증진과 보호에서 청년의 역할"이라는 이름의 의제 아래 양심적 병역거부 문제를 논의했다.[40]

유엔 무대에서 양심적 병역거부권이 처음 공식적으로 인정된 때는

1987년이었다. 유엔인권위원회UNCHR의 46호 결의가 그것이었다. 그러나 이 결의는 개별 국가의 재량권을 인정하는 "조언적 성격"을 띤 것이었다. 조국에 의하면, "양심적 집총거부권에 대한 최초의 유엔 차원의 결의는 1987년 'United Nations Commission on Human Rights'의 '46호 결의'인데, 이 결의는 각 국가에게 "종교적, 윤리적, 도덕적 또는 이와 유사한 동기에서 발생하는 심오한 신념"에 기초한 양심적 집총거부권을 인정하라고 호소하였다. 단, 이 결의는 해당 국가에 최종적 재량을 남겨두는 조언적 성격을 갖고 있었다."[41]

그러나 유엔은 1989년부터 자유권규약에 가입한 당사국들에 효력을 갖는 결정을 내리기 시작했다. 자유권규약위원회는 1989년, 1993년, 1995년, 1998년 양심적 병역거부에 관한 결의를 채택했다. 1989년에는 '59호 결의'를 통해 양심적 병역거부권은 세계인권선언 3조·18조와 자유권규약ICCPR 18조에 기초한 권리라는 것, 당사국들은 이 권리를 합법적 권리로 인정할 것, 양심적 병역거부자들을 구금하지 말 것, 다양한 형태의 대체복무 기회를 제공할 것, 대체복무는 징벌적 성격이 아닌 비전투적·민간적civil 성격을 가져야 할 것 등을 당사국들에 요구했다. 이후의 결의들은 1989년 결의를 재확인하면서 새로운 내용을 추가하거나 기존 내용을 보다 명료히 했다. 1993년의 '84호 결의'는 규약 가입 국가들이 양심적 병역거부의 유효성을 결정하기 위한 "독립적이고 불편부당한 independent and impartial 의사결정기구"를 만들라고 호소했다. 1995년의 '83호 결의'는 양심적 병역거부자에게 '망명권'이 있음을 확인하면서, 양심적 병역거부자를 '차별'하지 말 것을 요구했다.[42] 특히 1998년의 '77호 결의'는 "이전의 모든 결의를 총괄하는 중요한 결의"로서, 조국은 이 결의의 내용을 다음과 같이 요약하고 있다.

동 결의는 먼저 서문에서 양심적 집총거부권은 "종교적, 도덕적, 윤리적, 인도주의적 또는 이와 유사한 동기에서 발생하는 심오한 신념 또는 양심"에서 유래하는 것이며, 이미 군복무를 하고 있는 사람도 양심적 병역거부를 할 수 있음을 밝힌다. 이어 동 결의는 양심적 집총거부권은 세계인권선언 제18조 및 ICCPR 제18조에 기초한 정당한 권리행사라는 점을 분명히 하고, 이 권리를 인정하지 않은 국가는 양심적 집총거부자의 신념의 본성을 차별하지 말고, 특정 사안에서 양심적 집총거부가 진지하게 이루어졌는지를 결정하기 위한 독립적이고 불편부당한 의사결정기구를 만들 것을 호소하고 있으며, 또한 징병제를 채택하고 있는 국가의 경우 비전투적 또는 민간적 임무를 수행하며, 징벌적 성격을 띠지 않는 대체복무제를 실시하라고 권고하고 있다. 그리고 동 결의는 각국 양심적 병역거부자를 투옥하지 않도록 하는 조치를 취할 것을 강조하고, 양심적 병역거부자를 경제·사회·문화·시민 또는 정치적 권리 등의 측면에서 차별해서는 안된다고 부언하고 있으며, 양심적 병거부권에 대한 정보가 이용 가능해야 함을 적시하였다.[43]

장복희에 의하면 유엔자유권규약위원회의 1998년 결의는 "양심적 병역거부권의 마그나 카르타"라고 불린다. 자유권규약위원회는 2000년의 '34호 결의'를 통해서도 양심적 병역거부권에 관해 정립된 기존 입장을 재확인했다.[44] 유엔자유권규약위원회는 2004년에도 '55호 결의'를 통해 양심적 병역거부권은 평시뿐 아니라 전시에도 행사할 수 있는 권리임을 확인했다.[45]

유럽평의회의 경우 1967년 1월 26일의 '478호 권고Recommendation 478'을 통해 양심적 병역거부 권리를 다른 국제기구들에 앞서 인정했다. 그러나 유럽인권재판소ECHR가 사상·양심·종교의 자유의 표출로써 양심적 병역거부권을 인정한 것은 유엔 기구들보다 뒤진 2011년의 일이었다.[46] 조국에 의하면, 유럽평의회 자문회의Consultative Assembly는 1967년에 '337호 결의'를 통해, 사상·양심·종교 자유를 선언하는 유럽인권규약 9조에 의거하여 양심적 병역거부권을 인정했다. 또 유럽평의회 각료위원회는 1987년에 '87⑻호 권고'를 통해 양심적 병역거부권을 인정하지 않는 각국에 국내법과 관행을 변경하도록 요청했다. 유럽의회 European Parliament 역시 1983년, 1989년, 1993년, 1994년의 결의를 통해 양심적 병역거부권을 인정했다.[47] 다음 인용문은 기본원칙, 절차, 대체복무의 세 부분으로 구성된 유럽평의회 각료위원회의 1987년도 "양심적 병역거부 및 대체복무에 관한 권고"[(87)8호 권고] 중 기본원칙과 절차에 해당되는 부분이다.

A. 기본원칙

군복무를 위한 징집의 대상이 되는 모든 사람은 양심에 관한 이유로 무장의 군복무를 거절하며, 그러한 군복무 의무로부터 해방될 권리를 지녀야 한다. 양심적 병역거부자는 대체복무의 대상이 된다.

B. 절차

① 국가들은 양심적 병역거부자 지위 신청에 대한 적절한 절차를 규정해야 하며, 양심적 병역거부를 원하는 사람들이 주장하는 이유를 받아들여야 한다.

② 이 권고의 원칙 및 규칙에 대한 효과적인 적용을 위하여 징집의 대상이 되는 모든 사람은 미리 그들의 권리에 대하여 통지받아야 한다. 이를 위하여 국가는 그들에게 관련된 모든 정보를 직접 제공하거나 관련된 사적인 기관이 그 정보를 제공하도록 허용해야 한다.

③ 양심적 병역거부에 대한 신청은 일정한 방식과 제한된 시간 내에서 이루어져야 하며, 원칙적으로 신청에 대한 심사 절차는 관련된 개인이 입대하기 전에 완료되어야 한다.

④ 신청에 대한 심사에는 공정 절차를 위한 필요한 보장 조치가 포함

되어야 한다.

⑤ 신청자는 결정에 대한 항소권right to appeal을 가져야 한다.

⑥ 항소 기관appeal authority은 군사행정 당국military administration과 분리되어야 하며 독립성이 보장되어야 한다.

⑦ 군복무 중 또는 군복무 후의 군사훈련 기간 동안 양심적 병역거부에 대한 필요조건이 충족되는 경우, 법률은 양심적 병역거부자 지위를 신청하거나 획득할 수 있는 가능성을 제공해야 한다.[48]

오늘날 양심적 병역거부권에 관해 유엔과 유럽연합 차원에서 인정되고 고수되는 핵심적 원리들key principles은 다음과 같이 요약될 수 있다.

- 양심적 거부는 확고히 고수되는 신념strongly held beliefs을 포함하는 양심의 원리들에 기초하며, 그 양심은 종교적, 도덕적, 윤리적, 철학적, 인도주의적, 혹은 이와 유사한 성질의 동기에서 비롯된다.
- 양심적 병역거부권은 전시에서든 평시에서든 인정되어야 한다. 군복무 이행을 거부할 권리는 모든 군인에게 어느 때든 주어져야 한다. 이 권리는 직업군인은 물론이고 징병된 군인에게도 인정되어야 한다.
- 양심적 병역거부권에 관한 정보는 누구에게나 쉽게 접근 가능해야 한다.
- 양심적 병역거부자가 되고자 하는 신청은 동기에 대한 심사 없이 without inquiry as to motivation 수용되어야 한다.
- 양심적 병역거부자들은 군복무 수행을 거부한다는 이유로 투옥되어서는 안된다. 각국은 양심적 병역거부자들이 투옥되지 않을 것임을 보장하는 데 필요한 조치를 취해야 한다. 양심적 병역거부자들이 군복무 이행을 거부한다는 이유로 반복 투옥되어서는repeatedly imprisoned 안된다.

- 양심적 병역거부자들과 그 지지자들의 표현의 자유를 방해하는 모든 법적, 실제적 장애물은 제거되어야 한다.

- 양심적 병역거부 신청자들을 다루는 모든 의사결정기구는 독립적이고, 공정하고, 비차별적이어야independent, impartial, and nondiscriminatory 한다. 덧붙여, 양심적 병역거부자들은 의사결정기구의 결정에 항소할 권리를 가져야 한다. 이는 항소 담당 기관이 의사결정기구로부터 독립적이어야 함을 의미한다. 이 기구들의 운영은 민간의 영향권civilian umbrella 아래 놓여야 한다.

- 다양한 형태의 대체복무는 그/그녀의 개인적인 신념에 조응하는consonant 민간대체복무를 허용받을 수 있게끔 개별 양심적 병역거부자의 동기를 고려해야만 한다. 그런 대체복무 형태들은 민간의 혹은 비무장의 성격을 띤 복무를 포함할 수 있다. 이런 의미에서 현재의 국제법적 기준들은 대체복무가 순전히 민간적인 성격을 띠어야 함을 제안하고 있다. 대체복무는 민간 당국에 의해 감독되어야 한다. 나아가, 대체복무는 공익public interest에 해당하는 것이어야 하며, 어떤 방식으로든 처벌적이거나 억제적인deterrent 것이어선 안된다. (민간대체복무와 비무장 군복무를 포함하여) 대체복무의 기간이 군복무 기간보다 길 경우, 그 차이는 합리적이고 객관적인 기준들에 기초해야 한다.

- 양심적 병역거부자들은 복무의 조건이나 사회적·문화적·정치적·경제적 권리 면에서 차별받아서는 안된다.

- 군복무 이행을 거부한 결과로 인한 박해의 공포 때문에 고국을 떠난 양심적 병역거부자들에게는 망명이 허용되어야 한다.[49]

4. 불균등 발전

앞서 살펴본 것처럼 1980~1990년대를 거치면서 양심적 병역거부권 인정은 국제적 규범 및 표준으로 비교적 확고하게 자리 잡았다. 그러나 여전히 많은 나라들에서는 양심적 병역거부자들을 '범죄화'하고 있거나, (그들에게 대체복무를 허용하는 경우에도) 부당하게 '차별'하고 있다. 1997년에 유엔 사무총장이 제출한 보고서에 의하면, 징병제가 없는 나라는 69개국, 징병제가 있으나 군복무를 "원칙적으로 임의적인 것으로 하는" 나라는 13개국, 징병제가 있으나 시행하지 않는 나라는 2개국, 징병제가 있지만 대체복무나 비무장 군복무를 허용하는 나라는 25개국, 징병제가 있고 (대체복무제는 없는 채) 비전투 임무만 허용하는 나라는 5개국이었다. 그러나 징병제를 시행하면서 대체복무도 비무장 군복무도 허용하지 않는 나라가 무려 48개국에 이르렀다.[50]

진석용은 2010년 현재 징병제를 시행하고 있는 83개 국가를 조사한 결과를 표로 제시한 바 있다(〈표 3-7〉).[51] 83개 국가 가운데 31개국이 양심적 병역거부권을 인정하고 있는 반면, 그보다 많은 52개 국가는 이 권리를 인정하지 않고 있었다. 유럽의 경우 대부분의 나라들이 양심적 병역거부권을 인정하고 있는 반면, 아시아와 아프리카·중미에서는 양심적 병역거부권 불인정 국가가 양심적 병역거부권 인정 국가보다 훨씬 많았다. 남미에서도 양심적 병역거부권 불인정 국가가 양심적 병역거부권 인정 국가보다 우세했다.

진석용은 양심적 병역거부권을 인정하고 있는 유럽 국가들을 대상으로 '인정의 범위'를 조사하기도 했다(〈표 3-8〉).[52] 2010년 현재 유럽 내에서조차 전체 20개국 가운데 '비종교적 사유의 병역거부를 차별하는 국가'(법적으로는 허용되어 있지만 실제로는 인정받기 힘든 국가)가 5개국, '비종교적 사유의 병역거부를 아예 인정하지 않는 국가'가 1개국으로 나타났다. 같

〈표 3-7〉 2010년 현재 징병제 국가들의 양심적 병역거부권 인정 여부

구분		양심적 병역거부권 불인정		양심적 병역거부권 인정	
아시아	16	한국, 베트남, 부탄*, 북한, 싱가포르*, 인도네시아, 중국*, 카자흐스탄, 캄보디아, 타이, 투르크메니스탄, 필리핀	12	대만, 몽골, 우즈베키스탄, 키르기스스	4
중동	7	레바논, 시리아, 예멘, 이라크, 이란, 쿠웨이트	6	이스라엘	1
유럽	22	벨라루스, 튀르키예(터키)	2	그리스, 노르웨이, 덴마크, 독일, 러시아, 리투아니아, 몰도바, 세르비아, 스웨덴, 스위스, 아르메니아, 아제르바이잔, 알바니아, 에스토니아, 오스트리아, 우크라이나, 조지아, 키프로스, 폴란드, 핀란드	20
아프리카	26	기니, 기니비사우*, 나미비아, 니제르, 리비아, 마다가스카르, 말리, 모로코, 베냉, 세네갈, 세이셸, 소말리아, 수단, 알제리, 에티오피아, 이집트, 적도기니, 중앙아프리카공화국, 차드, 콩고민주공화국, 탄자니아, 토고, 튀니지	23	모잠비크, 앙골라, 카보베르데	3
중미	4	과테말라, 도미니카공화국, 멕시코, 쿠바*	4		0
남미	8	베네수엘라, 볼리비아, 칠레, 콜롬비아, 페루	5	브라질, 에콰도로, 파라과이	3
합계	83		52		31

* 자유권규약 미가입 국가임.

<표 3-8> 2010년 현재 유럽 국가들의 양심적 병역거부 인정 범위

구분		국명	국가 수
종교적·비종교적 사유를 모두 인정	차별이 없는 국가	노르웨이, 덴마크, 독일, 러시아, 세르비아, 스웨덴, 스위스, 아제르바이잔, 알바니아, 에스토니아, 오스트리아, 조지아, 폴란드, 핀란드	14
	비종교적 사유를 차별하는 국가	그리스, 리투아니아, 몰도바, 아르메니아, 키프로스	5
종교적 사유만 인정		우크라이나	1

* 중복을 피하여 필자(인용자)가 수치와 내용을 일부 조정했음.

은 시기 유럽 바깥에서는 대만과 이스라엘(여자에 한함)도 '비종교적 사유의 병역거부를 인정하지 않는 국가'에 해당했다.

대체복무제의 실제 운용 과정에서 은밀하게, 때론 공공연히 다양한 형태의 차별과 편법이 동원되기도 한다. 예컨대 핀란드에서는 대체복무 신청자 숫자가 증가하면 심사를 까다롭게 하거나, 군사훈련과 유사한 대체복무를 부과하는 편법을 동원했다. 그리스는 유럽연합 가입을 위해 어쩔 수 없이 대체복무제도를 도입하면서도 현역 복무기간의 2배에 달하는 "대체복무 기간 장기화"라는 편법을 썼다. 이스라엘에서는 퇴역 남성 군인들로 구성된 심사위원회(양심 사유 병역면제 인정위원회)가 남성 거부자 대부분을 일단 탈락시킨 후 그에 불복하여 재신청하는 사람에게만 선별적으로 허용하는 편법을 구사한다고 한다.[53]

2015년 당시 전쟁저항자인터내셔널의 살상거부권Right to Refuse to Kill 프로그램 담당자였던 해나 브록은 그즈음의 국제 상황을 다음과 같이 개관한 바 있다.

유럽과 그 밖의 많은 나라에서 병역거부 및 징병 반대운동은 '성공'을 거뒀고, 그 과정에서 징병제의 폐지 또는 유예가 이뤄졌다. 지난 20년 동안 불가리아, 보스니아헤르체고비나, 크로아티아, 체코, 프랑스, 독일, 헝가리, 이탈리아, 라트비아, 마케도니아, 몬테네그로, 폴란드, 포르투갈, 루마니아, 세르비아, 슬로바키아, 슬로베니아, 스페인, 스웨덴, 모로코, 페루, 아르헨티나가 그 대열에 합류했다. 스페인의 인수미시온Insumisión 운동과 세르비아의 경우는 반군사주의가 징병제를 무너뜨린 명백한 사례이다.……아무튼 징병제는 오늘날 전 세계의 수많은 사람들에게 여전히 영향을 미치고 있다. 한국, 이스라엘, 에리트레아, 키프로스, 아제르바이잔 같이 양심적 병역거부권이 인정되지 않는 세계 많은 나라에서 병역거부자는 아직도 구금당하고 처벌받고 박해받는다.[54]

이 인용문에서 "아직도 구금당하고 처벌받고 박해받는" 나라들의 맨 처음에 한국 사례가 언급되고 있듯이, 2000년대에 이르면 한국은 세계에서 가장 많은 양심적 병역거부자를 감옥에 가두는 나라로 지탄받기에 이르렀다. UN 인권최고대표부 보고서에 따르면, 2013년 기준으로 전세계 양심적 병역거부 투옥자 723명 중 한국인이 669명으로 전체의 92.5%를 차지하고 있었다.[55] 민주화 이행 이후의 한국은 적어도 양심적 병역거부권에서만큼은 '정치적 후진국'으로 낙인찍히게 된 것이다.

사실 '대체복무제 이후'의 문제들도 '대체복무제 도입'만큼이나 중요할 수 있다. 많은 평화운동가들이 지적하듯이 대체복무제에 내재된 한계 혹은 딜레마도 만만치 않은 것이다. 예컨대 대체복무가 전시체제의 일부로 편입될 수 있다는 점, 대체복무의 선택적 허용이 빚어내는 불평등의 딜레마, 대체복무 허용과 전쟁체제 추구가 공존할 수 있다는 것, 대체복무제 확대가 징병제를 더욱 공고화·정당화할 수 있다는 점 등이 그런 어려움들이다.[56] 그래서 많은 이들이 대체복무제 도입에서 더 나아가 징병제 자체를 폐지해야 한다고 주장하고 있다. 그러나 징병제를 모병제나 지원병제로 대체하면 모든 문제가 해결될 것인가? 이 경우에도 빈곤층 위주의 군대 지원으로 인한 계급적 양극화 등 까다로운 난제들이 기다리고 있다. 주지하듯이 한국도 2018년에 헌법재판소와 대법원의 전향적 결정을 계기로 대체복무제의 제도화 움직임이 급물살을 탔고, 2020년부터 제도 시행에 들어갔다. 그러나 '한국형 대체복무제'는 징벌적인 요소를 다수 포함함으로써 처음부터 비판의 대상으로 떠올랐다. 한국 사회는 '징병제 폐지'나 '모병제 이후' 문제의 문턱에도 다가서지 못하고 있는 것이다.

제
4
장

추가 사례연구
: 미국

이 장에서는 미국 사례를 조금 더 자세히 살펴보려 한다.[1] 미국은 "종교적 망명자들의 나라"이다. 종교적 망명을 시도한 이들은 유럽의 종교적 소수파들이었고, 그중 상당수가 전쟁과 군복무에 반대하는 종교적 평화주의자들이었다. 이런 맥락에서 미국은 평화교회들의 교세, 병역 관련 정책 결정을 포함한 평화교회들의 정치적 영향력, 양심적 병역거부자들에 대한 사회적·시민적 관용성 측면에서 유럽보다 유리한 상황이었다고 하겠다. 여러모로 미국에서 양심적 병역거부와 관련해 진일보한 정책이 나올 가능성이 높았던 셈이다.

종교적 망명자들의 나라라는 특성으로 인해 유럽에서는 소수파 지위에 있던 이들 중 상당수가 미국에서는 '다수파' 지위를 누릴 수도 있었다. 특히 평화교회 중 이민 1세대, 곧 미국 이민 대열의 선두에 섰던 퀘이커 신자들의 영향력이 강했던 지역들이 그러했다(유럽에서도 퀘이커교의 발상지인 영국이 양심적 병역거부권 법제화에서 선두였다는 사실도 마찬가지 맥락에서 이해될 수 있을 것이다). 반면에 독일을 비롯한 유럽 곳곳에서 미국으로 이주해온 메노나이트 등 아나뱁티스트 신자들, 러시아 등 유럽 변방의 농민 출신이 다수였던 브레드런이나 두호보르 신자들은 퀘이커 신자들에 비해 사회경제적·정치적 지위가 낮은 이들이 대부분이어서 상대적으로 불리한 입장에 놓이기 쉬웠다. 그럼에도 불구하고 퀘이커와 아나뱁티스트 등 그리스도교 평화주의자들이 미국의 초기 역사에서 결코 정치사회적 소수자가 아니었음은 분명하다. 허시버그가 말하듯이, 1750년대 당시 펜실베이니아는 퀘이커, 메노나이트, 덩커, 모라비안 등의 평화주의자들, 그리고 스코틀랜드에서 온 장로교인들의 혼합 사회였다.[2]

북아메리카에서 평화교회들은 식민주의자들의 정복 전쟁에 반대하면서 선주민들과 우호적 협력관계를 유지하려 노력하고, 노예제에 반대하고, 독립선언 당시 영국 식민 당국과의 화해 노력을 중재하는 등 꾸준히 평화적 영향력을 행사했다. 아나뱁티스트들은 노예제 폐지 운동에 깊이 관여했고, 퀘이커 신자들도 미국 남부의 상당수 노예제 철폐운동 단체들을 주도했다. 평화교회 신자들이 펜실베이니아 등에서 의회 소수 세력으로 밀려나면서 군대 양성이 시대적 대세가 되자, 그들은 공직公職에 오르는 일 자체를 포기했다.[3] 징집제가 도입되자 평화교회들은 병역거부에 나섬과 동시에, 병역거부권 획득을 위해 최선을 다하게 된다.

1. 역사적 변천(1): 2차 대전 이전

미국 독립전쟁 이전의 양심적 거부자들은 대부분 전쟁에서의 무기 사용을 교리로 금지함으로써 평화주의를 실천하는 평화교회, 특히 메노나이트, 퀘이커, 브레드런의 구성원들이었다. 이들의 도착과 함께 미국의 양심적 병역거부 역사가 시작되었다. 퀘이커 신자들은 1656년에, 메노나이트 신자들은 1683년에, 브레드런 신자들은 1719년에 미국 땅을 처음 밟았다. 퀘이커 신자들은 주로 영국에서, 메노나이트와 브레드런 신자들은 주로 독일에서 왔다. 독립전쟁 이전에 퀘이커와 메노나이트 신자들은 이웃 동료들이 선주민(인디언)과 싸우거나 전방 요새에서 복무할 때도 동참하지 않았다. 무기 사용을 거부하는 그들의 일관된 입장은 결국 군사 임무로부터 면제받는 결과로 이어졌고, 공동체 구성원들도 이를 문제 삼지 않았다. 프랑스-인디언 전쟁이 벌어지던 1755년 당시 미국 메노나이트들은 평화주의 입장을 선언했고, 인디언에 의해 피해가 발생했을 때도 방어적 폭력을 사용하지 않았다. 프랑스-인디언 전쟁 때 전쟁 참여 요구가 강화되자 상당수의 퀘이커 신자들은 공직에서 사임했다.[4]

1775~1783년의 독립전쟁 기간 중에 평화교회들이 강세를 보였던 몇몇 주들에서 양심적 병역거부권이 법제화되었다. 특히 1756년까지 퀘이커 평화주의자들에 의해 통제되었던 펜실베이니아의 식민지 정부가 양심적 병역거부자들을 관대하게 대했던 대표적인 경우였다.[5] (앞서 보았듯이 미국과 유사한 상황이던 캐나다도 18세기 말부터 양심적 병역거부를 인정했고, 평화교회가 강세를 보인 지역에서는 1차 대전 때도 양심적 병역거부자들에게 관용적인 조치를 취했다.) 다음은 조국의 설명이다.

> 양심적 집총거부권이 헌법상의 권리로 보장된 최초의 사례는 1776년 미국 펜실바니아주 헌법이다. 동 헌법 제8조는 "집총을 하는 것에 대하여 양심적 가책을 느끼는conscientiously scrupulous 어떠한 사람도 그가 대체복무를 하려 한다면if he will pay such equivalent 집총하도록 강제될 수 없다"라고 선언한다. 이러한 입장은 1777년 버몬트주 헌법(제9조), 1776년 델라웨어주 헌법(제10조), 1784년 뉴햄프서주 헌법(제13조) 등에서 동일하게 반복된다.[6]

1777년에 버지니아주도 "메노나이트가 요청하면 군을 면제해주지만 대체 인원을 위한 지불 의무를 전체 교인에게 할당하는 법안을 통과시켰다."[7] 1775년 7월 18일 대륙회의Continental Congress도 평화교회 신자들의 신념을 존중하는 내용의 결의안을 통과시켰다. 그 내용은 다음과 같다.

> 어떤 경우든지 자신들의 종교적 원칙과 신념 아래 무기를 들지 않는 사람들이 있기에, 이 의회는 그들의 양심을 모독하지 않고자 한다. 이에 우리가 겪고 있는 엄청난 재앙의 시기에 그들이 자신들의 종교적인 원칙을 따라 지속적으로 자유롭게 헌신하며, 여러 식민지에서 고통을 당하고 있는 그들의 형제들에게 위안을 주며, 압박을 당하고 있는 이 나라를 위해 가능한 모든 봉사의 기회를 주도록 배려해야 함을 진심으로 추천하는 바이다.[8]

독립전쟁 당시 주정부 등 당국의 대응에는 일관성이 없었다. 일부는 병역을 면제해주었고, 다른 이들에게는 벌금을 부과하거나 감옥행을 강요했다. 독립전쟁이 발발하자 '세금' 문제가 논쟁거리도 떠올랐다. 자신들이 직접 전쟁 노력에 돈을 대는 것과 마찬가지라면서 많은 퀘이커 신자들이 세금 납부를 거부했다. 또 많은 퀘이커 신자들은 평화 증언 행위의 일환으로 충성맹세oath of loyalty 하기를 거부했다. 독립전쟁 당시 일부 주 당국은 양심적 거부를 행하는 퀘이커 신자들을 투옥했으며 그 기간이 최대 2년에 이르렀다. 그 이상의 처벌을 받는 경우도 있었는데, 일부 퀘이커 신자들은 전쟁 반대에 대한 처벌 명분으로 십만 파운드 이상의 재물과 재산을 몰수당했다. 메노나이트와 브레드런 신자들의 대응은 퀘이커 신자들에 비해 덜 정치적이었기에, 당국의 대응도 관대한 편이었다. 이들은 퀘이커 신자에 비해 평균적인 교육수준도 낮았다. 그들은 소집 불응에 대한 벌금 부과에도 순응했고, (소수의 예외는 있었을지라도) 병력 충원에도 반대 목소리를 내지 않았다. 대부분 농민이었던 메노나이트와 브레드런 신자들은 종종 군수 목적의 말과 마차를 제공하도록, 군인들을 위해 식량을 제공하도록, 건설 자재인 목재를 제공하도록, 병사들의 보온을 위한 담요와 의복을 제공하도록 요구받았다. 그들은 이런 요구에 대체로 순응했다. 이들은 자신들이 제공하는 물자들을 어떤 목적에 사용하는지는 당국의 재량에 해당한다고 판단했던 편이었다. 메노나이트와 브레드런 신자들이 일관되게 고수했던 유일한 신조는 자신들이 징집되는 데 반대한다는 것이었다.

양심적 병역거부자들에게 호의적인 대륙회의의 1775년 7월 결의에도 불구하고, 펜실베이니아 주정부가 같은 해 11월에 이르러 군복무 면제의 대가로 전쟁세를 요구하자 메노나이트 사회의 의견은 분열되었다. 메노나이트 교회의 다수파는 전쟁세 납부를 거부했고 그로 인해 재산을 압류당했다. 일부 신자들은 영국을 지지했다.[9] 많은 메노나이트 신자들은 전쟁하는 양쪽 군인 모두에게 음식과 피난처를 제공하기도 했다.[10]

19세기 초에는 개신교를 중심으로 평화운동 단체도 나타나기 시작했다. 앤 요더에 의하면 데이빗 다지가 1815년에 설립한 뉴욕평화회가 미국 최초의 공식적인 평화운동 단체였다. 이후 수백 개의 평화 그룹과 수천 명의 개인들이 평화운동을 이끌어갔다. 1821년에는 「평화의 친구 *Friend of Peace*」라는 소식지가 처음 출판되었다. 뉴욕평화회 등장 이후 각 주에 유사 단체들이 속속 조직되면서, 1828년에는 36개의 단체들이 연합하여 미국평화회를 결성했다. 미국평화회는 헌장 1조에서 "전쟁의 악마에 대한 정보와 전쟁을 폐지하기 위한 가장 효과적인 수단을 퍼뜨리는 것"을 목적으로 천명했고, 「평화선구자 *Harbinger of Peace*」라는 소식지를 발간했다. 이후 소식지 명칭은 「평화주창자 *Advocate of Peace*」로 바뀌었다.[11]

그러나 노예제를 둘러싼 논쟁과 남북전쟁은 미국 평화운동에 타격을 가했다. 노예제 폐지론자인 윌리엄 개리슨과 아딘 발로우는 "악에 대한 도덕적·비폭력적 저항"을 뜻하는 그리스도교적 무저항 사상을 옹호하면서 톨스토이에게도 깊은 영향을 주었다. 그러나 서보혁과 정주진이 설

The Advocate Of Peace.

[Entered at the Boston Post Office, as Second Class Mail Matter.]

VOL. LVI.
No. 1.

BOSTON, JANUARY, 1894.

PRICE, $1.00
A YEAR.

CONTENTS.

명했듯이, "노예제 폐지를 둘러싸고 미국 평화주의자들 사이에서는 평화의 유지와 정의의 획득 중 무엇을 추구할 것인지를 두고 이견과 충돌이 생겼다. 전쟁 거부를 강하게 주장했던 개리슨 같은 사람들조차 평화주의를 포기했고 남북전쟁은 평화운동을 갈라놓았다."[12]

소식지 『평화주창자(Advocate of Peace)』 첫 페이지(1894)

남북전쟁 당시 의회는 처음으로 연방 차원의 징집제를 도입했다. 그러나 일정액을 납부하는 사람에게는 병역을 면제해주었다. 부담금에 의한 병역면제 제도fee exemption의 차별적 성격으로 인한 논쟁과 폭동까지 겪은 끝에 연방의회는 평화교회 신자들에게 대체복무를 허용하는 법을 통과시켰다. 남북전쟁 발발 당시의 지원병제가 1863년 3월 징병제로 전환될 때만 해도 양심적 병역거부권이 인정되지 않았지만, 1864년 2월 역사적 평화교회 신자들에게 '비무장·비전투원 군복무'라는 형태의 대체복무를 허용했고, 같은 해 8월부터는 동일한 대체복무 혜택이 재림교회 신자들에게도 주어졌다.[13] 미국에서는 상당한 진통과 시행착오를 거쳐 비전투원 군복무라는 형태의 대체복무제도가 남북전쟁 도중인 1864년에 처음으로 제도화되고 법적으로도 인정되었던 것이다. 당시 대체복무 장소는 "군부대 안"이었고 대체복무자의 신분은 "군인"이었다.

종교적 거부자religious objectors에게 대체복무 선택지를 제공하는 제도는 1차 대전 당시에도 계속 유지되었다. 그러나 정치적, 도덕적, 혹은 개인적인 신념에 근거한 양심적 거부자들은 징집되고 처벌받았다. 조지 허버트 미드는 1917년에 발표한 "양심적 병역거부자The Conscientious Objector"라는 글에서 당시 미국 병역법과 법적 절차의 심각한 문제들을 지적했다. 첫째, 그는 당시 병역법이 병역 및 전투 참여를 교리로써 명시적으로 금지한 종교·교단의 신자들에게만 협소하게 병역면제 혜택을 제공함으로써 그 밖의 모든 양심적 병역거부자들을 처벌할 뿐 아니라, 처벌 대상으로 지목된 양심적 병역거부자들을 군대와 군법정을 끝없이 오가는 무한처벌의 궤도 안에 가두고 있다고 비판했다. 둘째, 그는 당시 병역법이 "개개인의 도덕적 판단이 명령하는 바대로 행동하는 것을 처벌하고 있다"면서, 병역면제 조치를 양심의 진정성이 검증된 개인들로까지 왜 확대하지 못하느냐고 공박했다. 그는 "도덕에 근거한 양심적 병역거부자들을 국가가 강제징집하는 것이 정당화될 수 있는가, 국가에게 과연 그

NO DRAFT

럴 권한이 있는가"를 묻고, 이에 대해 일단 긍정적인 대답을 내놨다. 그러면서도 "민주주의를 위협하는 것은 신체의 징집이 아니라 마음의 징집"이라면서, 현재의 불공정한 병역법을 민주주의적으로 바꿀 수 있도록 전쟁·병역을 반대하는 소수자들의 권리―특히 표현과 언론의 자유―를 최대한 보장해야 한다고 역설했다.[14]

1차 대전 당시 후터라이트 혹은 후터리안 메노나이트였던 호퍼 3형제가 겪은 비극은 미국 사회에 큰 충격을 주었다. 이 비극은 무엇보다 양심적 병역거부자와 관련된 미국 병역제도의 혹독함과 취약성을 적나라하게 드러낸 사건이었다. 후터라이트 교회는 이 사건 이후 제도를 개선하기 위한 미국 정부와의 협상에 나섰지만, 별 진전이 없자 캐나다로 즉각 이주하여 그곳에서 양심적 병역거부권을 인정받았다.[15] 다음은 호퍼 형제 사건에 대한 코넬리우스 딕의 설명이다. 다소 길지만 인용해본다.

가장 큰 고통은 젊은 청년들에게 영장이 발부되면서 닥쳐왔다. 이들은 군 병영으로 잡혀갔지만 군복 입기를 거부하였고, 상관들이 내리는 명령을 따르지 않았다. 당시 거기에는 대체복무도 없었고, 그들의 입장을 배려해줄 아무런 법 조항도 없을 때였다. 특히 호퍼Hofer 3형제에 의해 제이콥 위프Jacob Wipf 공동체를 온통 흔들어놓는 사건이 발생했다. 조셉, 데이빗, 마이클 3형제는 두 달 동안 군 유치장 신세를 져야 했고, 그 후 37년 동안 감옥에 있어야 한다는 실형을 선고받았다. 낮에는 수갑이 채워지고 밤에는 족쇄가 채워진 가운데 알캐트라쓰Alcatraz로 이송되었다. 그들은 알캐트라쓰의 습한 지하감옥에 처넣어졌고, 모두 독방 신세를 면치 못했다. 그들이 군복을 거부했다고 하여 군복을 감방에 걸어놓고는 아무런 옷도 입히지 않은 채 지하감옥에 넣어졌다. 그렇게 그들은 군복을 선택하든지, 아니면 아무런 옷도 입지 않은 채 생활을 해야 했다. 덮을 것도 없는 가운데 젖은 바닥에서 5일 밤, 낮을 내

남북전쟁 당시 뉴욕 징병거부 폭동을 묘사한 일러스트(1863)

내 서 있다, 앉아 있다가 잠을 자야 했다. 그들에겐 매일 한 잔의 물 외에는 아무런 음식도 주어지지 않았다. 그리고 나서 잠시 동안이지만 처우가 좀 나아졌다.

그러나 4개월 후 그들은 캔사스의 포트 리븐워스Fort Leavenworth로 이감되었다. 4일 낮 5일 밤 동안의 끔찍한 이송이 이루어진 후, 그들은 주둔지에서 전쟁 막사까지 벌거숭이 행진을 해야 했다. 그들은 추운 겨울에 완전히 발가벗겨진 상태로 땀이 날 때까지 밖에서 모진 고통을 당해야 했다. 두 시간 후에 그들에게 죄수복이 입혀졌으나 여전히 밖에 서 있어야만 했다. 이른 아침에 조셉과 마이클 호퍼는 실신하여 병원으로 이송되었다. 그들 외 두 명에게는 음식을 제공하지 말라는 선고가 내려진 가운데 독방으로 보내졌다. 그들의 발은 겨우 땅에 닿을 듯 말 듯 하고 손은 천정에 묶어둔 상태로 매일 아홉 시간을 매달려 있어야만 했다. 친절한 두 사람의 호의로 위프의 아내들에게 전보가 전해졌다. 아내들이 소식을 듣고 남편들을 찾았을 때, 이미 그들은 거의 초죽음 상태에 있었다. 다음 날 아침 조셉은 죽었다. 그러나 그의 아내 마리아에게는 죽은 남편의 시체조차 볼 수 없도록 엄중한 조처가 내려졌다. 오랜 간청 끝에 그녀는 남편이 들어 있는 관을 받을 수 있게 되었는데, 남편의 시신에는 살아 있는 동안에 그렇게 입기를 거부했던 군복이 입혀져 있었다. 마이클도 이틀 뒤에 죽었다. 그 외 두 사람은 결국 석방이 되었다.[16]

시민사회 안에서도 양심적 병역거부를 지지하고 전쟁채권 구입을 거부하는 평화주의 교회들에게 많은 공격이 가해졌다. 다시 딕에 의하면, "어떤 교회 건물들은 노란색으로 칠해졌고, 어떤 목사들은 지탄의 대상이 되어 타르를 뒤집어쓰거나 깃털을 뒤집어써야 하는 등 여러 방식으로 학대를 받아야 했다. 어떤 목사는 폭도들에 의해 전신주에 매달려 죽기

전에 구조되기도 했다."[17]

이런 시련과 고통에도 불구하고, 유럽에서 시작되어 미국으로 번진 1차 대전은 미국에서 평화운동을 촉발하는 계기가 되었다. 예컨대 사회복음 운동가들도 1차 대전을 계기로 평화운동에 동참하고 나섰다. 1차 대전 당시 주류 개신교 진영은 "참전을 열렬히 지지"했던 데 반해, "사회복음은 평화주의와 비폭력에 점차 몰두하였으며 국내 노동 투쟁과 외교 정책에 동일한 평화 원칙을 적용하자 결국 내부적으로 분열"하게 되었고, 전쟁 문제로 인한 분열 때문에 사회복음 진영 자체가 흔들릴 지경이었다.[18] 회중교회 목회자이자 사회복음의 탁월한 이론가·활동가인 월터 라우센부시가 사회복음의 평화주의적 전환을 이끌었다. 라우센부시 역시 1차 대전 발발 후 평화주의자가 되었다. 그는 세계대전 참전을 반대하면서 미국의 중립 정책 고수를 요구했다. 스위스의 종교사회주의 지도자 라가츠처럼 라우센부시도 평화주의를 내세운 국제화해연대에 매료되었다. 그는 1917년 2월 25일 사회당Socialist Party이 후원한 로체스터평화행진Rochester peace rally의 기조연설에서 "경제적 부와 군사주의는 전쟁이 불가피하게 만드는 기류를 창출하는 공모자들"이라면서 공개적인 전쟁 반대 입장을 처음으로 천명했다. 그 자신이 '평화주의자'임을 자처했음에도 불구하고, (에반스가 말하듯이) 라우센부시는 "평화주의자pacifist라기보다는 반군사주의자anti-militarist"에 가까웠다.[19] 글래든, 맥도널, 워드 등 전쟁을 지지했던 사회복음운동 지도자들도 "자본주의와 군사주의의 위험이 정의로운 사회질서를 위해 일하려는 교회의 사명mission을 어떻게 위기로 몰아갈 수 있는가"와 관련된 라우센부시의 우려에 공감하는 태도를 취했다. 또한 라우센부시의 반전 입장은 셔우드 에디, 찰스 클레이든 모리스, 라인홀드 니버 등 사회복음의 새로운 세대에게 강한 영향을 미쳤다. 그러나 막상 미국이 1917년 4월에 참전을 선언하자 평화운동은 극도로 위축되었고, 미국 개신교 지도자 다수는 열정적으로 전쟁을 지지

하고 나섰다.[20]

　유럽에서와 마찬가지로 미국에서도 1차 대전 종전 후 평화운동의 불꽃이 재점화되었다. 사회복음의 강한 영향력 아래 개최되었던 1922년의 세계기독학생연맹(World Student Christian Federation: WSCF) 북경대회에서는 전 세계의 참여자들이 '전쟁 문제에서의 불일치'에도 불구하고 '전쟁 반대'에 일치된 목소리를 냈다. 대회 공식 성명에는 다음 구절이 포함되었다: "우리는 북경대회에서의 우리들의 토의의 결과로서 '전쟁'에 있어서 우리들이 개인적으로 어떠한 자세를 취하여야 하느냐에 대한 합의에 도달하지 못하였음을 솔직하게 시인하는 바이다. 그러나 이와 동시에……우리는 우리들의 전력을 기울여 전쟁을 지향하는 모든 주장과, 전쟁은 국제적 분규를 해결하는 수단이라고 하는 주장에 항쟁하는 것이 우리들의 절대적 의무라고 생각한다."[21] 개신교에 비해 한 세기가량 늦었지만, 1927년 존 라이언 등 몇몇 자유주의자들이 설립한 가톨릭국제평화연합 Catholic Association for International Peace을 필두로 천주교의 평화운동도 본격화되었다.[22] 1930년대 후반 유럽에서 전운이 갈수록 짙어지자 미국에서는 평화운동 지도자들에 의해 긴급평화캠페인Emergency Peace Campaign이 펼쳐지기도 했다.[23]

　그러나 1930년대를 거치면서 미국 평화운동 진영의 분열과 분화가 가시화하기도 했다. 우선, 1933년에 미국화해연대가 "마르크스주의자임을 자처하는 이들"과 "모든 형태의 사회행동social action에서 비폭력을 주장하는 이들"로 양분되었다. 당시 전자 쪽에 섰던 니버는 "'국제(즉 제국주의) 전쟁'에서는 평화주의자가 되겠지만, '계급전쟁class war'에서는 평화주의자가 되지 않겠다"고 선언했다. 두 번째로, 1937~1938년에 걸쳐 사회복음운동의 주력 중 하나였던 미국 회중교회에서 분열과 입장 선회가 진행되었다. '회중교회 사회행동협의회(Congregational Council for Social Action: CSA)' 산하의 국제문제위원회에서는 국외 전쟁 참여 거부라는 종전의 입

장을 둘러싸고 내분이 발생했고, 결국 CSA는 1938년 들어 퀘이커 및 평화주의 그룹과의 연대를 중단하고 집단안보 진영collective-security camp으로 이동했다. 세 번째로, 미국 사회복음 진영은 2차 대전 발발 이후 나치즘과 영국·프랑스 제국주의를 "동일한 악equal evils"으로 공격하는 평화주의자들(Christian Century 그룹), 그리고 "두 거대한 악들" 사이에서 선택해야만 할 때 "더 적은 악lesser evil"의 선택이 의무라고 주장하면서 전쟁 지지로 돌아선 현실주의자들(Christianity and Crisis 그룹)로 나뉘었다. 1941년 12월 진주만 사건 발생 이후 많은 교파들이 전쟁을 공식적으로 옹호하면서 기존의 반전적 교회 법령anti-war legislation을 번복했고, 『크리스천 센츄리』의 평화주의자들도 상심 속에서broken-heartedly 전쟁을 수용했다.[24]

긴급평화캠페인을 위해 제작된 미국친우봉사단(AFSC)의 포스터

2. 역사적 변천(2): 2차 대전 발발 이후

그런 가운데서도 2차 대전 당시 미국 그리스도교 교회들은 초교파 기구인 '종교적 거부자들을 위한 전국 봉사위원회(National Service Board for Religious Objectors: NSBRO)'를 조직하고, 정부로 하여금 대체복무 기관인 '민간공공서비스(Civilian Public Service: CPS)'를 설립하도록 유도하는 등 양심적 병역거부자들에 대한 적극적인 보호와 지원 활동에 나섰다. 카터에 의하면,

> 2차 대전 당시 미국의 양심적 병역거부자들은 외롭게 남겨지지 않았다. 그들은 '종교적 거부자들을 위한 전국 봉사위원회'로부터 충분한 지원을 받았다. 물론 그들은 소속 교단으로부터도 지원받았다. 심지어 해당 소속 교단이 군종軍宗 프로그램을 완전히 지지하는 경우에도 말이다. 정부도 종교적 기류의 이런 차이를 느끼고 민간공공서비스를 창설했다. 1945년 3월 1일의 시점에서 8천 명 이상이 민간공공서비스 안에서 대체복무를 하고 있었다.[25]

2차 대전 기간 중에 미국에서는 약 3만 7천 명이 양심적 병역거부자로 인정되어 비무장 군복무 혹은 민간대체복무를 이행했다. 비무장 군복무non-combatancy를 이행한 이들이 2만 5천 명이었고, '민간공공서비스'를 통해 대체복무를 수행한 이들이 1만 2천 명이었다. 대체복무 수행자를 소속 교단별로 세분해 보면, 메노나이트(38.4%)를 비롯한 역사적 평화교회 소속이 58.1%를 점유했고, 여호와의증인(4.4%)과 크리스타델피안파(1.1%) 등 다른 평화주의자 그룹이 5.5%를 차지했다. 이 밖에 주류 개신교 교단 출신이 16.7%를, 가톨릭 신자들이 1.4%를 점했다.[26]

1941년부터 1970년까지 미국의 징병 당국Selective Service 책임자로 장

엉클 샘의 징병 광고(1941)

JAMES MONTGOMERY FLAGG

I WANT YOU
FOR U.S. ARMY
NEAREST RECRUITING STATION

기 재직했던 루이스 허시 장군은 양심적 병역거부 인정 문제를 "민주주의에 대한 실험experiment in democracy", 즉 "우리의 민주주의가 국가적 위기 상황에서도 소수자의 권리를 보존하기에 충분한지 알아내기 위한" 테스트라고 말했다.[27] 그는 바로 이런 생각으로 양심적 병역거부권 반대자들에 맞서 민간 주도 대체복무제를 수호하는 데 앞장섰다.[28] 이는 양심적 병역거부 문제에 대한 미국 정부의 완전히 달라진 시각과 접근을 보여준다.[29]

2차 대전 당시 1940년의 병역법Selective Training and Service Act은 "종교적 교육 및 신념을 이유로by reason of religious training and belief" 전투 참여를 거부하는 이들에게 의무적인mandatory 대체복무를 제공했다. 1차 대전 당시 '선택'의 대상이던 대체복무제가 '의무'로 바뀐 것이다. 이런 기준을 충족하지 못하면서도 군복무를 거부하는 이들은 투옥당했다.[30] 1940년 법률에 등장하는 "종교적 훈련과 신념을 이유로"라는 표현은 1948년에 제정된 새 병역법The Universal Military Training and Service Act의 6조 j항에도 등장하며, 미국에서 특정인이 양심적 병역거부자 지위를 얻기 위한 자격 기준으로 작용하게 된다.[31]

토머스 머튼의 사례를 자세히 살펴보면, 1940~1941년 사이에 징병 조건이 더욱 까다롭게 바뀌었음을 확인할 수 있다. 자서전인 『칠층산』에 의하면, 컬럼비아대를 졸업한 후 뉴욕의 가톨릭계 성보나벤투라대학에서 영문학을 가르치던 머튼은 징집제 재도입을 골자로 하는 새 병역법이 통과되기 직전인 1940년 여름 곧 수도회에 입회하여 병역을 면제받을 생각이었다.[32] 수도자나 성직자들은 병역면제 대상이었던 것이다. 그러나 수도원 입회를 아직 결정짓지 못한 상태에서, 병역법이 통과된 후인 1940년 11월 징집 명단에 등록하는 절차를 밟았다. "학생과, 성직자가 아닌 교수들 전원이 드라로슈 관에 줄을 서서 징집 명단에 등록하던 때가 11월이었다고 생각된다.……나는 이름과 나이와 기타 다른 것들을 알려주고 조그만 백색 카드 한 장을 받았다. 절차가 금세 끝났다. 징집이 임박한 것도 아니었다.”[33] 그러나 징집은 곧 현실이 되었다. 1941년 3월 초에 그는 징병 당국으로부터 육군에 배정되었다는 편지를 받았다. 그달 머튼은 양심적 병역거부자 지위를 청원하면서도, 비전투 요원으로 복무하고자 하는 의사를 청원서에 담았다. “나는 비전투 요원을 희망하는 입대원서를 썼다. 곧 자원으로 육군에 입대하되 위생병이나 병원 잡역부 따위의 의무부대에 복무하겠다는 것이었다. 비무장 도시에 폭탄을 투하하거나 남에게 총을 쏘지 않기만 하면 되는 것이다.”[34] 그해 사순절 직후 징병 당국으로부터 신체검사를 받으라는 통지를 받아 그에 응했지만 치아가 너무 부족하여 병역 부적합 판정을 받았다.[35] 그러나 1941년 12월 초 징병 당국으로부터 신체검사를 다시 해야 한다는 편지를 받았다. 머튼은 “징집 규정이 강화되었고 따라서 나는 아마 군대 복무를 면제받지 못할 모양이었다”고 썼다. 그는 수도원 입회를 위해 신체검사를 연기해 달라고 징병 당국에 청원하여 1개월의 연기를 허락받았다.[36] 결국 1941년 12월 머튼은 트라피스트수도회 입회를 허락받았고, 그로 인해 병역을 면제받을 수 있었다.[37]

2차 대전 당시 교황청을 정점으로 한 가톨릭교회는 전쟁을 반대하는 평화주의적 입장을 취하지 않았던 편이고, 미국 가톨릭도 마찬가지였다. 1936~1939년 스페인 내전 때에도 거의 모든 미국 주교들과 가톨릭계 언론은 “반공이고 친가톨릭적이라며” 파시스트 프랑코를 지지했다.[38] 그런 가운데서도 1933년 도로시 데이와 피터 모린의 주도로 설립된 ‘가톨릭일꾼’은 ‘환대의 집house of hospitality’을 설립하여 홈리스를 비롯한 빈자들을 위해 활동하다가, 2차 대전이 발발하자 평화주의 노선을 엄격히 고수하면서 전쟁 반대운동과 병역거부운동을 전개했다. 도로시 데이는 진주만 공습 직후 「가톨릭일꾼Catholic Worker」지의 사설을 통해 이렇게 말했다: “우리는 아직도 평화주의자이다. 우리의 선언서는 산상설교인데 그 뜻은 우리가 평화를 만드는 사람이 되려고 노력한다는 것이다. 양심적인 반대자들을 대신해서 말하거니와, 우리는 전투에 참가하지도 않을 것이고 화약을 만드는 데 참가하지도 않을 것이며, 전쟁을 수행하기 위한 정부의 공채도 사지 않을 것이고 다른 사람들에게 그러한 일을 하라고 권유하지도 않을 것이다."[39] 가톨릭일꾼의 자원봉사자들과 스텝들은 병역거부로 투옥되거나 대체복무를 수행했지만, 이 운동의 많은 참여자들은 군복무의 길을 선택하기도 했다.[40] 병역 문제와 관련된 이런 다양한 선택은 가톨릭일꾼 조직의 개방성을 잘 보여주는 대목이기도 하다. 가톨릭일꾼은 전쟁 중에 「가톨릭 양심적 병역거부자*Catholic Conscientious Objectors*」라는 제목의 신문을 발행하기도 했다. 한상봉에 의하면, "세계대전에 미국이 참전하고 나서도 가톨릭일꾼 운동은 전쟁에 줄기차게 반대하였고, 그 영향을 받은 젊은이들은 전쟁 교도소나 시골의 노동단지에서 일을 했다. 어떤 사람은 무장을 하지 않는 위생병으로 군복무를 하기도 했다. 그리고 「가톨릭일꾼」 신문은 성 프란치스꼬가 길을 들인 늑대 옆에 서 있는 그림과 함께 "승리 없는 평화"라는 말을 곁들여 계속 실었다. 「가톨릭 양심적 반대자」란 신문도 발간하였다. 이러한 입장은 애국적인 사람들에게는 배신자처럼 느껴졌고, 많은 주교들에게는 곤란한 일이었다."[41] 가톨릭일꾼은 개인적인 수준의 양심적 병역거부를 넘어, 미국·캐나다 가톨릭 평신도의 대표적인 반전평화운동 단체로 기능했다. 여성이자 평화주의자로서 도로시 데이는 그 누구도 전쟁·군대·군사주의로부터 자유로울 수 없음을, 군인이 아닌 시민들의 일상적 삶 역시 전쟁·군대와 긴밀히 연결되어 있음을 역설했다: "만일 당신이 의류 공장에서 옷 만드는 일을 하거나 무명천이나 담요 만드는 일을 한다면 당신의 노동은 아직 전쟁과 연관되어 있다. 만일 당신이 곡식을 가꾸거나 땅을 개간한다면 당신은 군대를 먹이거나 군대에 복무할 인력을 양성하는 셈이다. 만일 당신이 버스를 몬다면 당신은 세금을 지불함으로써 국가의 전쟁 자

금을 대주는 셈이다. 또 당신이 사는 상품에도 세금이 붙어 있다. 따라서 당신은 무엇을 하든지 간에 세상일에 관여하는 한, 그만큼 국가의 전쟁 준비에 기여하는 셈이다."[42] 전쟁 기간 중에는 1941년 창립된 '가톨릭 양심적 거부자연합Association of Catholic Conscientious Objectors'이라는 단체가 활동하기도 했다. 이 단체는 가톨릭일꾼과 긴밀한 관계를 유지하면서 뉴잉글랜드에서 대체복무자를 위한 몇 개의 민간공공서비스CPS 캠프를 운영하기도 했다.[43] 1961년 이후 토머스 머튼도 가톨릭일꾼운동과 지속적인 관계를 유지했다. 1961년 여름부터 「가톨릭일꾼」지에 "전쟁의 뿌리는 두려움"이라는 제목의 연재를 시작하는 등 반전과 평화에 관한 다수의 글을 기고했다.[44] 머튼은 1962년 봄에 탈고한 『포스트 그리스도교 시대의 평화』에서도 민방위훈련조차 거부하여 투옥된 도리스 데이의 적극적인 평화 행동을 높이 평가하기도 했다.[45]

가톨릭일꾼은 베트남전쟁 시기에도 맹렬한 반전평화운동을 계속했다. 다시 한상봉에 의하면, "베트남전쟁 때에도 가톨릭일꾼 운동은 더욱

가톨릭일꾼운동 로고

완강히 평화주의를 주장했다.……유니온광장에선 가톨릭일꾼 봉사자들이 시민불복종 행위로 징집 등록증을 불태웠고, 이 자리에서 도로시 데이는 전쟁의 부도덕성을 알리고 항거의 몸짓을 지지하는 연설을 했다.”[46] 전쟁 기간 중 가톨릭일꾼은 ‘양심적 납세거부’, 즉 “전쟁을 위한 납세를 거부”했다.[47] 1965년에는 가톨릭일꾼이 ‘화해협회’와 연합하여 ‘가톨릭평화협회’를 조직했다. 이 협회는 학생·교육자·성직자 교육에 나서는 한편,『가톨릭 신자와 양심적 병역거부』라는 책자를 만들어 15만 부나 배포했다.[48] 1968~1972년에는 당시 언론들이 “가톨릭 좌파Catholic left”라고 불렀던, 대니얼 베리건과 필립 베리건 형제가 이끈 급진적인 정치적·신학적 운동도 활발했다.[49] 이 운동은 징집 등록증을 파괴하는 시위에서 정점에 도달했다. 예수회 소속의 대니얼 베리건 신부는 베트남전이 한창이던 1968년 4월 가톨릭 반전운동가 8명과 함께 메릴랜드주 캔튼빌의 징병사무소에서 징집 대상자 명부 수백 장을 갖고 나와 불살랐고, 같은 해 9월에는 6명의 가톨릭 신부와 1명의 개신교 목사가 밀워키의 징병사무소에서 징집 대상자 명부 1만여 장을 들고나와 미국 전몰자들에게 헌정된 광장에서 불태웠다.[50] 대니얼 베리건 신부 역시 가톨릭일꾼 운동(도로시 데이), 토머스 머튼과 교류 관계를 유지했다.

흑인 인권운동가들도 양심적 병역거부운동에 동참했다. 흑인 인권운동 지도자들은 초기엔 “시민권 획득을 위한 군복무”를 강조했지만 이후 군복무 거부로 입장을 바꿨다. 이런 방향 전환 이전인 1967년에 마틴 루서 킹 목사가 선도적으로 흑인 청년들에게 양심적 병역거부에 나서라고 촉구했다.[51]

베트남전에 징병된 많은 미국인 청년들이 양심에 따라 병역을 거부했다. 이 전쟁 기간 중 징집 가능한 미국 청년 2,700만 명 중 1/2 이상이 입대를 거부하거나 면제받거나 연기하는 방식으로 군대에 가지 않았는데, 거부나 면제·연기의 사유도 취업, 학업 연장, 결혼, 조기 출산, 의도적 장

애 사유 만들기, 망명 등 매우 다채로웠다. 당시 닉슨 행정부는 너무 많은 징병 거부자들에 대응하느라 곤욕을 치러야 했고, 일부는 사법처리를 했지만 57만 명에 달하는 징병 거부자 모두를 처벌하지는 못했다. 이들 중 6~10만 명이 캐나다나 스웨덴으로 도망쳤다.[52] 전쟁 당시 현역군인들도 약 5만 5천 명이나 탈영하여 캐나다로 도피한 바 있었다.[53] 이남석에 의하면, "1965년에서 1975년 사이에 약 10만 명이 징병법을 위반했다. 1965년과 1972년 사이에 징병법을 위반한 시민 중 2만 2천 5백 명이 기소되었고 그들 중 대부분(약 72%)은 비종교적인 거부자들이거나 비평화주의 교회의 신자들이었다. 나머지 25%는 여호와의증인이었고, 7%는 평화주의 교회의 신자들이었다."[54]

베트남전 당시 징집영장을 불태우고 있는 미국 젊은이들(1967)

3. 양심적 병역거부의 인정 및 심사

(1) 양심적 병역거부의 인정 범위

미국 연방대법원은 1965년 판결에서 양심적 병역거부를 종교적 신념에 근거한 거부에 한정하지 않도록 확대했다. 이런 입장은 1970년 연방대법원 판결을 통해 보다 분명한 표현을 얻게 된다.

> 연방대법원의 1965년 'United States v. Seeger 판결'은 양심적 집총거부는 종교적 신념에서만 가능한 것은 아니며 "신에 대한 정통적 믿음으로 꽉 차 있는 신념에 비견되는 정도로 그 신념의 소유자의 삶에서 자리 잡고 있는" "진지하고 유의미한sincere and meanigful" 신념에서도 가능하다고 판시하였다.[55]

베트남전쟁 당시 병역을 거부한 이들 대부분이 이 전쟁을 '불의한 전쟁'으로 간주했다. 1967년 병역법Military Selective Service Act의 제6조 j항은 "종교적 교육 및 신념을 이유로 모든 형태의 전쟁 참여에 양심적으로 반대하는 이들"에게만 대체복무제를 허용한다고 규정했다. '모든' 전쟁이 아닌 '특정한' 전쟁에만 반대하는 거부자에게는 대체복무의 권리를 부여하지 않았다. 이로 인한 소송이 제기되었고, 연방대법원은 1970년 웰쉬 대 연방정부 사건Welsh v. United States과 1971년 질레트 대 연방정부 사건Gillette v. United States 판결을 통해 병역이 면제되는 양심적 병역거부자의 범위에 대해 입장을 정리했다.

'웰쉬 대 연방정부 사건'에서 대법원은 창조적인 해석을 통해 "종교적 교육 및 신념을 이유로"라는 조문의 내용을 확대했다. "어떤 등록자의 모든 전쟁에 대한 양심적 병역거부가 6조 j항이 의미하는 바의 '종교적'인 것이 되기 위해······요구되는 바는 전쟁에 대한 반대가 무엇이 옳고 그른지에 대한 등록자의 도덕적, 윤리적, 혹은 종교적인 신념에서 비롯하며, 이런 신념이 전통적인 종교적 확신과 버금가는 강도로 유지되는 것이다." 이 재판을 통해 종교적 신념에 한정되던 양심적 병역거부권이 비종교적 영역, 특히 도덕적·윤리적 영역으로까지 확대 적용되게끔 변했다. 따라서 (종교적 신념이 아닌) "도덕적·윤리적" 신념에 근거한 양심의 가책만으로도 병역거부권을 요구할 수 있도록 범위를 확대하면서도, "정치적·철학적" 근거에 의한 병역거부는 인정하지 않았다.

한편, '질레트 대 연방정부 사건'에서 대법원은 베트남전에 대한 양심적 거부자들에게 추가적인 구제책을 제공하지 않았다. 질레트는 베트남전 참전을 반대하면서 모병募兵을 거부했지만, 그가 반드시 '모든' 전쟁에 반대한 것은 아니었다. 군복무에 대한 질레트의 견해는 불의한 전쟁에의 참전만을 반대하는 것이었다. 병역법 6조 j항이 모든 전쟁에 대한 반대자에게만 적용되는 것이라면, 그것은 수정헌법의 종교자유 조항을 위반하는 것이라고 그는 주장했다. 대법원은 이런 견해를 기각했으며, 모든 전쟁에 대한 반대가 아니라 특정한 전쟁에 대한 반대는 양심적 병역거부 주장을 허용하는 기초가 될 수 없음을 명확히 했다. '질레트 대 연방정부 사건'을 통해 미국 연방대법원은 불의한 전쟁으로 간주된 특정한 전쟁에 대해서만 병역을 거부하는 입장, 즉 '선택적인 양심적 병역거부'를 불허하는 1967년 병역법의 입장을 재확인했다. 미국 정부와 사법부의 이런 입장은 현재까지 유지되고 있다.

미국 징병 당국인 선발징병시스템Selective Service System 홈페이지, 법률 사전Free Legal Ency-clopedia, 양심과 전쟁센터Center on Conscience and War 의 안내를 종합하면 2020년 12월 현재 미국에서 양심적 병역거부의 개념을 대략 다음과 같이 요약할 수 있다.[56] 양심적 병역거부자는 "종교적 훈련의 원리 그리고/혹은 도덕적 신념에 근거하여, 그 명분이 무엇이든 모든 형태의 전쟁에 굳건하고 확고부동하며 신실하게 반대함firm, fixed, and sincere objection으로써, 군복무 그리고/혹은 집총(무기 휴대)을 거부하는 사람"을 가리킨다. 양심적 병역거부권은 '모든' 전쟁을 반대하는 사람에게만 허용된다. '특정한' 전쟁만을 반대하는 사람에게는 양심적 병역거부권이 허용되지 않는다. 양심적 병역거부자 지위를 인정받기 위한 신념은 종교적인 성격의 것이지만, 반드시 종교적인 것이어야 하는 것은 아니다. 신념은 도덕적이거나 윤리적인 것일 수 있다. 그러나 전쟁 참여 거부 이유가 "정치politics, 편의expediency, 자기이익self-interest"에 근거한 것이어서는 안된다. 그것이 지적이고intellectual 합리적인rational 근거에서 전쟁이 잘못된 것이라는 신념이어서도 안된다. '종교적 혹은 도덕적'이라는 어휘가 "본질적으로 정치적인, 사회학적인, 철학적인 견해essentially political, sociological, or philosophical views"를 포함하는 것은 아니다. 전쟁이 비논리적이거나 나쁜 정책이라고 생각한다고 해서 양심적 병역거부권이 인정되지는 않는다.

일반적으로, 양심적 병역거부권 신청 이전의 라이프스타일이 현재의 주장을 반영해야 한다는 점이 강조되고 있다. 그러나 "완전한 평화주의 total pacifism"가 요구되는 것은 아니다. 자신과 가족을 보호하기 위한 자기방어 과정에서 힘force을 사용할 의향은 모든 전쟁에 대한 반대 주장을 무효화하지 않는다. 양심적 병역거부자가 반드시 "비폭력주의자"가 되어야 하는 것도 아니다. 많은 양심적 병역거부자들이 비폭력 신념을 갖고 있는 것은 사실이라 할지라도, 양심적 병역거부권을 인정받기 위해 경찰력이나 자기방어에 의한 폭력violence 사용까지 반대해야만 하는 것은 아니다. 폭력violence과 힘force도 구분되며, 움직이는 자동차에서 아이를 빼내는 것과 같은 '비폭력적 힘'은 정당화될 수 있다.

손 페리와 베스 엘렌 보일은 보다 간명한 요약을 제공한다. 〈표 4-1〉에서 보듯이, 미국 연방법은 두 종류의 양심적 병역거부를 인정하며, 세

<표 4-1> 미국 연방법이 인정 혹은 불인정하는 유형의 양심적 병역거부[57]

인정	불인정
① 양심적 병역거부자: 어떤 이유로든 군대에 갈 수 없는 이들. ② 비전투자: 군대에서 비전투적 임무(의무병과 같은)를 이행하는 것에 반대하지 않는 이들.	① 선택적 병역거부자: 그들의 양심이 그들로 하여금 "정의롭지 못한" 전쟁이라고 믿는 것에 참가하지 못하게 하는 이들. ② 핵평화주의자(핵반전론자): 그들의 양심이 핵전쟁 또는 핵전쟁이 될 것이라 믿는 전쟁에 참가하는 것을 허락지 않는 이들. ③ 비협력자(non-cooperator): 그들의 양심이 병무청, 징병제도 등과 협력하는 것을 허락하지 않는 이들.

종류의 양심적 병역거부를 인정하지 않는다.

(2) 양심적 병역거부자의 심사 및 판정 절차

베트남전 당시 양심적 병역거부자 중 가장 유명한 사례는 복싱 선수 무하마드 알리였다. 알리의 생애를 따라가 보면, 미국의 징병 절차와 양심적 병역거부 문제를 더욱 잘 이해할 수 있게 된다.[58] 1964년 세계복싱연맹(World Boxing Association: WBA) 헤비급 세계 챔피언에 오른 케시어스 클레이는 경기 직후 이슬람으로의 개종과 무하마드 알리로의 개명을 공개 선언했다. 만 18세에 징병검사를 받아야 하는 병역법에 따라 1942년생인 그는 1960년에 징병 대상으로 등록했고, 20세인 1962년에 군복무 적합 여부를 확인하는 정밀 신체·정신 검사를 받아도 좋을 대상임을 가리키는 '1-A 등급'을 받았다. 그는 1964년 1월과 3월에 치러진 징병검사의 표준적성검사에서 합격선에 미달하는 점수를 받았지만, 1966년 2월 지역 징병위원회는 징병 적합 판정에 해당하는 '1-A 등급'을 재차 부여했다.

그는 이에 항소함과 동시에 반전평화운동 차원에서 양심적 병역거부
자 지위를 요청했다. 이 요청마저 거부되자 청문회 개최를 청원했다. 청
문회는 1966년 8월에 열렸다. 청문회에서 양심적 병역거부자 지위를 인
정받으려면 ① '진심으로' 군복무에 반대하고, ② '종교적 훈련과 신념에
근거한' 반대이며, ③ 자신의 종교적 신념은 '모든 전쟁'에 반대한다는
것을 입증해야 했다. 알리는 진술서와 청문회 문답에서 입대 거부로 명
성과 돈벌이에 심한 손해를 입을 것을 알고 있으며, 코란은 살상을 금지
하며 이슬람교 수호와 관련 없는 한 어떤 전쟁에의 참여도 금지한다면서
무슬림으로서 어떤 방식으로든 어떤 전쟁이든 참가를 반대한다고 일관
되게 진술했다. 청문회 심문관은 알리에게 양심적 병역거부권을 부여할
것을 추천했다. 그러나 알리의 양심적 병역거부자 지위 획득이 그가 몸
담은 반정부적이고 전투적인 흑인 인권단체(이슬람국가) 전체 회원들의 양
심적 병역거부자 지위 요구로 이어질 것을 두려워한 지역 징병위원회는
알리의 항소를 기각했다.

결국 1967년 4월에 입대하라는 징집영장이 발부되었고, 그는 입대식
에서 호명에 따라 한 걸음 앞으로 나서는 행위를 거부함으로써 '입대 거
부'라는 죄목으로 기소되었다. 같은 해 6월 열린 재판에서 유죄가 인정
되어 알리는 5년 구금형과 벌금 1만 달러라는 '최고 형량'을 선고받았다.
그는 항소했고 이후 보석으로 풀려났다. 그러나 세계복싱연맹은 챔피언
지위를 박탈했고, 각 주는 앞다퉈 그의 복싱 선수 자격을 취소했다. 여권
도 압수당했다. 알리는 양심적 병역거부 관련 재판을 이어가는 한편, 선
수 생활이 중단된 상태에서 FBI의 도청과 감시 아래 이슬람국가 집회와
대학에서의 강연 등 반전·민권 관련 활동을 계속했다. 1971년 6월 연방
대법원은 알리의 징집 거부에 대한 기존의 유죄 판결을 뒤집고 무죄를
선고했다. 그가 양심적 병역거부자 지위 획득을 위한 조건을 모두 충족
했음에도 불구하고 알리의 청원을 기각한 징병위원회의 결정에서 "기술

적인 결함"이 발견되었다는 이유에서였다. 무하마드 알리 사례를 통해 1966년에도 항소와 청문회 개최를 요구할 권리가 인정되었음을 확인할 수 있지만, 당시에는 항소 기회가 한 차례만 주어졌던 것으로 보인다.

다시금 미국 징병 당국의 홈페이지와 법률 사전, '양심과 전쟁센터'의 안내를 종합하면 2020년 12월 현재 미국에서의 양심적 병역거부자 판정 절차를 대략 다음과 같이 요약할 수 있다.[59] 양심적 병역거부자 판정 절차는 법원의 3심제와 유사한 3단계 절차를 제공한다. ① 미국에 징병제를 규정한 법은 존재하지 않지만, 모든 남성은 18세에 징병 당국에 등록해야 한다. 징집 명부에 등록하는 것이 양심적 병역거부권 주장과 모순되는 것은 아니다. 등록자registrant는 양심적 병역거부를 이유로 (현역군인인 경우) 군대에서 제대discharge하거나 다른 임무로 재배치reassignment되거나, (민간인인 경우) 병역면제를 요구할 권리를 갖는다. 현역군인 가운데 양심적 병역거부를 이유로 제대 조치를 요구하는 사람은 연방법원에 의해 확립된 일정한 테스트들을 충족해야 한다. ② 자신을 양심적 병역거부자로 분류해달라고 신청한 등록자는 지역 병무당국local board에 출두하여 자신의 신념을 설명해야 한다. 이때 어떻게 자신의 신념에 이르게 되었는지, 그 신념이 자신의 삶에 어떤 영향을 미쳤는지를 입증하는 문서를 제출하거나, 신념을 증언해줄 다른 사람을 대동할 수 있다. ③ 지역 병무당국은 제출된 증거에 입각하여 신청인의 양심적 병역거부자 분류 여부를 결정한다. ④ 이 결정에 불복하는 이는 상급 당국district appeal board에 이의를 제기할 수 있다. ⑤ 상급 당국이 양심적 병역거부권을 재차 거부한다면, 그리고 그 결정이 만장일치가 아니었다면, 신청자는 최상급의 연방 당국national appeal board에 한 차례 더 이의를 제기할 수 있다. ⑥ 양심적 병역거부자 지위를 부여받은 사람에게는 자신의 특정한 신념에 따라 두 종류의 복무가 가용하다. 우선, 모든 형태의 군복무를 반대하는 사람은 대체복무를 하게 되며, 징병 당국의 대체복무 프로그램

(Selective Service Alternative Service Program: SSASP)에 따라 자연보호, 노약자 돌봄, 교육, 보건 등의 분야에서 현역병과 동일한 기간 동안 근무한다. 다음으로, 비전투 군복무를 인정하는 사람은 무기 사용 부서에 배치되지 않는다.

4. 현역군인의 양심적 병역거부

미국 역사는 징병제와 모병제를 왕복하는 것이었다. 큰 전쟁이 발발하면 징병제를 도입했다가, 전쟁이 끝나면 모병제로 돌아가곤 했던 것이다. 2차 세계대전, 한국전쟁, 베트남전쟁까지 이어졌던 징병은 1973년에 종료되었고, 이후 미국은 모병제로 회귀했다. 그렇다면 징병제 아래서든 혹은 모병제 아래서든 '현역군인'이 양심적 병역거부를 선언할 경우에는 어떻게 처리되어왔는가? 이런 군인들은 통상 '복무 중의 거부자in-service objector' 혹은 '군인 거부자military conscientious objector' 등으로 불려왔다. 2차 대전 당시까지만 해도 미국에서 이 문제에 대한 고려는 거의 없었다. 미국 메노나이트 중앙위원회는 이 쟁점에 대한 조치가 발전되어온 과정의 타임라인을 제공한 바 있다. 이를 요약하면 〈표 4-2〉와 같다.

이 표에서 보듯이, 미국에서 현역군인의 양심적 병역거부에 대해 전향적인 조치가 내려지기 시작한 것은 한국전쟁 당시인 1951년부터였다. 1951년 이후에는 현역군인 중 양심적 병역거부자에게 '비전투 임무 배치'를 허용했고, 1962년에는 '제대'를 허용했고, 이후 양심적 병역거부를 한 현역군인은 부대/보직 재배치와 제대 가운데 선택할 수 있게 되었다. 1971년 국방부 지시Department of Defence Directive에 의해 확립된 규정들은 의회 입법의 결과가 아니라 각급 부대의 결정에 의한 것이지만, 그럼에

<표 4-2> 현역군인 거부자를 위한 조치들: 1951~1994년[61]

연도	주요 내용
1951	국방부가 군복무 도중 CO가 된 군인에게 비전투 임무(non-combatant duties)를 할당하는 것을 인가하는 결정을 처음으로 내렸다.
1952	『CO 핸드북』[62]은 CO의 제대를 위한 규정이 없는 탓에 군인 CO들이 "극도로 어려운 처지"에 놓여 있다고 지적했다. "그러므로 비협력자(non-cooperator)는 일련의 군사재판, 영창 구금, 그리고 아마도 궁극적인 불명예제대에 직면한다. 일부는 일정 기간 영창에 갇혔다.……다른 이들은 군병원의 '정신병동'으로 보내졌다."
1962	국방부는 지시(DoD directive)를 통해 "종교에 기초한 CO 의사를 가진 현역군인들의 제대를 허가"했다. 당시 CO는 "종교적 훈련과 신념으로 인한……모든 형태의 전쟁 참여에 대한 군건하고 확고부동하며 신실한 반대(firm, fixed and sincere objection)"로 정의되었다.
1968/ 1971(1)	국방부 지시를 통해 CO에 의한 모든 주장은 군입대 이전이든 입대 이후든 동일한 기준에 의해 판단되어야 한다고 명시했다.
1971(2)	1971년 8월 20일 공표된 국방부 지시는 병역에 대한 CO 입장을 발전시킨 현역군인에게 제대 혹은 비전투 임무를 지원하도록 허용했다.
1971(3)	국방부는 지시를 통해 각 군(軍)으로 하여금 CO에게 재배치 혹은 제대를 허용하는 자체 규정을 제정·시행하도록 했다.
1994	현역군인인 CO에게 상담과 정보를 제공하기 위한 무료 핫라인이 개설되었다. 그 이전에는 Central Committee for Conscientious Objectors, National Inter-Religious Service Board for Conscientious Objectors, American Friends Service Committee 등이 정보·상담을 제공해왔지만, 무료 핫라인이 개설된 것은 이때가 처음이었다.

* CO는 양심적 병역거부자 혹은 양심적 병역거부의 약칭임.

도 불구하고 병역법 그리고 군 징집에 대한 의회 입법 및 법원 판결은 현역군인 거부자들을 위해 사용되는 군 당국의 양심적 병역거부 정의·개념에 지대한 영향을 미쳤다는 게 메노나이트 중앙위원회의 판단이었다.

영국의 경우 미국보다 이른 1960년에 모병제로 돌아갔고, 1968년부터는 자원입대자가 6개월 이내에 양심적 병역거부를 선언하면 제대할 수 있도록 배려했다.[60]

2002년 이후 이라크전 참전에 반대하는 405명의 현역 미군이 양심적 병역거부자 지위를 신청했고, 그중 179명이 그 지위를 허락받았다. 같은 시기 약 2만 명이 군대에서 무단이탈을 감행했고 이들은 탈영병으로 분류되었다. 이 가운데 300명은 캐나다로 도피했다.[63] 몇몇 병사들은 유럽으로 도피하여 난민 지위를 신청하기도 했다.[64] 모병제 아래서도 '불의한 전쟁'으로 각인된 전쟁의 시기에는 현역군인들의 양심적 거부가 급증함을 새삼 확인할 수 있다. 그들이 적법 절차를 거쳐 거부자 권리를 획득한 이들이든, 탈영자든, 망명자든 말이다.

제 2 부

한국과
양심적
병역거부
: 1950~2000년

제
5
장

식민지 조선과

양심적 병역거부

앞서 1부에서는 그리스도교 지역들을 중심으로 세계적 차원에서 양심적 병역거부의 역사를 고찰했다. 이를 통해 종교에 따라, 또 특정 종교의 교단에 따라 병역거부의 의미와 성격, 거부의 대상과 범위, 그로 인한 주류 사회와의 갈등 정도 및 쟁점 등이 상당히 달랐음을 확인할 수 있었다. 특정 종교나 교단 내에서도 시간의 흐름에 따라 병역거부의 내용이 유의미한 변화를 겪기도 했고, 심지어 병역거부 입장을 포기하는 경우도 이따금씩 나타났다. 그렇다면 한국 역사에서는 양심적 병역거부라는 쟁점이 어떻게 전개되어왔을까? 이 책 2부에서 우리가 씨름해야 할 주제가 바로 이것이다.

해방 이전의 한국 사회에는 이런 교단들—역사적 평화교회들—이 사실상 부재했으므로, 양심적 병역거부의 '한국사적' 차원에서는 19세기 미국에서 등장하여 20세기에 한국으로 진출한 재림교회와 여호와의증인 교단이 집중적인 연구 대상일 수밖에 없다. 한국에서 재림교회의 역사는 1904년부터, 여호와의증인 교단의 경우 이보다 약간 늦은 1912년에 시작되었다.

1930년대 이후 신사참배神社參拜와 궁성요배宮城遙拜 강요로 그리스도교 교회들과 국가 간 긴장이 점차 고조되었다. 재림교회와 여호와의증인 교단 모두 강한 종말론적 성향을 지녔기에, '우상숭배'로 규정된 국가의례를 강제하는 식민지 정부와의 긴장 강도는 두 교단에서 더욱 높아지기 쉬웠다. 나아가, 1938년의 지원병제를 거쳐 1944년부터 징병제가 식민지 조선에서 전면적으로 실시됨에 따라 양심적 병역거부를 둘러싼 교회-국가 갈등이 격화될 가능성이 커졌다. 그러나 전체적으로 볼 때 이 두 교단은 징병제 시행 시기인 1944~1945년에는 신자 수도 적었을 뿐 아니라 교단 자체가 이미 해체된 상태였으므로, 조직적인 전쟁 반대나 징집·집총 반대 활동을 벌일 형편이 아니었다. 징병·병역에 대한 가장 조직적인 저항은 의외로 '비종교' 영역에서 산발적으로 나타났다. 그러나 종교와 세속 영역을 막론하고 1930~1940년대의 식민지 조선은 평화주의와 평화운동의 토양이 전반적으로 척박한 편이었다. 대다수 식민지 지식인들은 군사주의와 친화적인 사회진화론의 영향권 안에 있었다. 이제부터이 쟁점들에 대해 조금 더 상세히 살펴보자.

1. 평화주의 교단들의 한국 진출
  : 재림교회와 여호와의증인

(1) 재림교회

재림교회는 침례교 신자인 윌리엄 밀러가 1831년부터 자신의 종말론적 재림신앙을 전파하면서 시작되었다. '제칠일안식일예수재림교회'라는 교단 명칭이 정식 채택된 것은 1860년의 일이었다. 최초의 공식 교회가 조직되고 최초의 합회인 미시간합회가 조직된 때는 1861년이었다. 6개의 합회 대표들이 교단본부 격인 대총회를 조직한 시기는 1863년이었다. 재림교회는 가장 작은 지역 단위의 교회church, 지역교회들의 연합체인 합회conference, 합회들의 연합체로서 대체로 국가 단위로 조직되는 연합회(union 혹은 union conference), 연합회들의 국제적 조직인 지회division, 지회들의 연합체이자 세계본부인 대총회general conference로 구성되어 있다. '지회'라는 새로운 조직 단위를 설치하기로 결정한 때는 1913년이었다.[1] 교파의 탄생지인 북미 지역으로 활동 영역이 제한되어 있었던 재림교회는 1874년 스위스로 첫 번째 선교사로 파견하는 등 세계선교에 나섰다.[2]

재림교회는 일찍부터 평화주의 시각에서 "비무장·비전투원 군복무" 입장을 천명해왔다. 이 원칙 혹은 교리는 남북전쟁 시기에 정립되었다. 1863년 3월 미국이 처음으로 강제징집 법률을 제정한 후 이듬해인 1864년 2월에 양심적 참전·집총 거부자들을 비전투 병과에 우선 배치한다는 내용으로 수정되자, 재림교회 측은 같은 해 8월 퀘이커 신자들뿐 아니라 재림교회 신자들에게도 동일한 권리를 부여해 달라는 청원을 미시간 주지사와 연방정부 군사 당국에 제출했는데, 이것이 "비무장·비전투원의 입장을 밝힌 최초의 공식 문서"였다. 그리고 이 청원이 받아들여져 재림교회 신자들은 비전투 부대·병과에 배치될 권리를 획득했다. 당시 재림교회 지도자들은 자신들이 "항상 무기를 지니는 일을 양심적으로 반대"해왔으며, "우리는 양심적으로 무기 휴대를 거부하는 자들을 위하여 미합중국 의회가 지난번에 제정한 법안의 취지에 해당하는 백성들로서 마땅히 그 법안의 혜택을 누려야 한다고 믿는다"고 주장했다.[3] 재림교회 지도자들은 미시간 주지사에게 보낸 공한에서도 "양심적으로 무장(집총)을 반대하는 사람들에 관하여 최근에 의회가 제정한 법률의 의도에 마땅히 포함되며, 따라서 그 법률의 혜택을 받아야 한다"고 주장했다.[4] 미국에서 재림교회의 비무장 군복무 교리 정립 및 국가에 의한 수용 과정은 대략 다음과 같이 요약될 수 있을 것이다: ① 1861년 4월 남북전쟁 발발과 지원병제 적용, 당시 재림교회 신자들은 지원병으로 나서지 않음, ② 1863년 3월 징집제 법안 통과, ③ 교단 창립 이후 처음 직면한 이 전쟁을 계기로 '비무장 군복무' 교리를 정립, 그러나 1863년 법률에는 비무장 군복무를 허용하는 내용이 없었음, 따라서 재림교회 신자들은 대리복무자를 내세우거나 300달러 국방헌금으로 병역을 대신하는 방법을 많이 사용, ④ 1864년 2월 비무장 군복무를 허용하는 규정이 미국 의회에서 통과됨, ⑤ 재림교회 측은 그해 8월 자기 교단 신자들도 비무장 군복무 혜택을 누릴 수 있도록 허용해달라는 청원을 연방정부와 미시간 주지사에게 제출했고 이것이 수용됨.[5]

일선 부대에서 재림교회 신자들이 폭력의 희생양이 되는 경우가 있긴 했지만, 1차 대전 당시 미국 재림교회 신자들은 남북전쟁 때처럼 비무장 군복무라는 대체복무 권리를 향유할 수 있었다. 1차 대전이 발발하던 1914년 현재 전체 재림교회 신자 수는 125,844명이었는데, 그중 27.9%에 해당하는 35,146명이 유럽에 거주하고 있었다. 그러나 당시 유럽에서는 영국을 제외하고는 비무장 군복무가 법적으로 인정되지 않았다. 유럽의 재림교회들은 전쟁 및 군복무와 관련된 입장을 아직 정립하지 못한 상태였다. 때문에 이 문제는 신자들의 개인적 선택에 맡겨져 있었고, 대부분의 재림교회들은 각국 정부의 병역 정책에 순응한 편이었다. 그 와중에도 루마니아, 이탈리아, 러시아에서는 집총거부로 고통받는 이들이 잇따랐다. 반면 독일 재림교회는 전쟁을 적극적으로 정당화하면서 징집제도에 호응했다. 유럽의 재림교회들이 "평화의 때에나 전쟁의 때에 폭력과 피 흘리는 행위에 가담하지 않"을 것임을 선언하면서 공동으로 비무장 군복무 교리를 정립하고 공유한 것은 전쟁이 끝난 후인 1923년 1월의 일이었다. 이때 독일연합회는 1차 대전 당시의 그릇된 행적에 대해 사과 성명서를 발표했다.[6]

　세계적 차원에서 재림교회의 공식 입장이 가장 체계적으로 제시된 것
은 대총회의 1954년 총회에서 채택되고 같은 해 열린 추기회의에서 수
정된 "정부와 전쟁에 대한 제칠일안식일예수재림교회의 입장"에서였
다. 이 문서는 재림교회가 "비무장 군복무를 교회의 공식 입장으로 결
의"한 것이었다.[7]

> 제칠일안식일예수재림교회는 사람들을 멸하지 않고 오히려 사람들을
> 구원하기 위하여 세상에 오신 예수 그리스도를 통하여 하나님과 더불
> 어 협력하는 정신 때문에 사람의 생명을 해하는 대신에 사람의 생명을
> 구하기 위하여 가능한 모든 봉사를 제공하신 그들의 신성한 주님의 모
> 본을 따라 비무장 전투원의 입장을 취하게 되었다.
> 　제칠일안식일예수재림교인들은 시민으로서의 권리들과 함께 시민
> 으로서의 의무들을 수용하여 정부에 대하여 충성하고자 하기 때문에
> 민간복무이든지, 군복무이든지, 전시에나, 평화 시에나, 제복 차림으
> 로나, 평복 차림으로나 생명을 구원하는 일에 기여하는 비무장 전투원
> 의 기능으로 국가에 봉사하고자 한다. 이들은 오직 자신들의 양심적
> 신념에 어긋나지 않는 기능들로 봉사할 수 있기만을 요구한다.[8]

　재림교회의 입장은 국가를 거부하는 것이 아님은 물론이고, 심지어
전쟁이나 군대의 존재도 부정하는 것이 아니다. "국가와 교회 모두에 대
한 충성"이라는 의미에서 "이중적 충성"이라는 표현이 자주 사용된다.
국가와의 '협력' 측면을 강조하기 위해 "양심적 거부"가 아니라 "양심적
협력"이라는 용어를 사용하기도 한다. 오만규는 이런 태도를 "애국적 집
총거부주의"라고 명명하기도 했다.[9] 재림교회는 반전주의, 평화주의, 반
군사주의anti-militarism와도 차별화를 시도한다는 점에서 역사적 평화교회
들과 뚜렷하게 다르기도 하다.

제칠일안식일예수재림교회는 "양심적 참전 거부Conscientious Objection to War"라는 표현 자체를 평화주의자, 반전주의자, 반反군사주의자들을 지칭하는 표현이라고 이해하고 이 같은 표현은 제칠일안식일예수재림교인들의 비무장 군복무 입장을 적절히 표현하고 있지 않다고 보고 있다. 그리하여 이들은 자신들의 입장을 신앙 양심에 위배되지 않는 범위에서 국가의 행위에 협조한다는 뜻에서 "양심적 협력자Conscientious Cooperators"라는 표현을 사용하기도 했었다. 제칠일안식일예수재림교회의 비무장 군복무 신념은 교인들에게 반전운동을 선동하거나 국가의 군사행동을 반대하게 하거나 군대 조직이나 시설에 적대적이 되도록 요구하지 않는다. 교회는 전쟁과 관련된 정부의 주권을 인정하고 간섭하지 않는다는 입장이다.[10]

재림교회의 이런 입장은 한국 재림교회가 1953년 6월 국방부 장관에게 보낸 진정서의 한 문구, 즉 "평화 시에는 물론이거니와 전시에 있어서도 한갓 양심적 거부나 평화 정책보다 도리어 정부 및 군사기관에 양심적 협조를 표명함"이라는 대목에 압축적으로 담겨 있다.[11]

한편, 한국에서 재림교회의 역사는 1904년 6월 한국인 손흥조와 임기반에 의해 시작되었다. 그해 9월 미국인 선교사가 내한來韓하여 교회를 설립함으로써 교단이 형성되기 시작했다. 재림교회 교단 홈페이지는 한국 재림교회의 초기 역사를 다음과 같이 소개하고 있다.

1904년에 이민 길에 올랐던 이응현과 손흥조는 일본 고베에서 쿠니야 히데 전도사에게 재림기별을 듣고 침례를 받았다. 그들은 최초의 한국 재림교인이 되었다. 신체검사에서 불합격되어 귀국길에 오른 손흥조는 임형주를 만나 재림기별을 한반도에 전할 뜻을 모았다. 진남포로 돌아온 임형주는 이름을 임기반으로 개명하고 주변 지역에 동조자들을 모아 쿠니야 전도사와 필드 목사를 초청하였다. 일본미션의 책임자였던 필드 목사는 한국에서 첫 네 개의 교회(선돌, 강대모루, 용동, 바메기)를 조직하고 일본미션의 부속으로 한국미션필드를 만들었다.

1905년 첫 번째 선교사로 스미스 목사가 내한하였다. 스미스 목사는 한국 재림교회의 선교본부를 진남포에서 순안으로 옮긴 후 본격적인 사업 조직에 착수했다. 그는 첫 번째 여자 선교사로 내한한 샤펜버그(사엄태)와 함께 1907년 순안에 사역자양성학교를 세웠다. 1908년 9월 하순에는 러셀(노설) 의사가 내한하여 의료사업을 시작하였다. 1908년 10월에는 지도력을 갖춘 버터필드(전시열) 목사가 내한하였다. 그의 내한과 더불어 한국 재림교회는 두 가지 중요한 변화를 겪게 된다. 첫째는 한국 교회를 일본미션에서 독립시켜 한국미션Korean Mission을 설립한 것이다. 1908년 말에 조직된 한국미션은 5개의 조직교회, 6개의 예배소, 155명의 교인으로 구성된 작은 선교 조직이었다. 둘째는 선교본부를 평안남도 순안에서 한국의 수도인 서울로 옮긴 것이다. 1909년 9월에 서울시 북부의 월암동으로 선교본부와 출판소를 옮겨 서울 시대를 열었다.……지도자들은 1910년에 서울을 중심으로 전국을 네 개의 선교 구역, 곧 중선(서울), 서선(순안), 남선(경산), 동해안(원산)으로 나누고 본격적인 선교 체제를 갖추었다.……1910년 8월에 개최된 연회를 시작으로 1919년 조선합회가 탄생하기 전까지 6회에 걸쳐 한국미션 연회가 개최되었다. 1909년에 서울 본부 체제를 연 후, 1912년에 회기리로 본부를 이전함으로써 회기동 시대를 열었다. 특별히 대총회의 지원금으로 회기리에 본부 건물 및 인쇄소를 건축함으로써 선교의 기반을 마련하였다.……이 시기에 한국 재림교회의 선교기를 이끌어간 두 가지 요인들이 있었다. 첫째는 본방인 지도자들이 등장한 것이었다. 1913년 제1회 의명학교 졸업생들이 사역 일선에 나왔고, 1915

년에는 정문국과 이근억이 한국인 최초로 목사 안수를 받았다.……둘째는 각 기관들이 발전한 것이었다. 순안 의명학교는 1911년에 하워드 리가 교장에 취임하면서 발전하였다. 1917년에는 목회자 양성을 위해 신학과를 신설하였다. 순안진료소는 1913년에 새 건물을 건축하고 순안병원으로 발전하였다.……1916년에는 『교회지남』도 발간되었다.……1916년 말 통계에서 안교생(안식일학교 학생―인용자) 수가 1,700여 명에 이르는 등 한국은 동아시아 지역에서 가장 발전하는 지역이 되었다. 1917년에 한국미션이 조선대회The Chosen Conference로 승격되었고, 1919년에는 조선합회The Korean Union Mission로 승격되었다.[12]

위의 인용문은 조선인 신자보다는 미국인 선교사 중심으로 기술되어 있는 편이고, 교단 조직 역시 선교사들이 부여한 명칭인 "미션필드mission field → 미션mission → 대회conference → 합회union mission"로의 순차적 발전과정으로 제시되어 있다. 그러나 한국 재림교회는 미국 재림교회의 선교에 의한 것이 아닌, 1904년 조선인 신자들의 자발적인 개종·입교와 모임 형성에서 태동했다는 점에서 매우 이채롭다.[13] 최초의 한국인 목사들이 등장한 것은 1915년에 가서의 일이지만 말이다. 역사가인 이영린은 1965년과 1968년에 각각 출간한 『한국재림교회사』와 『한국재림교회사연구』에서 동일한 시대구분 방식을 사용하는데, 그는 한국 재림교회 역사를 〈표 5-1〉과 같이 세분하고 있다.

한국 재림교회는 순조로운 발전을 거듭하면서 이영린이 '성숙기'로 구분한 때에 해당하는 1939년 말 현재로는 안식일학교 170여 개소, 학생 7,390명, 교회 34개소, 신자 3,693명의 교세를 기록하고 있었다.[14] 그러나 1940년대로 접어들면서 식민지 당국의 모진 탄압이 시작되었다. 태평양전쟁 발발은 물론이고 본격적인 탄압이 개시되기 이전인 1940년 11~12월에 걸쳐 (식민지 당국의 추방령에 의한 것이 아니라) 미국 "대총회의 지시"에 따

<표 5-1> 한국 재림교회의 초기 역사: 1904~1965년

구분	시기	시기 구분을 위한 주요 사건
초창기	1904~1908	재림운동이 시작한 때부터 전시열(버터필드) 목사의 내한까지
선교기	1908~1919	전시열 목사의 내한으로부터 조선합회의 조직까지
확장기	1919~1930	조선합회의 조직으로부터 시조사와 합회 사무실의 화재까지
성숙기	1930~1941	시조사와 합회 사무실의 화재부터 선교사의 총철퇴(總撤退)까지
수난기	1941~1945	선교사의 철퇴로부터 해방까지
재건기	1945~1950	해방 후부터 한국전쟁까지
발전기	1950~1965	한국전쟁 이후

라 조선에 파견되었던 미국인 선교사들은 일제히 조선에서 철수하게 되었다.[15] 이를 계기로 교회 리더십과 권력이 미국인 선교사에서 조선인 지도자들로 자연스럽게 이양되었다. 본격적인 탄압은 1941년 4월 발생한 '화강리사건'으로 시작되었다. 이 사건의 개요는 다음과 같았다.

1941년 4월 4일부터 10일까지 충청남도 청양군 화성면 강화리교회에서는 충청남도지방회가 열려서, 합회와 중선대회中鮮大會에서는 여러 지도자들이 참석하여 회會를 도와주었다. 이러한 집회에는 정, 사복 경관은 물론, 경찰의 앞잡이들까지 들어와 집회의 분위기를 흐리게 하던 것이 예사였다. 4월 10일 저녁 예배 시 중선대회장 정동심 목사는 누가복음 2장 52절을 인용하여 설교할 때, 일본 외상 마쯔오까松岡洋右의 바티칸 방문에 언급하고, 때가 가까이 왔으니 속히 준비하자고 권면하였다.……그때에 이러한 시국 이야기를 예배 시간에 하는 것쯤은 있을 수 있는 일이었으나, 지위욕地位慾에 눈이 어둡던 일경日警의 앞잡이 남모라는 형사는, 대회장 정동심 목사, 합회 선교부장 오영섭, 박원실, 오석영, 유철준, 이성찬 등 제씨와 평신자 대표 오대식, 김병두 씨까지 합

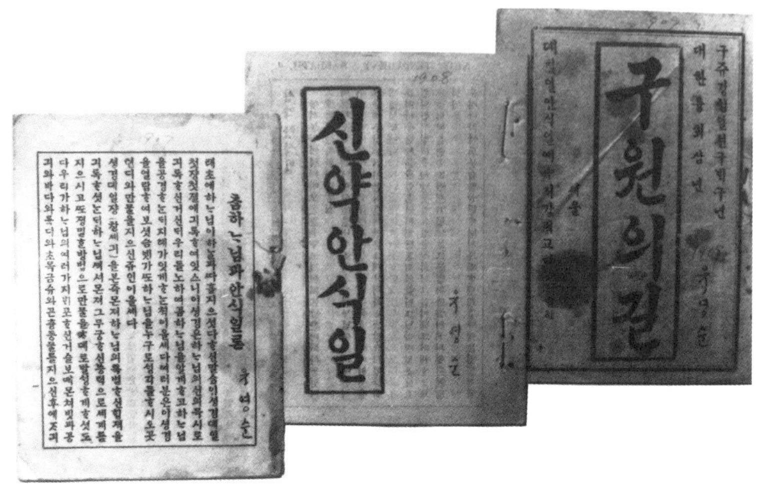

하여 8명을 검거하고, 청양경찰서에 구속하였다(4월 11일). 그런데 이유인즉 보안법을 위반하고 독립운동을 종용했기 때문이라고 하였다. 그리하여 그해 7월 19일에 상기 7인은 백일만에 석방되었으나, 정 목사만은 3심 후에 6개월의 형을 받고, 다음 1942년 2월 19일까지 서울 서대문형무소에서 복역하였다.[16]

탄압의 강도는 시간이 지날수록 강해졌다. 탄압의 예봉도 지역교회 차원을 벗어나 교단 중심부를 직접 겨냥하게 되었다. 1941년 4월에는 재림교회 교단이 발행하던 정기간행물 『교회지남敎會指南』과 『시조時兆』를 폐간시켰다. 그 무렵 예배 시간에도 황국신민서사와 궁성요배를 강요했고, 태평양전쟁 발발 후에는 종말론적 색채가 있는 설교나 찬송가를 통제하기 시작했다.[17] 이영린에 의하면, "이 전쟁(태평양전쟁—인용자)이 기독교 특히 재림교회 신자들의 신앙 생애에 끼친 영향은 막대하였으니……본本교회 찬미가 중 '재림'이나 예수님을 저희의 왕으로 또는 대장으로

재림교회의 『구원의길』와 『신약안식일』(1909)

모시고 싸우는 영적 싸움의 노래들 즉, 군가 비슷한 찬미讚美들은 일체 부르지 못하게 하였다. 어쨌든 당시는 일본이 동양의 맹주로서 새로운 아세아를 건설한답시고 호통을 빼던 때였으므로, '말세'니 '야소耶蘇 재림'이니 하는 말은 입밖에도 내지 못하도록 하였던 것이다."[18] 1943년이 되자 또다시 검거 선풍이 불었다. 그해 2월 4일 서울 종로경찰서 형사들이 최태현, 오영섭, 이성의, 김상칠, 박창욱 등 합회의 주요 지도자들을 구속하고, 얼마 후 김예준 목사도 구속했다. 이영린은 구속 사태의 원인을 다음과 같이 분석했다.

경찰이 교회 지도자들을 검거한 이유에 대하여는 신자들 사이에 여러 가지 억설臆說이 유포되어왔으나, 먼저 알아야 할 것은 일본 군부가 전쟁 중 기독교회를 탄압함에 있어서 취한 정책은, 작은 교파들은 해산시키고 큰 교파들은 통합하여 불구화不具化시킴과 아울러, 저희의 주구로 삼으려 한 것이었다. 이러한 일본 사람들의 기정旣定 방침은 모르고 교인들 가운데는 교회 내 몇몇 반역 도배들이 경찰에 내응內應하여 교회를 팔고, 물질적 이익을 탐했다고 억측하고 있음은, 신앙적 사고방식이라 할 수 없다. 물론 전쟁 중에는 악이 성하여 인심이 사나와졌고, 교회 내에서도 신자 상호 간의 사랑이 평화 시時만 못했음은 숨길 수 없는 사실이었다. 따라서 C와 같은 사람은, 교회 사역까지 한 일이 있었지만 당시 친일 한국인 정객들의 조직체인 대일본정신함양회에 교회를 격선전하되, 마치 미국의 적성敵性 단체인 양 소개하므로써 저들을 통해 교회를 해체시킨 후, 어떤 이문利文을 먹어보려는 탐욕이 전혀 없지도 않았던 모양이다.[19]

1943년 2월 구속된 교회 지도자 가운데 최태현 목사가 같은 해 6월 고문으로 사망하는 일까지 발생했다. 1944년에 이르자 식민 당국은 노골적으로 교단 해산을 강요하고 나섰다. "안식일교회 간부들이 보안법에 저촉되어 형을 받고 징역을 하게 되는 경우에는, 교회가 적성敵性 기관으로 간주되어, 모든 교회 재산이 압수될 뿐만 아니라, 온갖 죄명을 쓰게 될 것이므로, 자진 해산하라고 위협"했다는 것이다. 결국 압력에 못 이겨, 또 교회 재산을 지키기 위해, 1943년 12월 27일에 교단 지도자들은 "교회 해산"을 선언했다.[20] 결국 재림교회 신자들은 해방이 될 때까지 '교단 부재' 상황에 처하고 말았다.

(2) 여호와의증인

여호와의증인 교단은 재림교회의 영향을 받은 찰스 러셀과 몇몇 동료들에 의해 1870년대부터 형성되기 시작했다. 러셀은 1879년에 『시온의 파수대와 그리스도 임재의 전령Zion's Watch Tower and Herald of Christ's Presence』 첫 호를 출간하면서 활동을 본격화했고, 1881년에는 '시온 워치타워 책자협회Zion's Watch Tower Tract Society'를 설립하여 '종교조직'으로 출발했다. 같은 해에 미국을 넘어 영국으로, 1883년에는 중국으로, 1884년에는 라이베리아로 선교 영역을 확장해갔다. 역시 1884년에 시온워치타워책자협회를 펜실베이니아주 법인체로 등록함으로써 여호와의증인은 '종교단체'로 공식 출범했다. 1900년에 이르러 여호와의증인 교단은 28개 나라에서 신자공동체를 조직하는 데 성공했다. 1908년에는 본부를 뉴욕으로 이전했고, 이때부터 뉴욕 워치타워성서책자협회가 교단의 국제본부가 되었다. 1916년에 러셀이 사망하자 1917년부터는 조셉 러더포드가 최고지도자 지위에 올랐다. 러더포드는 1931년부터 교단 명칭을 '여호와의증인'으로 변경했다.[21]

　1차 대전 직후인 1919년에 "전쟁에 대한 반대, 적국에 대한 이적행위 등의 혐의로" 러더포드를 비롯한 최고지도자들까지 투옥되는 등 여호와

워치타워매거진 표지(1907)

의증인 신자들은 병역거부나 국기 경례 거부 등으로 정치권력과 지속적으로 충돌했다.[22] 박준현은 교단 명칭 변경을 계기로 여호와의증인 교단이 "전쟁 반대·징집 반대라는 성향을 확고하게 굳혔다"고 보았다.[23] 윤용복은 여호와의증인 교단의 교리적 입장을 다음과 같이 설명하고 있다.

> 여호와의증인에서는 이 세상의 전쟁이나 정치적 논쟁에 참여하는 것은 하느님이 미워하는 일이기 때문에 피해야 한다고 가르친다. 성서의 가르침을 보더라도, 초기 그리스도인들의 행위를 보더라도 그러한 일은 멀리해야 하며, 또한 예수는 서로 사랑하도록 가르쳤기 때문에 다른 사람에게 폭력을 사용해서는 안된다는 것이다.……따라서 전쟁에 참여하지 않는 것은 물론, 전쟁을 위한 수단인 군복무에 대해서도 거부해야 하며, 세상의 종말에 모두 파멸될 인간이 세운 국가에서 공직을 맡는 것도 피해야 한다는 것이 그들의 논리다.
>
> 성서나 초기 교회를 근거로 여호와의증인 신도들은 군사훈련과 관련된 일체를 거부하고 공직도 피해야 한다고 주장하고 있으며, 이와 함께 이들은 여호와의증인 이외의 모든 종교를 부정하는 것은 물론 세상에서 인간이 만든 모든 조직이나 통치제도 자체도 잘못되었음을 지적하고 있다.……인간은 스스로를 다스릴 능력이나 권리를 부여받지 않았으며, 인간은 인간을 구해낼 수 없다고 주장한다. 그렇기에 인간 정부의 지도자들이 아무리 좋은 동기를 가졌더라도 전쟁의 근본 원인에 대한 해결책은 고안해낼 수 없을 것이라고 한다.[24]

여호와의증인 신자들은 한편으로 마태(오)복음 5장 44절, 26장 52절, 요한복음 13장 34~35절 등의 성서적 전거典據에 의지하여 "절대적 평화사상"을 고수하고, 다른 한편으로는 "정치적 중립 및 철저한 준법의식"을 주장한다.[25] ① 여호와의증인 신자들의 "절대적 평화사상"은 그들이 군복무뿐 아니라 비무장 군복무나 방위산업체 근무 등 '군 관련 활동 일체'를 거부한다는 점에서도 확인된다. ② "철저한 준법의식"의 일단은 설사 그것이 군비(軍備/軍費)에 쓰일지라도 신자들로 하여금 세금을 충실하게 납부하도록 요구하는 대목에서 확인된다.[26] ③ "정치적 중립"은 종종 전쟁으로 이어지는 세속 세력 간의 정치적·군사적 분쟁에는 개입하거나 편들지 않는다는 태도를 가리킨다.

강한 종말론적 성향을 보이는 여호와의증인 신자들은 세상과 그 가치에 대한 적극적인 거부와 격하格下에 기초하여, 세상일에 초연하려는 탈脫세속주의 내지 엄격한 성속聖俗이원론—이들은 이를 '중립성'이라는 용어로 표현하는 것이다—을 고수하려 하므로, 전쟁·폭력·군사주의에 적극적으로 저항하는 '평화주의' 입장과도 선을 그으려 한다.[27] 그들은 오히려 우주적 전쟁cosmic war이나 영적 전쟁spiritual warfare이라는 선-악 진영의 전쟁 상황을 상정하여 군사주의적 용어들을 적극적으로 구사할 뿐 아니라 자신들을 영적 전사spiritual warrior로 내세울 수도 있다.[28] 이처럼 "(세상) 전쟁에 대한 거부 태도"와 "전사 정체성"은 여호와의증인 신자 내부에서 모순 없이 공존할 수 있는 것이다.

그들(여호와의증인—인용자)은 자신들이 적극적으로 전쟁에 저항하거나 또는 국가의 무장을 반대하고 방해하여 국가들의 전쟁 의도를 저지시키려는 평화주의자들이 아니라고 말한다. 이 세상 나라들의 전쟁은 전적으로 이 세상 나라들의 관심사이고 그 백성들의 몫일 뿐 하나님에게 충성하는 사람들의 관심사가 아니라는 것이다.

따라서 여호와의증인들은 이 세상 나라들의 전쟁에 참여하기를 양심에서 거부하지만 모든 성격의 전쟁을 반대하는 의미의 평화주의를 전파하지는 않는다. 오히려 그들은 하나님이 아마겟돈 전쟁을 통하여 악한 세상과 악한 세력을 멸망시킬 것을 전파하고 있다. 1950년 8월 4일

에 세계 67개국을 대표하는 81,766명의 여호와의증인들은 양키스타디
움에 회집하여 만장일치로 다음과 같이 선언하였다. "극단적인 평화
주의는 우리들의 가르침이 아니다. 우리는 평화주의자들이 아니다. 우
리들은 전사들이다. 다만 육신의 무기를 사용하지 않을 뿐이다. 예수
그리스도는 우리의 사령관이며 여호와의 가장 위대한 전사이다."[29]

어쨌든 병역과 전쟁 참여를 거부하는 교리적 입장으로 인해 많은 여
호와의증인 신자들이 1차 대전 때부터 병역거부에 나섰고, 그로 인해 많
은 이들이 고초를 겪었다. 여호와의증인 교단은 역사적 평화교회로 인
정받지 못했기에, 양심적 병역거부자를 인정하는 법질서 아래서조차 종
종 탄압받았다. 일부 여호와의증인 신자들은 교단 공식 입장과 다른 대
체복무제를 수용했지만, 더 많은 신자들은 대체복무조차 거부하고 감옥
행을 자청했다. 오만규의 설명을 들어보자.

이들의 신앙 양심적 병역거부 역사가 시작된 것은 제1차 세계대전 이
후이고 본격화한 것은 제2차 세계대전에서였다. 제1차 세계대전 중에
20여 명의 여호와의증인들이 병역거부로 군형무소에 수감되었으며 제
2차 세계대전 후에는 독일에서만 6,262명이 체포되고 2,074명이 강제
수용소에 끌려갔다. 영국에서도 양심적 전쟁 거부자들을 배려하는 병
역법이 존재했으나 상당수 여호와의증인들이 그 법의 혜택을 받지 못
하고 처벌을 받았으며 미국에서는 상당수의 여호와의증인들이 대체복
무제의 혜택을 받았으나 4,000여 명이 병역법 위반으로 체포되었으며
최고 5년 형에 선고된 자도 있었다.[30]

임재성도 2차 대전 당시 여호와의증인 신자들이 독일에서 겪은 고난
을 간략히 소개한 바 있다. 나치 독일은 여호와의증인 신자들을 강제수

용소에 수용하고 무기를 사용하겠다는 서명을 강요했을 뿐 아니라, 끝내 병역을 거부하는 여호와의증인 신자 270여 명을 처형했다. 여호와의증인 신자 중 1,490명이 강제수용소에서 죽었다.[31]

한국에서 여호와의증인 교단의 역사는 재림교회보다 약간 늦은, 그리고 조선이 일본의 식민지로 전락한 이후인 1912년에 미국인 선교사들이 내한함으로써 시작되었다. 윤용복은 1912년부터 해방 당시까지 여호와의증인 교단의 전래 및 그 이후 주요 연혁을 다음과 같이 제시한 바 있다.

여호와의증인은 1912년 선교사 홀리스터 부부의 내한으로 한국에 첫발을 딛게 된다. 이들은 문서선교를 했는데, 1914년 3월 18일자로 한국 성경연구원 명칭을 내세워 『시대에 관한 하느님의 경륜 *The Divine Plan*

나치에 의해 강제 수용된 여호와의증인 수감자들이 달았던 보라색 삼각 배지

of Ages』을 한국어로 인쇄해서 일반인들에게 배포하였다. 1915년 이후 맥켄지 부부가 주기적으로 한국을 방문하면서 선교를 하게 되었다. 이 무렵 한국인 강범식은 이미 여호와의증인의 신도가 되어 있었는데, 그가 여호와의증인을 접하게 된 것은 영어 문서를 한국어로 번역하기 위해 여호와의증인에 고용된 때문이었다.

　1921년에는 한국지부가 설립되었으며, 1922년에 루더포드는 강범식에게 2,000달러를 보내 일곱 대의 인쇄기를 갖춘 인쇄소를 한국에 설립하도록 하였다. 이 인쇄소에서는 한국어 외에 중국어와 일본어 서적도 인쇄하였다.…… 1931년에는 도서와 소책자, 그리고 정간물 등을 합해서 모두 19,829부에 달하는 책자를 인쇄해서 배포하였다.…… 1932년 6월 11일부터 13일까지 한국에서는 처음으로 서울 집회가 개최되어 45명이 참석하였다. 또한 그해에는『천국, 세계의 희망』이라는 소책자 50,000부가 한국어로 인쇄되어 배포되었다.

　1933년 '여호와의증인 천국 정부만이 인류의 소망이며 구원이다'라고 여호와의증인들이 전파하자, 조선총독부는 그해 6월 서울에서, 그리고 8월에는 평양에서 여호와의증인에서 발행하는 대부분의 서적들을 압수하여 소각하고,『황금시대』를 제외한 모든 서적을 금지시켰다. 1939년 이후 일제가 궁성요배와 신사참배를 강요하자 여호와의증인 신도들은 이를 거부함으로써 전원 투옥되어 고문을 받고 옥사하는 사람들도 생겨났다. 결국 이후 이들의 활동은 자연 위축되었으며, 1945년이 될 때까지 별다른 활동을 하지 못하였다.[32]

　여호와의증인 교단은 1933년과 1939년에 일본 및 조선에서 국가권력과 충돌했다. 일본 정부는 1933년에는 '국가제도'를 부인한다는 죄목으로, 1939년에는 궁성요배·신사참배를 반대하고 징집을 거부한다는 죄목으로 교단과 신자들을 탄압했다. 1939년 식민지 조선에서 발생한 일을 보통 '등대사燈臺社 사건'이라고 부른다. 1933년에 여호와의증인 관련 책자들을 압수·소각한 사건은 경성과 평양에서도 발생했는데, 이에 대해서는 당시 「조선일보」와 「동아일보」에서도 몇 차례 보도했다. 우선, 「조선일보」 1933년 6월 13일자(3면)에 실린, "성경 해설 형식으로 현 국가제國家制 부인서否認書 미국에 본부를 둔 등대사에서 조선에도 반포 중 압수"라는 제목의 기사를 보자.

聖經解說形式으로
現國家制否認書
米國에 本部를 둔 燈臺社에서
朝鮮에 도 頒布中押收

등대사 책자 압수 관련 기사(1933)

시내 종로서 고등계에서는 수일 전에 시내 서대문정 1정목 128번지 등대사의 주간 박민준 씨와 및 지난 3일에 봉천으로부터 동경으로 도라가던 길에 전기 등대사에 들러서 유숙하고 있던 동경에 있는 등대사의 출장인 낙합삼랑落合三郞 염견말길鹽見末吉의 양인을 인치하고 취조하는 일방 전기 등대사에 형사를 출동시켜 가택수사를 한 후 미국 뉴욕 뿌룩클린 시 등대사 본부로부터 금방 도착한 『정부政府』 『압제는 언제 면할가』라는 두 종류의 조선문 번역 책자 5천여 권을 압수해왔다.……등대사는 미국에 본부를 두고 세계 각국에 출장원이 흐터저서 모 예수교회의 교과를 부인하고 동사의 창설자 럿셀과 현재의 수뇌자 러터포드 량인의 저서인 『정부』 외 십여 종의 서적을 륙십여 국의 말로 번역하야 이것을 선포하는 것으로써 중요 사업을 삼고 잇다는데 현재 경성 등대사에만 열 사람의 출장인이 잇어서 각지에서 활동하는바 그들이 팔고 댕기는 십여

종의 책자 중에서 전기『정부』와『압제는 언제 면할가』의 량 종은 성경 해설의 일흠을 비러서 현재의 국가제도를 부인한 과격한 내용을 가진 까닭에 그것을 압수한 것이라고 하며 인치되었던 전기 삼 씨는 취조를 마친 후 일단 돌려보냇다 한다.

1933년 6월 17일자「동아일보」기사("등대사의 종교서적 13종 5만 부 압수")는 내무성의 명령에 의해 6월 16일 종로서가 압수한 책자가 13종 5만여 부에 달하며, 6월 5일에도 1만여 부를 압수했고, 이런 압수 조치는 이전에는 없었던 것이었다고 전한다. 6월 19일과 7월 중순에도 평양 창전리 여호와의증인 교회에서 도쿄 등대사가 발간한 단행본 3,558권, 370권을 각각 압수했다. 같은 해 8월에는 평양에서 압수된 이 책들이 조만간 소각되리라는 보도도 있었다.[33] 이에 비해 1939년의 등대사 사건에 관한「조선일보」와「동아일보」의 기사는 발견되지 않는다.

2. 식민지 말기 징병제 도입을 전후한 갈등

(1) 근대 국민국가와 병역제도 변화

현대 병역제도는 '의무병제'와 '지원병제'(혹은 자유병제)로 구분되고, 의무병제는 다시 '징병제'와 '민병제'로, 지원병제는 다시 '직업군인제'와 '모병제'와 '용병제', '의용군제'로 구분된다. 대개의 현대 국가들은 특정 제도를 골간으로 하되 다른 제도들을 보충적으로 활용하는 '혼합형 제도'를 채택하고 있다.[34] 나태종 역시 "병력을 충원하는 수단을 사용할 때에 법적인 강제가 수반되는 정도"에 따라 의무병제, 지원병제, 혼합형 제도

<표 5-2> 병역제도의 유형[36]

병역제도		특징
의무병제	징병제	모든 국민이 국방의 의무를 이행해야 한다는 국민개병주의에 입각하여 평시에 국토방위에 필요한 자원을 징집하여 교육훈련 및 전투기술을 습득시켜 법률이 정한 일정한 기간을 현역으로 복무하게 한 다음, 전역 이후에는 예비역으로 확보하여 전쟁 또는 국가비상사태를 포함한 유사시에 소집하여 충원하는 제도.
	민병제	국민개병주의에 기초한 것은 동일하지만 지휘관(자) 임무를 수행하는 간부는 지원자로 편성한 상태에서, 모든 국민이 단기간의 군사훈련을 통해 기본적인 전술 전기를 체득한 후에, 평상시에는 군 부대에서 복무하지 않고 생업에 종사하면서 매년 정해진 기간의 군사교육을 통해 전투 기량을 숙달하여 수준을 유지시키다가 유사시에 동원 소집되어 전시체제로 편성되는 제도.
지원병제	모병제	개인의 자유로운 의사에 기초한 희망에 따라 육·해·공군과 해병대에 지원하여 복무하는 제도.
	용병제	계약 관계에 의해 군인을 고용하는 제도로서, 국가가 개인에게 일정한 기간의 복무를 요구하면서 그 반대급부로 보수와 후생 등을 제공할 것을 제시하면, 개인은 군복무에 따른 경제적 이익과 타산을 고려하여 계약을 통해 군복무를 이행하는 제도.
	의용군제	전쟁이나 사변 등으로 인하여 국가가 비상사태에 처했을 때 나라를 위한 충성심과 적개심에 기초하여 개인이 자유의사에 의해 자발적으로 군에 복무하는 것.
	직업군인제	군 간부로서의 역할을 희망하는 일반 국민을 대상으로 스스로 지원하여 복무할 수 있도록 국가에서 선발에 따른 균등한 기회를 보장하고, 선발된 개인에 대해 전문직업군인의 신분 보장을 위한 보수를 지급하여 보람 있는 직업으로 인식할 수 있는 제도적 근거를 마련하여 시행하는 제도.
혼합형 제도		의무병제와 지원병제를 적절한 비율로 혼합하여 적용하는 제도

의 세 가지를 구분했다. 의무병제는 "국가의 구성원인 국민 모두가 국가를 방위해야 한다는 개념 하에 국가가 개인의 의사와 상관없이 국민에게 병역에 복무할 의무를 부과하는 제도"이며, 지원병제는 "개인의 자유의사에 따라 국가와의 계약에 의해 병역에 복무하게 하는 제도"이며, 혼합형 제도는 "의무병 제도와 지원병 제도를 자국의 실정에 적합하게 일정한 비율로 혼합하여 적용하는 제도"를 가리킨다.[35] 각각의 특징은 〈표 5-2〉에 제시되어 있다.

18세기 말 프랑스에서 처음 도입된 징병제는 "의무이자 권리"였다. 김신숙은 이를 다음과 같이 설명했다. "근대적 의미의 징병제를 도입한 프랑스에서 최초의 병역은 의무이자 권리였던 것이 사실이다. 이전까지 군대는 소수의 귀족층이나 유한계급 출신들이 장교로 복무하던 곳이었다. 그런데 18세기 말, 프랑스에서 총동원 개념의 징병제를 도입하면서 저소득층 남자들이 의무적 군복무를 마치면 선거권이라는 정치적 권리를 부여하였다."[37] 한국에서는 근대적 병역제도가 식민지 시대에 일본을 통해 도입되었다. 그런데 우리는 근대적 병역제도 정립 과정에서 '유럽형 경로'와 '일본형 경로'의 차이를 고려해야 한다. 우선, 유럽형 경로의 기본 성격과 관련하여, 필자는 『전쟁과 희생』에서 다음과 같이 설명한 바 있다.

근대 민족국가의 등장과 함께 군대의 성격과 구성 측면에서 중대한 변화가 일어났다. 18세기 이후 상비군제도의 등장과 그에 발맞춘 군대의 전문화 경향, 19세기 이후 징병제의 도입과 확산, 징병제 도입에 따라 군대의 성격이 용병군傭兵軍에서 국민군國民軍으로 변화된 것 등이 특히 중요하다.

정치권력과 군사력의 분리 추세가 유럽 민족국가의 특징으로 자리 잡는 가운데, 대규모 상비군제도가 발전되면서 독립적인 직업군인제도가 실시되었는데 이 또한 민족국가의 주요 특징이 되었다. 한편으로는 귀족이 아닌 일반 시민에 의해 충원되는 전문 장교단이 형성되었고, 다른 한편으로는 국민개병제를 통해 모든 시민들이 일정 기간 군인으로 복무하고 본업으로 돌아가는 '국민군'의 패턴이 형성되었다. 나아가 병역의무와 시민권—특히 보통선거권과 참정권—이 결합됨으로써 병역의무는 민주주의 제도와도 연결되었다. 시민권은 병역의무를 전제하게 되었고, 병역의무는 시민권의 한 징표가 되었다. "민족국가와 국민군대는 일정한 영토 관념을 바탕으로 한 민족국가 내의 시민권의 구체적인 징표였다"(기든스). 시민이자 군인, 즉 '시민-군인citizen-soldier'이라는 새로운 국민이 탄생한 것이다. "용병제나 직업군인제와 달리 징집conscription이라는 제도 혁신 속에서 군복무는 '희생'이라는 개념으로 새롭게 설정되었고, 그 논리적 귀결로서 '희생의 평등, 권리의 평등'이라는 명제가 도출되었다"(신병식).

물론 근대 민족국가들에서 병역의무를 부과하는 방식은 나라마다 다르게 나타날 수 있지만, 어쨌든 군대의 성격과 구성이 달라지자 전쟁의 성격 또한 달라지지 않을 수 없었다. 조지 모스는 전쟁사戰爭史에서 18세기 말의 프랑스 혁명전쟁이 지닌 중요성을 강조한 바 있다. "그 전까지 전쟁은 대의와는 거의 무관한 용병대에 의해 치러졌던 반면, 프랑스 혁명전쟁은 시민군이 싸움에 나선 최초의 전쟁이었고 초창기의 시민군은 대의와 국가에 헌신하여 자원입대한 의용병을 중심으로 구성되었다."[38]

일본이 징병제를 도입한 시기는 대다수 유럽 국가들보다 빨랐다. 일본은 1873년에 징집제도를 처음 도입했는데 이는 영국보다 훨씬 이른 것이었다.[39] 그러나 제국주의 일본에서는 "징병제도 즉 병역의무 부과와 보통선거권 부여의 교환"이라는 유럽식 패턴이 나타나지 않았다. 물론 뒤늦긴 했지만 일본에서도 1925년에 '25세 이상 남성'에 한하여 선거권이 부여되는 보통선거법이 제정되긴 했다.[40] 그러나 1930년대에 등장한 군국주의적 국민총동원체제는 신민臣民으로 간주된 국민에게 무조건적인 충군애국忠君愛國과 의용봉공義勇奉公만을 요구했다.[41] '식민지 조선'의 사정이 '제국帝國 일본'보다 나을 리 없었다. 일본의 징병제는 식민지 조선에 적용되지 않았을 뿐 아니라, 당연히 보통선거권과 같은 참정권도 주어지지 않았다.

한편, 조선왕조가 망국亡國의 위기에 처한 19세기 말부터 한국의 지식인들도 징병제 도입을 긍정적으로 고려했다. 징병제는 부국강병을 위한 필수적 전제조건 중 하나로 간주되었다. 비폭력을 내세운 3·1운동에서 큰 희생을 겪은 후, 국외의 독립운동가들에게 징병제 도입은 독립 후 최우선의 과제 중 하나로 떠올랐다. 현광호, 박노자 등의 기존 연구들에 의지하여 임재성은 다음과 같이 서술했다.

우리 사회에서는 이미 대한제국 시대부터 징병제에 대한 논의가 시작되었다. 1880년대 「한성순보」와 「한성주보」는 유럽의 징병제도를 지속적으로 소개하면서 이것이 가진 병력 충원의 장점을 강조했다. 유길준과 민영환 등 개화파 지식인들 또한 고종에게 당시 대한제국의 군사적 난관을 타파할 방법으로 징병제 실시를 권유했으며, 비록 온전하게 시행되지는 못했지만 제도화되기도 하였다. 이들에게 징병제는 근대화된 국가의 상징으로, 제국주의 열강들의 세 싸움 속에 존재했던 조선의 어려운 상황을 타개할 수 있는 부국강병의 수단으로 인식되었다. 이러한 인식은 식민지 시기에도 이어졌는데, 해외 독립운동 단체들은 국권 회복 이후 가장 시급하게 해야 할 과제 중 하나로 '징병제 실시'를 꼽았다.[42]

박노자는 징병제 논의가 단순한 부국강병의 수단 차원을 넘어 "근대주의자들의 이상적 남성" 이미지였던 "훈육되고 군사화된 남성성 만들기 프로젝트", 나아가 "남성적 국민 만들기 프로젝트"의 맥락에서 이해되어야 한다고 주장했다. 이때 징병제는 의무교육제도와의 긴밀한 연관 속에서 사고되었다.

> 1900년대 근대주의자들이 가장 열망했던 남성은 이따금 운동 경기를 즐기거나 민족과 국가에 대해 막연한 애국심을 느끼는 데서 그치는 남성이 아니었다. 정기적인 훈련과 명령의 정확한 수행이라는 잣대로 자신들의 가치를 측정하는 남성, "군인"의 이상에 따라 훈육된 남성이 바로 근대주의자들의 이상적 남성이었다. 그러한 남성의 생산은 근대의 의무교육체제와 징병제를 통해 근본적으로 달성해야 할 과제였다. 그러나 징병제 도입에 관한 고종의 1903년 3월 조칙은 사死문서로 남고 말았고, 의무교육 도입을 위한 1900년대 후반 학술 및 교육 단체들의 운동은 이렇다 할 가시적인 결과를 낳지 못했다. 식민지 시대 조선의 지식인들이 상찬했던 훈육되고 군사화된 남성성이라는 새로운 모델은 태평양전쟁의 "총동원" 기간 중에 그리고 1945년 이후 남한과 북한의 권위주의적 병영국가들에 의해 겨우 일상생활 속에 깊숙이 자리 잡게 되었다. 식민지 남성은 기댈 조국이 없다는 점 때문에 늘 열등감에 시달려야 했다. 운동장은 그러한 식민지 남성의 남자로서의 "자존심"을 회복시켜주는 장소였다. 특히 징병제 군대 등이 부재한 상황에서 "학교/청년 단체 운동장"은 "남성적인 국민 만들기 프로젝트"의 중심에 위치했다.[43]

식민지 시기에는 말할 것도 없고, 구한말 한국의 민족주의적 지식인들 사이에 징병제 실시에 대해 상당한 합의가 형성되어 있었음은 분명하다. 이런 상황에서 해방 후 3년간의 미군정이 끝나고 대한민국 정부가 수립되었을 때 징병제 논의가 즉각 되살아나고 제도화된 것은 자연스런 수순이었다. 그러나 해방 직전 일본 제국주의자들에 의해 한반도에 징병제가 처음 도입되었다.

(2) 식민지 조선과 징병제 시행: 여호와의증인 신자들의 수난

주지하다시피, 또 당연한 얘기지만, 양심적 병역거부는 '국민개병제'를 시행하고 있는 사회에서, 혹은 지원병제나 모병제를 택하고 있는 사회가 전쟁이나 그에 준하는 상황을 맞아 일시적으로 징병제로 전환했을 때 비로소 '사회적 쟁점societal issue'으로 부각된다. 따라서 해당 사회가 전면적인 지원병제나 모병제를 채택하게 된다면, 양심적 병역거부와 관련된 대부분의 갈등이 사라질 것이다. 역사적 평화교회 신자들을 비롯한 평화주의자들은 징병제를 자신들의 신념에 대한 심각한 위협으로 간주한다. 양심적 병역거부 운동가들 역시 징병제 철폐와 군사주의 극복을 양대 목표로 내세운다. 평화주의자의 눈에 비친 징집제의 위험은 앞서 언급한 바 있는, 국제적 저명인사들이 서명한 1926년의 "징병제 반대선언"과 1930년의 "징병제와 청소년 군사훈련에 반대한다" 선언에 잘 기술되어 있다.

> 우리는 대규모의 전문 장교로 구성된 징집군conscript armies이 평화에 대한 심각한 위협이라고 믿는다. 징집은 인간다운 인격의 저하와 자유의 파괴를 의미한다. 병영 생활, 군사훈련, 아무리 부당하고 어리석은 명령일지라도 그에 대한 맹목적인 복종, 그리고 의도적인 도살 훈련은 개인, 민주주의, 그리고 인간 생명에 대한 존중심을 훼손한다. 사람들에게 생명을 포기하도록 강요하거나, 그들의 의지에 반하여, 또는 그

들 행동의 정의로움에 대한 확신 없이 죽음을 초래하는 것은 인간의 존
엄성을 떨어뜨리는 일이다. 국민을 전쟁에 나가도록 강요할 권리가 있
다고 생각하는 국가는 국민이 평화 속에서 누리는 삶의 가치와 행복에
대해 적절한 배려를 결코 하지 않을 것이다. 게다가 징집을 통해 가장
영향받기 쉬운 연령대의 모든 남성에게 군사주의적 공격 정신이 심어
지게 된다. 전쟁을 위한 훈련을 통해 남자들은 전쟁을 피할 수 없는 일
로, 심지어 바람직한 일로 여기게 된다.

징집은 개인의 인격을 군사주의에 종속시킨다. 그것은 예속의 한 형태
이다. 여러 국가가 이를 일상적으로 용인한다는 것은 징병제의 파괴적
인 영향력을 증명하는 또 하나의 증거일 뿐이다. 군사훈련은 육체와
정신을 살상 기술로 길들이는 것이다. 군사훈련은 전쟁을 위한 교육이
다. 그것은 전쟁 정신spirit of war의 영속이다. 그것은 평화에 대한 열망
의 발전을 방해한다.[44]

이런 측면에서 본다면, 일본 식민 당국이 징병제를 조선인에게도 전
면적으로 실시한 1944년부터 한반도에서 양심적 병역거부자가 등장할
가능성이 처음 생겨났다고 말할 수 있다. 일본은 메이지헌법 20조를 통
해 국민개병제를 도입하여 일본인에게 병역의무를 부과했고, 이에 따라
1889년부터 '개정 징병령'이 시행되었다. 그러나 일본은 조선을 합병한
이후에도 거주지와 상관없이 조선인 신분에 속하는 자―즉 일본 호적
적용자가 아닌 사람―에게는 이 법을 적용하지 않았다. 그러다가 1938
년 2월의 육군특별지원병령, 1943년 5월의 해군특별지원병령을 실시하
여 조선인에게 징병제가 아닌 지원병제를 적용하기 시작했다. 그러나 일
본 정부는 조선인들까지 징병제 대상으로 편입하는 새로운 징병령을
1943년 8월부터 시행하였고, 1944년 초부터는 실제 징병 작업에 돌입했

조선인 육군지원병 훈련 개시(1938)

다. 이에 따라 육군특별지원병령은 1944년 3월 31일에, 해군특별지원병령은 1944년 7월 31일에 각각 폐지되었다.[45] 이때부터 조선인 군인 수가 급증하여, 1943년에는 육군 및 해군에 조선인 군인 수가 9,300명에 불과했으나, 1944년에는 209,270명으로 늘어났다.[46] 바야흐로 양심적 병역거부 문제 돌출을 위한 객관적 조건이 완전히 구비된 것이다.

그런데 한국에서는 최초의 양심적 병역거부를 1939년의 '등대사 사건'으로 설정하려는 경향이 오래 전부터 최근에 이르기까지 이어지고 있다. 다음 인용문들은 박노자와 한홍구의 2008년 글, 그리고 이용석의 2021년 책에 수록되어 있다.

이 땅 한반도에서 병역거부의 역사는 징병제의 역사보다 길다.……

1939년 6월 29일 경성(서울)에서는 병역거부와 관련된 역사적 사건이 일어났다. 그동안 일본에 있는 동료 신도들과 함께 자신들의 종교적 신념에 따라 천황제와 전쟁을 원리적으로 부정해왔던 여호와의증인 30여 명이 경찰에 체포되었다. 5명의 전쟁 반대자들이 서대문형무소에서 옥사하고, 나머지 대부분도 옥중 고문의 후유증으로 평생 몸이 불편하게 된 이 사건을 역사책에서는 '등대사(燈臺社 Watchtower) 사건'이라 부른다. 일군의 양심적 종교인들이 전쟁과 징병제 등을 거부했던 이 사건은 일제에 의해 조선에서 징병제가 실시되는 1943년 8월 1일보다 먼저 일어났다.[47]

이 땅에 최초로 양심에 따른 병역거부와 관련하여 투옥자가 나온 것은 어처구니없게도 징병제가 실시되기도 전의 일이다. 1939년 1월 일본은 여호와의증인으로 양심에 따른 병역거부를 선언한 청년 두 명을 '광적인 평화론자'로 몰아 구속했다. 일제는 이어 1939년 6월 식민지 조선에서도 여호와의증인들에 대한 대대적인 탄압을 자행하여 신도의 대부분이라 할 수 있는 38명을 체포했다. 이때는 아직 조선에 징병제가 실시되지도 않던 상황이었고, 조선에서 여호와의증인의 교세도 미약했지만 일제는 가혹한 탄압을 가한 것이다. 이때 투옥된 38명은 모두 평신도—여호와의증인에는 성직자가 따로 없다—인데, 이들 중 5명은 옥사했고, 33명이 해방 후 옥문을 나섰는데, 그들은 모두 비전향으로 있었다.[48]

한국에서 공식적으로 확인된 최초의 병역거부 수감 기록은 1939년이다. 1939년 일제는 일본 열도와 조선 반도의 여호와의증인 신자들을 전부 잡아들였다. 일본에서 여호와의증인 신자가 징병을 거부한 것을 계기로 이 종교인들을 불순 세력으로 간주한 것이다. 종교적 신념에 따라 신사참배를 거부했던 조선의 여호와의증인 신자들은 불경죄를 명목으로 모두 잡혀갔다. 당시 여호와의증인 신자 중 조선인은 50명을 넘지 않았는데 총 66명이 구속 수감되었으니, 여호와의증인뿐만 아니라 함께 성경 공부를 하던 사람들까지 모두 잡혀갔다고 해도 과언이 아니다.……엄밀하게 말하자면 당시 조선인 여호와의증인 신자들을 병역거부자로 보지 않을 수도 있다. 하지만 일제가 여호와의증인을 불순세력으로 여기고 탄압하기 시작한 결정적인 이유가 병역 문제였고, 조선의 여호와의증인 신자들이 1939년에 수감되지 않았어도 징병제가 시행된 1944년에 결국 병역거부로 구속되었을 것이기 때문에 일반적으로 일제강점기 여호와의증인들을 한국 병역거부의 시작으로 이야기한다.[49]

앞서 지적했듯이 현재에 이르기까지 한국 사회에서 양심적 병역거부자는 거의 전원이 재림교회 신자들이거나 여호와의증인 소속 신자들이었다. 그러나 이들은 일제 지배 말기의 징병제 시행 시기 동안에는 신자 수도 적고 교단도 해체된 상태였으므로, 전쟁 반대운동이나 징집·집총 반대운동을 벌일 만한 여력이 없었다.

우선, 재림교회의 경우 일제의 압력에 밀려 1943년 12월 말에 성명서를 내고 교단을 해산한 상태였으므로, 1944년에 징병제가 본격 시행될 당시에는 교단 자체가 존재하지 않았다. 1939년 말 현재 재림교회 신자 수는 3,698명이었으나 해방 후 3년이 지난 1948년(1,992명)에도 그 수가 2천 명에 미치지 못하고 있었다.[50] 이를 고려할 때 1943년 12월 교단 해산 이후 재림교회의 신자 수는 급감했던 것으로 보이며, 징병제 시행 시기인 1944~1945년의 교세는 그야말로 미미했을 것으로 판단된다.

재림교회보다 신자 규모가 훨씬 적었던 여호와의증인 교단의 경우 상황은 더욱 불리하게 전개되었다. 일본 정부는 중일전쟁 이후 징병제를 확대하는 한편, 징병제에 불응하는 여호와의증인 신자들을 탄압하기 시작했다.[51] 1939년으로 접어들자마자 일본 정부는 일본인 여호와의증인 신자들 전체를 체포하여 불경죄, 치안유지법 위반으로 처벌했다. 당시 옥응련과 최경만 등 재일조선인 신자 2명도 투옥되었고, 이 중 옥응련은 옥중에서 사망했다. 또 다른 재일조선인 신자 1명은 옥중에서의 고문으로 정신이상이 되었다.[52] 필자의 견해로는 식민지 조선에서 발생한 등대사 사건의 관련자들이 아닌, 여호와의증인 신자였던 이 2명 혹은 3명의 재일조선인들이야말로 진정한 의미에서 "한국 최초의 양심적 병역거부자"일 가능성이 높다. 1939년 당시 일본에서는 여호와의증인 신자들의 '병역거부 신앙'이 국가-교회 충돌과 신자 체포·투옥의 직접적 원인 중 하나였음이 분명해 보이기 때문이다. 이 경우 최초의 양심적 병역거부자가 출현한 시점도 등대사 사건 당시보다 조금 앞당겨지게 된다.

1939년 6월이 되자 일제 당국은 일본과 대만에 이어 조선에서도 여호와의증인 신자들에 대한 대대적인 체포를 단행했다. 당시 교세가 미약했던 여호와의증인 거의 전원이 체포되었다. 문제의 '등대사 사건'이 발생했던 것이다. '등대사 사건 연구조사' 프로젝트의 책임자였던 홍영일에 의하면, 이 연구팀은 당시 체포된 이들이 38명이 아니라 '최소 66명'에 이르며, 구속된 기간도 1939년 6월부터 1942년 11월까지 지속되었으며, 옥사한 이들도 5명이 아닌 7명이라는 사실을 새롭게 밝혀냈다.[53]

그러나 이 사건은 '전쟁 반대'나 '양심적 병역거부'로 인한 것이 아니고, 주로 '종말론적 재림신앙'에 내포된 현세 권력에 대한 거부 성향 그리고 '신사참배 및 동방요배 거부'로 인한 것이었음을 강조할 필요가 있다. 1939년 6월 체포된 여호와의증인 신자들에게 씌워진 죄목은 "치안유지법 위반"과 "불경죄"였다. 1933년의 문서·서적 압수 사건 당시에도 신자들에게 강제된 혐의는 "치안 방해"였고 "불온사상 사건을 전담하는" 종로서 고등계에 의해 주도되었다. 경성지방법원 검사국은 신자들의 "공동생활 양식"을 들어 여호와의증인 신자들이 "사유재산 제도를 부인하고, 공산주의를 선전하는 결사"라고 추궁하거나, "기독교적 공산사회"를 목표로 한다거나 "좌익운동과 하등 다를 바 없는" 것으로 취급하기도 했다.[54]

당시 조선총독부가 일본 여호와의증인 신자들의 반전反戰 사상이 조선인 신자들에게 전파될 것을 우려했음은 분명하고, 실제로 일부 조선인 신자들이 반전 성향을 드러냈던 것도 사실이다. 일본 여호와의증인 교단의 핵심 지도자였던 아카시 준조明石順三의 아들을 포함한 제자들이 "총기 반환, 군사교련 거부와 같은 소위 양심적 병역거부운동을 벌여 도쿄에서 체포"된 바 있고, 이런 정황을 고려하여 조선총독부 역시 검사국을 통해 "취조를 할 시에 반전 사상에 주의를 기울일 것"을 요구하는 등 "일본 등대사의 반전 및 병역거부 움직임이 조선에서도 이어질 가능성을 우려"했다는 점도 확인된다.[55] 조선 여호와의증인 교단 지도자였던 문태순이 1939년 12월 11일 검찰 심문에서 "우리는 전쟁에 반대한다. 여호와의 증자로서 적병을 사살하라는 명령을 이행할 수 없으며 인간은 죽이지 않는다"는 신념을 밝힌 것, 그리고 다른 몇몇 신자들도 "'일본이 전쟁에서 패망할 것', '전쟁은 아마게돈의 시작'이라는 의견을 표출"했던 것도 사실이다.[56] 그러나 일본과 조선 여호와의증인 그룹의 차이 또한 분명했다. 박준현이 밝히고 있듯이, "조선에서의 전도는 일본과는 차이가 있었다. 일본에서는 지도자인 아카시가 공공장公共場에서의 공개 강연으로 반전 사상을 설파했지만 조선에서 그러한 방법은 시행되지 않았기 때문이다. 게다가 문태순을 제외하고 등대사 교인 중에 지식인이라고 할 만한 이도 거의 없었다."[57]

요컨대 등대사 사건의 핵심이 전쟁 반대나 평화주의에 놓였던 것은 아니다. 일본인 여호와의증인 신자들이 국체國體를 부정하는 사상범일 뿐 아니라, 중일전쟁이 한창인 시점에서 징병제의 정상 작동을 위협하는 반전론자이자 병역기피자이기도 했음은 분명했다. 이에 비해 일본인 지배자들의 눈에 조선인 신자들은 천황제 국체를 부정하는 사상범이었을지언정 병역기피자나 반전론자는 아니었다. '징병제와 무관한 조선인 여호와의증인 신자들'에게 조선총독부는 '징병제 적용 대상인 일본인 여호와의증인 신자들'과는 다른 잣대를 적용했다. 이 차이가 강조될 필요가 있다. 다시 박준현의 주장을 들어보자.

> 총독부는 등대사가 이전부터 일반 기독교에게도 이단으로 취급받는 것을 알고 있었다. 특히 그들이 현실의 국가·사회를 부정하여 지상에 도래한 신의 국가를 원했다고 판단했다. 즉 등대사를 국가를 부정하는 존재로 상정한 것이다. 천황제와 자본주의 체제에 대한 모든 위험을 중하게 다루는 치안유지법 체제하에서는 등대사의 교리는 충분한 위협이 될 수 있었다.……총독부의 사상검사들이 등대사 재림신앙을 '이미 구원자가 보이지 않게 지상에 내려왔다—그들이 기다리는 새로운 세상은 곧 현재를 뒤집어야 가능한 것이다—이것은 천황에 대한 반역이며, 더 나아가 혁명을 기도했다'라고 판단했음을 알 수 있다. 등대사의 독특한 비가시적 재림은 결코 현존 체제와 융화될 수 없으며, 그들의 전도 행위는 파괴를 위한 기초작업으로 취급했다.……등대사의 재림신앙은 이미 구세주가 조선 사회에 현신했기 때문에 하르마게돈(여기서는 반역행위)을 이미 발생한 것으로 해석될 수 있었다. 따라서 총독부는 등대사 재림신앙을 치안유지법 적용 근거로 사용했음을 짐작할 수 있다. 그것은 미노베 타츠키치美濃部達吉의 천황기관설天皇機關說을 금기시한 통치체제에서 용납할 수 없는 일이었다.[58]

등대사 사건 이후 조선에서 여호와의증인 교단 활동은 사실상 중단되었다. 반복하거니와, 1944년 징병제가 식민지 조선에 도입될 당시 재림

京高特秘第一六一〇號

昭和十五年十月十日　京畿道警察部長

警務局長　殿
京城地方法院檢事正　殿

國際的宗教結社「燈合社」事件關係者手配ニ關スル件（對六月十八日附本號（警務局ノミ））

本籍　慶尚北道漆谷郡倭舘面倭舘洞二五五
當時　滿州國牡丹江市西牡丹江街五八
住所　同和洋行内

權　寧　培　當二十七年

右者對號既報ノ通本年六月十二日本道警察部ニ於テ送局セル首題燈合社ノ治安維持法違反及事件關係者ニシテ其ノ所在ヲ晦シ逮捕ヲ免レ居レルモノナルヲ以テ手配中ノ處去ル十月七日間島省龍井警察廳長ヨリ本名ノ身柄逮捕シタル旨入電アリタルニ付京城地方法院檢事正ヘ引手續相成（賣寃ニ在リテハ本名ニ對シ勾引手續相成度）右報告ス

국제적 종교결사 「등대사」 사건 관계자 수배 문건(1940)

교회와 여호와의증인 모두 교단이 해체된 처지였고 남아 있는 신자 수도 매우 적었기 때문에, 이 시기에는 양심적 병역거부로 인한 충돌 자체가 성립되기 어려운 상황이었다. 말하자면, '객관적' 조건은 구비되었는데 '주체적' 조건이 그에 미치지 못했던 것이다.

3. 징병제 시기의 선택적 병역거부자들

식민지 시기에 반드시 기록해둬야 할 사실은 징병제가 식민지 조선에 도입된 짧은 시기에 비종교적-세속적 이유로 '양심적 병역기피'를 한 사례들이 다수 존재한다는 것이다. 여호와의증인 교단과 재림교회를 대신하여, 징병제 도입 이후 "새로운 유형의 양심적 병역거부자들"이 등장했던 것이다. 현재까지 경남 함양 괘관산에서 항일무장투쟁을 벌인 보광당普光黨 당원 73명, 그리고 경북 경산 대왕산 일대에서 '죽창의거竹槍義擧'를 일으킨 29명의 청년들 사례가 알려져 있다. 학병으로 일본군에 징집되었다가 탈영하여 충칭 임시정부를 찾아간 후 독립군으로 합류했던 장준하와 김준엽의 이야기는 너무나도 유명하다. 1939년 투옥된 여호와의증인 신자인 재일 조선인들과 함께, 이들은 한국의 양심적 병역거부 역사를 개시한 "선구적 거부자들"이었다고 부를 만하다. 이들은 개인 차원의 거부가 아니라, 집단적 거부를 감행했다는 점에서도 중요하게 취급되어야 한다.

먼저, 김두식 교수는 『평화의 얼굴』에서 좌파 민족주의자였던 하준수(일명 남도부)의 병역거부 사례를 소개한 바 있다.

1942년 5월 일본 내각회의는 조선인 징병제 시행을 결정하여 1943년 8

월부터 시행하는데, 전문대 학생들을 대상으로 실제 징집이 시작된 1944년 1월부터 적지 않은 조선 청년들이 지리산 등으로 몸을 숨겨 병역을 거부합니다. 일본 주오대학 유학 시절 학병 동원을 거부하고 지리산에 입산하여 '보광당'을 조직하고 무장투쟁을 벌인 하준수(훗날의 남도부)는 이와 같은 식민 통치하 병역거부자의 대표적인 인물이지요. 평화주의에 기초한 전통적 병역거부와는 구분되지만, 민족적 양심에 기초한 저항의 방법으로 선택적 병역거부를 택했다는 점에서 하준수의 경우도 양심에 따른 병역거부 범주에 포함시킬 수 있을 겁니다. 이병주의 소설 『지리산』의 모델로 널리 알려진 하준수는 1948년 월북하여 6·25전쟁 때 인민군 제3병단을 이끌고 태백산맥에서 빨치산 활동을 벌이다가 팔공산에서 체포되어 처형되었습니다.[59]

스스로를 "학병 거부자"로 명명한 하준수의 병역거부 진상은 그 자신이 1946년 4~6월 『신천지』(통권 3~5호)에 세 차례 연재한 "신판新版 임거정林巨正: 학병 거부자의 수기"라는 글에 상세히 기록되어 있다.[60] 노가원은 이 자료를 활용하여 더욱 상세한 내막을 전달하고 있다. 이를 간략히 정리해 보자. 1943년 가을 조선인들에게 '학도병(학병) 동원령'이 내려졌다. 1943년 니혼대학 전문부를 졸업하고 주오대학 본과(법학과)에 진학한 하준수는 그해 12월 학병일본권설대의 일원으로 일본에 온 이광수의 강연장에서 공개비판을 하여 체포되었고, 석방된 후에도 검속을 피해 다니면서 '재일조선인 유학생 학병거부운동'을 이끌었다. 이 운동이 사실상 실패로 돌아가자, 하준수는 동지인 노길상과 조선으로 몰래 돌아가 "미래를 계획하기로" 했다.[61] 하준수는 1944년 1월의 서울 풍경을 이렇게 술회했다. "가면 가는 곳마다, 찾으면 찾는 곳마다 지원이요, 출정이었다. 심지어 나중에는 혈서 지원자까지 속출하게 되었다. 하늘이 무너지거라. 조선의 땅이 뒤집히거라. 그저 양 눈앞이 아득하여진 나는 무작정 뻗

文弱의 痼疾을버리고
尚武氣風助長하라

普成專門學校長 金性洙

④

학병 권유문(1943)

대고 있으려고 했다. 굳세기 위하여, 굳굳하기 위하여."[62] 부산에서 다시 만난 하준수와 노길상은 1944년 1월 하순 "일본이 전쟁에서 패할 때까지 산중생활을 하자"고 결의하고 덕유산 은신골로 찾아들었다. 같은 해 8월 말경에는 징병 혹은 징용을 피해 덕유산 은신골로 모인 이들이 24명으로 늘어났고, 이들은 토벌대를 피해 지리산 칠선골로 이동했다. 같은 해 겨울에는 토벌대를 피해 다시 장수 장안산을 거쳐 함양 백운산으로 이동했는데, 일행은 이 무렵부터 '항일유격투쟁'을 준비하기 시작했다. 1945년 3월에 함양 괘관산으로 다시 이동할 당시 73명으로 증가한 이들은 그곳에서 '항일무장결사'인 '보광당'을 조직했다.[63] 다시 하준수에 의하면, "보광당을 조직하고 일본이 전쟁을 계속 못 하도록 될 수 있는 대로 방해할 것과 당원을 훈련하여 연합군이 남선南鮮 상륙 시(연합군이 남조선에 상륙할 것을 전제)에 응할 수 있도록 제반 태세를 갖추자는 것이 우리들의 행동 목표였다."[64] 이들은 괘관산에서 화전火田 농사, 무기 매입, 폭약 제조, 군사훈련, 주재소 습격을 통한 총기 탈취 등의 활동을 벌이다 해방을 맞았다.[65] 1944년 1월부터 1945년 8월까지의 산중생활을 포함하여, 하준수의 병역거부운동은 1943년 12월부터 무려 1년 8개월 동안이나 점점 강도를 높여가며 이어졌던 것이다.

하준수는 징병을 피했지만, 김준엽·노능서·신상초를 비롯한 많은 이들은 학병 징집을 피하지 못했다. 도쿄 니혼신학교에 유학 중이었던 장준하의 경우에서 보듯이 1944년 1월 당시의 '사실상 징집'은 "학도지원병"이라는 명목으로 이뤄졌다.[66] 중국 쉬저우시 인근 쓰카다塚田부대에서 1944년 3월 탈영한 김준엽, 같은 부대에서 7월에 탈영한 김영록·윤경빈·홍석훈·장준하 등 중국 곳곳에서 탈영을 감행하는 조선인 학병들이 속출했다. 쉬저우에서 탈영에 성공한 장준하 일행은 그 직후 김준엽과 합류했다.[67] 이들이 린촨에 소재한 중국 중앙군관학교 린촨(임천)분교의 '한국광복군훈련반'에 들어갔을 때, 전체 80여 명 중 무려 50여 명이 탈출 학병 출신이었다고 한다.[68] 이들 중 상당수가 이곳을 거쳐 중칭 임시정부 산하 한국광복군으로 편입되는 등 항일무장투쟁 노선을 따랐다.

한편, 1944년 여름의 대왕산 죽창의거에 대해서는 정만진 기자가 「오마이뉴스」 지면에 짧게 소개한 바 있다.

'항일 대왕산 죽창의거'가 본격적으로 시작된 날은 1944년 7월 15일이었다. 안창률, 김경화, 김특술, 김명달, 성상용, 송수답 등 29명의 남산면 청년들은 "자인면 원당보에 모여 돌 많고 산세 험한 대왕산에 진지를 구축하고, 신축 중에 있는 남산주재소를 습격하는 것을 1차 목표로 준비에 착수했다"(국가보훈부 현충시설정보서비스).……청년들이 처음 의기투합한 때는 약 한 달 전인 6월이었다. 사월리 출신 박재달 등이 "징병·징용을 위해 청년대에서 훈련을 받고 있던 청년들을 규합하여 일제에 항거하기 위한 계획을 세웠다"(국가보훈부 독립유공자 공훈록). 그 이후 7월 5일, 8일, 15일 연이어 세 차례 회합을 가졌다. 7월 15일 원당보 회합 때 김특술 지사는 같은 송내리의 김위도·최덕종 청년과 함께 참석했다. 이윽고 열흘 지난 7월 25일 밤, 모두들 죽창으로 무장을 하고 대왕산에 올랐다. 이튿날인 26일 아침 안병률의 선창으로 힘차게 "대한 독립 만세!"를 외쳤다. 그러자 곧장 일경 30명이 몰려왔다. 청년들은 돌과 죽창으로 맞서 그들을 물리쳤다. 다시 8월 5일에도 일경 30명을 격퇴했다. 하지만 보급이 끊기면서 식량을 구하기 위해 일부 대원들을 차례차례 하산시킬 수밖에 없었다. 결국 8월 10일에서 13일 사이에 전원 체포되고 말았다.……김특술 지사는 첫 선발대로 하산했다가 8월 10일 붙잡혔고, 소위 보안법 및 치안유지법 위반 죄목으로 경산경찰서와 대구형무소에 갇혀 고문을 당했다. 그 과정에서 안창률, 김경화 지사는 옥중 순국했다. 독립기념관 독립운동인명록은 "경산군 남산면 청년들이 일제의 강제동원을 거부하고 집단적·조직적으로 벌인 징용·징병 거부운동, 이른바 대왕산 죽창의거"는 "정보연락대 3인 외에 대왕산에 오른 26명의 청년들로 결심대決心隊를 조직하고 편제를 정했으며", 김특술 지사는 "3소대장 최외문 휘하에서 일본 경찰과 무력충돌을 이어갔다"라고 기술하고 있다.[69]

향후 연구를 통해 이와 유사한 사례들이 더 발견될 수도 있다. 어쨌든 하준수를 중심으로 한 73명의 보광당 당원들, 그리고 정보연락대와 결심대로 조직된 29명의 경산 청년들은 예외 없이 일본제국주의가 저지른 중일전쟁과 태평양전쟁에 참전하기만을 거부하는, 선택적 병역거부자들이었다. 이들은 징병 혹은 징용을 거부하고 일제에 대항하여 스스로 무장투쟁에 나섰다는 공통점도 갖고 있었다.

이 사례들을 통해 우리는 몇 가지 사실들을 새삼 인지하게 된다. 첫째, 양심적 병역거부자들이 평화주의자가 아닐 수도 있다는 것이다. 다시 말해 식민지 말기의 선택적 거부자들을 통해 우리는 "양심적 병역거부자가 항상 평화주의자인 것은 아니며, 반드시 평화주의자여야 하는 것도 아니라는 것"을 재확인할 수 있다. 둘째, 무력 충돌이나 전투행위 자체를 거부하지 않는 병역거부자들은 예외 없이 선택적 거부자들이라고 할 수 있다. 셋째, 그리스도교의 정의로운 전쟁 교리를 신봉하는 이들이 아닌 선택적 병역거부자들은 대부분 비非평화주의자들이라고 말할 수 있을 것이다.

4. 평화운동의 부재 혹은 결핍?
: 식민지 조선의 종교와 사회

앞서 소개했듯이 구한말 조선의 지식인들은 징병제를 "근대화된 국가의 상징"이자 "부국강병의 수단"으로 간주했고, 식민지 시대에는 국외 독립운동가들 사이에 징병제의 필요성에 대한 강고한 합의가 형성되어 있었다. 징병제 도입 논의를 자극한 부국강병 담론의 저변에는 사회진화론적 사고방식이 자리 잡고 있었다. 이미 일본에서는 1870년대부터 사회진화론이 "최신의 과학적 진리, 의심할 여지가 없는 기본진리"로 수용되었다.[70]

사회진화론은 20세기 초 조선의 유교 지식인들을 사로잡았다. 그들은 우승열패優勝劣敗와 약육강식弱肉强食의 사회진화론적 원리들을 "우주와 세계의 천부적인 불변의 법칙"으로 수용했고 20세기를 "우승열패의 시대"로 믿었다.[71] 박노자에 의하면, "당시 계몽운동가들은 불평등하고 야만적인 힘의 세계를 현실로 인정하고, 그 세계에서 먹히는 자가 아닌 먹는 자, 힘센 나라를 만들고 싶어" 했다.[72] 사회진화론은 집단주의, 국가주의, 전체주의적 민족주의뿐 아니라, 군사주의와도 강한 친화성을 갖고 있었다. "하나의 종족을 마치 '한 병영의 군사'와 흡사한 일사불란한 '국민'으로 동원해야 그 '국민'이 미주·호주의 원주민처럼 남의 '민족 제국주의'의 희생물이 되지 않고 오히려 스스로 남을 침범할 힘을 가질 수 있겠다는 이야기였다.……세계적인 생존 투쟁에서 약자가 아닌 강자가 될 수 있는 빈틈없는 집단이야말로 「대한매일신보」의 논객들이 갈망했던 '국민', '신민新民'이었다."[73] 거의 동일한 맥락에서, 식민지 시대에도 "개개인에게……'경쟁의 영웅'이 되게끔 강요하는 '힘'의 논리를 예쁘게 포장하는 군대, 스포츠, 종교 등 각종 담론들"이 넘쳐났다.[74]

식민지 시기의 한국 종교 지도자들도 군사주의와 친화적인 사회진화론의 영향권에서 그다지 자유롭지 못했던 것 같다. 특히 1930년대 이후엔 더더욱 그랬던 것으로 보인다. 1920년대까지만 해도 종교인다운 평화 담론이 종종 등장했지만, 1930년대에는 사회진화론과 군사주의에 기초한 노골적인 '힘의 논리'가 지배력을 얻었던 것 같다. 양현혜에 의하면, 식민지 시기의 개신교 전쟁 담론은 다음의 네 시기로 구분된다.[75] ① 1차 세계대전 이전에는 전쟁 담론이 등장하지 않았다. ② 1차 대전 이후부터 1931년 만주사변 이전에는 전쟁 반대非戰論와 비폭력 저항 노선이 곳곳에서 등장했다. 1920년대 초반에 이르러 톨스토이와 간디의 평화사상이 국내에 소개되는 가운데 개신교 지도자들은 워싱턴 군비축소회의나 국제연맹에 기대를 거는가 하면, 일본 개신교계의 평화 관련 활동에 대해서도 주의를 기울였다. 1929년에는 박형룡이 『신학지남』에 "전쟁에 대한 기독교의 태도"라는 글을 두 차례 기고하여 성전·십자군 논리를 아예 논외로 기각했으며, '정의로운 전쟁론'에 해당하는 '방수전론防守戰論'을 비판하면서 '평화주의'에 해당하는 '비전론非戰論'을 옹호했고, 초대 교회 신자들의 병역거부에 대해서도 우호적으로 해석했다.[76] ③ 1931년부터 1937년 사이에는 전쟁 담론 자체가 거의 사라졌다. ④ 중일전쟁이 발발한 다음인 1938년 이후에 전쟁 담론이 다시 등장했는데, 이때는 1931년 이전과는 대조적으로 전쟁 찬양에 가까운 성전 담론이 주류를 이뤘다. 개인적인 차원에서 평화주의 입장을 표명한 극소수를 제외한 개신교의 주류 세력은 전쟁에 협력했다. 중일전쟁 이후 나타난 한국 개신교의 이런 모습은 당시의 한국 천주교와 한국 불교에서도 별로 다르지 않았다. 천주교와 불교의 주요 지도자들 역시 중일전쟁과 태평양전쟁을 '성전'으로 미화했을 뿐 아니라 다양한 방식으로 전쟁에 협력했다.[77]

일본에서도 유사한 풍경이 펼쳐졌다. 일본 주류 그리스도교인들의 경우, 1차 대전 직후에는 평화를 외쳤지만 1931년 만주사변 발발 이후에는 침묵과 전쟁 협력 태도로 선회했고, 이는 불교계 교파들도 마찬가지였다.[78] 대표적인 역사적 평화교회의 하나인 '일본 퀘이커'조차 청일전쟁 때부터 전쟁 지지에 나섰다가 세계 퀘이커 공동체와 일시적으로 관계를 단절해야 했을 정도로, 일본 그리스도교의 전쟁과 민족주의에 대한 우호적 태도는 일찍부터 나타났다. 일본 불교계도 청일전쟁 때부터, 혹은 늦어도 러일전쟁 때부터 전쟁을 지지하고 후원하고 정당화했다.[79] 만주사변, 중일전쟁, 태평양전쟁으로 이어진 1930년대 이후에도 극소수의 예외 사례들을 제외한 일본 불교계는 "황국의 길 불교", "황국 선禪"과 "군인 선" 등을 내세우며 군사주의와 결탁했다.[80]

서정민은 양현혜가 구분한 네 번째 시기, 즉 중일전쟁 및 태평양전쟁 시기의 한국과 일본 개신교를 비교 맥락에서 더욱 상세히 고찰한 후, ① 전쟁에 대한 주류 교단들의 협력과 동원, ② 평화주의적 전쟁 반대 움직임의 미약함과 희귀함, ③ 교회의 사회구제 및 전시戰時 구호 활동 부재라는 세 가지 공통점을 도출했다.

이 시기 한일 양국 기독교의 전쟁 참여는 일본 정부의 기독교 정책과 직결되어 있고, 양국 교회 모두 선교의 용이함, 교회의 존립 방침, 신학적인 명분으로는 '일본적 기독교'의 창출을 중심으로 행동양식을 정하였다. 이는 전쟁, 그중에서도 정의롭지 못한 침략전쟁에 기독교회가 적극 가담하는 것으로는 역사적으로 가장 떳떳지 못한 양태의 하나가 아닐 수 없었다. 특히 일정한 부분 기독교회가 정치적 결탁과 더불어 전쟁에 협력하고 동원된다 하더라도 대개 병행되는 그 반대의 저항적 역동성이 지나치게 미미하였다. 즉 전쟁 시기 기독교인들을 중심으로 필히 전개되기 쉬운 반전평화운동의 역량이 소종파나 일부 개인에게서 나타나기는 했으나 전체적으로 볼 때 미미하기 그지없는 수준이었다. 일부 종파의 교리적 극단성, 무교회주의의 개인이나 일부 그룹에서 보이는 평화사상에서 행동적인 저항으로 연결되는 사례가 있기는 했으나 당시 양국 기독교회의 분위기에 일정한 영향력을 행사할 정도가 아니었다. 그 다음으로는 전쟁 시기에 자주 나타나는 기독교회의 사회구제, 전시 구호 활동 등이 전혀 나타나고 있지 않다. 이 또한 특징적 현상으로 한일 양국 기독교에 공통적인데,……전사, 전상, 전쟁의 폐허, 기아, 정신적 공황의 상태에 어느 공교회의 선교 프로그램에서도 이들에 대한 사랑 실천이나 실천적 구제의 사례가 뚜렷이 보이지 않는 점은 이 시기 양국 기독교의 정체성을 더욱 명확히 드러내는 결과이다.……그 수준의 미미함은 비교될 만한 시대와 시기가 없을 정도이다.[81]

양현혜는 1937년 이후 조선 개신교의 '반전평화운동' 사례로 1941년 2월 장로교·감리교 여전도회가 주최한 기도회에서 표출된 중일전쟁 반대와 평화 희구 지향, 이 기도회를 주도한 김능선·김향신·권희민의 심문 조서 등을 제시했다.[82] 서정민은 황해도 해주의 감리교 전도사 김만식과 전남 나주의 개량서당 교사 김영환의 전쟁 반대 발언, 강원도 이천의 감리교 유치원 보모 전영신의 (출전 군인의 무운장구를 기원하는) 천인침千人針 금지, 황해도 지역에서 수집된 20점의 평화주의적·박애주의적 기도문과 설교집, 김교신의 『성서조선』 글들을 제시했다.[83] 아울러 서정민은 중일전쟁과 태평양전쟁 시기 일본 개신교의 개별적인 반전평화운동 사례로 우치무라 간조의 제자인 무교회주의자 아사미淺見仙作, 일본 여호와의증인 지도자인 아카시 등을 들었다.[84]

서정민은 "미미하기 그지없는" "반전평화운동의 역량"을 한일 양국 개신교의 공통된 특징으로 지적했지만, 그런 "공통의 취약함" 속에서나마 일본과 식민지 조선은 반전 행동이나 평화운동 측면에서 "의미 있는 차이" 또한 드러내지 않았을까? 이하에서는 비교의 관점에서 이 문제를 잠시 천착해보려 한다.

우선, 일본에서는 반전평화 움직임이 조선에서보다 훨씬 일찍 시작되었다. 야마무로 신이치는 19세기 후반부터 일본 평화론자들의 계보를 소개한 바 있다. 막부 말기부터 평화사상이 나타났고, 청일전쟁 당시에는 지식인들 사이에 전쟁 지지가 압도적이었지만, 러일전쟁 시기에는 평화론자들이 다시 여럿 등장했다.[85] 기타무라 도코쿠北村透谷는 1889년에 "유럽의 기독교 평화주의에 영향" 받아 '일본평화회'를 창립하고 기관지인 『평화平和』를 발행했다.[86] 러일전쟁 직전 시기부터 평화운동이 재차 등장했다. 러일전쟁의 기운이 고조되던 1903년 11월 고토쿠 슈스이幸德秋水, 사카이 토시히코堺利彦, 니시카와 코지로西川光二郎, 이시카와 산시로石川三四郎 등의 무정부주의자 혹은 사회주의자들이 주간 「평민신문」을 창간하여 반전 반군사주의 입장을 견지했다. 나중에 무정부주의자로 이름을 떨친 오스기 사카에大杉榮는 그해 12월부터 「평민신문」을 발간하던 평민사에 합류했다.[87] 오스기에 의하면, "러시아와 일본 사이에 전운이 감돌기 시작했다. 애국의 광기가 전국을 뒤덮기 시작했다. 그리고 단 한 곳, 냉정하게 전쟁 반대의 태도를 취하고 있었던 『만조보』까지도 갑자기 그 태도를 바꾸었다. 고토쿠와 사카이 등은 따로 주간 「평민신문」을 창간하여 사회주의와 전쟁 반대론을 표방했다.……어느 눈 내리던 추운 밤, 나는 처음으로 스키야바시 평민사平民社를 찾아갔다. 매주 열리던 사회주의 연구의 정례 모임이었다."[88] 그러나 「평민신문」은 "반전주의적 입장 때문에" 1년여 만에 정부에 의해 발매금지 처분을 당하고 말았다.[89] 김두식에 의하면, "일본 사회주의의 아버지로 평가받는 아베 이소(安部磯雄, 1865~1949)도 기독교뿐 아니라 톨스토이의 영향을 강하게 받은 평화주의자로 기억"되고 있다.[90] 일본을 대표하는 기독교사회주의자 가가와 도요히코 목사가 반전 평화주의적 입장을 드러냈던 것도 이즈음이었다. 그는 15세 때인 1903년에 교련 반대로 하루 종일 예비역 대위인 교련 교사에게 구타를 당하는가 하면, 18세이던 1906년에는 「도쿠시마 마이니치신문德島毎日新聞」에 "세계평화론"이라는 소논문을 7회 연재하기도 했다.[91] 1905년 러일전쟁 당시 최초의 양심적 병역거부자가 일본에서 등장했다. 18세이던 1902년에 그리스도교로 개종한 야베 키요시矢部喜好가 교토의 도시샤대학 재학 중 병역거부로 2개월 동안 투옥되었다. 그는 이후 재차 징병 통지를 받자 소집에 응한 후 소속 부대장을 설득하여 비전투 의료부대에서 복무했다.[92] 청일전쟁 당시 그 전쟁의 정당성을 옹호했던 우치무라 간조內村鑑三도 러시아와의 전쟁을 반대했는데, 다만 그는 양심적 병역거부에 대해서는 반대했다.[93] 오스기 사카에는 1차 대전에 대해서도 철저한 비판을 계속했다.[94] 우치무라의 제자이자 도쿄제국대학 경제학부 교수였던 야나이하라 다다오矢內原忠雄는 1937년 중일전쟁 당시 반전 논문을 게재했다. 그러나 그 역시 스승인 우치무라처럼 "기독교인에게 군복무는 십자가의 길"이라고 주장하며 양심적 병역거부에 대해 반대 입장을 고수했다.[95] 러일전쟁 이전 시기로 소급되는 일본과 대조적으로, 식민지 조선에서는 전쟁 반대 목소리가 1920년대에 가서야 비로소 등장했다.

또한, 일본에서는 1920년대에 반전평화운동이 비교적 조직적으로 펼쳐졌지만, 같은 시기 식민지 조선에서는 이와 견줄 만한 움직임이 없었다. 일본에서는 1921년 11월부터 1922년 2월까지 개최된 워싱턴 군축회의에 즈음하여 1921년 10월 대규모의 대중적 평화운동이 전개되었다.[96] "태평양·극동 문제"도 함께 다뤄졌기 때문에 이 회의는 "태평양회의"로 불리기도 했다. 당시 식민지 조선의 사회·정치 세력들도 이 회의에 큰 관심을 보였다. 그러나 일본의 평화운동이 '군축 문제'를 겨냥했다면, 식민지 조선에서는 '태평양·극동 문제', 특히 '약소민족 문제'가 주된 관심사였다. 장규식이 설명하듯이, 워싱턴회의는 조선인 지도자들의 많은 기대에도 불구하고 약소민족 문제를 외면했고, 이에 실망한 조선의 민족주의자들은 이후 물산장려운동이나 민립대학 설립운동 등 개량적인 실력

양성론을 전면화하게 된다.[97] 그리고 이 실력양성론은 (평화 담론보다는) 사회진화 담론과 훨씬 친근한 관계에 놓여 있었다. 1920~1930년대 일본의 평화운동과 관련해서는 가가와 도요히코 목사를 특히 주목해볼 필요가 있다. 가가와는 1928년 초에 '전국비전非戰동맹'을 주도적으로 조직하여 집행위원장으로 추대되었다.[98] 물론 이 단체가 "정부에 의해서 즉시 짓밟혀버려서 거의 영향력을 발휘하지는 못했"지만 말이다.[99] 가가와가 1920년대에 결성한 '예수의 친구회'라는 단체도 '세계평화'를 활동 목표 중 하나로 포함하고 있었다.[100] 1920년대의 식민지 조선에서 평화운동 조직이나 조직적 평화운동은 전혀 등장한 바 없다.

가가와처럼 기독교사회주의 입장을 취했거나 사회복음주의, 종교사회주의 사상을 지녔던 유럽과 미국의 종교인들 중 상당수는 1차 대전을 전후하여 평화운동에 참여했다. 앞서 소개했듯이 스위스의 종교사회주의자 라가츠의 강경한 반전 평화주의 운동은 너무나 유명하고, 미국에서도 국제화해연대와 협력했던 라우센부시를 비롯한 평화주의자들의 목소리와 영향력이 매우 강력해서 사회복음 진영의 분열을 초래했을 정도였다. 반면에 1920년대부터 등장한 한국의 기독교사회주의자 혹은 사회복음주의자들 가운데 '평화주의자'라 불릴 만한 이는 거의 없었다. 물론 폭력적 저항이나 무장투쟁을 적극적으로 옹호하는 이들 역시 많지 않았지만 말이다(폭력혁명 노선에 대한 반대와 합법적·평화적 개혁 노선 지지는 세계 기독교사회주의자들의 공통된 특징이었다). 앞서 보았듯이 1920년대에는 톨스토이와 간디의 평화사상이 소개되는 가운데 1929년에는 박형룡의 평화주의적 신학 논문도 등장했다. 그러나 YMCA가 발간하던 월간 『청년』의 1927년 9월호가 기획한, 간디와 톨스토이의 무저항주의나 비폭력 불복종운동에 대한 지상토론회가 비판 일색으로 흘러가거나 기껏해야 조건부 긍정에 그쳤던 데서도 보듯이,[101] 1920년대에도 평화주의에 반대하는 입장을 가진 이들이 다수였다. 더구나 1920년대의 『청년』지는 식민지 조선에서 사회복음주의자나 기독교사회주의자들의 기관지나 다름없었다.[102] 기독교사회주의자임을 자처했던 손정도 목사는 1920~1930년대 내내 만주에서 정의부나 고려혁명당, 의용단, 한국노병회韓國勞兵會 등의 무장 독립투쟁 그룹들과 밀접한 관계를 유지했다.[103] 물론 그가 긍정했던 무장투쟁은 '사회변혁'이 아닌 '민족해방'을 위한 것이었다. 1929년 5월 기독신우회를 주도적으로 조직한 조병옥도 때로는 "무력투쟁"이 필요하다고 보았고, 그런 맥락에서 그는 신자들이 "십자가의 무사武士"가 되어야 한다고 역설했다.[104] 기독신우회는 좌우左右를 아우르는 민족협동전선 조직인 신간회를 범개신교 차원에서 지원하기 위해 조직되었으며 '사회복음주의'를 표방했다.[105]

1930년대로 접어들면서 식민지 조선에서도 비로소 조직적인 반전평화운동이 등장했다. '국제 반전의 날International Anti-War Day'인 8월 1일을 계기로 조직적인 반전운동이 1931년부터 출현했던 것이다. 국제반전의날 자체가 러시아의 1차 대전 참전일(1914년 8월 1일)을 기념한다는 사실이 시사하듯, 이날은 처음부터 소련의 주도 아래 공산주의자들이 주로 참여하는 행사라는 성격이 강했다.[106] 또 이때의 반전운동은 반反제국주의 투쟁의 일환으로 간주되었다. 국제반전의날을 하루 앞둔 1931년 7월 31일 새벽 '반전투쟁동맹'의 명의로 "노동자와 소시민층은 반전 투쟁에 참여하라"는 격문이 평양 시내의 공장 및 사회단체들에 일제히 살포되거나 전달되었다.[107] 변호식 등이 주도한 이 행동은 이후 언론에 의해 "8·1 반전동맹 격문 사건"으로 명명되었다. 같은 해 7월 말과 8월 7일에는 함북 온성군 유포면 일대에, 국제반전의날 당일인 8월 1일에는 전남 광주에서 정우영 등의 주도로 반전 격문이 여러 공장들에 뿌려졌다.[108] 1931년 9월의 만주사변 발생, 그해 12월의 일본군 만주 출병出兵 등도 공산주의자들이 반전 격문을 살포하는 계기로 작용했다. 만주사변 발발 직후인 1931년 9월 27일에는 경성에서, 만주 출병에 즈음한 같은 해 12월 3

일과 1932년 1월 1일에는 부산에서, 1931년 12월 4일에는 대구에서 반전 격문이 살포되었다. 1932년, 1934년, 1935년에도 국제 반전의날에 맞춰 반전 격문이 비밀리에 유포되었다. 강원도 강릉에서는 반전의날에 격문 살포와 더불어 비밀 기념식도 행해졌다고 한다.[109] 1931년 7월 31일 격문에서 '반전투쟁동맹'이라는 이름으로 처음 등장하는 '반전동맹'은 중국공산당이 국내로 파견한 공산주의자 서중석의 주도로 조직되었다.[110] 서중석은 1931년 9월 만주

사변이 발생하자 "반전反戰 팸플릿 「전 만주를 삼킨 제국주의 전쟁과 혁명적 노동자, 농민의 임무」를 제작, 배포했"고, 그해 11월 중순에 검거되었다.[111] 아마도 서중석이 체포된 이후에는 반전동맹의 활동도 위축되었을 가능성이 높아 보인다. 1934년 여름에는 오의근을 중심으로 한 남만주와 평안도 일원의 공산주의자들이 '반전반제동맹'의 조직을 모의하다 체포되기도 했다.[112]

요컨대 식민지 조선에서도 1930년대 초에 비교적 조직적인 반전운동이 처음 나타났지만, 그것은 어디까지나 공산주의자들이 주도한 움직임

팔월반전격문범 변호식 대련(大連)서 검거 관련 기사(1931)

이었다. 여기에 우파 민족주의자, 종교인들의 참여나 기여는 사실상 없었다. 더구나 신간회를 매개로 협력관계를 형성했던 진보적 크리스천들(기독교사회주의자나 사회복음주의자)과 마르크스적 사회주의자들은 신간회 해소 이후 빠르게 적대관계로 전환해가고 있었다. 종교인들, 특히 진보적 크리스천들의 조직적 평화운동이 거의 발견되지 않는 식민지 조선의 상황은 가가와 등 우파 혹은 중도파 기독교사회주의자들이 주도했던 일본의 평화운동 조직과 대조된다.

제
6
장

교회-국가 갈등의
점진적 격화

1. 해방 후 한국형 징병제의 형성과 정착

식민 통치의 종식과 동시에 징병제도 폐지되었다. 따라서 해방에서 정부 수립에 이르는 이른바 '해방정국' 시기에는 양심적 병역거부 문제가 다시 수면 아래로 가라앉았다. 미군정은 물론이고 '대한민국' 최초의 공식 병역제도는 지원병제였다. 당시의 지원병제는 정규군인 '국군國軍'과 예비 병력인 '호국군護國軍'이 결합된 독특한 병역제도였다. 그러나 독립 정부 수립 직후 국민개병제가 채택되면서부터 양심적 병역거부 문제가 다시 대두되었다.

남한에서 병역법 제정으로 징집제도가 법제화된 때는 전쟁 이전인 1949년 8월의 일이었지만, 이듬해 2월 이 법의 시행령 제정을 거쳐 본격적으로 시행된 때는 한국전쟁 발발 직후인 1950년 8월부터였다. 1951년 12월부터는 학생군사훈련, 1953년 7월부터는 예비군(민병대) 제도가 각각 시행되기 시작했다. 나태종은 해방 후 지원병제가 징병제로 전환되는 과정을 다음과 같이 요약한 바 있다.

정부 수립 이후의 병역제도는 지원병제도였다. 이승만 정부는 국군조직법(법률 제9호, 1948.11.30)과 국방부직제령(대통령령 제37호, 1948.12.7) 등 국방 관계 법령을 제정·공포하여 지원병제도를 병역제도로 채택하였다. 그러나 국가체제가 정비되지 않은 상태에서 군사력의 질적 수준을 제고하기 어렵다는 문제점과 함께 군정을 위해 주둔한 미군이 장차 본국으로 철수할 것에 대비하고, 현실적으로 정규군만으로는 안보 위협에 대한 대비가 미흡한 것으로 평가되어 부족한 예비 병력의 확보를 위해 호국군 병역에 관한 임시조치령(대통령령 제52호, 1949.1.20)에 근거하여 호국군이 편성되었다. 지원병제인 호국군은 각각 거주지의 부대에 소속된 상태에서 필수적인 군사훈련을 받은 이후 생업에 종사하면서 필요시 현역으로 전환하는 방식으로 병역의무를 이행하는 제도였으나, 1949년 8월 6일 병역법이 제정·공포되면서 폐지되었다.……병역법의 제정으로 인해 군사적 인력 동원을 위한 법적 근거가 마련되었지만, 미군정의 경비대 정원定員 통제와 재정 능력의 한계로 인하여 본격적인 시행은 보류되었다가 전쟁 발발 후인 1950년 8월 22일에 시행되어 강제징집에 착수할 수 있었다.[1]

병역법 공포 이후의 과정을 조금 더 자세히 살펴보자. 한국 정부는 1949년 8월 6일 국민의 병역의무를 규정한 병역법을 공포하여 종전의 '지원병제'에서 '징병제'로의 전환을 선언했다. 이 법의 시행령은 1950년 2월에야 제정되었지만, 정부는 1949년 9월부터 이의 시행을 위한 실질적인 준비 작업에 들어갔다. 즉 육군본부에 병무국을 신설하고 각 시도에 병사구사령부兵事區司令部를 설치하여 11월 20일부터 30일까지 징병 적령자의 신고를 받았고, 1950년 1월 6일부터 10일간 최초의 징병검사를 실시했다. 그리고 이때의 징병검사 합격자 중 지원자에 한하여 현지입대를 시키기로 하여 전국에서 약 2천 명이 입대했다. 그러나 1950년

3월에 이르러 미국이 설정한 '병력 10만 명 제한'으로 인해 육군본부 병무국과 시도 병사구사령부가 해체됨으로써 병무행정의 부재 상태에서 전쟁을 맞게 되었다. 따라서 본격적인 징집체계의 형성과 징집은 전쟁 발발 이후로 미뤄질 수밖에 없었다. 전쟁이 발발한 후 제2국민병(만 17~35세)을 1950년에 221,812명, 1951년 165,657명을 소집한 것을 비롯하여, 향토자위대(만 17~50세), 국민방위군(만 17~40세, 지원제), 예비군단(혹은 제5군단, 국민방위군의 후신), 노무사단(혹은 기술근무부대, 만 35세~45세) 등 다양한 방식의 병력 충원이 진행되었다.[2] 징병제도가 제대로 정착하지 못한 한국전쟁 초기에는 무차별적인 '가두징집'이나 '강제징집'이 횡행했다. 임재성에 의하면, "제대로 된 병력동원제도가 부재한 상태에서 한국전쟁이 발발하자, 군은 가두징집, 강제징집이라는 폭력적인 방식으로 병력을 충원했다. 당시 이를 '훌치기'라 불렀는데, 길거리에서 소총을 어깨에 매어 보아 땅에 닿지 않을 정도면 마구잡이로 끌어갔다. 심지어 총을 들이대며

징병제 실시(1949)

가택수색을 하기도 했다. 전쟁 발발 직후인 1950년 8월 초 육군본부 소속의 장교 몇 명이 대구시 거리에서 불과 이틀만에 천여 명을 징·소집하기도 했을 정도였다."[3] 이런 초법적·탈법적 행각은 1950년 8월 하순부터 징병제도가 정상적으로 작동하기 시작하면서 잦아들었다.

징집병들의 복무기간도 최장 39개월에 이르는 등 비교적 긴 편이었다. 〈표 6-1〉에서 보듯이, 1953~1992년까지 거의 40년 동안이나 복무기간이 30개월 이상으로 유지되었다.

이번에는 학생군사훈련과 예비군의 형성 과정을 살펴보자. 제2국민

〈표 6-1〉 현역병 복무기간의 변화: 1948~2011년[4]

단위: 개월

구분	복무기간			조정 사유
	육군·해병	해군	공군	
1952년 이전	전역제도 없음			한국전쟁으로 병역법 시행 불가
1953년	36	36	36	한국전쟁 후 장기복무자 전역
1959년	33	36	36	징집병 병역 부담 완화
1962년	30	36	36	징집병 병역 부담 완화
1968년	36	39	39	1·21사태로 복무기간 연장
1977년	33	39	39	잉여자원 해소, 기술인력 지원
1979년	33	35	35	해·공군병 충원 어려움 해소
1984년	30	35	35	징집병 병역 부담 완화
1990년	30	32	35	해군병 충원 어려움 해소
1993년	26	30	30	방위병 폐지, 잉여자원 해소
1994년	26	28	30	해군병 충원 어려움 해소
2003년	24	26	28	징집병 병역 부담 완화
2004년	24	26	27	공군병 충원 어려움 해소
2008년	24→18	26→20	27→20	병력 감축, 잉여자원 해소
2011년	21	23	24	2010.12.21 국무회의 의결

병에 해당하는 고등학교 재학 이상의 학생들은 징집연기 혜택을 받았지만 대신 군사훈련을 받아야만 했다. 학도호국단이 결성된 것은 전쟁 이전인 1949년 3월이었으나, 학생군사훈련이 개시된 것은 1951년 12월부터였다. 학생들은 1954년 7월까지는 학교에 파견된 현역 혹은 제대 장교에 의해, 1954년 7월부터 1955년 2월까지는 군부대에 입소하여 군사훈련을 받았다.[5] 학도호국단의 역사와 관련하여 필자는 『경합하는 시민종교들』에서 다음과 같이 설명했다: "이승만 정권은 1949년 8월 제정한 병역법을 통해 중등학교 이상 학생의 의무적인 학도호국단 가입과 군사훈련을 명시한 데 이어, 같은 해 9월 대통령령으로 '대한민국 학도호국단 규정'을 발표하여 그해 말까지 35만 명을 준군사단체로 조직했다. 학도호국단은 4·19혁명으로 이승만 정권이 무너진 직후인 1960년 5월까지 10년 이상 존속했다. 1951년 12월부터는 학생군사훈련이 개시되어 1950년대 중반까지 지속되었다."[6] 또한 전쟁이 끝나는 시점에서 제대 장병들은 예비군으로 재편성되었다. 이 제도로 인해 모든 남자들은 병역의무를 마친 후 5년 동안 예비군으로서의 또 다른 소집 의무를 지게 되었다. 예비군제도는 1953년 7월부터 1955년 5월까지는 '민병대'라는 이름으로, 그 이후로는 '예비군'이라는 이름으로 유지되었다.[7]

1950년 이후 한국의 병역제도는 징집제를 골간으로 하는 혼합형제였다. 나태종의 표현에 따르자면, 현대 한국의 병역제도는 "국민개병주의에 입각한 의무병제(징병제)를 채택하고 있지만, 여기에 지원병제(모병제)를 병행함으로써, 엄밀한 의미에서는 징병제를 위주로 한 혼합형 병역제도를 적용"하고 있다.[8] 징집병의 비율, 즉 현역군인 중 징병제로 충원되는 병사의 비율에 따라 완전모병제Zero-Draft, 의사징병제Pseudo Conscript Forces, 연성징병제Soft Core Conscript Forces, 경성징병제Hard Core Conscript Forces를 나누는 칼 할티너의 유형론에 따르면, 한국은 혼합형 제도 안에서도 징집병 비율이 매우 높은 '경성징병제'에 해당한다(〈표 6-2〉 참조).

<표 6-2> 할티너의 병역제도 유형론[9]

유형	징집병 비율	주요 사례
완전모병제	0%	영국, 프랑스, 독일
의사징병제	50% 미만	러시아, 오스트리아
연성징병제	50~66%	폴란드 등 동유럽 구 사회주의 국가들
경성징병제	66% 이상	튀르키예(터키), 그리스, 핀란드, 남한, 북한

1950년대 이후 한국 정부는 국민개병제의 성공적 정착을 위해 병역 기피자의 색출과 처벌에 대단히 열심이었고, 병역의무에 관한 한 어떠한 예외도 공식적으로 인정하지 않았다.[10] 다음 인용문들이 이런 정황을 잘 보여준다.

해방 후 한국에서 징병제는 미군정 및 대한민국 정부 초기의 지원병제 시행, 징병제 도입, 한국전쟁 직전 지원병제로의 일시적 환원, 전쟁 발 발 후 징병제 재도입 등 1945년부터 1951년까지 불과 5년 사이에 급격 한 변화를 거쳤다. 정부는 국민개병제의 성공적인 정착을 위해 그야말 로 사활적인 노력을 기울였다. 전쟁 이전인 1949년에 군 장교들을 대 상으로 대대적인 숙청작업이 벌어졌고, 이를 통해 얻어진 장교들의 이 념적 동질성이 국민개병제의 성공적 정착을 위한 기초가 되었다. 또 국방 분야는 1950년대에 정부의 엄청난 투자가 집중된 영역이었다. 1950년대 후반에 국방예산은 세출 전체의 3분의 1가량을 점하고 있었 다.……국가는 국민개병제의 성공적 정착을 위해 병역자원의 빈틈없 는 관리 그리고 병역회피자의 색출과 처벌에 대단히 열심이었다. 병역 대상 인원에 대한 상시적인 병적 조사와 관리, 예비군 해당자에 대한 등록과 잦은 점호·소집, 병역기피자에 대한 상시적인 단속과 수사 등 을 통해 젊은 남자들은 국가에 의한 일상적인 통제 상태로 들어갔다.

아울러 이 과정을 통해 비로소 국민들의 사적인 정보에 대한 중앙집중적 집적이 이뤄졌다. 1960년대를 거치면서 징병제-국민개병제는 안착 단계로 접어들었다. 제도적으로 완숙의 경지에 도달함에 따라 군대를 통한 국민 형성 기능도 보다 순조롭게 작동하게 되었다.[11]

1950년대까지 징병제는 제대로 작동하지 못했다. 광범위한 병역회피자들이 발생했기 때문이다. 1960년대 초까지 입영 대상자 중 병역회피자의 비율은 35퍼센트에 달했다.……1961년 5·16쿠데타로 박정희 군사정권이 들어선 후 병역회피자의 비율은 현격하게 줄어들었다.……군사정권은 권력의 근거인 군부의 강화와 전 사회의 병영화를 위해 "입영률 100퍼센트"를 사회적 목표로 삼았다. 그리고 전 사회적인 통제, 회피자에 대한 강력한 처벌과 사회적 낙인 등의 집요한 노력을 통해 징집체제를 완성해나갔다.……1962년 각 지방에 병무청이 신설되면서 징집과 관련한 기존의 문민통치가 군부통치로 바뀌게 되었다. 또 병무행정이 국방부 장관으로 일원화되면서 지방 병무청장이 지방 행

광천邑직원이 金씨집 길가담벽에 붉은 페인트로 크게 써놓은 「기피자의 집」 글귀. 말썽이 나자 14일낮 다시 지웠다.

병역기피자 집에 '기피자의 집' 붉은 페인트 표식 관련 기사(1974)

정 부서와 경찰관서에 대한 지휘 감독 권한을 갖게 되었다.……1970년 병역법이 전문 개정되면서 정부 조직 내에 병무청이 신설되었고, 병무청장이 징집과 소집 등 병무행정 전반을 관장하게 되었다.……특히 병역수첩 제도를 새로 마련해, 병역수첩의 휴대를 1968년에 만들어진 주민등록증 휴대와 같이 의무화하고자 했다. 이는 곧 징병과 관련한 감시와 통제의 일상화를 의미했다. 더 이상 과거와 같은 병역회피는 불가능해졌다.[12]

징병, 학생군사훈련, 예비군 등의 세 영역 모두에서 양심적 병역거부자들과 국가의 충돌은 이제 불가피하게 되었다. 특히 한국의 양심적 병역거부 억압사抑壓史에서 5·16쿠데타와 박정희 정권 등장은 대단히 중요한 의미를 지닌다. 이전 이승만 정권은 유화적이거나 일관성 없는 정책으로 대응했던 반면, 박정희 군사정권은 매우 강경하고도 일관성 있는 정책을 수립·집행해나갔던 것이다. 객관적 여건이 그러했다면, 주체적인 조건은 어떠했는가?

2. 평화교회의 교단 재건

1943년 말 교단 조직을 반강제로 해산당했던 재림교회 신자들은 해방 직후인 1945년 8월 19일부터 조직을 재건하기 시작했다. 같은 해 10월에는 전국신도대회라는 이름으로 제14회 합회 총회를 개최하여 정식으로 교단을 재건하는 데 성공했다.[13] 이 과정을 조금 더 자세히 살펴보자. 1945년 8월 19일 13명의 교회 지도자들이 서울 청진동교회에 모여 '조선교회의 재건', 그리고 1943년 12월 28일 이전 조선합회유지재단에 속했던 '재산의 환수'를 결의했다. 이에 따라 경성삼육원, 경성요양병원, 시조사, 합회 본부와 선교사 주택 등을 속속 회수하는 데 성공했다. 8월 19일 회합한 재건준비위원들은 1945년 10월 18~28일 서울에서 전국신도대회를 개최하고, 이를 계기로 제14회 합회 총회도 열었다. 총회를 통해 합회장 임성원 목사를 비롯하여 교단 지도부가 구성되었고, 이들을 중심으로 대회 기간 중 평의원회도 열려 여러 가지 교단 업무를 처리했다. 2년 전 무너졌던 교단이 온전히 재건된 것이다. 1945년 10월 원동遠東지회에 의해 조선합회장으로 임명된 바 있는 원윤상 선교사가 1946년 3월 귀환하여 4월에 합회장으로 취임한 것을 비롯하여, 1947년 4~7월 8명의 선교사가 귀환하는 등 미국인 선교사들의 한국 복귀도 이어졌다. 같은 해 6월에는 남한에서 중선中鮮대회와 남선南鮮대회를 조직했다.[14]

해방 후 북한에서도 재림교회가 재건되었다. 1945년 10월 열린 전국신도대회에는 서선西鮮 대표 55명, 북선北鮮 대표 8명 등 38선 이북에서 온 이들이 전체 146명 중 80%에 이르렀다. 1945년 12월에는 조선연합회 평의원회가 38선 이북 지방에 임시평의원회를 설치했고, 1946년 10월에는 '북한 지방 신도대회'도 개최되었다. 전쟁 발발 전 북한 지방에는 17개소의 교회, 45개소의 안식일학교 등 62개소의 집회소가 운영되고 있었고, 안식일학교 학생 수는 2,400명에 이르렀다.[15] 1948년 6월에는 서울에서 열리는 합회 총회에 참석했던 목사들이 미국과 접촉했다는 죄목으로 체포되는 일도 벌어졌다.[16]

정부 수립 무렵인 1948년 현재의 재림교회 신자 수는 1,992명으로 식민지 말기의 숫자에도 미치지 못했다. 그러나 이후 1952년에는 3,734명, 1955년 6,153명, 1957년 7,209명, 1959년 10,748명, 1963년 21,759명 등 신자 수가 비교적 빠른 속도로 늘어났다.[17] 교역자 수도 순조롭게 증가했다. 예컨대 1961년 현재 모두 728명의 교역자가 활동 중이었는데, 목사 47명을 비롯하여 교무사敎務師 23명, 선교인 248명, 문서전도자 136명,

기타 184명이었다.[18]

여호와의증인 교단의 재건은 재림교회보다 크게 늦어졌다. 앞장에서 보았듯이 1939년 등대사 사건으로 식민지 조선에서 여호와의증인 교단 활동은 사실상 중단되었다. 탁명환과 윤용복은 해방 후 교단 동향을 각각 다음과 같이 기술했다.

> 1945년 해방과 함께 형무소에서 석방된 여호와의증인 신도들과 이미 출옥한 신도들이 모여 다시 재건에 착수했으며 1948년 미국본부와의 연락이 재개되어 전도사업이 활발하게 진행되었다. 1949년 8월 도날드 엘 스틸Donald L. Steel 부부가 내한하여 전도하다가 1950년 6·25동란이 발발하자 남하하면서 전도에 힘쓴 결과 1951년에는 대전, 군산, 전주, 대구, 부산 등지에 여호와의증인 회중이 조직되었고 1953년에는 전도인 숫자가 407명이 되었다. 여호와의증인 한국지부는 1952년까지는 미국본부의 지도를 받고 전도사업을 해왔으나 1952년 10월 한국 정부에 사단법인 워치타워성서책자협회 설립 인가를 받고 부산시 중구 초량동 2가 16번지에 임시사무소를 두었다가 1954년 3월에 서울시 서대문구 충정로 2가 69-19로 이전했다.[19]

> 한국은 일본의 압제를 벗어났지만, 그것이 곧바로 여호와의증인의 활발한 선교 활동으로 연결되지는 않았다. 남아 있던 몇몇 신도들은 박옥희의 집에서 비밀스럽게 집회 활동을 하며 때를 기다리고 있었다. 그러던 중 최용원이 미국본부와 연락을 재개하여 소책자들을 전달받았다. 1949년 6월 12명의 전도인으로 구성된 하나의 회중이 해방 이후 처음으로 형성되었다. 이들이 본격적으로 활기를 띠기 시작한 것은 1949년 8월 돈 스틸Donald L. Steel과 그의 아내 얼린이 내한하고 7개월 후 여섯 명의 선교사들이 더 도착한 뒤의 일이었다.

그러나 이들 선교사들은 6·25로 인해 다시 1년 이상 일본으로 철수해야 했다. 1951년 스틸이 먼저 한국으로 돌아오고, 다음 해에 얼린이 합류하면서 선교 활동을 재개하였다. 1952년 9월 『파수대』를 정부에 등록하고 공식적인 발행을 시작하였으며, 10월 30일자로 '사단법인 워치타워성서책자협회'를 설립하고 문교부에 등록하였다. 1953년 7개 회중 417명의 신도가 되었으며, 같은 해 9월 1일 한국지부가 독립하였다. 1955년에는 부산에 선교부가 설치되었다.[20]

미국인 선교사들이 1949년 8월에 한국으로 재진출하여 선교부를 설치했지만, 한국전쟁 발발 무렵에도 여호와의증인 신자 수는 61명에 불과했다.[21] 그러나 전쟁으로 인해 조직 확대가 벽에 부닥쳤고, 1951년 중에 대전·군산·대구·전주·부산 등에 회중(교회)을 조직한 것을 기초로, 부산에서 '사단법인 워치타워성서책자협회'를 설립한 것은 1952년 10월의 일이었다. 여호와의증인 신자의 추이는 1950년 61명, 1952년(8월) 192명, 1953년 407명, 1955년(8월) 1,407명, 1960년 3,844명, 1965년(4월) 5,937명, 1970년 6,651명 등이었다.[22]

이처럼 여호와의증인 교단의 신자 규모가 적어도 수천 명 규모로 늘어난 것은 1950년대 후반부터 1960년대 초반에 이르러서였다. 따라서 한국전쟁 시기를 포함하는 1950년대 초반에 이 정도 규모의 교단에서 징병 대상 연령층은 극소수였을 것이다. 반면에 한국전쟁 당시 재림교회에는 징집 대상 청년층이 이미 상당수 존재하고 있었다. 재림교회 한국 연합회 군봉사위원회에 등록된 재림교회 신자인 군인 수는 1953년 70명, 1954년 70명, 1955년 100명, 1956년 130명, 1957년 150명, 1958년 180명 등으로 확인된다.[23] 단순하게 보더라도 1950년대에는 교회-국가 충돌 가능성 면에서 재림교회 쪽이 여호와의증인보다 훨씬 높았던 셈이다. 이번 장의 구성이 재림교회 중심인 것도 바로 그 때문이다.

3. 재림교회의 양심적 집총거부와
교회-국가 갈등

해방 후 최초의 양심적 병역거부자들은 한국전쟁 발발 직전과 직후에, 그리고 재림교회 및 여호와의증인 교단 신자들 중에서 출현한 것으로 확인되고 있다. 역사가인 이영린은 재림교회 신자들과 관련하여 1950~1952년 사이에 적어도 다섯 차례 양심적 집총거부로 인한 충돌 사례가 있었음을 밝히고 있다. 1950~1952년의 교회-국가 갈등과 관련된 이들은 모두 7명이었다.

갈등의 과정을 따라가 보자. ① 1950년 3월 평남 강서군 기장리·창매리교회 교인인 이창수, 김봉락, 박영락, 최순영 등 4인이 징집되었으나 집총거부 입장을 고수했고, 북한군 당국은 이들에 대해 귀가歸家 조치를 내렸다. 이 사건이 지금까지 확인되는 양심적 병역거부로 인한 해방 후 최초의 충돌 사례이다. 이들은 한국 재림교회 역사상 최초의 양심적 병역거부자들이기도 하다. ② 전쟁 발발 직후 재차 징집된 김봉락이 집총거부를 계속하여 군대 피복창으로 배치되었다. ③ 1950년 9월 말 이후 한국군과 유엔군의 북진北進 시 평남 평원군에서 징집된, 당시 북한대회 서기 겸 회계였던 김겸목은 집총거부를 주장하여 이른바 "불구자不具者 부대"로 배치되었다. ④ 남한에서 해방 후 첫 집총거부자는 춘천 출신의 박재식으로서, 1952년 4월 해병대에 입대하였다가 집총거부를 한 탓에 심한 구타를 당하여 무려 6개월 동안이나 입원해야 했다. ⑤ 1952년 6월 입대한 김제 출신의 김인용은 모슬포 육군 제1훈련소에서 집총거부로 심한 구타를 당하다 미군 고문관의 도움으로 난국에서 겨우 벗어났다.[24] 1950년부터 1952년 상반기까지 북한군은 재림교회 신자들의 집총거부에 대해 일단 위협을 가했다가 여의치 않을 경우 신자들의 요구를 수용하든지(피복창 배치), 상징적·심리적 처벌(불구자 부대 편입)을 내리는 선택을

육군제2훈련소 사격훈련(1970)

했다고 볼 수 있다. 그러나 그 이후의 상황이 어떻게 전개되었는지는 알려진 바가 없다. 반면에 남한군은 집총거부자들에게 구타 등 극심한 신체적 폭력을 가하는 것으로 일관했다. 집총거부를 철회하고 집총훈련을 수용할 때까지 고강도의 물리적 폭력을 계속 가함으로써 평화주의 신념을 꺾고 '강제 전향'을 시키려 했던 것이다.

훈련소 입영 자체를 거부하여 병역법을 위반한 여호와의증인 신자의 경우에는 법에 정해진 대로 처리할 수 있었지만, 일단 입대한 후 집총 명령을 거부하는 재림교회 신자들에 대해서는 상당 기간 남한 군 당국의 통일적이고 일관된 처리 기준이 존재하지 않았다. 당시에 군형법의 기능을 수행한 국방경비법國防警備法이나 해안경비법海岸警備法에도 최고 사형까지 선고할 수 있는 항명죄가 있었지만, 군 당국은 양심적 집총거부자들에게 이를 적용하지 않고 있었다. 더욱이 1962년 이전에는 항명죄의 형량이 구체적으로 명시되어 있지도 않았다.

정부 수립 후인 1949년 8월 6일에 제정된 병역법은 "병역 또는 소집을 면할 목적으로 도망, 잠닉潛匿, 신체 훼손 기타 사위詐僞의 행위를 한 자"에 대해 '3년 이하의 징역'(71조), "현역병으로 입영할 자가 정당한 이유 없이 입영기일에 늦어 10일 내지 20일을 경과할 때"에는 '1년 이하의 금고'(72조), "요要 징집자가 정당한 이유 없이 징병검사를 받지 않는 때"에는 '4개월 이하의 금고'(74조), "징병 적령자 또는 호주나 세대주가 정당한 이유 없이……등록을 하지 아니한 때"는 '2개월 이하의 징역'(75조)에 처한다고 명시했다. 뒤에서 살펴보겠지만, 여호와의증인 신자 박종일의 경우 병역법 71조에 규정된 최고형을 선고받았다. 그러나 군대 내 집총거부자에게 적용할 법 조문은 구체성과 명확성을 결여하고 있었다. 정부 수립 직전인 1948년 7월 5일 군정법률로 제정되고 같은 해 8월 4일부터 시행된 국방경비법은 '제16조(항명)'에서 "여하한 군법 피적용자든지 정당한 상관의 명령을 고의로 불복종하는 자는 군법회의 판결에 의하여 사

형 또는 타他 형벌에 처함"이라고 규정하였고, 역시 1948년 7월 5일 제정
·시행된 해안경비법도 '제8조(사형에 처할 수 있는 범죄)'에서 "본법本法 피적
용자로써 좌左의 각 항에 해당하는 자는 군법회의 판결에 의하여 사형 또
는 타他 형벌에 처함"이라고 규정하면서 항명을 그 내용에 포함시켰지
만, 이에 대한 형량의 범위는 명시하지 않았다. 이 문제는 군형법 제정으
로 해결된다. 1962년 1월 20일 국방경비법과 해안경비법을 폐지하고 새
로 제정된 '군형법'에서는 '제44조(항명)'에서 다양한 경우를 구별하여 형
량을 보다 구체적으로 규정했다: "상관의 정당한 명령에 반항하거나 복
종하지 아니한 자는 다음의 구별에 의하여 처벌한다. ① 적전敵前인 경우
에는 사형, 무기 또는 10년 이상의 징역에 처한다. ② 전시, 사변 또는 계
엄 지역인 경우에는 1년 이상 7년 이하의 징역에 처한다. ③ 기타의 경우
에는 2년 이하의 징역에 처한다."[25] 이에 따라 대부분의 양심적 집총거
부자들은 1962년 초부터 '2년 이하'의 징역형을 선고받게 되었다.

  한홍구가 설명하듯이, 1950년대에는 "집총거부자들에 대한 처리 기
준이 없다 보니 소대에서부터 연대까지 어떤 상급자나 지휘관을 만나느
냐에 따라 처리가 천차만별이었다. 간혹 집총거부자들에 대해 이해심을
갖고 이들을 비무장 요원으로 근무토록 배려해주는 지휘관들이 있는 반
면, "사람 만들어준다"며 살인적인 구타를 가하거나 한겨울에 얼음을 깨
고 물통에 집어넣고, 실신했다가 깨어나면 다시 반복하고, 총살시킨다고
위협하는 것이 더 보편적이었다. 이러다 보니 집총거부자들 중에 너무
심하게 얼어맞아 의병제대하는 사람들이 속출했다."[26] 상급자의 폭력은
말할 것도 없고, 동료들의 따돌림도 수시로 가해졌다. 집총거부자들은
"해군害軍분자가 아니면 오열이라고까지 오해"받는가 하면,[27] "비국민非
國民",[28] "이적행위자" 혹은 "빨갱이보다 나쁜 부류",[29] "정신이상자",[30]
"염전厭戰 사상자",[31] "광신도"나 "이단"[32] 등 다양한 방식의 오명 부여
stigmatization 내지 낙인찍기labeling의 대상이 되어야만 했다. 이런 상황이

1950년부터 1958년경까지 지속되었던 것 같다. 이영린은 1956년 무렵 군대 내 재림교회 신자들의 상황을 안식일(토요일) 예배 중심으로 서술한 바 있다.

이때에 군에서는 우리 청년들의 신앙적 입장을 고려하여 안식일에 예배를 볼 수 있는 특권을 부여하였으므로 강경교회 주재 우필원 목사는 부대 목사로서 논산 육군 제2훈련소를 방문하고 그들과 같이 예배드리는 가운데 많은 것으로 격려해주던 중 1956년 5월 방문 시에는 10여 명의 청년들이 연대 군목과에 정기적으로 모여 예배드린다고 하였다. 그러나 이것은 청년들이 매를 많이 맞은 후 군에서도 이상 다룰 도리와 필요가 없어서 어느 정도 아량을 베풀고 저들로 예배 행사에 참여할 수 있는 길을 열어준 조치이니 그만하면 그들의 상관들이 인정이 있고 재림 청년들의 심정을 이해한 고마운 사람들이었다고 말할 수 있다. 그러나 군 전체에서 볼 때에는 이것은 어디까지나 상관들이 개인적으로 묵인한 소위 비공식 신앙의 자유에 지나지 않았고 언제라도 그 자유가 취소될 수 있는 매우 불안전한 입장이었다. 어쨌든 그때까지는 심해서 25일간 영창에 집어넣는 일은 있어도(이천득) 그 이상의 법적 조치는 취하지 않았다.[33]

이런 와중에 1956년 초부터 예비군에 대해 5주간의 '병무소집(근무소집)'이 시작되면서,[34] 예비군 중에 실형을 선고받고 복역하는 첫 번째 사례가 발생했다. 같은 해 7월 소집된 재림교회 신자인 김응호, 박해종, 김창호 등 3명이 집총거부로 3년 형을 선고받는 사건이 발생했던 것이다. 이들은 70여 일을 복역하다 1956년 10월 집행유예로 석방되었지만, 예비군 중에 그리고 재림교회 신자 중에 처음으로 감옥에 갇힌 이들이 되었던 것이다. 1956년 12월에도 재림교회 신자인 허승희가 예비군훈련

중 집총거부로 6년 형을 선고받은 후 6개월만에 석방되었다.[35] 예비군제
도는 이후 얼마 지나지 않아 사실상 폐지되었고, 따라서 1968년에 이 제
도가 '향토예비군'이라는 이름으로 부활될 때까지 더 이상 충돌이 발생
하지 않게 되었다.

한편 양심적 집총거부자에 대한 육체적 가혹행위가 군대 바깥으로 알
려지자 이에 부담을 느낀 군 당국은 1958년부터 거부자들을 일률적으로
군법회의에 회부하여 6개월 이상의 실형을 선고하기 시작했다. 오만규
는 다음과 같이 설명한다.

> 이범의, 김군준, 정남석 등이 훈련소에서 당한 육체적 가해 행위가 강
> 경 주재 재림교회 부대 목사였던 우필원 목사의 적극적인 문제 제기로
> 군대 내부와 한국 재림교회 지도부에 크게 여론화되자 1958년부터 한
> 국 군 당국은 현역에 종사하는 재림교도가 집총을 거부하는 경우에 군
> 부대에서 구타와 고문을 가하거나 부대의 영창에 구금하는 등의 고통
> 을 통하여 재림 청년 병사들에게 집총을 수용하게 하려 했던 앞서의 방
> 침을 변경하고 군법회의에서 무조건 6개월 이상의 징역을 선고하기 시
> 작했다.[36]

이 변화로 인해 집총거부자에 대한 처리에서의 비일관성이나 직접적
·사적私的 폭력이 감소되는 효과는 기대되었을지라도, 처벌의 강도 자체
는 이전에 비해 훨씬 증가된 셈이 되었다. 이제 집총거부자는 '범법자'나
'전과자'라는 새로운 낙인의 대상이 된 것이다. 새로운 방침에 의한 최초
의 처벌 사례는 1958년 6월에 발생했다. 삼육대 신학생인 이한봉, 이창
희 형제가 6개월 형을 선고받은 것이다. 이들은 재림교회 신자 중 현역
병 신분으로는 최초의 투옥자가 되었다. 이후 이 해 말까지 10명이 추가
로 6개월 형을 언도받는 등 1958년 한 해에만 모두 12명의 재림교회 신자

들이 투옥되었다. 이듬해에는 또 다른 20명의 재림교인들이 투옥되었다. 그리하여 1958~1960년의 3년 동안 43명의 재림교회 신자들이 감옥에 가야 했다.[37] 1963년 11월 현재의 상황을 이영린은 다음과 같이 전한다.

> 1964년 2월에 있은 제21회 연합회 총회에서 조영묵 차장이 행한 보고에 의하면, 당시 재림 청년들로서 두 육군교도소와 논산훈련소 영창에 수감되어 있는 사람의 수는 20명이었고, 5·16 당시까지 그들이 받은 형기는 최고 10년까지였으며, 제21회 총회 시까지 체형을 받은 청년의 수는 75명으로, 그들이 받은 형기(체형 언도의 누계)는 무려 118년이 된다고 하였다. 여기서 우리는 새삼스럽게 본교회 청년들이 지니는 이중충성二重忠誠의 짐이 얼마나 무겁다는 것을 인식함과 아울러, 또한 새 하늘 나라에서 저들이 받을 상급이 그보다 훨씬 더 크다는 것도 믿어 의심치 않는다.[38]

재림교회 교단도 적극적으로 대응했다. 그러나 한국전쟁 초기까지는 신자들이나 교회 지도자들 사이에서 상당한 혼란과 시행착오 양상도 나타났다. 다시 이영린에 의하면, "9·28 이후, 고향이나 피난지에서 많은 청년들이 군의 부름을 받고 입대하였다. 그러나 청년들 자신들은 물론, 지도자들도 어떻게 해야 좋을지 잘 모르는 형편이었다. 혹 희미하게나마 전투에 있어서 우리 교회가 취하는 태도는 비무장주의非武裝主義라는 것과, 미국 본本교회 청년들은 안식일 근무가 면제된다는 정도의 것을 안 사람이 얼마쯤 있었을 따름이다. 그리하여 좋은 상관을 만난 사람들은, 안식일에 부대 부근에 있는 교회에 나와 예배를 드릴 수 있었던 것이다."[39] 이런 혼란이 어느 정도 극복되고 교단 차원에서 보다 체계적인 대응이 가능하게 된 시점은 군봉사위원회가 조직된 1952년경부터였던 것으로 보인다.

신자들의 계속되는 고난과 마주한 재림교회 측의 대응은 대략 다섯 갈래로 나타났다. 그것은 ① 입대 후 비무장 군복무를 위한 사전 준비작업, ② 교단 내 전담 조직 설치, ③ 군 당국에 대한 진정과 탄원, ④ 엘리트 대상의 설득과 홍보, ⑤ 주로 국제본부의 지원을 얻은 최고지도자와의 교류 등으로 압축된다. 각각에 대해 간략히 살펴보자.

첫째, 재림교회는 신자들 중 입영 대상자들이 비무장 요원인 위생병(의무병)으로 복무할 수 있도록 하기 위해 재빠르게 움직였다. 교단은 1949년 8월 징병제 도입을 골자로 하는 병역법이 공포된 바로 다음 주부터 한국연합회 '청소년부' 주최로 응급구호법과 의무대 훈련을 실시하는 등 본격적인 준비에 착수했다. 한국전쟁이 발발한 이후에는 이러한 사전 교육을 더욱 강화해나갔다.[40] 1952년 이후 이 업무는 청소년부 산하 조직인 군봉사위원회에서 전담하게 되었다.

둘째, 교단은 양심적 집총거부 및 토요일인 안식일 준수와 관련된 사안들을 전담할 조직들을 설치했다. 두 가지가 중요한데, 그 하나는 한국전쟁 도중인 1952년 5월 청주에서 열렸던 제16회 연합회 총회에서 설치된 '군봉사위원회'였고, 다른 하나는 1957년 12월의 연합회 총회에서 제안되어 설치된 '종교자유부'였다.

먼저 군봉사위원회는 청소년부 산하 기구로서 통상 청소년부 부장이 위원장을 겸임했다.[41] 1959년에는 매년 5월 30일을 '재림 청년 병사들을 위한 특별 연금일'로 지정했고, 이날은 후에 '군 봉사 연금일'로 명칭이 변경되었다. 1963년에는 연합회 산하의 각 합회에도 군봉사위원회를 설치하고, 합회 청소년부장이 실무를 담당하도록 결정했다. 1967년에는 교단 최고지도자인 연합회장이 군봉사위원회의 의장이 되도록 함으로써 조직의 위상을 격상했다. 그러나 교단이 집총거부 교리를 포기하는 1976년에는 위원회 의장을 연합회 '총무무장'이 겸임하도록 위상을 다시 끌어내렸다.[42] 군봉사위원회는 의무대 훈련 업무와 일종의 군종 업무, 즉 군복무 중인 재림교회 신자들에 대한 상담 및 종교의례 집전 등을 도맡아 수행했다. 이영린은 군봉사위원회의 주요 활동에 대해 설명한 바 있다.

> 이보다 앞서(군봉사위원회 조직 이전—인용자) 연합회에서는 김정국 목사를 모슬포에 주재케 하여, 부대 목사Camp Pastor로서 본교회 청년들을 도와주게 하니 그는 자주 군인들을 방문하였고, 그 후 청주 총회에서는 이여식 청소년부장으로 하여금 군봉사위원회를 겸임하도록 하였는데, 동 총회 경영위원회에서는, "지금은 불안정한 시대로 앞길에 어떠한 비상한 일이 일어날지 모르므로 제의하기를, 청년들이 튼튼한 신앙적 기초 위에 서도록 할 영적 수양을 주는 동시에, 비록 국가의 부름으로 일선에 나가게 된다고 할지라도, 용감하게 의무대에서 봉사할 수 있도록 준비시키기로" 하였다.
>
> 1953년 2월 25일부터 1주일간 삼육신학원에서는 대총회 의무대장 닉E. D. Nick 대령의 내한을 맞이하여, 신학생과 고등학생 전원이 참가한 철저한 훈련을 실시하여, 그 후 입대한 사람들에게 많은 이익을 주었다. 그리고 1956년 3월에 열린 연합회 총회에서는 "의무대를 대회마다 잘 조직하여, 청년들이 수시로 훈련을 잘 받게 하기로" 결의하였는데, 이보다 앞서 1955년 8월에는 충청남도 대전에서 의무대 훈련이 있었고, 그 후 대회 주최 야영회野營會가 있을 때마다, 의무대 훈련을 겸해서 실시하는 일이 많게 되었다.
>
> 연합회 통계에 의하면 1953년에 본교회 청년으로서 군에 입대한 사람의 수는 70명이었고 1956년에는 150명이 되었다. 이때에 군에서는 우리 청년들의 신앙적 입장을 고려하고 안식일에 예배를 드릴 수 있는 특권을 부여하였으므로, 강경교회 주재 우필원 목사는 부대 목사로서 논산 육군 제2훈련소를 방문하고, 그들과 같이 예배드리면서 많은 것으로 격려해주었고, 그의 1956년 5월 방문기訪問記에는 10여 명의 청년

육군제2훈련소 내 군인교회(1970)

들이 부대 군목과에서 정기적으로 모여 예배드린다고 하였다.[43]

군봉사위원회는 소책자도 몇 차례 간행했다. 예컨대 1965년 28쪽짜리 『제칠일안식일예수재림교회 신자들이 비무장 전투원이 되는 이유』를 발간한 데 이어, 1971년에는 "비무장 전투원이 되는 이유와 그 품성들을 어떻게 형성할 것인가"를 다룬 39쪽 분량의 『의무대 훈련 교과서: 품성 지도서』를 펴냈다.[44]

한편, 종교자유부는 군대와 학교 모두를 활동 대상으로 삼았다. 종교 자유부는 1957년 12월 총회 결의로 설치되었고, 1958년 2월 열린 연합회 춘계 평의회에서 이여식 목사를 초대 부장으로 임명함으로써 본격적인 활동에 들어갔다. 이영린에 의하면, "이여식 부장은 우선 연합회 군봉사 위원회와 연락하여, 본교회 청년들 중 군대에서 집총 문제와 안식일 문제로 어려움을 당하고, 심하면 군법에 회부되어 형을 받은 사람들을 위하여 군 장교들을 방문하고, 그들을 변호해주는 한편, 사회 학교에서 안식일 수업 불능不能으로 인하여 제적 처분을 받은 학생들을 위해서도, 같은 일을 해주었다."[45]

셋째, 교단이 국방부 등 군 당국에 직접 호소하는 '진정·탄원 활동'도 활발한 편이었다. 주요한 활동은 〈표 6-3〉에 정리되어 있다. 연합회는 1953년 6월 30일 국방부 장관에게 진정서를 내어 교단에서 실시하는 의무대 훈련에 대한 정부의 공인, 신자들의 의무대 배치, 안식일 준수를 요구한 바 있지만,[46] 정부는 아무런 반응을 보이지 않았었다. 1956년 8월 예비군훈련에서 집총을 거부하여 3명이 구속되는 사건이 발생하자, 재림교회 한국연합회 평의원회는 "이 사건을 계기로 종교자유에 대한 합법적인 보장을 전취하기 위하여 적극적인 활동을 전개하되 제1단계로 국방부 장관에게 본 연합회 이름으로 탄원서를 제출하기로 결의하였다." 이에 따라 1956년 12월 연합회가 국방부 장관에게 진정서를 제출하면서,

<표 6-3> 1950~1960년대 재림교회의 진정 및 탄원 활동[47]

시기	교단	정부
1953.6.30	대한민국 정부(국방부 장관)에 보내는 진정서	
1956.12.10	진정서	진정서에 대한 국방부 장관의 회신 공문(1957.3.4): 토요일 예배 및 비전투부대 배치를 허용하는 내용임
1959.10.22	진정서: 군복무에 있어서의 제칠일안식일예수재림교 신도의 입장	진정서에 대한 국방부 장관의 회신 공문(1959.11.10): 교단 자체 의무교육 인정 및 그에 따른 군교육훈련 면제 요청을 거부, 1957년 3월 국방부 공문을 국방부 부칙으로 명시해달라는 요청도 거부
1960.6	비무장 전투원 복무에 대한 진정: 군복무에 있어서의 제칠일안식일예수재림교의 입장	
1966.1.13	대한민국 육군참모총장이 제칠일안식일예수재림교회에게 요구한 재림교회 군인 현황 보고와 집총훈련 거부에 대한 해명서	육군참모총장의 공문(1966.1.12)
1966.9.6	한국연합회 행정위원회가 채택한 '군복무에 관한 우리의 원칙과 신념과 태도'에 대한 결의문	
1968.5	진정서: 군복무에 있어서의 제칠일안식일예수재림교 신도의 입장	

자신들이 '양심적 참전 반대론자'가 아닌 '양심적 협조자'임을 강조하고 집총훈련 면제, 비전투 병과 배치, 안식일 준수 허락을 요청했다.[48]

1957년 3월 국방부 장관이 재림교회 측의 진정을 일부 받아들여 장관 명령을 통해 "(재림교회 신자의 경우—인용자) 위생병과 또는 기타 무기를 휴대치 않는 부대에 가급적 배치하라"고 지시하는 등 재림교회의 노력은 중요한 성과를 거두기도 했다.[49] 그러나 당시에도 국방부 장관은 안식일 준수, 비전투 병과 배치에 대해 긍정적인 반응을 보였지만, (아예 언급조차 하지 않는 방식으로) '집총훈련 면제' 요구는 수용하지 않았다. 그럼에도 "매 토요일 예배 행사를 허용하고 동 행사에 필요한 모든 편리를 도모하라", "위생병과 또는 기타 직접 무기를 휴대하지 않는 부대에 가급적 배치하라"는 국방부 장관의 명령에 재림교회 측은 환호로 반응했다. "국방부 장관의 명령문을 받고 교회 상하上下가 느낀 만족과 희열은 말할 수 없었고, 또한 정부에 대한 저들의 신임도 다함이 없었으니, 이는 정부가 재림교회와 같은 소수파의 의견이라 할지라도, 양심과 신앙의 입장에서 나왔을 때는, 무조건 국가의 권력으로 누르지 않고, 돌보아준 그 아량이 여간 고맙지 않았기 때문이다."[50] 그러나 김용우 국방부 장관의 이런 조치는 당시 언론에 의해서도 환영받지 못했다. 양심적 집총거부에 대한 여론은 여전히 부정적이었던 것이고, 김용우 장관은 그것을 거슬러 재림교회의 양심적 집총거부 입장을 부분적으로 용인했던 것이다. 다음은 오만규의 기술이다.

한국 제칠일안식일예수재림교회가 "진정서"를 제출한 사실과 국방부가 한국 재림교회의 진정서에 대해 김용우 국방장관의 특명 "국방 총제2288호"로 성의껏 회신한 사실은 한국의 언론계에도 크게 주목되었다. 「한국일보」는 1957년 3월 8일자에 "교리가 헌법보다 중요한가?"라는 사설과 "안식교와 병사 특권"이란 논설로 안식일교회의 비무장 군복무를 특권적 배려로 비판하였으며 「서울신문」은 8일자 제3면에서 "괴怪! 집총거부 진정陳情"이란 선정적인 표제를 사용하여 "국가보다 교회를 앞세운 안식교도"라고 한국의 재림교회를 비판하였다. 「서울신문」은 다음날인 9일자에서도 "신앙의 자유를 위하여서라도 용감히

총을 들라—해괴스런 안식교도의 반론"이란 제목의 사설로 재림교회의 비무장 군복무 신념을 극한적으로 비난하였다. 「조선일보」는 일사언란—事言欄이란 칼럼에서 비교적 온건하게 재림교회의 비무장 군복무 신념을 꼬집었다.[51]

재림교회는 1959년 10월에도 다시 국방부 장관에게 제출한 진정서에서 '교단 시행의 의무대 훈련에 대한 정부의 공인' 및 그에 따른 '집총훈련 면제', '비전투 병과(특히 의무대) 배치', '1957년 3월 국방부 공문 내용(국방 총 제2288호)의 국방부 부칙 명시'를 요청했다. 그러나 같은 해 11월 국방부 장관은 회신 공문을 통해 재림교회의 요구를 대부분 거부했다.[52] 1957년 봄의 입장으로부터도 크게 후퇴했던 것이다. 이런 퇴행에는 언론계를 비롯하여 양심적 병역거부에 대해 부정적인 시민사회 여론도 한 몫했을 것이다. 오만규 역시 유사한 해석을 한 바 있다. "한국 정부는 재림교인들의 특별한 안식일 신앙과 비전투원의 신념을 배려하려는 국방부의 결정이 국민적 여론의 지지를 받지 못하고 있다고 판단하였음인지 국방부 장관의 특명이 나온 1958년 이후에도 재림교인들이 육군훈련소에서 집총훈련 거부로 말미암아 당해야 하는 고통은 크게 경감되지 않았다."[53] 다만 1959년 국방부의 지시에 따라 전국 각 부대에 배치되어 있던 재림교회 신자 약 80명이 부산 제3육군병원 등으로 전속轉屬되는 등 교회 측의 '의무대 배치' 요구에 대해서는 군 당국도 전향적인 자세를 보여주었다. 이 조치에는 "군복무—군교도소 복역—군복무"의 쳇바퀴에 갇혀야 했던 '반복처벌 대상자'에 대한 일말의 배려도 포함되었던 듯하다.

국방부가 재림 청년들을 가급적 의무병과 등 인도적 성격의 근무처에 배치하려는 의도는 1959년 육군본부를 통해 전국 각 부대에 소속되어 있는 재림 청년들 중 약 80명을 차출하여 부산 제3육군병원으로 전속

시켜 이들 대부분을 "대한 척추 특수 용사 희망회"로 배치하여 척추 상의 환자들을 간호하는 일에 종사하도록 하였다. 국방부는 부산의 제3육군병원 이외에도 마산 육군병원, 대구 116육군병원, 온양 109육군병원 등과 일선 부대의 의무중대 등에 재림 청년 군인들을 배치하였다. "대한 척추 특수 용사 희망회" 등 특수 병원을 위시한 각급 육군병원에 배치된 재림 청년들은 주로 집총거부 때문에 육군형무소에서 복역한 후 군복무에 종사하고 있던 청년들이었다.[54]

1940~1950년대의 역대 국방부 장관을 보면, 1대 이범석(1948.8~1949.3), 2대 신성모(1949.3~1951.5), 3대 이기붕(1951.5~1952.3), 4대 신태영(1952.3~1953.6), 5대 손원일(1953.6~1956.5), 6대 김용우(1956.5~1957.7), 7대 김정열(1957.7~1960.4)로 이어졌다.[55] 개신교 신자인 손원일과 김용우—김용우는 군 경력이 없는 민간인 출신이기도 했다—가 국방부 장관으로 연이어 재임하던 1953년 6월부터 1957년 7월까지가 교단-국가 상호작용이 비교적 우호적인 분위기에서 진행된 때였다고 볼 수 있다. 그러나 1957년 7월 군 출신인 김정열이 국방부 장관직에 취임한 이후부터 교단-국가 관계는 냉랭하게 변했다. 이런 변화는 1958년부터 집총거부자들에게 6개월 이상의 실형을 선고하기 시작함으로써 처벌의 강도를 훨씬 높였던 변화와 흐름을 같이한다.

넷째, 한국 사회 엘리트층을 대상으로 한 설득과 홍보 노력을 들 수 있다. 1957년 12월의 종교자유부 신설 자체가 이런 접근을 잘 보여준다.

1957년 12월 열렸던 제18회 연합회 총회 시 경영위원회에서는 종교자유부의 신설에 대하여 아래와 같은 제안을 내놓았다.
1. 연합회 평의원회에서는 종교자유부 부장 1인을 임명할 것.
2. 동 부장은 종교자유에 관한 사상을 교인들에게 가르칠 것.

3. 종교자유부와 교인들은 이 자유를 증진시키기 위하여 아래와 같은 방법으로 힘을 다할 것.

　ㄱ. 영문잡지 *The Alert*를 영어 아는 정부의 지도자들과 일반 유지들에게 보냄.

　ㄴ. 국내 지도자들과 실업가들을 방문하고 종교자유의 입장에서 우리 사업을 그들에게 설명함.

　ㄷ. 이 원칙에 대한 설명을 인쇄함.

　ㄹ. 공보公報 시설을 통하여 정부 고위층에 있는 인사들에게 본교회 인쇄물을 전해줄 것을 종용함.[56]

　　군종장교 초청 행사도 같은 맥락에서 해석할 수 있을 것이다. "1963년 11월 중순에는 7명의 천주교인들을 포함한 36명의 군종장교들이 한국연합회를 방문하여, 연합회 각부各部와 시조사, 삼육신학대학 등을 시찰하고, 본교회 교리와 신조에 대하여 한 시간가량 강의를 들은 일이 있었다. 그런데 이들이 그동안 본교회에 대하여 가졌던 많은 오해들을 이때에 풀고, 그 후로는 본교회 청년들을 위해서 더 많이 도와줄 것을 다짐하고 돌아갔다."[57]

　　마지막으로, 때때로 국제본부의 지원을 얻은 정부 고위인사와의 교류도 언급해야 할 것이다. 최고지도자인 역대 연합회장이 미국인들이었던 것, 그리고 미국 본부교회와도 긴밀한 관계를 유지했던 것은 한국 재림교회의 행운이자 중요한 자산이었다. 예컨대 오만규에 의하면, "이들(1956년 예비군훈련에서의 집총거부로 구속된 3인 ─ 인용자)이 조기에 석방될 수 있었던 이면에는……한국 재림교회 지도부의 활발한 대정부 청원 활동과 군 당국의 이해가 크게 작용하였다. 당시는 한국 정부가 미국의 강력한 영향력 아래에 있었기 때문에 선교사 중심으로 구성되어 있는 한국 재림교회 지도부의 호소가 일정 부분 한국 고위층에 의해 경청되고 있었다."[58]

1960년 11월 17일에 한국연합회장 데이비스 목사가 군봉사위원회 위원장인 이여식 목사 등을 대동하고 "청년들의 병역 문제의 고충을 알리기 위해" 청와대로 윤보선 대통령을 예방했던 일, 1961년 1월 31일 내한한 대총회 부회장 피터슨 목사와 서기 릴라드 목사, 원동지회장 소렌슨 목사, 한국연합회장 데이비스 목사가 군봉사위원회 위원장의 안내로 장면 국무총리를 예방한 일도 언급할 만하다.[59] 그러나 1961년 5월 군사쿠데타와 군사정권 성립으로 집총거부를 고수한 재림교회는 도저히 헤어날 수 없는 깊은 수렁에 갇혀버렸다.

4. 여호와의증인 교단의 양심적 병역거부와 교회-국가 갈등

전쟁 발발 이후 여호와의증인 신자들 중에서도 양심적 병역거부자들이 나타나기 시작했다. 한국전쟁이 시작된 직후 북한에서 여호와의증인 신자인 노병일은 군입대를 거부하다가 북한 인민군으로부터 총살의 위협을 당하게 되었다. 그러나 당시 인민군은 실탄을 허공에 발사한 후 그를 그냥 풀어주고 귀가시켰다고 한다. 적어도 현재까지 알려진 바로는, 노병일은 여호와의증인 신자 중 해방 후 최초의 양심적 병역거부자였다고 할 수 있다. 또 1953년 종전終戰 직전에 징집 대상이 된 박종일은 병역거부를 선언한 후 군 기관에 끌려가 고문을 당한 후 훈련소로 넘겨졌고, 훈련소에서도 그가 3일 동안 단식을 하며 계속 저항하자 다시 헌병대로 넘겨졌고, 결국 군사법정에서 3년 징역형을 선고받은 후 실제로 그 기간을 복역했다고 한다.[60] 따라서 박종일은 한국에서 처음으로 양심적 병역거부로 인해 실형을 선고받은 인물이 되었다.

징집영장을 받으면 일단 입대한 후 집총을 거부하여 군형법상 '항명 죄'로 처벌받는 재림교회 신자들과는 달리 입대 자체를 거부함으로써 병역법상 '병역기피죄'로 처벌받는 여호와의증인 신자들의 경우, 1958년부터 적용된 군 당국의 양심적 집총거부자 처리 방침 변경에 의해 직접적인 영향을 받지는 않았을 것이다. 그러나 공교롭게도 1950년대 말부터 여호와의증인 신자 가운데서도 실형을 받는 이들이 속출했다.

이 사실을 당시 언론 보도를 통해 확인할 수 있다. 우선, 1957년 7월 검찰은 병역기피 혐의로 구속·기소된 김경태의 재판에서 금고 2년 형을 구형했다.[61] 「경향신문」은 이를 두고 (물론 정확하지 못한 보도이지만) "한국에서는 최초의 "종교에 의한 병역기피 사건""이라 평했다.[62] 이 사건 재판장이던 최응봉 판사는 1년 형을 선고한 판결 직후 "여호와의증인 교리를 주장하는 병역기피자를 이미 2명이나 재판하여 체형을 언도한 바 있"다고 언급했다.[63] 김경태 이전에도 실형 선고를 받은 여호와의증인 신자들이 또 있었던 것이다. 1958년 2월에는 안영순이 병역기피죄로 구속되어 7월에 1년 형을 선고받았다.[64] 1959년 2월에는 전도사 민창호를 필두로 이병엽과 배석옥이 연이어 구속되었다.[65] 같은 해 3월에는 김태순이 구속되었고, 4월에 기소되어 징역 2년 형을 선고받았다.[66] 1959년 3월 20일, 22일, 25일에는 임준수, 임준현, 김종열이 차례로 구속되었고, 5월에는 전도사 양후철이 구속되었다.[67] 한국 최초로 양심적 병역거부로 인해 실형을 받았던 박종일 이후 3~4년 만에 여호와의증인 신자들의 감옥행이 다시 시작된 것이다. 앞서 보았듯이 여호와의증인 신자 수가 1955년 1,407명, 1960년 3,844명, 1965년 5,937명 등으로 1950년대 후반 이후 급속히 증가했던 사정도 양심적 병역거부 구속자의 증가에 기여했을 것이다.

1950년대에 여호와의증인 교단은 양심적 병역거부 문제뿐 아니라, 국기 경례 문제로도 국가와 충돌했다. 1957년 11월 여호와의증인 신자인 경기도 수산고등학교 재학생 몇 명이 "국기에 대하여 경례를 하는 일을 우상에 절하는 일이라고 거부"하여 경기도 문교사회국이 문교부에 처리 방침을 문의했던 일이 「조선일보」 사설에서 다뤄지기도 했다. 물론 「조선일보」는 "국가적 의식儀式과 종교의식"이라는 제목의 이 사설을 통해, 국가주의의 입장에서 국기 경례 거부를 준엄히 비판했다. "우리는 국가 생활을 떠나서 현실의 인간 생활을 찾을 수 없는 것이다. 우리뿐이 아니고 세계의 모든 교파의 예수교는 가정과 국가 생활의 토대 위에서 하느님의 아들딸 되는 종교 생활에 만족하고 있는 것이다. 국가의 의식을 '우상' 숭배라 함은 어린 학생들의 모자라는 생각에서뿐 아니라 한 교파로서 사회 국가를 무시하려는 그릇된 생각임을 지적치 않을 수 없다. 언제나 국가적 의식과 종교적 의식에는 일치를 보는 것이 종교의 정상적인 발전의 모습인 것이다."[68]

강돈구에 의하면, 여호와의증인 교단은 "1963년부터 수혈 거부 문제로 사회적으로 주목을" 받았고, 1969년에는 중고등학교에 재학 중인 여호와의증인 신자들이 "애국가 봉창과 국민의례 거부, 국군장병에게 보내는 위문편지 작성과 위문품 전달 거부로 사회적인 주목을 받았다."[69] 국기 경례 거부, 애국가 제창 거부, 수혈輸血 치료 거부, 군인에게 보내는 위문편지·위문품 거부 문제까지 중층적으로 겹침으로써, 여호와의증인 교단과 국가의 갈등이 더욱 증폭될 수밖에 없게 되었다. 이 교단을 바라보는 사회적 시선도 한층 차가워졌다. 1960년대를 거치면서 교단과 신자들의 사회적 고립이 심해진 것이다. 양심적 병역거부로 인한 국가와의 갈등에서 여호와의증인 교단의 입지는 갈수록 협소해졌을 뿐 아니라 극도로 불리해져만 갔다.

제
7
장

암굴暗窟 속의 사투
: 강화되는 처벌,
가중되는 딜레마

이 장에서는 군사정권이 확고하게 자리를 잡은 1960년대 후반부터 민주화 이후 시기를 일부 포함하는 2000년까지의 양심적 병역거부 역사를 다루게 된다. 이 시기에 한국의 양심적 병역거부자들은 캄캄한 동굴 속에서의 사투死鬪, 한밤의 암중모색이라고 표현할 수 있을 만큼 어둡고 긴 역사의 터널을 통과해야 했다. 극단적 고난에 처한 양심적 병역거부자들에게 당시의 국가는 '폭군', 혹은 구약성서 욥기에 등장하는 괴물 리바이어던Leviathan에 다름 아니었다.

보다 구체적으로, 이번 장에서는 양심적 병역거부를 둘러싼 국가-교단 갈등이 심화하면서 재림교회("양심적 병역거부 교리의 포기")와 여호와의증인 교단("양심적 병역거부 교리의 고수")의 엇갈린 선택이 나타나는 과정과 요인을 주로 다룬다. 이에 앞서 '한국형 대체복무제도'가 도입되는 과정, 그리고 그 성격을 간략히 고찰할 것이다. 그것이 "한국형"인 것은 "서구형"과 전혀 다른 동기와 목적을 가진 대체복무, 즉 "양심적 병역거부자가 완전히 부재한" 혹은 "양심적 병역거부자를 철저히 배제한" 대체복무였기 때문이다.

1. '한국형 대체복무제'의 도입
  : 발전주의적 대체복무제

1960년대 말부터 대체복무제가 도입되면서 한국 병역제도에서 중대한 전환이 발생했다. 징병제라는 골격이 유지되는 가운데 주로 군대 바깥에서 병역의무를 이행하는 대체복무제도가 도입되고 확대되었던 것이다. 대체복무제는 "개인으로 하여금 군복무 외에 다른 형태로 병역의무를 이행할 수 있도록 하는 제도"를 가리킨다.[1]

한국의 대체복무제는 대단히 독특한 것이었다. 김신숙과 박형준이 말하듯이, "대체복무는 기본적으로 징병제 국가에서 운영하는 예외적인 제도로서 세계적으로 한국의 대체복무와 유사한 사례는 찾기 어렵다."[2] 무엇보다 서구 사회들에서는 양심적 병역거부자들을 위해 처음 창안되었던 대체복무제도가 한국에서는 전혀 다른 맥락과 취지에서 등장했다. 한국의 병무청도 "대체복무제도의 '기원'을 병역거부자의 대체복무 적용에서 찾고 있"을 정도로, "병역거부자를 주요 대상으로 출발한 서구의 대체복무제와 달리" 대체복무제가 등장하고 운용되었다는 사실을 강조할 필요가 있다.[3] 이 점이야말로 서구와 한국 대체복무제도 사이의 가장 중요하고도 결정적인 차이였다.

1969년 방위병제도를 필두로, 1970년 전투경찰, 해양경찰, 과학기술원 학생, 1973년 예술·체육특기, 학술특기자, 기간산업체 요원, 방위산업체 요원 등 대체복무제도의 다양한 하위유형들이 등장하거나 폐지·통합되는 변화들은 〈표 7-1〉에 요약되어 있다. 1970~1980년대의 제도 도입기에 이어, 1989년 노태우 정부의 특례 통폐합, 1994년 김영삼 정부의 방위병 폐지 및 공익근무요원 신설, 2007년 노무현 정부의 사회복무로의 전환 및 대체복무 감축·폐지 계획 수립 등이 변화의 주요 계기로 작용했다. 1970~1980년대 무려 18종에 이르던 대체복무 하위유형들은 1989년

에 8종, 1994년 이후 14종으로 변화해왔다.[4]

〈표 7-1〉 대체복무제도의 유형과 변천[5]

유형	하위유형 명칭	하위유형 시기	1989년	1994년	2007년	2015년
사회 복무	방위병	1969	방위병	상근예비역(1994)	상근예비역	상근예비역(현역)
				공익근무요원(1994)	사회복무요원	사회복무요원
	예술·체육특기	1973	(폐지)	예술체육요원(1994)	예술체육요원	예술체육요원
				국제협력요원(1994)	국제협력요원	국제협력요원
전환 복무	전투경찰(전경)	1970	전경	전경	전경	의경(2012년 통합)
	의무경찰(의경)	1982	의경	의경	의경	
	해양경찰(해경)	1970	해경	해경	해경	해경
	교정경비교도	1981	교정	교정	교정	(2012년 폐지)
				의무소방원(2001)	의무소방원	의무소방원
산업 지원	과학기술원 학생	1970	연구요원특례	전문연구요원	전문연구요원	전문연구요원
	자연계 연구요원	1981				
	학술특기자	1973				
	자연계 교원요원	1979	(폐지)			
	특수전문요원	1981				
	기간산업체	1973				
	방위산업체	1973	기능요원특례	산업기능요원	산업기능요원	산업기능요원
	기술기능특기자	1983				
	해군특례예비역	1958			승선근무예비역(2007)	승선근무예비역
	농촌지도요원	1981	(폐지)	*농촌지도요원은 산업기능요원의 분야로 포함		
	해경경비함정승선	1981				
전문 자격 공공 복무	공중보건의사	1979	공중보건의	공중보건의	공중보건의	공중보건의
				공익법무관(1994)	공익법무관	공익법무관
				국제협력의사(1994)	국제협력의사	국제협력의사
				징병검사의사(1999)	징병검사의사	징병검사의사
					공중방역수의사(2009)	공중방역수의사

양심적 병역거부권을 보장하기 위해 대체복무제를 도입했던 서구에서와는 달리, 한국에서는 주로 징병제 국가에서 불가피하게 발생하는 "병역자원의 수급 불균형" 문제, 특히 "잉여 병역자원 현상"을 해결하기 위해 대체복무제가 도입·활용되었다. 김신숙과 박형준은 이를 다음과 같이 설명한다.

> 징병conscript 용어가 '시민을 병적兵籍 명단에 등록한다'라는 어원에서 비롯되었듯이 징병제 국가에서는 병적에 등록된 시민의 숫자와 군대 규모 간에는 근본적인 불일치가 발생하는 것이 일반적이다. 이를 병역자원의 수급 불균형이라고 하며, 주로 군 수요보다 병역 대상 인구가 많은 잉여 자원 현상이 문제가 된다. 징병제 국가에서는 국가별로 이를 해결하기 위해 복무기간 조정, 병역면제, 대체복무 등의 정책대안을 활용해왔다. 외국에서는 주로 복무기간을 단축하거나 징병 인원 자체를 한정하여 나머지 잉여 자원은 광범위하게 면제하는 방법을 활용해왔다. 그러나 한국은 지난 60여 년간 특수한 안보 환경으로 인해 군 병력을 안정적으로 유지해오고 있으며 급격한 복무기간의 조정도 제한되어 잉여 자원 해소를 목적으로 주로 대체복무제도를 활용해왔다.[6]

처음에는 "입영 적체" 혹은 "병역 잉여 자원 누적" 문제를 해결함과 동시에, 이 잉여의 인적 자원을 경제발전의 수단으로 동원하기 위해 대체복무제도가 도입되었다. 민주화 이후에는 "병역 형평성" 개선과 "특혜 논란" 해소를 위해, 저출산 문제가 심각해진 이후에는 "병역자원 부족" 문제의 해결을 위해 대체복무제도의 변경이 시도되었다. 나태종도 각종 병역특례제도의 양산에 따른 형평성, 절차적 미비성, 고위층 자녀를 위한 특혜 등의 논란이 제기되어왔음을 지적한 바 있다.[7]

우리는 대체복무를 ("병역자원의 수급 불균형" 해결과 같은) 단순한 '기술적인’ 문제가 아닌 ‘이데올로기적·정치적’ 문제로 접근할 필요가 있다. 특히 한국형 대체복무제에는 평등주의와 연관된 국민개병제 이념, 반공주의와 연관된 국가주의·군사주의 이념, 경제발전 및 근대화와 연결된 발전주의 이념이 투영되어 있다는 점을 강조해야 할 것 같다. 이와 관련하여 강인화의 연구들이 주목된다. 그는 한국에서 국가주의, 민족주의, 군사주의가 징병제 운영의 이념적 자원으로 활용되고 있다고 보았다.[8]

우선, 한국형 대체복무제는 ‘병역미필’ 상태의 재정의再定義 및 ‘병역의무’의 재개념화를 통해 남성 인구를 병역의무 대상자로 전면 흡수함으로써, 징병제 보편화, 국민개병제 이념 실현, 국민개병제 이념과 현실의 괴리·불일치 해소를 위한 수단으로 기능한다. 이때 병역미필 상태 재정의와 병역의무 재개념화의 핵심은 대체복무도 ‘병역’의 일종으로, 즉 ‘병역의무’의 정당한 이행 수단으로 간주하는 것이다.[9] 특히 최초의 대체복무제도였던 ‘방위병’ 제도는 (거의 같은 시기에 부활한 예비군제도와 결합되어) “‘후방’을 전장戰場으로 인식하도록 독려하면서 ‘지역방위’와 ‘대간첩작전’이라는 치안의 영역에 국가안보를 목적하는 병역의무의 대상자를 활용하도록 했다. 군복무 대상자들의 방위소집 복무는 치안을 포함하는 확대된 안보 개념에 기초했다.”[10]

둘째, 대체복무제가 이처럼 병역의무의 보편성과 국민개병제 이념 달성의 수단으로 인정되면, 그것은 평등주의와 공정성, 사회정의 및 사회통합 논리와도 용이하게 결합될 수 있게 된다.[11] 대체복무제와 평등주의·사회정의·공정성 담론의 결합은 대체복무제가 (소수 특권층 자녀의 병역 회피 수단이 아니라) 대다수 국민을 위한 정책 수단으로 거부감 없이 수용되고 확대될 수 있는 사회심리적 토대로 작용했다고도 볼 수 있을 것이다.

셋째, 한국에서는 대체복무제도가 근대주의·발전주의·경제제일주의와 공고하게 결합했다. 대체복무제 도입은 “경제발전을 통한 반공”이라는 기치 아래 “‘경제부흥’과 ‘발전 정책’의 일환”으로 추구되었다. 다시 말해 박정희 정권은 "'발전'을 '안보'로 의미화"하거나 "발전을 안보와 일치시키는" 맥락에서, "안보 행위로서 발전의 추구라는 군사안보 및 국가안보 목적의 근대화·산업화 전략"을 추구하는 수단 중 하나로써 대체복무제도를 도입했다.[12] 그리하여 대체복무제는 문승숙이 제시한 개념인 '군사화된 근대성militarized modernity', 즉 푸코식 훈육권력과 노골적인 처벌·폭력이 독특하게 결합한 한국적 근대성을 보강하고 완성하는 수단이 된다.[13] 특히 1970년대에 경제발전을 위한 인적 동원에 대체복무제가 적극적으로 활용되었다는 점에서, 한국형 대체복무제는 "발전주의적 대체복무제"라고 명명할 만하다. 한국의 발전주의적 대체복무제는 정부 재정 투입을 최소화하는 방향으로 설계되고 운용되었다. 그런 견지에서 임재성은 한국의 대체복무제가 "현대판 노예노동제도"와도 유사하다고 평가했다.

> 본래적 의미의 대체복무제는 병역거부자의 인권을 위해 고안된 제도이다. 징병제하에서 군사훈련을 받을 수 없다는 신념을 존중하기 위해, 군사훈련이 배제된 다른 형태의 복무를 구상한 것이 대체복무였다. 그러나 한국 사회에서 대체복무제는 사실상 '무급' 인력인 젊은이들을 권력의 필요에 의해서 사용하고자 시작되었다.……2007년, 무계획적으로 시행되어 온 대체복무제를 '사회복무제'라는 틀로 개편하면서 전·의경제 폐지 결정이 내려졌지만, 이 역시 정권이 바뀐 후 뒤집어졌다. 2008년 당시 경찰청장이었던 어청수가 전·의경제 폐지를 반대했던 이유로 든 것이 예산 부족이었는데, 결국 정당하게 임금을 주고 고용해야 할 인력을 국방의 이름으로 무급 착취하고 있음을 스스로 고백한 것이다. 이것뿐일까? 벤처 기업을 육성한다며 저임금 착취로 군 복무를 '대체'시켰다. 병역특례 업체에서 대체복무를 하는 이들은 쫓겨나면 군대로 가야 하니 밤샘 근무를 시켜도 한마디 못하며 노예처럼

일할 수밖에 없었다.[14]

넷째, 대체복무제는 1960년대 후반의 '안보 위기'와도 결합하여 반공주의나 국가안보이데올로기national security ideology를 강화하는 역할도 수행했다. 한편으로 안보 위기가 "미필자 활용 극대화로의 자극과 압력을 제공"했고,[15] 다른 한편으로는 '치안'을 포함하는 것으로 '안보' 개념을 확대하여 '방위복무' 같은 대체복무제를 정당화했다.

그러나 대체복무제가 평등·공정·정의·통합의 가치와 성공적으로 결합하면 할수록, 그리하여 '병역필'이 "시민 자격의 기초로서 병역의무의 위상을 정립"해가는 정도가 높아질수록,[16] 대체복무제에서조차 배제되는 양심적 병역거부자들에게는 시민권으로부터 배제되는 "비非시민" 낙인이 더욱 강하게 찍힐 수밖에 없다. 대체복무제가 도입됨에도 불구하고 그로부터 양심적 병역거부자들이 계속 배척된다면, 그 대체복무제는 양심적 병역거부자들을 더욱 심각한 사회적 고립으로 몰아갈 가능성이 높은 것이다.

한편, 한국전쟁 이후, 특히 1960년대를 거치면서 한국은 군사주의가 지배하는 '병영국가'로 변모했다. 병영국가 형성은 '전쟁의 일상화'와 '사회의 군사화'라는 두 흐름이 상호작용한 결과였다. 이런 변화가 양심적 병역거부 문제에 지대하고도 직접적인 영향을 미쳤다. 이 영향은 아무리 강조해도 지나침이 없을 정도이며, 양심적 병역거주자들이 겪어야 했던 막심한 고통, 그것의 장기화, 해결책의 한없는 지연은 상당 부분 '병영국가화'의 효과 그리고 군사주의의 일상화·자연화·도덕화·신성화 효과로 설명될 수 있다. 이 주제는 이 책의 3부에서 더 자세히 다룰 예정이다.

2. 재림교회
:교회-국가 갈등, 집총거부 교리 포기, 교단 분열

(1) 폭증하는 국가폭력과 가중되는 고통

1958년부터 군 당국이 훈련소의 양심적 집총거부자들을 군법회의에 회부하여 6개월 이상의 실형을 선고하기 시작하면서, 종교-국가 충돌의 사례와 희생자 숫자가 급속히 증가했다. 이런 변화는 양심적 병역거부자를 배출해온 양대 교단인 재림교회와 여호와의증인 중 주로 재림교회 및 그 신자들에게 심대한 압박을 가하는 결과를 가져왔다.[17] 1961년의 5·16 쿠데타와 군사정권 등장은 상황을 더욱 악화시켰다. 쿠데타 이후 일시적으로나마 양심적 집총거부자에 대한 항명죄 형량이 늘어났을 뿐 아니라, 형량의 비非일관성도 심해졌다. 쿠데타가 일어났던 1961년에는 재림교회 신자 중 모두 15명이 재판을 통해 실형을 선고받았는데, 이들의 형량은 2년이 1명, 3년이 7명, 4년이 2명, 5년이 4명, 6년이 1명 등 전반적으로 크게 증가했다. 1962년에는 7명이 집총거부로 복역했는데, 6개월 1명, 2년 2명, 3년 4명 등으로 이전에 비해 형량이 감소하는 양상이었다. 1963년에는 실형을 선고받은 11명 중 6개월 1명, 8개월 1명, 10개월 4명, 1년 1명, 2년 1명, 6년 1개월 2명, 7년 2개월 1명 등으로 나타났다.[18]

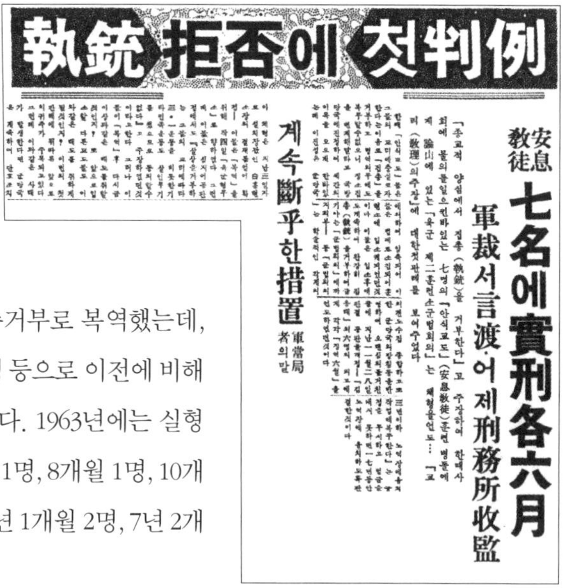
執銃拒否에 첫判例

安息敎徒 七名에 實刑各六月

軍裁서言渡·어제刑務所收監

계속斷乎한措置

軍當局者의말

집총거부 첫 판례 관련 기사(1958)

앞에서 살펴본 바와 같이, 항명죄에 대해 국방경비법과 해안경비법이 적용되던 1958년~1962년 1월 사이에는 군 사법부의 재량에 따라 자유롭게 형량이 결정된 반면, 군형법이 제정된 1962년 1월 이후에는 항명죄에 대해 '2년 이하의 징역형'이 선고되도록 정해져 있었다. 그러나 우리는 1962년과 1963년에 법정 최고형인 2년을 초과하는 징역형을 선고받은 7명의 재림교회 신자들을 확인할 수 있다.

이 사실은 최초 형량에 해당하는 기간을 이미 복역한 이들에게 1960년대 초부터 '중복처벌' 및 '가중처벌'이 이루어지고 있었음을 명확히 보여준다. 군대 내 집총거부자에 대한 형사처벌이 시작된 1958년 이후 훈련소에서의 최초 집총거부로 실형을 선고받고 만기 출소한 이후에도 다시 훈련소로 보내져 두 번째 집총거부에 이은 두 번째 재판에서 (동일한 전과가 있다는 이유로) 첫 번째 보다 가중된 형량을 선고받고 복역해야만 하는 상황이 벌어졌던 것이다(〈그림 7-1〉 참조).

〈그림 1〉 양심적 병역거부자에 대한 반복 및 가중 처벌

① 훈련소에서의 최초 집총거부 → ② 실형 선고와 복역, 만기출소 →

③ 훈련소에서의 2차 집총거부 → ④ 1차 가중처벌된 실형 선고와 복역, 만기출소 →

⑤ 훈련소에서의 3차 집총거부 → ⑥ 2차 가중처벌된 실형 선고와 복역, 만기출소 →

⑦ 훈련소에서의 4차 집총거부 → ⑧ 3차 가중처벌된 실형 선고와 복역, 만기출소……

1960년대 중반에 이르기까지 복역 후 곧바로 (불명예) 제대 처분을 받을 수 있었던 최소형량은 2년이었는데, 그 이후에는 이것이 대체로 '3년 이상의 실형'으로 늘어났다.[19] 따라서 군법정에서 단번에 법정 최고형(2년 형)을 받지 못하는 한, 가중 처벌된 단일 형량이 2년(1966~1968년 사이에는 3년)을 넘어서기 전까지는 여러 차례 집총거부와 옥고獄苦를 반복할 수밖

에 없는 상황이 된 것이다. 더욱이 1966~1968년 사이에는 법정 최고형을 선고받는다 하더라도 어쩔 수 없이 누구나 동일한 문제로 두 차례 이상 감옥생활을 할 수밖에 없게 되었다. 실제로 재림교회의 최장기 복역자인 최방원은 1963년부터 징역형을 네 번이나 거듭 선고받아 1970년 12월까지 무려 7년 6개월 동안 옥고를 치러야 했다.[20] 최방원은 당시를 이렇게 증언했다. "2년 6개월 이상 형을 받은 자는 제대와 동시에 민간교도소로 간다기에 조그만한 희망을 가졌으나 군법이 개정되어 3년 이상 형을 받아야만 불명예제대가 된다는 이유로 또다시 남한산성 군교도소에서 복역 중인 채의구, 심은수, 김형식, 오진규, 이현수 형제와 함께 지내게 되었다.……국가는 두 번씩 세 번씩 네 번씩 형무소로 우리를 보내어 5년씩, 6년씩, 6년 6개월씩 징역을 살게 하였다. 그러나 1년 6개월, 2년, 2년 6개월씩 잘라서 징역을 살게 함으로써 우리가 한 번의 형무소 복역으로 제대될 수 있는 규정을 지능적으로 배제시켰다. 비무장의 신념을 가지고 있다 하여 복수하듯이 우리를 박해한 것이었다."[21] 최방원의 말대로 '반복처벌repeated punishment'은 양심적 집총거부자에 대한 국가의 '복수'요 '보복'이었다.

1975년에 집총거부로 투옥되었던 오정채도 유사한 증언을 제공한다. "당시 집총거부자들에게는 군사재판에서 3년 이상의 형을 선고하지 않았다. 3년 이상을 선고하면 자동 제대가 되면서 민간인 교도소로 넘어가고 3년의 형만 살면 군복무도 끝나며 예비군훈련도 면제가 되었다. 때문에 항명 죄인에게는 2년 6개월 정도만 선고하고 2년 6개월의 형을 다 살면 다시 신병교육대로 보내서 무기를 주면서 집총을 요구하고 다시 거절하면 그전에 겪었던 절차를 거쳐 군사법정에 세워 2년 6개월을 다시 선고받게 하였다. 집총을 거부하면 이러한 과정을 몇 번이고 반복시키려는 것이 국방부의 방침이었다."[22] 여호와의증인 병역거부자 6,942명을 대상으로 2001년 12월에 실시된 설문조사 결과를 보면, 2번 이상 투옥된

경험이 있는 사람이 138명에 달하고, 4년 이상을 감옥에서 보낸 사람도 150명이나 되었다.[23]

양심적 집총거부자에 대해 왜 이중처벌 금지 원칙을 적용하지 않느냐는 재림교회 신자들의 항의에 대해, 1965년 12월 대법원은 "집총 군사훈련을 받으라는 명령을 수회數回 받고도 그때마다 이를 거부한 경우에는 그 명령 횟수만큼 항명죄가 즉시 성립하는 것이지, 집총거부의 의사가 단일하고 계속된 것이며 피해 법익이 동일하다고 하여 수회의 명령 거부 행위에 대하여 하나의 항명죄만 성립한다고 할 수 없다"고 냉정하게 판결했다.[24] 대법원은 1969년 7월에도 여호와의증인 신자의 양심적 병역 거부로 인한 병역법 위반 사건 선고에서 "한 번 처벌을 받았다고 하여서 다시는 같은 법의 적용으로 처벌을 받지 않게 되는 것이 아니"라고 재차 주장했다.[25] '중복 및 가중 처벌'로 인해 당사자인 재림교회 청년들과 지도자들이 엄청난 충격과 공포를 경험했으리라는 것은 명백하다. 이런 무시무시한 상황이 1994년 7월까지 무려 30년 이상 지속되었다.

1994년에 무슨 일이 벌어졌는가. 1994년 1월 5일 군형법 제44조가 개정되어 항명죄의 법정형法定刑이 '2년 이하의 징역'에서 '3년 이하의 징역'으로 상향 조정되었고, 그해 7월 1일부터 시행에 들어갔다.[26] 병역거부자들에게 여러 차례 집총을 명하여 이를 거부할 때마다 항명을 한 것으로 간주하여 '경합범'으로 처리하는 불법적인 처벌에 일부 군 판사들이 이의를 표명하자 군형법 자체를 개정하여 최고형을 2년에서 3년으로 조정하게 되었다는 것이다. 첫 재판에서 '2년 이상'의 실형을 선고받아 출소 후 단번에 제대하고 병역도 면제받을 수 있는 길이 드디어 열린 것이다. 또 2001년 10월에 고등군사법원이 항명죄 피고의 형량을 2년 6개월로 감형함으로써, 군사법원에서 무조건 최고형인 3년을 선고하던 관행을 버리고 각 사건을 적절한 절차에 따라 개별적으로 심리하는 계기가 되었다고 한다.[27] 1994년의 군형법 개정 당시 항명죄로 복역하고 있었던 재림교회 신자 정보인에 의하면, "군 생활 기간과 재소 기간을 합친 기간이 26개월(군복무 기간)을 넘어가면 전역 특명이 떨어지지만 그보다 좀 부족하면 출소 후에 다시 부대로 복귀시켜 군 생활을 계속하는 것이 그 당시 군법이었다"고 한다.[28]

그러나 양심적 병역거부권을 인정하지 않는 국가들의 일부에서 발견되는 이런 반복처벌은 유엔인권위원회와 그 후신인 유엔인권이사회, 유엔인권이사회 산하의 '자의적 구금arbitrary detention 실무그룹', 유럽인권재판소 등에 의해 정립되어온 국제법적 규준에 명백히 반하는 처사였다. 관련된 국제법 규준에 따르면, ① 반복처벌은 동일 범법행위에 대해 다시 재판·처벌되어서는 안된다는 '시민적·정치적 권리에 관한 국제규약'(자유권규약 혹은 B규약) 14조에 위반된다. 첫 번째 구금 이후의 후속된 투옥은 모두 '자의적 구금'에 해당한다. 이는 법정에서의 평등권과 공정한 재판을 받을 권리를 침해하는 것이기도 하다. ② 반복처벌은 그 자체가 비인도적·치욕적 처우inhuman and degrading treatment를 금지한 자유권규약 3조를 위반한 것이기도 하다. ③ 반복처벌은 처벌의 위협으로써 개인의 확신과 의견을 강제로 변경시키려는 것이므로 종교와 신념의 보호를 천명한 자유권규약 18조에도 위반된다.[29]

구타와 고문, 오명 부여나 낙인찍기와 같은 언어폭력도 여전했다. 다음은 1975년 여름 훈련소에서의 집총거부로 구속된 재림교회 신학생 오정채가 사단 헌병대에서 겪은 체험에 대한 증언이다.

이제 정식으로 고발이 되어 나는 사단 헌병대로 넘어가게 되었다. 나의 죄명은 항명죄였다.……헌병대에 도착하자마자 헌병들의 박해가 시작되었다. 시멘트 바닥에 무릎을 꿇려놓고 조서를 받으면서 계속 30센티 대나무 자로 나의 목을 때리는 것이다. 이 헌병들은 고문과 매질에 이골이 난 사람들이었다. 사람의 신체 중에 눈에 잘 띄지 않는 부분만을 골라서 매질을 하면서 나를 괴롭혔다. 여러 사람이 번갈아 가면서 똑같은 질문들을 하면서 너는 빨갱이보다 더 나쁜 놈이라느니, 너의 집안 친척 가운데 분명히 김일성의 일가가 되는 사람이 있을 것이라느니 육체적으로 정신적으로 심하게 괴롭혔다. 낮에는 하루종일 심문하고 밤이 되면 밤새 잠을 못 자게 했다.

저녁이 되니 사단 헌병대 영창 독방에 나를 집어넣었다. 독방에 넣은 이유를 밤이 되어서 알았다. 10시쯤 되자 나를 지키던 헌병이 매트리스를 철창에 닿게 깔라고 하는 것이었다. 드디어 쉴 수 있구나 속으로 생각하면서 시키는 대로 매트리스를 깔았다. 그 다음에는 옷을 입은 채 머리를 철창에 대고 취침하라는 것이다. 단 눈을 뜨고 취침하라는 것이다. 절대로 눈을 감으면 안된다는 것이다. 하루종일 심문당하고 육체적으로 정신적으로 피곤에 지친 젊은이가 매트리스에 등이 닿자마자 저절로 눈이 감길 것은 자명한 사실이다. 그러나 나는 이를 악물고 눈을 뜨고 있었다. 그러나 불과 몇 분 못 가서 나의 눈꺼풀이 내려오고 말았던 모양이다. 갑자기 나의 머리가 벗겨지는 듯한 충격이 왔다. 깜짝 놀라 정신을 차리고 보니 헌병이 소리를 치고 있는 것이었다. "야 임마 누가 눈을 감으라고 했어, 눈 떠!" 그는 군홧발로 나의 박박 깎은 머리를 밤송이 까듯이 내리밟으면서 소리를 치고 있는 것이었다. 다시 나는 눈에 힘을 주고 눈꺼풀이 내려오지 않게 하려고 애를 썼다. 그러나 나의 이 노력은 불과 얼마 가지 못해 또다시 수포로 돌아가고 말았다. 다시 아까와 같은 고통이 나의 머리에 느껴졌고 호통 소리가 들렸다. "임마 눈뜨지 못해, 이것도 못하는 놈이 집총을 거부해?" 자기들은 매 시간마다 교대하면서 나를 잠자지 못하도록 집중적으로 괴롭혔다. 그러기 위해 나를 독방에 넣은 것이다. 그날 밤 나는 한숨도 자지 못하고 거의 뜬눈으로 새웠다. 잘려야 잘 수가 없었다. 밤새 나의 머리는 거의 허물이 벗겨질 정도가 되었다.……당시만 하더라도 일단 죄수로 혐의를 받고 그곳에 들어오면 조사받는 과정부터 이미 죄인으로 다루었으며, 갖은 학대를 받아야 했고 특히 항명죄 혐의를 받은 죄수는 살인이나 간음, 군탈, 절도 등 어떤 죄수보다 더욱 심하고 모질게 다루었다.[30]

1960년대 이후에는 특사特赦나 가석방이라는 형태로 양심적 병역거부자들에게 때때로 주어지던 감형 혜택의 기회도 크게 줄어들었던 것으로 보인다. 주류 재림교회에서 투옥된 마지막 집총거부자였던 조미원의 증언을 보면, 1976년 당시 민간교도소에서도 여호와의증인 신자들은 재림교회 신자에 비해 더욱 차별적인 취급을 받았던 것으로 보이며, (조미원 자신도 그러했듯이) 재림교회 신자의 경우 가석방의 혜택을 누릴 기회가 주어졌던 것으로 보인다.[31] 감옥 안에서의 예배 등 종교의 자유 역시 침해되는 경우가 많았는데, 이 경우에도 재림교회 신자들에 비해 여호와의증인 수감자들의 종교 활동이 더욱 심하게 제약되었던 것 같다. 양심적 병역거부자에 대한 교도소 내 종교집회가 공식적으로 허용된 것은 2003년 7월의 일이었다.[32]

1965년과 1969년에 대법원은 군형법상 항명죄 및 병역법에 의거한 양심적 병역거부자 처벌에 대해 합헌 결정을 내림으로써, 국가안보(병역의무 이행)를 종교자유보다 우위에 두는 판례를 확립하여 군사정권의 거부자 탄압을 법적으로 뒷받침해주었다. 다음은 김두식의 설명이다.

군형법상 항명죄에 대한 대법원의 판단은 1965년에 처음 나왔습니다. 헌법상 모든 국민이 종교의 자유를 갖는 것은 사실이지만, 그 자유에 병역거부를 할 권리까지 포함되는 것은 아니라는 내용이었습니다. 병역의 의무가 헌법상의 의무이기 때문에 그런 의무를 거부하는 것은 종교의 자유에 포함되지 않는다고 본 것이지요. 이 판결은 이후 비슷한

사건에 대한 일종의 교과서로 자리 잡았습니다.[33]

양심에 따른 병역거부에 의한 병역법 위반은 1969년부터 대법원의 판단을 받기 시작했고, 대법원은 항명죄에 대한 1965년 판결을 그대로 이어받아 "종교의 교리를 내세워 법률이 규정한 병역의무를 거부하는 것과 같은 이른바 양심 결정상의 자유는 헌법에서 보장한 종교와 양심의 자유에 속하는 것이 아니다"라는 입장을 고수했습니다.[34]

더구나 1968년과 1969년에는 각각 예비군제도와 학생군사훈련제도까지 재등장했다. 양심적 집총·병역 거부로 인한 국가권력과의 충돌, 그로 인한 희생자의 범위가 10대부터 30대 연령층 남성 신자들 전체로까지 급속히 번지는 사태 앞에서, 압도하는 국가권력에 맞서 관련 교단들이 평화주의적 신념을 고수하기란 더욱 힘겨운 일이 되고 말았다. 이런 상황에서 재림교회 신자들 가운데 양심적 집총거부 행위는 1960년대를 거치면서 급속히 감소했고 1970년대 중반경에는 거의 사라져버렸다.

(2) 집총거부 교리의 포기와 교단 분열

1960~1970년대에 재림교회 교단 차원에서도 양심적 집총거부의 입장이 공식적으로 포기되었다. 재림교회가 징병제 도입 직후부터 '비무장 군복무'라는 입장을 관철하기 위해 온갖 노력을 다했지만, "집총훈련 면제"라는 교단의 요구가 군 당국에 의해 끝내 수용되지 않음으로써 항명죄에 의한 비인간적 반복·가중 처벌을 면할 수 없었다. 1960년대 이후 점점 강해지는 처벌 압력 속에서 재림교회는 결국 공식적 신학 노선마저 수정할 수밖에 없었다. 국가권력의 위압이 특정 종교단체의 핵심적 교리와 신조의 변경까지 초래하게 만든 것이다.

여호와의증인 교단 신자들과는 달리, 재림교회는 1950~1960년대 내내 '이중고二重苦'로 요약할 수 있는 "군대/군복무 문제"에 시달렸다. 재림교회가 안식일로 간주하는 토요일의 예배 문제, 그리고 집총 훈련·근무 문제가 그것이었다. '안식일 문제'와 '집총 문제'로 압축되는 이중고로 인해 재림교회에게 "군대 문제"는 여호와의증인 교단에 비해서도 한층 해결하기 곤란한 난제로 부각되었다. 진퇴양난의 상황 속에서 교단은 군내 폭력, 투옥, 전과자 낙인이 중첩됨으로 인해 더욱 가혹한 고통으로 다가온 "집총 문제" 해결을 포기하는 대신, "안식일 문제" 해결에 주력한다는 선택을 했던 것이다.[35] 앞장의 서술과 일부 중복되지만, 집총 거부 교리의 포기 과정을 좀 더 자세히 들여다보자.

재림교회는 1949년 8월 병역법이 공포된 직후부터 신자들 중 입영 대상자들이 비무장 요원인 위생병(의무병)으로 복무할 수 있게끔 응급구호법과 의무대 훈련을 실시하는 등 본격적인 준비에 착수했고, 전쟁이 발발한 후에는 유관 교육을 더욱 강화했다. 1957년 3월에는 국방부 장관이 교단의 요구를 수용하여 토요일(안식일) 예배를 보장하고, 재림교회 신자들을 "위생병과 또는 기타 무기를 휴대치 않는 부대에 가급적 배치하라"고 지시했다. 국가가 '양심적 집총거부권' 자체를 포괄적으로 인정한 것은 아닐지라도, 그 일부를 이루는 '비무장 전투원 군복무의 권리'는 1950년대 후반부터 어느 정도 인정했던 것이다.

그럼에도 불구하고 1950년대 내내 재림교회 신자들은 두 가지 심각한 딜레마에 봉착할 수밖에 없었다. 이 모두가 입대 직후인 신병훈련소에서 발생했다. 그 하나는 특정 신자가 의무병 등 비무장 요원으로 선발되지 못하는 경우이다. 그렇지만 교단이 입대를 앞둔 청년 신자들에 대한 의무병 교육에 일찍부터 착수한데다 그 후에도 내실 있게 운영됨에 따라 이 교육을 이수한 대부분의 신자들이 의무병 자격을 획득하게 되었으므로, 시간이 지날수록 이 문제는 자연스럽게 해결되었다. 다른 딜레마는 설사 의무병으로 선발되는 데 성공한다 할지라도 의무병 교육을 받기 위해 군의학교軍醫學校에 입교하기 '이전에' 당시 8주 동안 계속되었던 이른바 '전반기 교육'을 반드시 이수해야만 하고 이 과정에서 총기수여식과 사격훈련 등 집총교육이 불가피했다는 사실로 인해 발생했다. 이 경우 재림교회 측의 면밀한 준비와 기대에도 불구하고, '집총거부'와 '병역거부'의 구분 자체가 무의미해지는 것이다.

1956년 8월 예비군훈련에서 집총을 거부하여 3명이 구속된 사건을 계기로 재림교회 한국연합회 평의원회는 국방부 장관에게 진정서를 제출하여 집총훈련 면제, 비전투 병과·부서 배치, 안식일 준수 허락을 요청했다. 이미 지적했듯이 1957년 3월에 국방부 장관은 안식일 준수, 비전투 병과·부서 배치에 대해선 긍정 반응을 보였으나 집총훈련 면제 요구는 수용하지 않았다. 재림교회는 1959년 10월에도 다시 국방부 장관에게 제출한 진정서에서 유사한 요구를 제기했지만, 같은 해 11월 국방부 장관은 회신 공문을 통해 1957년 3월 당시보다 오히려 후퇴한 입장을 피력했다. 결국 교단의 핵심 요구사항인 "교단이 시행하는 의무대 훈련에 대한 정부의 공인公認" 및 그에 따른 "집총훈련 면제"는 끝내 수용되지 않았던 것이다. 심지어 "모든 재림교회 신자들의 비전투 병과·부서 배치" 요구조차 이전에 비해 소극적인 반응을 얻어내는 데 그쳤다.

정부가 재림교회의 신실한 신자임이 증명된 이들이면 누구나 의무병 등 비무장 분야에 배치해주고 이들에게는 사전 집총훈련을 면제해준다는 두 가지 조건이 충족되지 않는 한, "집총만을 거부할 뿐 병역의무는 수용하는" 재림교회 측의 '상대적으로 유연한' 공식교리에도 불구하고 종교적 신념에 충실한 신자들은 '전원' 실형을 선고받을 수밖에 없는 게 어쩔 수 없는 현실이었다. 소속 교단의 교리를 지키기 위해 군입대 전부터 교단이 주관하는 교육과정에 열심히 참여한 끝에 의무병의 자격을 얻는 데 성공했음에도 불구하고 정작 의무병이 되기 직전에 감옥에 가지 않을 수 없는 이런 모순적인 상황은 교단 지도력의 약화, 허탈감과 패배감의 만연, 나아가 청년 신자들의 이탈 등의 부정적인 결과를 낳기 십상이었다. 군 당국이 1958년부터 집총거부자에 대해 항명죄를 일률적으로 적용해 투옥하기 시작하면서, 또 1959년 말까지 집총훈련을 면제받기 위한 교단의 노력이 수포로 돌아가면서, 1959년 10월에 4만 명이던 신자 수가 1960년에는 2만 5천 명으로 감소하는[36] 등 재림교회 신자 수가 '격감하는' 심각한 위기 상황이 조성되었다. 양심적 집총거부자에 대해 '중복·가중 처벌'이 본격화한 1960년대 중반 이후에도 재림교회의 신자 수는 다시금 대폭 감소되었다.[37] 아울러 교회를 이탈하지는 않았을지라도, 재림교회의 청년 신자 중 자발적인 감옥행을 선택하는 이들도 급격히 감소했다. 1961년 군사정권 등장 이후 신병훈련소에서 재림교회 신자임을 숨기는 청년들이 증가했고, 1963년 무렵에는 이미 신자들 대부분이 집총거부를 하지 않았다고 한다.[38]

이런 잠재적·현재적 위기에 직면하여 결국 한국 재림교회 측은 집총거부 교리에 대한 강조를 약화 내지 철회하는 선택을 하게 되었다. 세계적 차원에서 보더라도, 1969~1972년 사이 군복무에 대한 재림교회의 입장은 결정적인 변화를 겪었다. 오만규 교수의 설명과 자료를 빌어 이 과정을 좀 더 자세히 살펴보자.[39]

먼저, '세계 재림교회' 차원의 교리 변화 과정을 일별해보자. ① 한국을 포함하여 전 세계의 재림교회는 초기부터 '비무장 군복무'의 입장을 고수해왔고, 대총회의 1954년 총회에서도 이런 입장이 재차 확인되었다. ② 그런데 양심적 병역거부를 이미 법제화한 미국에서 월남전 당시 재림교회 청년 신자 가운데 '민간 대체복무자'로 분류되기를 원하는 이들, 즉 "군복무 자체를 전면 거부하고 민간대체복무를 요구하는 입장"을 취하는 이들이 증가하게 되었다. ③ 그러자 1969년 대총회 추기회의는 '비무장 군복무'라는 공식 입장이 교단의 교리에 부합하는 가장 바람직한 선택임을 신자들에게 지속적으로 교육하면서도, 병역의무를 이행하는 구체적인 방식은 신자들의 '개인적인 결정'에 맡긴다는 좀 더 융통성 있는 태도를 취하게 되었다. 그리고 이에 따라 신자 중 민간대체복무 희망자에 대해서도 징병위원회에 진술서를 작성해주는 등의 지원을 제공하도록 했다. 그러므로 재림교회 측이 1969년 이래 병역의무 수행방식을 신자 개개인의 선택에 맡기기는 했을지언정, 선택의 범위는 '비무장 군복무'와 '민간대체복무'의 두 가지로 여전히 제한되었다고 할 수 있다. 더욱이 군복무 자체를 거부하는 선택까지 포용함으로써 재림교회의 평화주의적 입장은 이전보다 오히려 강화된 셈이었다. ④ 그러나 불과 3년 후인 1972년 들어 선택의 범위는 사실상 '모든 것'으로 확장되었다. 1972년 열린 북미지회의 추기회의가 또 하나의, 그러나 모든 출구를 허용하는 선택을 공식적으로 승인했기 때문이다. 즉 이 회의는 "양심에 따라 전투원으로 군복무를 하고자 하는 교인들"을 별도로 취급하면서, 이들에 대해서도 "교회가 그들에게 정죄定罪하지 않도록 해야 하므로 그들의 필요에 대한 목회적인 지도나 상담을 제공해야 한다"고 주장했다. '비무장 군복무'라는 종전 원칙이 최선의 선택으로 여전히 강조되고 있기는 하지만, '무장 군복무' 역시 병역의무라는 국가의 요구에 대응하여 신자들이 선택 가능한 대안 중 하나로 인정되었던 것이다. 다만 이 회의는 "비전투원으로 군복무를 하려는 입장과 안식일 준수를 허용받으려는 입장은 서로 다르고 각기 별개의 사안이라는 사실을 기억해야 한다. 예컨대 전투원 군복무자라도 여전히 안식일의 자유로운 준수의 허용을 요구할 수 있다"는 단서를 추가했다. 그럼으로써 무장 전투원에게도 군 당국에 안식일을 지킬 수 있는 권리를 요구해야 한다는 신자로서의 임무는 유지시킨 셈이지만, "요구할 수 있다"는 표현에도 함축되어 있듯이 이 역시 그다지 강한 구속력을 동반하는 것은 아니다. 따라서 이제 무장 전투원으로 군복무를 할 뿐 아니라, 군 당국이 거부할 경우 안식일마저 준수하지 않는다 하더라도 재림교회 신자로서 강한 양심의 가책을 느껴야 하거나 신자로서의 자격을 박탈당할 위험은 사라졌다.

이제는 '한국 재림교회' 차원의 교리 변화를 살펴볼 차례이다. 무엇보다, 우리는 군복무에 대한 입장 변화에서 한국 재림교회와 세계 재림교회 사이에 시간상의 중요한 차이가 있었음에 유의해야 한다. 위에서 보았듯이 세계 재림교회 차원에서 1969년부터 병역의무 수행 방식을 '신자 개인의 선택'에 맡기기는 했을지언정 선택의 범위는 '비무장 군복무'와 '민간대체복무'의 두 가지로 제한되어 있었고, '무장 군복무'를 포함한 '모든 것'으로 선택의 범위가 확장되었던 것은 1972년의 일이었다. 그러나 한국 재림교회의 일부 지도부와 신자들이 사실상 집총거부 입장을 포기한 것은 1960년대 중반부터였다. 1965년 1월 재림교회 기관지인 『교회지남』을 통해 당시 연합회 종교자유부장이었던 김이열 목사—그는 1971년 교단 지도력의 '한국인화韓國人化'가 이루어졌을 때 처음으로 연합회장이 되었다—가 1월 16일의 '종교자유일'에 사용될 공식 낭독문으로 기고한 글을 통해 "집총 문제"와 "안식일 문제"를 구분하고 전자를 "개인의 선택 문제"로 간주했던 것이다. 이때부터 약 1년 반 동안 교단 지도부 내에서 격렬한 '노선 투쟁'이 벌어졌고, 논쟁은 결국 1966년 9월 '비무장 군복무'라는 종전의 공식 입장을 고수하는 쪽으로 종결되었다.

그럼에도 불구하고 1964년 이후 삼육대학교 신학과의 재학생이나 졸업생 중 양심적 집총거부로 인한 수감자가 전무했다는 사실이 매우 중요하다. 1964년에 이르기까지 재림교회의 집총거부 운동을 신학생들이 주도해왔던 추세가 완전히 역전되었던 것이다.[40] 교단의 유일한 성직자 양성기관이던 삼육대 신학과에서 더 이상 집총거부자가 등장하지 않는 현실은 교단 차원에서 이미 양심적 집총거부를 사실상 포기했음을 단적으로 보여준다. 교단 전체로 보더라도 1968~1975년의 8년 동안 재림교회 신자인 신규 수감자는 전무했다. 1970년에 마지막 수감자가 석방된

『교회지남』(1965년 1월호)

후, 1971~1975년 사이의 5년 동안에는 감옥에 갇힌 재림교회 신자도 전무했다.[41]

1968~1970년경 특히 신학과 출신들 사이에 "신병훈련소에서는 집총훈련을 수용하는 대신 의무병과를 지망하여 기성 부대에서는 비무장 복무를 이행하려는" 추세가 굳어졌고, 교회 지도층도 훈련소에서 집총훈련 수용을 더 이상 문제 삼지 않는 대신 기성 부대로 배치될 때에는 의무

대로 배치해줄 것을 훈련소 당국에게 요구하는 방향으로 지도방침을 수
정했다.[42] 그러나 의무병 후보자의 "집총훈련"을 수용하더라도, 1970년
대 들어 현직 의무병의 "집총근무"까지 강요됨에 따라 교단의 방침은 재
차 흔들리게 되었다. 훈련소에서만 벗어나면 총기로부터 자유로웠던 과
거와 달리, 이제 의무병에게도 군복무 기간 전체에 걸쳐 총기 휴대가 의
무화된 것이다. 이후 상황은 신자들을 의무대에 배치하려는 의지마저 약
해지는 쪽으로 전개된다. 사면초가에 가까운 재림교회의 궁색한 처지를
오만규는 이렇게 기술했다.

> 한국 재림교회와 한국 군부의⋯⋯상호 협조 관계가 파기된 것은 군사정
> 권 수립 이후이다. 특히 1970년대 후 남북 관계의 악화에 따라 한국 군
> 부가 군종병들과 위생병들에게까지 집총 복무를 강요하여 사실상 한국
> 군대에 비무장 병과가 사라지게 됨으로써 재림교회의 이른바 "양심적
> 협력자Conscientious Cooperators"로서의 입지 곧 신앙 양심을 지키면서 병
> 역의 의무에 최선을 다하고자 하는 입지를 완전히 상실하게 되었다.[43]

1975년부터는 교단이 운영하는 삼육대학교에서조차 대학생들의 집
총훈련(교련)을 수용하게 되었다.[44] 집총거부로 인한 마지막 투옥자가 나
온 지 무려 8년만인 1976년 6월에 신병훈련소에서 1명, 예비군 훈련장에
서 9명 등 10명의 재림교회 신자들이 집총거부 행위로 실형을 선고받았
을 때 교단 지도자 일부는 이들을 비난했다. 특히 집총거부 문제의 전담
기관인 군봉사위원회 관계자들은 이들을 격려하기는커녕 "쓸데없는 고
집 때문에 교단의 처지를 어렵게 하고 있다"고 질책했다.[45] 결국 이들이
재림교회의 마지막 집총거부자가 되었다.

이때까지 20년 동안 양심적 집총거부로 실형을 선고받은 재림교회 신
자들은 모두 97명이었다.[46] 오만규는 1956년부터 1976년까지 투옥된 재

림교회 신자들의 명세를 입대 시기, 형기, 직책으로 구분하여 제시한 바 있다. 여기서 '안식일 준수 문제'만으로 투옥된 이들은 제외했다.

　이지춘도 자신의 박사학위논문에서 1953년부터 1976년까지 재림교회 입대자 및 집총거부자와 관련된 유용한 통계를 제시한 바 있다. 〈표 7-2〉와 〈표 7-3〉을 통해 우리는 1965년부터 집총거부로 인한 수감자 수가 급격히 감소하며, 1968년에는 아예 그 흐름이 단절되고, 이런 상태가 1975년까지 계속됨을 확인할 수 있다. 재림교회 신자로 입대한 이들 가운데 집총거부 및 안식일 준수 교리에 충실한 신자들이 차지하는 비율은 1953~1957년 사이에는 100%로 유지되었지만, 1960년대 이후 급격히 감

〈표 7-2〉 집총거부로 투옥된 재림교회 신자들[47]

순번	이름	입대	형기(년)	직책	순번	이름	입대	형기(년)	직책
1	김응호	1956	3.0	장로	51	배수헌	1961	3.0	장로
2	박해종	1956	3.0	목사	52	이성우	1961	3.0	장로
3	김창호	1956	3.0		53	서현호	1961	3.0	
4	허승희	1957	3.0	목사	54	최통련	1961	3.0	목사
5	이한봉	1958	0.6	목사	55	임운철	1961	5.0	장로
6	이창희	1958	0.6	목사	56	김재기	1961	6.0	장로
7	장운달	1958	0.6	소장	57	김동출	1961	5.0	목사
8	이규호	1958	0.6	장로	58	성갑재	1961	5.0	장로
9	김관수	1958	0.6		59	이해룡	1961	5.0	목사
10	박운동	1958	0.6	장로	60	이의웅	1962	2.0	장로
11	이경대	1958	0.6		61	신계훈	1962	3.0	목사
12	조명묵	1958	0.6	장로	62	박상호	1962	2.0	
13	오성기	1958	0.6	장로	63	박수일	1962	3.0	장로
14	임기성	1958	0.6	교사	64	이의휘	1962	3.0	장로
15	김응태	1958	0.6	목사	65	조상문	1962	3.0	장로
16	최용로	1959	0.6	장로	66	정영걸	1962	0.6	의사
17	임춘택	1959	0.6	목사	67	김민우	1962	0.6	

순번	이름	입대	형기(년)	직책	순번	이름	입대	형기(년)	직책
18	최종대	1959	0.6		68	설종희	1963	0.6	장로
19	정호진	1959	0.6		69	한방치	1963	0.1	
20	조범진	1959	0.6		70	서정준	1963	0.1	목사
21	이상원	1959	0.6		71	심은수	1963	6.1	장로
22	황선옥	1959	0.6		72	박주용	1963	1.0	
23	이영욱	1959	0.6		73	채의구	1963	6.1	목사
24	성경환	1959	0.6	장로	74	전대학	1963	0.1	장로
25	문완진	1959	0.6		75	김종삼	1963	0.8	
26	추성일	1959	0.6	장로	76	백남수	1963	0.1	장로
27	김병우	1959	0.6		77	최방원	1963	7.5	장로
28	서철수	1959	0.6		78	신남수	1963	1.0	장로
29	조규술	1959	0.6	목사	79	이준구	1963	2.0	장로
30	원태식	1959	0.6		80	박석규	1964	2.0	
31	남궁철	1959	0.1	장로	81	박등	1964	2.0	장로
32	오봉렬	1959	1.0	목사	82	김형식	1964	5.0	장로
33	최병순	1959	1.0	장로	83	이현수	1964	5.0	장로
34	김시동	1959	1.0	장로	84	오진규	1965	4.0(?)	장로
35	유복림	1959	1.0		85	설경도	1966	5.0	장로
36	송광호	1960	1.0		86	원동규	1966	2.0	
37	전우영	1960	1.0	장로	87	홍성복	1967	2.0	장로
38	황학주	1960	1.0		88	김창일	1976	1.0	목사
39	이근택	1960	1.0	목사	89	신기철	1976	1.0	장로
40	허남진	1960	1.0	장로	90	심의주	1976	1.0	장로
41	박병술	1960	1.0	장로	91	한동규	1976	1.0	장로
42	원유화	1960	1.0		92	이준구	1976	1.0	
43	한상우	1960	1.0	목사	93	이현수	1976	1.0	
44	김경호	1960	1.0	목사	94	오진규	1976	1.0	
45	신충렬	1961	2.0	장로	95	박인종	1976	1.0	장로
46	하평장	1961	4.0	목사	96	이부영	1976	1.0	장로
47	안성수	1961	4.0	장로	97	조미원	1976	3.0	
48	이상기	1961	3.0	장로					
49	김창민	1961	3.0						
50	이정복	1961	3.0						

〈표 7-3〉 1953~1976년 재림교회의 입대자 및 집총거부자들[48]

연도	입대자 수(명)	집총거부/안식일(명)	형기(개월)	수감자 수(명)
1953	70	70		
1954	70	70		
1955	100	100		
1956	130	134 (4명은 예비군)		4
1957	150	150		
1958	180	130	84	14
1959	250	200	114	19
1960	250	150	132	11
1961	280	100	684	15
1962	300	100	216	8
1963	320	70	322	11
1964	350	50	240	4
1965	400	20	24	1
1966	500	10	120	2
1967	252	2	24 + 영창	2
1968	248	1	27	1
1969	272	1	15일	1
1975		31 (삼육대 학생)		
1976	279	10 (9명은 예비역)	144	10

소했다. 구체적으로, 1958년에는 72.2%였던 것이 1960년에는 60.0%로 줄어들었고, 1961년 35.7%, 1963년 21.9%, 1964년 14.3%, 1965년 5.0%, 1966년 2.0%로 해마다 격감했으며, 이후 계속 1% 미만으로 유지되었다. 형기를 보자면 1956~1957년에는 3년, 1958~1959년에는 0.6년이었으나 1959년 말부터 1960년 말까지는 1년으로 유지되었고, 군사쿠데타 이후 형량이 급격히 증가함을 확인할 수 있다. 1961년으로 접어들자 형량이 2년으로 늘어나더니 그해가 가기 전에 다시 3~4년, 심지어 5~6년으로까

지 늘어났던 것이다. 형기가 전반적으로 늘어났을 뿐 아니라 형량 선고의 일관성도 사라졌다. 이런 비일관성은 1962년 이후에도 지속된다. 아마 반복처벌의 효과도 함께 작용한 결과일 것이다.

1976년 6월의 집총거부 사건이 있은 지 두 달 후인 1976년 8월에 재림교회는 연합회 군봉사위원장이 『교회지남』에 기고한 글을 통해 "집총 여부는 개인 양심에 따라 결정할 문제"라면서 교단의 입장 변경을 공식화했다. 다음은 오만규의 설명이다.

1976년은 여러 해 만에 한국 조미원 청년에 의해 군대에서 재림교인들의 비무장 신앙 신념이 표출되었던 특별한 해였으면서 동시에 이 비무장의 신앙 신념이 교회 지도부에 의해 크게 폄하되었던 해였기도 했다. 그해 8월호 『교회지남』에 게재된 군봉사부장 신우균 목사의 "부끄러울 것이 없는 일꾼"이라는 글이 바로 그러한 글이었다. 신 목사는 이 문제의 글에서 "본 교단은 총이라는 물체를 죄라고 보지 않으며 그 총을 잡는 행위 자체를 죄라고 규정하지 않는다"고 선언하였다. 그리고 "다만 그 총으로 사람의 생명을 빼앗던지 또 빼앗을 목적으로 사용했을 때 제6계명을 어긴 행위가 된다"고 주장하였다. 신 군봉사부장은 여기서 한 걸음 더 나아가 "사람의 양심은 그가 받은 빛에 따라 집총을 거부할 수도 있고 집총을 수락할 수도 있다"고까지 주장했다. 그리하여 그 당연한 논리적 귀결로 "교회는 집총을 수락한 사람을 정죄하지 않을 뿐만 아니라 집총을 거부한 사람을 추앙하지도 않는다"고 주장했다. 그리고 각기 개인의 양심에 따라 결정할 집총 문제와 "양심을 따라 준수할 수도 있고 하지 않을 수도 있는 성질의 것이 아니라……어떠한 상황을 막론하고 기억하여 거룩히 지켜야 하는" 안식일 준수 문제로 구분하였다.[49]

1982년에는 "위생병에게까지 총기가 지급되기 시작했다는 명분으로" 교단 차원에서 실시해 오던 의무대 훈련을 중단함으로써 청년 신자들을 군대의 의무병과에 배치시키려는 노력마저 완전히 포기했다.[50] 요컨대, 한국 재림교회 측이 양심적 집총거부의 입장을 공식적으로 포기한 시점 그리고 마지막 집총거부자가 나온 시점은 1976년이지만, 그리고 이것은 세계 재림교회가 병역의무 수행 방식을 '신자 개인의 전적인 선택'에 맡기기로 결정한 1972년보다 4년이나 지난 후의 일이었지만, 한국 재림교회에서 이 입장이 '실질적으로' 허물어진 때는 이보다 훨씬 전인 1964~1965년 무렵이었던 것이다.

국가안보만을 내세우는 국가와의 '암울한 상호작용'으로 인한 청년 신자들의 고통뿐 아니라, 군종제도라는 특권적 제도에 참여하려는 욕망도 집총거부 교리의 포기를 촉진한 요인 중 하나였던 것으로 보인다. 비록 여전히 목표를 달성하지 못한 상태이나, 한국 재림교회는 최근까지도 군종제도 진입을 꾸준히 시도해왔다.[51] 사실 세계적 차원 혹은 미국 세계본부 차원에서는 일찍부터 교단의 군종 참여를 승인 내지 권장하고 있었다. 교단의 발원지인 미국에서 재림교회의 군종 참여는 2차 대전 시기에 시작되었지만, 당시 재림교회 군종은 대개 현역 장교가 아닌 민간인 신분이었다. 한국전쟁 발발 이후 재림교회 소속 현역 군종장교들이 본격적으로 배출되었다. 배리 블랙의 1982년 박사학위논문 내용을 요약한 김경선의 다음 인용문을 통해 이런 변화를 한눈에 확인할 수 있다.

① 세계 제1차 대전은 물론 제2차 대전 기간 중 군목(가톨릭 신부)들의 눈부신 활약을 소개했고

② 세계 2차 대전 기간 중 오늘의 군목제도의 기초가 세워졌다.

③ SDA 교인이 군복무하고 있는 것은 안식일에 일을 거부함으로 알게 되었는데 1918년 162명이 명령 불복종으로 불명예제대하고 5~25년

의 체형을 살아야 했는데 전쟁이 끝나자 사면령으로 석방되었을 뿐만 아니라 SDA 군목들의 구체적인 활약이 요구되었다.

④ SDA 교인들은 대개 군의관 또는 위생병으로 복무하였고, 1942년 중반에 가서는 거의 모든 SDA 교인들은 그 분야에서 근무하는 것으로 규정화하였다. 그들은 총 대신에 사랑의 의술로 상처를 싸매는 일에 전념하였다.

⑤ 세계 2차 대전 때는 군기지 근처에 있는 SDA 목사들이 군목을 겸무했다.

⑥ SDA 군목 관리는 SDA 대총회에서 했다.

⑦ SDA 목사들은 미 육해공군의 군목으로 활약했으나 본격적으로 활약한 것은 한국전쟁이 발발한 후였다.[52]

재림교회의 마지막 양심적 집총거부자 출현 이후 무려 20여 년이 지난 1996년 11월에 예비군 신자인 주재한이 대對간첩작전에 동원된 후 무장 전투 참가를 거부하여 항명죄로 2년 형을 선고받는 일이 발생했다. 이 일로 인해 주재한은 "총으로 직접 살인을 하는 것이 죄일 뿐 총을 잡고 훈련하는 것은 죄가 되지 않는다"는, 1976년 이후 교회 지도층의 가르침을 충실히 따른 유일한 사례가 되었다.[53] 그러나 이 사건은 역설적으로 "'집총훈련 및 군복무의 허용'과 '전투 참여의 불용' 사이의 경계가 얼마나 모호한가", "집총훈련 및 군복무는 용인하면서도 전투 참여는 금지하는 방침이 군대라는 현장에서 얼마나 준수 내지 실행되기 어려운가"를 잘 보여준 사례이기도 하다.

국가의 압력에 밀려 한국 재림교회 지도부가 종전의 양심적 집총거부 입장을 포기한 이후에도 재림교회의 '주변부'에서는 이 입장이 계속 고수되었다는 사실도 강조해야 한다. 이른바 "재림교회 개혁운동파"가 그들인데, 이들은 "특별히 강조해야 할 재림신앙의 하나"로서 "비폭력 군복무"를 내세우고 있다. 이 그룹에 속한 재림교회 신자들 가운데, 1988년에 2명, 1989년에 1명, 1990년대 초에 1명의 양심적 집총거부자가 실형을 선고받고 복역한 것으로 확인되고 있다. 오만규에 의하면, "'개혁운동파'가 특별히 강조하는 재림신앙의 하나가 비폭력 군복무였기 때문에……한국 재림교회에서 집총거부자의 전통이 끊어진 이후에 오히려 '개혁교회' 그룹의 청년들 중에 집총거부자가 이어졌다는 소식이 있다. 1988년에 강덕중, 우양중 두 청년이 양심적인 징병거부자로서 형무소에서 복역해야 했으며 이학준 군은 1989년에 군에 입대하여 집총을 거부함으로써 형무소에서 복역해야 했다. 1990년대 초 이기호 군이 징병거부자로 고통을 당했다."[54]

"재림교회 개혁운동파"의 등장 시기나 규모 등에 대해서는 거의 알려진 바가 없지만, 이들이 한국의 주류 재림교회 교단에서 분열되어나간 소수 그룹임은 분명해 보인다. 그런데 이들이 (주류 교단에 의해서는 이미 포기된) 비무장 군복무라는 재림교회의 전통적인 입장을 "특별히 강조"했다는 사실을 감안하면, 재림교회는 결국 군복무 문제로 "교파 분열"까지 겪었던 셈이 된다. '국가안보'와 '신성한 국방의무'를 내세워 평화주의적 소수파 종교집단들의 '종교자유'를 철저히 부정했던 국가권력의 횡포는 해당 교단의 핵심적 교리 수정, 나아가 교단의 분열이라는 파국적 결과까지 불러왔던 것이다.

3. 여호와의증인: 국가폭력의 집중점

박정희 정권은 재림교회의 집총거부 입장을 꺾는 데 성공했다. 기세가 오른 군사정권은 1970년대 중반 들어 이번엔 "병무 비리 일소"를 내세워 여호와의증인 신자들을 집중 공격하기 시작했다. 국가가 "병역기피자"로 낙인찍은 이들 가운데 여호와의증인 신자들이 절반 이상을 차지하는 상황에서,[55] 이 교단 신자들이 자연스레 국가에 의한 집중적 억압 대상으로 떠오른 것이다. 당시 국가는 "모두가 군대에 가야 한다"는 형평성 논리를 앞세워, 양심적 병역거부를 오로지 '병역기피' 혹은 '병역비리'의 프레임을 통해서만 해석했다.[56]

1963년에 여호와의증인 교단·신자와 국가가 수혈 거부 문제로 갈등을 빚었음을 앞서 언급한 바 있다. 그런데 1970년대 말부터 여호와의증인 교단은 또다시 수혈 치료 거부 문제로 국가와 자주 갈등하게 되었다.[57] 1950년대의 '국기 경례' 거부로 인한 갈등, 1969년의 국기 경례 및 애국가 제창 거부, 군대 위문편지·위문품 거부 갈등에서처럼, 수혈 문제로 인한 여호와의증인 교단과 국가 갈등 역시 양심적 병역거부로 인한 갈등과 중첩됨으로써 교단-국가 관계를 한층 악화시킬 가능성이 높았다고 하겠다.

(1) '군대 안으로'의 폭력: 1973년 이후

박정희 군사정권은 1973~1974년에 걸쳐 여호와의증인 교단에 파상적인 공세를 퍼부었다. 군의문사진상규명위원회가 밝혀낸 사실들을 토대로 사건의 경과를 재구성해 보면 대략 다음과 같다.[58] ① 1973년 1월 20일 박정희 대통령이 국방부를 순시하면서 "앞으로 법을 만들어서라도 병역을 기피한 본인과 그 부모가 이 사회에서 머리를 들고 살지 못하는 사회

기풍을 만들도록 하라"고 지시했다. ② 1973년 1월 23일 열린 비상국무회의는 "병역기피자나 이와 관련된 부정행위를 한 자를 병역법에 정한 처벌 규정이나 형법에 정한 형벌보다 무겁게 처벌함으로써 그동안 만연되었던 병무 부정과 병역기피 풍조 일소"를 목적으로 하는 '병역법 위반 등의 범죄 처벌에 관한 특별조치법'을 제정하기로 결의했다. ③ 1973년 1월 30일 병역기피 행위를 '가중처벌'하기 위한 '병역법 위반 등의 범죄 처벌에 관한 특별조치법'이 제정되어 그해 3월 2일부터 시행에 들어갔다. 이 법은 "병역법 등에 위반되는 범죄를 가중처벌하며 기타 부정한 방법으로 병역의무를 이행하지 아니하거나 또는 이와 관련되는 부정행위를 한 자를 처벌함으로써 병역의무의 이행을 확보함"(제1조)을 목적으로 제시했다.[59] 이를 계기로 병역거부자·기피자의 형량이 크게 늘어났다. 입영 및 소집 기피자는 기존의 병역법에서는 '3년 이하'의 징역에 처하게 되어 있었으나, 특별조치법에서는 '3년 이상 10년 이하'의 징역에 처하게 되었다. ④ 1973년 2월 26일 대통령 훈령 제34호로 '병무행정 쇄신에 관한 지침'이 제정되어 같은 해 3월 10일부터 시행에 들어갔다. 군사정권은 이 지침을 통해 국가·공공단체는 병역기피자를 임직원으로 채용하지 못하고, 군필자를 우선 임용하며, 병역기피자에 대한 관허업官許業 인가를 금지하도록 했다. 아울러, 각 부처별로는 17세 이하 국외여행 제한(외무), 새마을운동의 일환으로 "기피자 없는 마을" 육성(내무), 병역의무에 관한 사항을 교과서에 넣어 "병역의무의 숭고함"을 고취(문교), 근로감독관은 각 기업체 임직원의 병역기피 여부 확인(보건사회), 미필 공무원 카드 관리 및 기피자 즉시 해직(총무), 지방검찰청·지청에 병무사범 전담검사 지정 및 기피자 구속수사(법무) 등을 이행하도록 지시했다.[60] ⑤ 1973년 4월 12일 병무청은 "병역기피자 일소를 위한 활동 보고"라는 보고서를 대통령에게 제출했고, 4월 14일 대통령은 치하와 함께 "한 사람도 빠짐없이 병역의무를 이행하라"는 격려 친서를 병무청장에게 보냈다. 이 과정에서 "여호와의증인 신자가 병역기피의 핵심 요소로 부각"되었다.[61] ⑥ 1974년 1/4분기 실적 보고 후 (병역기피 일소를 위한) "여호와의증인 문제에 대한 대통령의 특별지시"가 있었고, 이것이 여호와의증인 신자들에 대한 불법 연행과 강제입영 등으로 이어졌다. ⑦ 병무청은 1974년을 "병역기피 일소의 해"로 정하고 그해 6월 1일부터 7월 15일까지 경찰서별로 '검거책임제'를 도입하여 병무청 직원이 기피자의 소재를 추적하여 확인하면 경찰이 검거하는 방식을 실행했다.[62] 1974년 7월 22일자 "병무청 집중단속 결과 보고" 문서에는 "전체 입영기피자의 63%가 여호와의증인"이라는 내용이 포함되었다. 이에 따라 병무청은 "여호와의증인 신도 등 기피 우려자에 대해서는 1인 1직원제로 집중 독려한다"는 방침을 정했다.

1974년 가을에는 병무청·검찰청·경찰국으로 '병무사범 방지대책위원회'를 구성하여 각 지역에서 여호와의증인 교단 지도자들과의 '간담회'를 개최했다. 간담회라는 형식을 빌려 교단 지도자들에게 공공연한 협박이 가해졌다. 예컨대 1974년 10월 25일 경남병무청 회의실에서 열린 '경남지방 병무사범 방지대책위원회'의 "여호와의증인 왕국회관 대표자 간담회 보고서"를 살펴보자.[63] 이 보고서의 "조치 사항"이라는 항목에는 "병역기피자를 발생케 하거나 은폐하는 여호와의증인 왕국회관 대표에

「여호와의 證人」 兵役이행 결의

[大邱] 慶北도내 「여호와의증인」 신도대표 16명이 17일 오후2시 慶北병무청에서 병무청당국자와 회의를 열고 「집총거부와 입영기피는 일부신도들의 교리해석착오에서 온 것이라」고 해석하고 자진하여 병역의무를 이행하기로 결의했다.

이들은 「피리에는 집총을 거부하라는 귀절이 없을뿐아니라 권세에 대해 복종하라는 로마서 12장은 국법을 준수하라는 의미」라고 했다. 이날회의에서 대표들은 피리를 빙자한 병역기피를 막기위해 신도중 병역의무대상자명단을 만들어 입영을 종용하고 주거지변동을 확인하기로 합의했다.

여호와의증인 병역이행 결의 관련 기사(1974)

대하여는 병역법 제32조 25항에 의거 형사입건"하겠다는 위협이 담겼다. 또 "요망 사항"이라는 항목에서는 다음 네 가지를 교단 측에 요구했다.

① 신도 중 병역의무자(남자 18~40세) 명단 74.10.31 한 파악 통보 요망

② 신도 중 병역의무자로 각종 병역에 관한 명령서를 받는 자는 지정된 기일에 입영 및 응소하도록 독려 및 설득 요망

③ 신도에게 병역의무 이행은 이웃을 사랑하며 살생을 아니한다는 교리에 우선하며 병역의무 이행 거부는 국가를 부인하는 중대한 범법 행위가 됨을 설득 요망

④ 신도 중 병역의무 불이행 및 거부자에 대하여는 여호와의증인 신도 회중에서 제명 조치 요망(반사회적 범죄자를 포용하는 행위 불가)

그런데 1974년 10월 26일자 「국제신문」은 10월 25일 간담회에 참석한 경남 도내의 왕국회관 대표 19명이 병역의무를 완수할 것을 결의했으며, 1974년에 경남병무청 관내에서 병역을 거부한 13명의 여호와의증인 신자들에 대해서도 왕국회관 대표들은 "이들이 교리를 잘못 이해하여 저질러진 과실이었다"고 밝혔다고 보도했다.[64] 이 밖에 같은 해 12월에도 간담회를 통해 여호와의증인 신자 대표들이 병역의무 이행을 결의했다는 보도가 잇따랐다. 예컨대 그해 12월 14일에 영동지방 신자 대표 12명이 강릉시청에서, 17일에는 경상북도 신자 대표 16명이 경북병무청에서, 19일에는 경기도 신자 대표 25명이 경기도지방병무청에서 모임을 갖고 병역의무 이행을 결의했고, 특히 대구에서의 간담회에서는 신자 대표들이 "신도 중 병역의무 대상자 명단을 만들어 입영을 종용하고 주거지 변동을 확인하기로 합의했다"고 보도되었다.[65] 병무청장도 대통령에게 제출한 1975년 2월 18일자 보고서에서 1974년 12월 12일부터 1975년 1월 11일 사이에 전국 시·도 여호와의증인 대표 210명과의 간담회를 가졌으

며, 여기에서 신자 대표들이 "일부 신도의 병역기피 행위는 그릇된 소행임을 인정"했고, "병역의무자의 의무 이행을 권유하도록 하겠다"고 답변했다고 주장했다.[66] 그러나 군의문사진상규명위원회의 조사 결과 이는 '허위 보고'였던 것으로 밝혀졌다. 실상은 그와 정반대였다. 병무청은 1974년 초까지 "강압(강제입영)과 대화·설득의 병행" 전략을 시도했지만, 대화·설득에 실패함에 따라 그 이후로는 '전면적인 강압' 기조로 나아가지 않을 수 없었던 것이다. 다음은 군의문사진상규명위원회의 결정문 중 일부이다.

> 병무청이 의도적으로 사실과 다른 보고를 계속한 것은 1974년 1/4분기 실적 보고 시 병역기피 일소를 위해 여호와의증인 문제에 대한 대통령의 특별지시가 있었기 때문이었다. 병무청은 이 특별지시에 대한 이행 실적을 보고하면서 여호와의증인 대표 210여 명과 입영간담회를 개최하였고 증인들이 병무청의 설득대로 병역의무를 적극적으로 이행하기로 한 것으로 허위 보고를 하였다. 그러한 상황에서 여호와의증인 신도들 중에서 다수의 병역기피자가 발생한다는 것은 병무청으로서는 용납할 수 없는 일이었고 이렇게 해서 여호와의증인 신도들에 대한 병무 당국의 불법 연행과 강제입영이 시작되었다.[67]

이처럼 병무청은 경찰·검찰과 협조하여 입영 자체를 거부해오던 여호와의증인 신자들에 대해 1974년부터 '강제입영 조치'를 취하기 시작했다. 다음은 군의문사진상규명위원회 결정문에 소개된 몇 가지 강제입영 사례들이다.

○ 1975년 9월 12일 강제입영 조치된 여호와의증인 신자 윤병웅은 1975년 6월 영장을 받고 일단 병무청에서 오라는 연락이 와서 면담을

하고 낯을 익힌 후, 한 번 더 오라고 해서 안심하고 갔더니 병무청 직원이 차에 태워 훈련소에 인계했다는 취지로 진술하였고, 훈련소로 가던 날 병무청에서 "오늘 너희들이 훈련소에 가서 신체검사해서 빠질 수 있는 구멍이 있으면 어떻게 해서 빼주겠다"고 말한 후 김병석과 자신을 지프차에 태워 갔다고 하였음. 당시 함께 징집된 여호와의증인 신자 김병석은 부모한테 인사도 못 한 채 울면서 "엄마가 아픈데 엄마한테 인사하고 가야 된다"고 말을 했으나 소용이 없었다고 진술함.

○ 1975년 8월 강제입영 조치된 여호와의증인 신자 박종욱은 "저 같은 경우는 1971년 병역을 거부했고, 영등포 구치소와 교도소에서 수감생활을 했어요. 그리고 1974년 중반쯤에 재영장이 나왔어요. (중략) 어쨌든 피해 다니다가 1975년 8월에 붙잡힌 거예요. 병무청에 개인적으로 끌려가고 무릎 꿇고 앉아 있는 상태에서 한 병무청 직원 입회하에 고속버스를 타고 수용연대로 강제로 끌려가게 되었습니다"라고 진술함.

○ 1975년 9월 강제입영 조치된 여호와의증인 신자 구지홍은 "부산 3·9사태라고 있습니다. 병무청 직원, 검찰, 경찰이 3월 9일 증인들의 집회 장소를 봉쇄하고 현장에서 바로 연행해서 입대시킨 사건이 있었습니다. 다행히 그때 저는 잡히지 않고 무사히 피했는데 나중에 집으로까지 병무청 직원들이 찾아왔었습니다. 어느 날, 봉사활동을 마치고 집에 가보니 병무청 직원들이 저를 잡으러 왔더라구요. 그래서 집으로 안 가고 바로 서울로 올라왔습니다. 서울로 와서 단국대학교 대학원 전자공학과에 진학해서 등록하고 입영 연기신청서를 냈는데 연기가 안됐습니다. 여호와의증인이라는 이유로 괘씸죄가 적용되어 연기가 안되었던 것 같습니다"라고 당시 상황을 진술함.

○ 1975년 10월 강제입영 조치된 여호와의증인 신자 이길수도 역시 "입영 예정일이 1975년 10월 23일이었는데 5월에 병무청 직원들이 집으로 저를 잡으러 왔더라구요. 일찍 갈 필요는 없잖아요. 그래서 집에

있으면 안되겠다 싶어 다른 곳에 피해 있다가 입영 날짜가 되어서 입
대했습니다. 당시 아버지께서 공무원이셨습니다. 제가 입영하지 않으
면 권고사직을 당할 형편이었기 때문에 어쩔 수 없이 입영하였습니다”
라고 하였음.[68]

여호와의증인교단에 대한 국가의 강화된 처벌은 입영 대상자의 가족,
나아가 여성 신자들에게까지 미쳤다. 일례로 1974년 12월에는 입영 영
장을 받고 이를 기피한 동료 신자를 숨겨준 혐의로 부산의 한 여성 신자
가 병역법 82조 위반으로 부산지방병무청에 의해 고발되었다.[69] 1975년
7월에는 아들의 입영명령서 수령을 거부한 여호와의증인 신자가 구속되
었다. 당시 언론 보도에 의하면, “병역의무자의 친권자親權者가 입영명령
서 수령을 거부함으로써 구속되기는 처음”이었다.[70] 가족들에게는 여호
와의증인 신자가 입영을 거부할 경우 “가족의 직장에 공문을 보내 강제
퇴직시키겠다”는 위협을 가하기도 했고, 실제로도 이런 방식으로 직장
을 잃은 이들이 다수 발생했다.[71] 1975년 부산에서는 시내 19개 집회소
를 같은 날 습격하여 63명의 신자들을 검거한, 이른바 ‘3·9사태’도 벌어
졌다. 이날 집회소들을 동시에 습격한 부산지방병무청은 병역과 관계없
는 부녀자들까지 모두 자인서를 작성하게 했고 징병 연령대의 젊은 남자
들을 현장에서 연행해 구금한 후 다음 날 경찰서에 고발했다.[72] 날것 그
대로의 야만과 폭력이 범람했던 시대였다.

(2) 선先입영 후後집총거부: 강제입영 이후의 변화, 1974~2001년

1974년부터 적용된 ‘강제입영 조치’가 재림교회보다 더욱 강한 평화주
의적 신념에 의거하여 입대 자체를 거부했던 여호와의증인 신자들의 종
교적 입장에 배치되는 것임은 말할 나위도 없다. 그러나 강제력에 의해

육군제2훈련소 신검대(1970)

신 검 대
HYSICAL EXAM CENTER

여호와의증인 신자들을 일단 군대 안으로 끌어들일 수만 있다면, 국가는 재림교회에 대해 대대적인 성공을 거뒀던 바로 그 전략을 여호와의증인 신자들에게도 적용할 수 있게 된다. 다시 말해 "중복·가중 처벌이라는 공포의 무한궤도" 속으로 여호와의증인 신자들을 밀어 넣을 수 있게 되는 것이다. 상이한 유형의 양심적 병역거부자로서, 군형법(항명죄)과 병역법(병역기피죄)이라는 각기 다른 법에 의해 처벌되어왔던 재림교회와 여호와의증인 신자들이 이제는 전혀 구분이 불가능하게 되었다. 1974년의 강제입영 조치 이후 여호와의증인 신자들도 "선先입영 후後집총거부 및 항명죄로 인한 처벌"이라는 재림교회와 동일한 패턴을 밟게 된 것이다.

재림교회 신자들처럼 반복처벌의 늪에 빠지자, 여호와의증인 신자들의 복역 기간이 이전에 비해 크게 증가하게 된 것은 당연한 수순이었다. 예컨대 여호와의증인 신자인 정춘국은 1969년부터 세 차례에 걸쳐 7년 10개월을 복역함으로써 병역거부 수형자 중 최장기수가 되었다. 그는 1969년 10월 병역거부(병역법 위반)로 10개월 복역했으나, 1974년의 '병무비리 일소' 시기에 다시 징집된 후 집총거부(군형법 위반)로 3년 형을 선고받았으며, 형기를 마친 이후 다시 항명죄로 세 번째 감옥생활을 해야만 했다.[73] 앞에서 인용했듯이 2001년 12월 조사에서 2회 이상 투옥 경험이 있는 여호와의증인 신자가 138명이고 4년 이상 투옥된 신자가 150명이었는데, 아마도 이들 거의 전부가 1974년 이후 반복처벌 관행의 영향을 받았을 것이다. 1973년 이후 "형량의 폭증" 현상을 여호와의증인 교단 측 자료에 기초한 〈표 7-4〉에서도 생생하게 확인할 수 있다. 1954~1972년 사이 평균 10개월이던 형량은 강제입영 이후인 1973~1993년에는 평균 24개월로, 1994년부터 2000년 사이에는 무려 34개월로 늘어났던 것이다.

한국 정부는 1989년 3월에 이르기까지 현역병 입영 대상자가 '6개월 이상의 징역 또는 금고형'의 선고를 받은 경우에는 보충역에 편입하거

<표 7-4> 병역거부로 인한 여호와의증인 신자 구속자 수와 형량 추이: 1950~2008.8[74]

시기	구속자 수(명)	평균 형량(개월)	시기별 주요 특징
1950~1953	3	36	한국전쟁 시기
1954~1972	708	10	민간재판
1973~1993	4,311	24	강제입영 시작, 군사재판, 반복처벌
1994~2000	4,058	34	법정최고형인 3년 선고, 군사재판
2001~2008.8	4,768	18	강제입영 종결, 민간재판에서 1년 6개월 형 선고, 사회운동(평화운동) 등장
미상	47	7	
합계	13,895		

나 방위소집을 면제해왔다. 따라서 적어도 이때까지는 입영을 거부한 여호와의증인 신자들 역시 병역법 위반으로 6개월 이상의 실형만 선고받아도 현역병 복무를 면할 수 있었다. 그러나 이것은 하나의 가능성으로만 남아 있었고, 정부의 '강제입영'이라는 강압 조치는 이 모든 것을 불가능하게 만들었다. 여호와의증인 신자들이 다시 입영 자체를 거부함으로써 1974년 이전의 패턴—교단의 공식교리에 보다 부합하는 패턴—으로 되돌아간 것은 2001년 4월부터였다.[75] 이때부터 여호와의증인 신자들은 더 이상 항명죄로 군사재판을 받는 것이 아니라, 민간법정에서 병역법 위반으로 재판받고 대부분 1년 6개월의 실형을 선고받아 현역병 복무를 면할 수 있게 되었다.

노태우 정부는 1989년 3월 "국민개병주의 원칙에 부응"한다는 취지에서 병역법 시행령을 개정하여, '2년 이상의 징역·금고형' 피선고자들만이 보충역 편입이나 방위소집 면제를 받을 수 있도록 조건을 강화했다. 김영삼 정부 시기인 1997년 5월에는 다시 병역법 시행령을 개정하여, 종전에는 현역병으로 입영하도록 되어 있던 '1년 이상 2년 미만의 실형 피선고자'도 보충역에 편입하도록 조건을 완화했다(2년 이상의 실형 피선고자는 제2국민역 편입 대상임). 그리고 김대중 정부 때인 1999년 12월에는 제 2국민역으로 편입하는 수형자受刑者의 범위를 '2년 이상의 실형을 받은 사람'에서 '1년 6개월 이상의 실형을 받은 사람'으로 조정했다.[76] 여기서 제2국민역으로 편입된 이들에게는 기초군사훈련(현재 4주)·현역복무·예비군복무 모두가 면제되며, 이들은 평시에는 민방위의 의무를, 전시에는 근로소집의 의무를 지게 된다. 병역 자체를 거부하는 여호와의증인의 입장에서 보자면, 1989년 3월까지는 병역기피죄로 6개월 이상의 실형만 받아도 현역병 복무를 면제받을 수 있었으나, 1989년 3월 이후로는 2년 이상의 실형을 선고받아야만 군복무 전반을 면제받을 수 있게 되었고, 1999년 12월 이후로는 1년 6개월 이상의 실형만 선고받아도 군복무 전반을 면제받게 된 것이다.

다시 정리하자면, 여호와의증인 신자들은 ① 1974년 이전에는 6개월 이상의 실형(병역법 위반)을 선고받아 현역병 군복무를 면제받다가, ② 1974~1994년 사이 20년 동안에는 최장最長 7년 10개월에 이르는 '중복·가중 처벌'(군형법 위반)에 시달렸으며, ③ 항명죄의 최고형을 2년에서 3년으로 상향 조정한 후 거의 일률적으로 3년 형을 선고하던 1994~2001년 사이에는 대부분 3년의 실형(군형법 위반)을 선고받는 대신 '중복·가중 처벌'의 마수에서 비로소 벗어났고, ④ 2001년 중반 이후에는 대부분 1년 6개월의 실형(병역법 위반)을 선고받게 된 것이다. 여호와의증인 교단의 양심적 병역거부는 1974년부터 2001년까지 무려 27년 동안이나 '선입영 후집총거부'라는 '비정상적' 패턴을 유지했다.

홍영일은 여호와의증인 거부자들이 겪어야 했던 각종 차별대우를 행정, 사법, 입법 분야로 나눠 정리한 바 있다. 아울러 개별 투옥자들이 겪었던 피해 유형들을 정리한 바도 있다. '교단'에 부과된 차별이 매우 다양했고, 개개 '신자'가 겪어야 했던 피해도 다중적이었음을 쉽게 확인할 수 있다(〈표 7-5〉와 〈표 7-6〉 참조).

<표 7-5> 여호와의증인 신자들이 양심적 병역거부로 인해 받았던 차별대우[77]

행정당국	사법당국	입법당국
① 불법적 강제입영 조치, 가혹행위, 징집 요건의 자의적 해석 ② 가석방 요건의 차별, 사면 대상에서의 차별 ③ 교도소 내에서의 종교 활동 제한	① 요식적인 재판, 기계적인 형 선고 ② 재판 전 구금 ③ 자의적인 법 해석 ④ 특정 종교에 대한 편견이 반영된 판결	① 종교적 차별에 기인한 법정 최고형의 연장

<표 7-6> 여호와의증인 투옥자들이 당한 피해의 유형들[78]

이름	형량	강제 연행	불법 구금	가혹 행위	편법	가족 피해	전과 피해	특례 포기	건강 악화
구병곤	3년						○		
김경곤	2년								
김동훈	2년					○			
김세정	4년					○			
김영균	2년					○	○		
김창식	4년 1개월	○	○	○		○			○
박인호	3년						○		
박춘홍	2년 4개월								○
백승우	2년						○	○	
우웅섭	5년			○	○	○			○
윤○○	1년						○		
이○○	2년					○	○		
이춘길	구금 중 사망	○	○	○	○	○			○
정성옥	불구속 재판 중							○	
정○○	2년, 벌금형(11년간)						○		
조영헌	4년 6개월	○	○	○	○	○			
정춘국	7년 10개월	○	○	○	○	○	○		○
한상구	2년					○		○	

<표 7-5>의 "자의적인 법 해석"과 관련된 사례들은 상상을 뛰어넘는다. 특히 '집행유예형'을 악용하여 '재범'을 유도하거나, 일부러 '경합범'으로 유도하여 가중처벌하는 경우가 그러하다. 어느 경우든 처벌을 최대한 가혹하게 하겠다는 악의적인 계산이 작용했다.

> 70년대에는 여호와의증인에게 실형을 선고하면서 집행유예를 선고하는 일도 있었다. 그들이 군대로 다시 돌아가도 집총을 거부하리라는 것을 알고 내린 의도적인 판결이었다. 결국 그들은 다시 집총을 거부하였고 이번에는 재범이라 하여 첫 재판 때보다 더 많은 형량을 부과하고는, 집행유예 기간의 '범죄'라는 점을 이용하여 첫 재판 때 선고한 형량까지 합산하여 법정 최고형의 2.5배를 투옥시키는 일도 있었다.…… 90년대 초부터 상관이 총을 두 번 주어 다 받기를 거절하면 '경합범'이라고 하여 최고형의 2분의 1을 더 늘려 3년 형을 선고하였다. 먼저 여호와의증인에게 군복을 지급할 때 총을 주고, 다음날 훈련할 때 또다시 총을 주어 거절하면 두 번 거부로 간주해 '경합범'으로 가중처벌하는 것이다.[79]

여호와의증인 신자들에게 집중된 가공할 국가폭력은 신자 개개인의 삶에도 오래 지속되는 깊은 상흔을 남겼다. 사회적 냉대의 대상이 되는 것은 물론이고, "전과자들"이어서 신원조회라는 여과장치 때문에 공무원이 되거나 대기업에 취업하는 것은 생각할 수도 없었다. 이처럼 직업 선택이 제한되다 보니 자영업 종사자의 비중이 비정상적으로 높아졌다. 교련 거부 때문에 고등학교를 제대로 졸업하기도 어려웠기에 신자들의 학력은 전반적으로 낮은 상태에 머물 수밖에 없었다.[80] 신자들이 감수해야 할 이런 불리한 조건들은 신자들의 사회경제적 지위 하락으로 이어지기 쉬웠다. 27년 동안이나 정신적 고통에 시달려온 박춘홍의 사례가 보여주듯 심리적 상처와 트라우마는 훨씬 오래 지속될 수 있다. 그는 1972년과 1975년 두 차례 구속되어 모두 2년 4개월 동안 수감생활을 했고 두 번째 수감 기간 중 "동료 재소자에게 성경을 읽어주고, 대화를 나눴다는 이유"로 "9개월을 독방에 갇혀 두들겨맞으며" 지내야 했다.

> 77년 출소한 뒤 이런저런 직업을 전전했지만, 박씨의 '불안증'은 하루하루 정도를 더해갔다. 지하철이나 버스를 탈 때면 엄습해오는 공포에 절망해야 했다.……그러는 사이 박씨는 점차 정상적인 사회생활에 자신이 없어졌고, 가사를 책임질 능력도 잃었다. 가장의 와병은 고스란히 가족들의 생활고로 이어졌다.……고통스런 나날을 보내던 박씨는 96년 초에야 여동생의 간곡한 권유로 정신과 전문의를 찾았다.…… 진단서에는 이렇게 적혀 있다. "종교적인 이유로 72~73년(1차, 10개월), 75~77년(2차, 1년 6개월) 두 차례 수감생활 중 9개월 동안의 교도소 독방 생활로 인해 폐쇄공포증, 공황장애 및 광장공포증 증상 발병.……이후로도 장기간의 꾸준한 치료가 필요한 상태임."[81]

(3) '군대 안에서'의 폭력: 다단계의 폭력백화점

지금까지 살펴본 것처럼 1974년 이후 여호와의증인 교단은 국가의 강제 입영 조치로 인해 자신들의 교리적 입장에도 맞지 않는 '선입영 후집총 거부'라는 대응을 해야만 했을 뿐 아니라, 군형법상 항명죄에 의한 '중복·가중 처벌'의 굴레 속에 수십 년 동안 갇히게 되었다. 김재현과 박화춘의 수기가 잘 보여주듯이, 1970년대 이후 여호와의증인 거부자들은 병무청 직원에 의한 임의동행까지 포함하면 여섯 단계의 고통스러운 과정을 거쳐야 하는 '다단계 폭력', 그리고 이 과정에서 마치 '폭력백화점'처럼 구타·기합·욕설·전향 공작 등 가능한 모든 형태의 폭력들을 쏟아붓는

‘다중적·종합적 폭력’에 시달려야 했다.

여기서 다단계 폭력이란 ① 입영 이전 병무청 직원에 의한 강제적 임의동행, ② 훈련소에서의 폭력, ③ 헌병대 영창에서의 징계 기간 중 자행되는 폭력, ④ 군사재판을 받는 동안 군구치소에서의 폭력, ⑤ 재판 이후 군교도소에서의 폭력을 가리키며, ⑥ 이를 거쳐 마지막 단계인 ‘민간교도소 이감移監’ 이후에야 비로소 군대 폭력의 기나긴 사슬에서 비로소 풀려나는 것을 가리킨다.[82] 박화춘에 의하면, “2년 이상 실형을 선고받은 재소자들은 전역을 하게 되면서 민간교도소로 이감을 가게 된다. 그날은 우리에게 일종의 구원의 날인 셈이다.”[83] 그 시절엔 군대의 통제에서 벗어날 수만 있다면 교도소조차 “구원의 장소”가 될 수 있었다.

병무청·경찰·검찰의 공조체제가 ‘군대 안으로’의 폭력을 주도했다면, 일단 군대 안으로 끌려온 여호와의증인 신자들의 집총거부 의지를 꺾거나 처벌하는 일은 군대의 몫이었다. 특히 신병훈련소에서의 폭력이 가장 가혹했다. 양심적 병역거부자들의 눈에 그곳은 제도화되고 일상화된 광기가 지배하는 장소였다. 집총거부자들이 전투원 신분의 군복무를 수용하는 것을 뜻하는 “재복무再服務”로 유도하기 위해, “교화敎化”라는 용어로 포장된 전향 공작이 집요하게 반복되었다. 나아가 이를 관철하기 위한 수단으로 “독거특창獨居特倉”이나 “징계 입창入倉 가중처벌제도” 등이 새롭게 고안되었다. 다음은 군의문사진상규명위원회의 참고인 진술을 모은 것이다.

“여호와의증인을 한순간도 놀리지 말라는 지침이 내려왔습니다. 김영선 훈련소장이 헌병대장한테 ‘날로 여호와의증인이 늘어나는데 이거 줄이는 방법 없나? 한순간도 놀리지 말아라, 반드시 재복무하도록 하라’는 지침을 내렸습니다. 당시 훈련소장이……여호와의증인이 날로 늘어나자 ‘잠도 재우지 마라, 밤에도 놀리지 마라, 뼈 빠지게 일도 시키고 반드시 교화시켜 재복무시켜라'고 지시했습니다.……당시 훈련소장이 여호와의증인에 대한 악감정이 컸으니까 교화 요구가 엄청 강했고, 지휘 계통에 압박이 가해졌습니다."……"독거특창은 여호와의증인을 잠을 재우지 않고 핍박하여 교화시키기 위해 만든 수단이고 훈련소장이 그 아이디어를 내서 만든 겁니다", "훈련소장이 지시하기를 '무슨 수를 써서라도 여호와의증인을 교화시켜라'고 하니 수사관들 스트레스가 엄청났습니다. 결국 독거특창을 만들었는데 참 인간으로서 할 짓이 아니었습니다. 독거특창은 앉지도 서지도 못하는 그런 독방이었어요. 헌병대장과 조사과장이 저를 불러서 저놈들이 '헌병대 영창에 있는 것이 너무 힘들다, 차라리 나가서 훈련받아야겠다'는 생각이 들 만큼 몰아붙여야 한다고 지시했습니다."……"독거특창은 옆으로는 어깨 넓이(60㎝ 정도)밖에 안돼서 몸을 움직일 수 없을 정도였고, 앞뒤로 폭도 60㎝ 정도밖에 안되었습니다. 높이는 사람 키보다 약간 작은 정도였습니다. 높이가 1m 70㎝ 정도였으니까 키 큰 사람은 머리가 닿을 정도였습니다. 손은 뒤로 결박되어 있었으니까 식구 통에 밥을 넣어주면 개처럼 엎드려 입으로 먹어야 했습니다. 또 방마다 작은 전구가 달려 있었습니다. 그래서 내초 헌병이 각 방에 해당하는 벨을 누르면 그 방에 불이 들어옵니다. 내초 근무 헌병이 '5번방 자는가!'하고 벨을 누르면 그 방에 수감된 여호와의증인이 벨을 눌러서 답해야 했습니다. 손은 뒤로 결박되어 있으니까 벨도 입으로 눌러야 했을 겁니다."……"……처음에 여호와의증인 훈련병이 입소한 후, 수용연대에서 군복을 나눠주는 순간 여호와의증인이 일차적으로 거부합니다. 이때는 지휘관이 내린 명령이 아니기 때문에 항명죄가 성립되지 않습니다. 참 이게 불법인데요, 이때 수용연대장이 훈련소장의 재가에 의해 징계 차원에서 입창시켜버립니다. 그러면 이게 가중처벌이 되는 겁니다. 일단 1회 입창 기록이 남게 되고 나중에 가중처벌이 되는 겁니다. 이런 가중

처벌이 80년대까지 지속되었습니다. 제 생각도 처음에 입창된 것은 행정처리일 뿐인데 나중에 전과로 인정해서 가중처벌하는 것은 합당치 않다고 생각되었습니다만 훈련소장이 법무참모한테 '형을 많이 때려라'고 지시해서 이렇게 부당한 가중처벌이 생겼습니다."……"일단 여호와의증인이 영창에 들어오면 제가 일단 다 벗겨놓고 나체 검사를 했습니다. 멍든 자리, 맞은 자리를 다 표시해서 헌병대장에게 보고를 했습니다만 아무 조치도 이루어지지 않았습니다. 제 기억으로는 10명 중 8~9명이 몸에 상처를 안고 왔었습니다. 빠따 맞은 자리에 멍 자국이 가득했습니다."[84]

여호와의증인 징병 대상자들에게 국가폭력이 집중되는 상황에서 '살인' 사건이 다섯 건이나 발생하게 되었다. 1975년 11월 제2훈련소에서 사망한 김종식, 1976년 3월 39사단 신병훈련소에서 사망한 이춘길, 1976년 3월 해병1사단 의무대대에서 숨진 정상복, 1981년 8월 71사단 훈련소에서 사망한 김선태, 1985년 1월 논산훈련소에서 사망한 김영근이 그들이다. 강제입영 조치로 군대로 끌려와서도 집총거부 입장을 굽히지 않는 여호와의증인 신자들에게 신체적 가혹행위가 계속되었는데, 그 폭력이 절정에 이르렀던 1975년 11월부터 1976년 3월 사이에 세 명의 여호와의증인 집총거부자들이 줄줄이 죽임을 당했다. 먼저 다음 인용문들은 정상복, 이춘길, 김종식의 죽음에 관해 증언한다. 이 인용문들은 군 당국이 양심적 병역거부자들의 '죽음 이후'에도 사실 왜곡이나 은폐, 망자와 그 가족에 대한 좌파 낙인, 유가족에 대한 협박을 일삼았음을 폭로하고 있기도 하다.

지난 1976년 2월 21일 방위병으로 입대한 정상복(당시 22세) 씨는 입소 다음날부터 총기 수령을 거부해 동기생들이 보는 앞에서 총기 개머리판과 워커 발로 무차별 구타를 당했다. "눈도 못 뜰 정도"로 얻어맞은 정씨는 군 영창을 거쳐 교육대로 복귀한 뒤 "손이 퉁퉁 붓고 얼굴에 맞은 흔적이 남아" 퇴근도 시키지 않았다고 한다. 결국 정씨는 다음 기수 후배들과 훈련을 마치고 퇴소했다가 다음날 새벽 동해병원 입원실에서 피를 토하고 숨졌다.

같은 해 3월 6일 방위병으로 입대한 이춘길(당시 25세) 씨는 집총거부로 군 영창에 들어가자마자 곤봉으로 "서 있지도 못할 만큼" 발바닥을 맞은 것으로 돼 있다. "여호와의증인은 빨갱이"라고 욕을 퍼붓던 헌병들은 '원숭이 철창 타기' 등 가혹행위를 하며 '경봉'이나 '대나무 뿌리'로 고문을 가했다. 군의문사위에서 조사를 받은 헌병 김아무개 씨는 "근무자가 술을 마시고 오거나 기분이 좋지 않으면 자기 기분이 풀릴 때까지 일단 매질부터 했다"며 "근무 교대할 때마다 모두 구타로 시작했다"고 털어놨다. 여호와의증인들에게는 배식도 하지 않았다고 한다. 김씨는 "하루 전체 밥량이 보통 한 움큼 정도밖에 안됐다"고 증언했다. 이씨는 영창 복도에서 폭행당하던 도중 주저앉아 의무실로 옮겨졌지만 끝내 일어나지 못했다. 그는 입대한 지 불과 13일 만인 3월 19일 세상을 등졌다.

1975년 10월 23일 훈련소에 입소해 20일 만에 숨진 김종식(당시 20세) 씨는 물고문까지 당했다. 김씨와 훈련소에서 같이 생활한 행정병 동료는 "당시 소대장 정아무개 중위가 샤워실로 끌고 가 물탱크(가로 3m, 세로 1.5m, 깊이 0.7m)에 머리를 수차례 담갔다 빼는 행위를 반복했다"고 증언했다. 김씨는 또 영하의 날씨에 속옷만 입고 연병장에 서 있는 얼차려를 받았다고 한다. 반복된 구타와 얼차려를 받던 김씨는 넘어지면서 머리를 부딪쳐 사망했다.

이 밖에도 밖으로 끌고 가 눈을 가린 채 "총살하겠다"고 협박하거나, 방독면을 벗긴 채 가스실에 집어넣었다는 조사 결과도 나왔다. 빈 드럼통에 집어넣고 언덕에서 굴리는 고문도 당해야 했다. 사망한 김영근 씨와 같은 시기에 입대한 여호와의증인 교우 허아무개 씨는 "어떤 대위가 저를 아무도 없는 데 끌고 가더니 '여호와의증인은 수혈 안 받지, 너 묶어 놓고 강제수혈시키겠다'고 협박했다"고 증언하기도 했다.[85]

"우리 둘 중 하나는 죽어야 문제가 풀릴 상황이었다. 둘 중 하나는 죽을 수밖에 없었다." 장영규(58) 씨는 1976년 3월 6일 새벽 낯선 사내들에게 이끌려 집을 나섰다. 병역법 위반죄로 1년 6개월을 복역하고 출소한 지 두 달 만에 다시 경남 창원의 39사단 훈련소로 강제입영을 한 것이다. 입소 첫 사흘 동안은 온갖 회유가 이어졌지만, 이내 헌병대 영창으로 옮겨졌다. '지옥'의 서막이었다. "아침 6시부터 밤 10시까지 온갖 기합과 매질이 끊이지 않았다. 밥도 주지 않았다. 헌병들이 먹다 남긴 밥을 얻어먹는 게 고작이었다. 화장실에 가고 싶다고 말할 때마다 뭇매를 퍼부었다. 귀찮다는 게다. 그렇게 한 20여 일이 넘어가니 배에서 허리까지 송곳으로 찌르는 듯한 전율이 느껴질 정도였다. 극심한 변비 탓이었다. 항문으로 피를 토해냈고, 관장을 하다가 기절을 하기도 했다. 그러는 사이에도 매질은 계속됐다."……두 사람이 모진 하루하루를 견뎌내는 만큼 헌병들의 '살기'도 하루가 다르게 더해갔다. 그나마 위안이 됐던 건 함께 갇힌 '형제'가 있다는 점이었다. 매질로 부어오른 발바닥을 어루만지고 있노라면 곁에 갇혀 있던 이춘길(당시 26살) 씨가 위로의 말을 건네곤 했다.……하지만 파국은 기어이 닥쳐왔다.……영창으로 돌아온 헌병들은 웃옷부터 벗어부쳤다. 침대를 받치고 있던 악귀 같은 각목을 꺼내들었다. 욕설과 함께 이춘길 씨가 끌려나갔다. 장씨는 곁에 꿇어앉은 채 공포에 질려 있었다. 그리고 '마지막 매질'이 시작됐다. 무참히 이어지는 매질을 받아내던 이씨가 장씨 눈앞에서 널브러졌다. 눈의 흰자위를 드러낸 채였다. 헌병들은 익숙한 동작으로 물 한 양동이를 이씨에게 퍼부었다. 하지만 이씨는 깨어나지 못했다. 다시 한 양동이를 부었다. 이씨는 미동도 하지 않았다. 세 번째 양동이가 퍼부어질 때, 장씨가 울부짖기 시작했다. "사람을, 사람을 이렇게 개 잡듯 죽이다니…." 더 이상 두렵지 않았다. 눈앞에서 사람이 죽었다. 꿇어앉은 채 절규하는 장씨에게 헌병들은 손을 대지 못했다. 당황한 기색이 역력했다. 부랴부랴 응급실로 옮겨졌지만, 이씨는 끝내 깨어나지 못했다. "이춘길 형제가 죽는 바람에 나는 맞지 않았다. 이춘길 형제 때문에 내가 살았다. 그때는 둘 중 한 사람이 죽어야 문제가 풀릴 상황이었다. 누가 죽지 않으면 안될 상황이었다." 가해자는 제대를 두 달여 앞둔 말년 병장이었고, 사인은 비장파열이었다. 가해자는 구속돼 실형이 선고됐다지만, 처벌이 어떻게 이뤄졌는지는 알 수 없다. 6개월도 복역하지 않고 석방됐다는 소문만 나돌 뿐, 군 당국은 이렇다 할 설명도 해주지 않았다. 이씨의 죽음 이후 헌병들의 매질은 멈췄고, 밥도 정상적으로 나오기 시작했다.[86]

야만의 시대는 김연희(62) 씨의 남동생 종식 씨의 젊음도 앗아갔다. 1975년 11월 14일의 일이다. "밤에 논산훈련소에서 동생이 죽었다는 전보를 보내왔다. 조치원에 있는 육군통합병원에 가보니 다리에 번호표를 단 주검이 장작더미처럼 쌓여 있더라. 한 사람이 다리를 잡고, 한 사람이 머리를 잡고 주검을 내왔다. 그런데 얼굴을 알아볼 수 없었다. 엉덩이에 있는 점을 보고서야 동생인 줄 알았다." 주검은 온통 멍투성이었다. 사인을 묻는 가족들의 오열 앞에 군 당국은 "실수였다"는 말만 되풀이했다. 한 초급 장교가 가해자였다. 사복 차림의 낯선 사내들은 "망자가 나라에 충성하지 않았고, 집안도 사상이 불순하다"며 말을 돌렸다. 김씨의 남편 강예원(67) 씨는 "군 당국은 자기들 잘못을 가리기 위해 가족들을 싸잡아 사상이 불순하다고 몰아갔다. 법적으로 따져 묻고 탄원서도 내고 하자, 그때서야 논산훈련소장 명의로 처남이 죽게 된 경위를 담은 편지가 날아왔다"고 말했다. 편지에는 가해자에게 맞은 김씨가 뒤로 넘어가면서 침대에 엉덩이가 걸려 쓰러졌고, 바닥에 머리를 부딪혀 의식불명 상태에 빠졌다고 적혀 있었다. 입대 전 장티푸스를 앓았던 김씨의 연약한 몸이 입대 뒤 10여 일 동안 이어진 가혹행위를 견뎌내지 못했을 게다.[87]

1976년 3월 28일 숨진 정상복(당시 24살) 씨도 국립묘지에 묻혀 있다. 그의 사인은 공식적으론 '병사'다. 그해 해병방위 14기로 포항 해병훈련소에 입소한 정씨는 3주 훈련 기간이 끝난 뒤 집으로 돌아오던 날, 가족들이 보는 앞에서 피를 토하고 쓰러져 그대로 세상을 등졌다.……"면회를 하러 갔더니 손발과 얼굴이 퉁퉁 부어 있었다. 모진 매질을 견뎌내며 끝까지 신념을 굽히지 않겠다는 뜻을 밝혔다. 끝까지 매질을 해대다 마침 훈련 기간이 끝나니 일단 내보낸 게 아닌가 싶다." 정씨가 끝까지 훈련을 거부했는지 여부는 알 수 없다. 그를 죽음에 이르게 한 원인도 안개 속에 가려져 있다. 군 당국은 아무런 설명을 하지 않았고, 숨진 다음날 서둘러 화장을 하도록 종용했다. 서슬 퍼런 군사정권 아래서 가족들은 그나마 국립묘지에 안장된 것을 위안으로 삼아야 했다.[88]

다음 인용문들은 양심적 병역거부자로서 폭력을 견디지 못해 자살한 것으로 알려진 김선태와 김영근에 관한 사실들을 증언하고 있다.

종교적 신념을 포기한 죄책감에 스스로 목숨을 끊기도 했다. 81년 8월 숨진 고 김선태씨는 훈련을 거부했다는 이유로 '드럼통 고문'을 당했다. 당시 김씨의 조교였던 한 부대원은 "내리막길에서 김씨를 드럼통 안에 넣고 굴리는 행위가 몇 시간씩 반복됐다"고 진술했다. 김씨가

"훈련을 받겠다"고 약속하자 가혹행위는 그쳤지만, 그는 몇 시간 뒤 감시가 소홀한 틈을 타 부대 근처 배밭에서 목을 매 숨졌다.[89]

억울한 죽음이 석연찮은 정황 속에 '자살'로 둔갑한 사례도 있다. 1986년 1월 논산훈련소에서 숨진 계명대생 김영근(당시 23살) 씨가 그렇고, 1981년 8월 15일 태릉 71사단 훈련소에서 숨진 김선태(당시 22살) 씨가 그렇다. 선태 씨의 형 윤태(53) 씨는 "입대한 다음날 아침 동생이 숨졌다는 전화를 받고 부대로 달려갔더니, 군에선 동생이 나무에 목을 매어 자살했다고 꾸며놨더라. 하지만 주검을 보니 타박상이 곳곳에 나 있었고, 가슴에도 시커멓게 멍이 들어 있었다"고 말했다. 하지만 당시는 계엄 치하였다. 군 당국은 "당신도 군대 문제로 피해 다니지 않느냐. 다시 구속해버릴 수도 있다"며 윤태 씨를 위협했다. 그러는 사이 가족들의 항의는 점차 통곡으로 바뀌어갔고, 동생을 화장해 재로 뿌린 지 석 달여 만에 윤태 씨는 병무청 직원들에게 이끌려 강제입영돼 3년을 감옥에서 보내야 했다.[90]

몇몇 인용문들에서도 확인할 수 있듯이, 낮은 직급·계급의 사병土兵들도 단순한 외면이나 무관심·방관에서 벗어나 병역거부자를 겨냥한 폭력에 가담하곤 했다. 여호와의증인 신자들은 국가로 대표되는 "수직적 폭력"뿐 아니라, 동료 사병에 의한 "수평적 폭력"의 희생자이기도 했다. 피해자들의 대부분이 갓 입대한 신병들이었고 가해 사병들의 손에 한 줌의 권력이 쥐어져 있었다는 점에서, 보다 정확히는 "수직적-수평적 폭력의 혼합"이라고 해야 할지 모른다. 지극히 평범한 이들까지 수평적 폭력의 가해자 역할을 기꺼이 떠맡는 현상은 내면화된 반공주의나 군사주의 멘탈리티의 결과일 수도 있고, 김두식의 표현에 따르자면 "주류 콤플렉스" 혹은 "소수자들에 대한 가해자의 입장에 참여함으로써 자신이 주류에 속해 있다는 안도감"을 확인하려는 심리가 작용한 탓일 수도 있었다.[91] 김두식은 이단 낙인의 전 사회적 확산과 관련된 한국의 "특이한 시스템", 그리고 종교적 소수자에 대한 광범위한 "억압 연합"을 언급하고 있기도 하다.[92]

(4) 그들은 어떻게 국가폭력을 견뎌냈을까?

1950년대 이후 점점 악화하는 환경에 직면한, 병역거부 당사자인 두 교단의 대응 방식은 대조적이었다.[93] 특히 1950년대에 그랬듯이 재림교회는 미국 교단본부까지 활용한 고위인사 접촉이나 탄원서 제출 등 적극적인 "설득 전략"을 구사했다. 반면에 1950년대 이후 여호와의증인 교단은 징집 대상인 청년 신자들이 양심적 병역거부 교리를 이행하도록 수형受刑 생활과 관련된 종교적·심리적 지원을 아끼지 않으면서도 정부에 대해서는 "침묵·순응 혹은 무대응"에 가까운 반응을 보였다. 임재성은 "'정치적 중립'이라는 여호와의증인 교파의 특성"을 지적하면서, 그로 인해 이들은 "오랜 처벌과 탄압에도 불구하고 피해 사실을 공론화하거나 사회 활동의 주체가 되는 것을 조심스러워했다"고 지적한 바 있다.[94] 여호와의증인 교단의 교리적 입장은 "정치적 중립"이라기보다는, 국가·정치에 대한 철저한 불신에 기초한 "탈정치화·탈세속" 노선에 가깝다고 하겠다. 오만규가 적절히 설명하듯이 말이다.

> 전쟁에 대한 여호와의증인들의 "중립적"인 태도는 세상 나라들에 대한 그들의 "중립적" 태도에 기인한다. 그들은 세상에 있으나 세상에 속하지 않은 것이 마치 배가 떠 있으나 바다에 속하지 않은 것과 같다고 주장한다. 그들은 "하나님의 왕국을 위해 헌신하는 사람이 어떻게 세상 파벌들의 투쟁에서 어느 한 편을 편들 수 있겠는가?" 하고 주장한다.[95]

　　최근 이진구는 여호와의증인 교단이 문제 해결을 위한 노력의 일환으로 1960년대에 법적 소송을 제기한 바 있다고 주장했다. 그에 따르면, "병역거부의 경우 양심의 자유가 중요한 투쟁의 무기로 활용되었다. 여호와의증인은 군사정권 시대인 1960년대에 이미 법적 소송을 제기한 바 있다. 물론 패소하였지만 병역거부 문제를 헌법이 보장하는 양심의 자유 문제로 풀어가고자 했던 것이다."[96] 그러나 여호와의증인 신자들은 법적인 대응에서도 대체로 소극적인 편에 더 가까웠다.

　　이런 탈정치성 혹은 정치적 소극성에도 불구하고, 또 국가의 더욱 강화된 억압에도 불구하고, 여호와의증인 교단과 신자들은 이 시련을 '견뎌냈고' 어떤 면에선 '이겨냈다.' 오랫동안 지켜온 양심적 집총거부 원칙을 포기한 재림교회와는 대조적으로, 여호와의증인 교단의 경우 1970년대 중반부터 현저히 강화된 처벌에도 불구하고 양심적 병역거부자들이 지속적으로 출현했다. 1994년에 현역 군복무 기간이 26개월로 감축되었음에도 불구하고 항명죄의 법정최고형은 2년에서 3년으로 증가했고, 법관들은 3년이라는 최고형을 기계적으로 선고함으로써 양심적 병역거부자를 최대한 강하게 처벌하는 일을 관행처럼 당연시하는 경향을 보였다.[97] 그럼에도 여호와의증인 병역거부자는 감소하지 않았고, 교단의 교세가 크게 위축되지도 않았다. 1990년대 후반의 자료만 보더라도 여호와의증인 신자들의 양심적 병역거부는 오히려 증가 추세를 보였다. 거의 전부가 여호와의증인 신자들인, 항명죄(집총거부)로 인한 군교도소 수감자가 1996년 361명, 1997년 377명, 1998년 515명, 1999년 607명, 2000년 632명 등으로 증가했던 것이다.[98] 2001년에 양심적 병역거부 문제가 우리 사회에서 공론화되기 이전에, 양심적 병역거부에 대한 형량의 증감은 여호와의증인 거부자 숫자와 일관된 관계를 드러내지 않았다.[99] 형량이 증가한다고 거부자 수가 감소하지 않았고, 형량이 감소해도 거부자 수가 증가하지 않았다. 국가권력이 여호와의증인 교단에 집중포화를 퍼부었던 1975년에 여호와의증인 신자 수는 32,693명이었다. 1985년 8월 현재 여호와의증인 한국지부의 왕국회관(교회) 수는 644개, 신자 수는 39,654명으로 10년 동안 큰 증가를 기록하지는 못했을지라도, 그렇다고 교세가 위축된 상황도 아니었다. 그러다 이후 교세가 꾸준히 성장하여 20년 후인 2005년에는 1,403개의 회중 조직과 9만여 명의 신자에 이르렀다.[100] 이런 수치들은 1970년대는 물론이고 1990년대에도 국가가 여호와의증인 신자들의 병역거부 의지를 꺾는 데 실패했음을 보여주는 증거이다. 한국 여호와의증인 사례는 국가폭력 강도의 증가만으로는 종교적 신념을 꺾기 어려울 수 있음을 강력히 증언한다.

군사정권의 폭압에도 굴하지 않은 여호와의증인 신자들의 이런 강인한 자세는 대체 어떻게 가능했을까? 여호와의증인 신자들은 어떻게 고난의 행위를 지속할 수 있었을까? 아마도 "'긍정적 보상'과 '부정적 제재'의 결합"이라고 말할 수 있는 요소들이 여기에 개입했던 것으로 보인다.

우선, 교단의 방침 및 정통교리를 이행한 신자들에게는 강한 심리적·사회적 보상이 주어졌던 것으로 보인다. 이런 심리적·사회적 보상은 "예수의 십자가 희생을 따르고 모방하는 순교자적 신앙 행위"라는 신학적 정당화 담론과 종종 결합된다. 재림교회와 여호와의증인 교단 신자들의 상이한 대응과 관련하여, 필자는 2015년 출간된 한 대담집에서 '설득력 구조' 개념을 고려할 것을 제안한 바 있다.

이 문제(양심적 병역거부자에 대해 교단마다 다르게 반응하는 문제―인용자)에 대해서는 다양한 접근이 가능할 겁니다.……병역거부를 선언했을 때 가까운 주변 사람들의 반응이 어떠했는가에 주목하는 미시적-일상적인 접근도 가능할 것이고, 교단 차원의 공식적인 입장 표명이 어떠했는가의 문제로 좀 더 거시적-제도적으로 접근할 수도 있겠죠. 병역거부자와 주변 사람들의 일상적 상호작용을 미시적으로 관찰해보면 병역거부의 등장이나 지속에 기여하는 요인들을 더 정확히 알 수 있을 거예요.……예를 들어 현재 출석하고 있는 교회의 목회자, 부모님, 아주 친한 친구, 자신의 신앙적 멘토 등 평소 중요한 타자나 준거집단이라고 여길 만한 분들이 자기가 병역거부의 결심을 밝혔을 때 따뜻하게 격려하고 지지하고 위로해준다면 병역거부를 결행한 후 여러 어려움에도 불구하고 계속 고수할 확률이 높겠죠. 반면에 그렇지 못하면 병역거부는 훨씬 더 어렵고, 버티기 힘들고, 너무나 고통스러운 일이 될 겁니다.……피터 버거라는 미국 사회학자는 신념의 설득력 내지 신빙성에 대한 사회적 지지를 의미하는 '설득력 구조plausibility structure'라는 개념을 사용하는데요, 이것은 "각각의 세계가 거기에 자리 잡고 있는 사람들에게 실재적인 세계로서 계속 존속하기 위해서 요청되는 사회적 토대"로 정의됩니다. 우리 역사에서 보면, 1970년대에 재림교회와 여호와의증인 교단에서 각각 병역거부자가 나왔을 때, 설득력 구조가 아주 판이하게 작동하는 모습을 확인할 수 있습니다.

재림교회의 경우 1976년에 마지막 병역거부자가 나온 뒤 더 이상 병역거부를 하지 않고 있습니다. 그 직전인 1975년에 삼육대학교의 신학과 학생이던 오정채라는 분이 집총훈련을 금지하는 재림교회의 교리를 내세우면서 필수과목인 교련을 거부했어요. 그 당시는 대학에서 교련을 거부하면 바로 강제입영을 시키던 때였죠. 그분이 교련을 거부해서 훈련소로 끌려갔고 거기서도 집총을 거부하고 있는데 이때 정말 존경하던 신학과 은사님이 면회를 와서 격려와 위로는커녕 집총 거부를 그만두라고 강하게 설득을 하는 거예요. 가족들도 마찬가지였고. 오정채 씨는 비슷한 시기에 여호와의증인 교단의 병역거부자와 자신의 처지를 비교하면서 자신이 겪었던 외로움, 고립무원의 처지를 회고록에서 토로한 바 있습니다.……"나의 마음속을 강하게 엄습하는 생각은 내가 너무 외롭다고 하는 것이었다. 한국 재림교회 안에 나의 길을 같이 걷고 있는 형제들이 또 있는 것도 아니고 나를 가르치셨던 교수님들마저 나의 가는 길에 회의를 표시하고 계시니 나는 천지간에 홀로 처하는 사람처럼 몹시도 외롭다는 생각이 들었다. 내가 당시 들은 이야기는 집총을 거부한 한 여호와증인 병사에게 그 부모가 면회 왔기에 헌병대에서 허락을 주었더니 그 부모는 아들을 만나자마자 '아이구 내 아들 장하다. 믿음으로 끝까지 승리해라' 하고 아들을 격려하는 바람에 다시는 여호와의증인들은 면회를 시켜주지 못하게 했다는 것이다. 적어도 여호와증인 집총거부자들은 가족들과 교우들과 교단의 지지를 받고 있었던 것이다." 여호와의증인 병역거부자들은 재판을 받을 때도 신자들이 방청석을 가득 메운 채 응원해주고, 감옥에 있을 때도 가족, 친지, 교우들이 계속 면회를 와서 외롭지 않게 해줌과 동시에 용기를 불어넣어주고, 출소한 이후에도 신자공동체가 환대하고 따뜻하게 품어주면서 역경을 이겨낸 것을 치하해주죠. 반면에 재림교회는 이미 집총거부 운동을 지탱해주던 설득력 구조가 거의 완전히 해체된 상태였죠. 결국 오정채 씨는 집총거부 의지를 접을 수밖에 없었고, 다른 일반 사병처럼 군복무를 마친 뒤 재림교회 목사가 되었습니다. 물론 지금 생각하면 이런 일련의 일들이 개인에게는 아주 부끄럽고 고통스러운 기억으로 남아 있을 수도 있겠죠.[101]

다음으로, 여호와의증인 교단에서는 병역거부 교리 위반에 대한 높은 강도의 '부정적 제재'도 동시에 작동했던 것 같다. 다시 말해 교단 방침으로부터의 이탈을 방지하거나 억제하는 제재 장치가 작동했던 것으로 보인다. 김두식이 말하듯이 "여호와의증인들은 자신들의 교리에 어긋나는 행동을 한 사람들을 파문하거나 그 사람과의 대화를 거부하는 조치를 취한다.……침례를 받은 여호와의증인으로서 병역에 응한 사람들은 이러한 조치를 통해 자신의 뿌리가 흔들리는 아픔을 겪어야 한다."[102] 여호와의증인 교단에 비판적인 유인술에 의하면, "증인 자녀가 군대를 갔다 오면 조직의 '이탈자' 즉 제명처분을 당한 자와 동등하게 취급당한다. 또한 그 자녀의 아버지가 장로라면 임명에서 해임되거나 사임을 권고받게 되며 장로 직분을 유지하기 위해서는 자녀와 한 지붕 아래 동거하지 못하게 별거를 시켜야 한다."[103] 그렇다면 "조직의 이탈자 즉 제명처분을 당한 자"는 어떤 처벌을 당하는가? 유인술의 설명을 계속 들어보면, "여호와의증인 종교는 조직을 이탈한 사람과 사상적 이유로 제명된 자를 모두 이른바 '배교자'로 낙인찍어 배신자로 배척한다. 우연히 지나친다 해도 가벼운 인사조차 할 수 없으며, 가족 간의 교류도 최소화(사실상 단절로 유도)하는 정책을 쓰고 있다. 이 지침을 어긴 사람에게는 충고 또는 책망 등의 사법 처분이 내려진다."[104]

이런 제재가 효과를 발휘하기 위한 전제는 평소 신자들에게 요구되는 높은 비용 투입─종교적 헌신과 참여─이다. 아래 인용문에 그 일단이 소개되어 있다.

> 여호와의증인으로서 활동하는 것이 쉽지 않다는 것은 공감할 것이다. 여호와의증인 신분을 얻기 위해서는 보통 1년에서 길게는 수년에 이르는 성서 연구를 여호와의증인들과 함께 해야 하며, 그 과정에서 흡연 습관이나 결혼하지 않고 함께 사는 일이 있다면 모두 중지해야 한다. 그리고 여호와의증인이 된 후에도 엄격한 도덕법에 고착하지 않을 경우 그 사람은 더는 여호와의증인으로 간주되지 않는다. 또한 1주일에 적어도 세 번 집회 장소인 왕국회관이나 가정집에서 모임을 가지며, 그 모임 시간은 모두 합치면 다섯 시간 정도이다. 그리고 호별 방문 전도 활동에도 매주 일정 시간 참여할 것이 기대된다.[105]

많은 종교사회학자들이 지적하듯이, 더 많은 종교적 비용 투입, 더 까다롭고 부담스러운 규율 준수를 신자들에게 요구하는 종교집단은 단단한 내적 통합력을 발휘하는 경향이 있다. 강한 헌신과 높은 수준의 참여를 통해 신자 개개인에게 종교적 삶이 점점 일상생활의 중핵中核이자 최우선 순위의 일로 자리 잡게 되며, 이런 상황에서는 종교공동체로부터 부과되는 부정적 제재가 큰 위력을 발휘하기 쉽다. 이 따뜻하고 헌신적이고 상호의존적이며 강렬한 상호작용과 접촉이 계속되는 종교공동체로부터 배제당하거나 추방당할지 모른다는 두려움이 개별 구성원들로 하여금 공동체의 제재에 순응하도록 만들게 된다. 많은 학자들이 이런 엄격하고 단단한 종교공동체의 "교세 성장 능력"에 주목했지만, 필자는 "국가를 포함한 외부 세력으로부터의 불리한 압박·도전에 직면해서도 붕괴되지 않고 내적 통합과 단결을 유지하는 능력" 측면에서도 엄격한 종교조직이 우월하다고 판단한다.

간략히 살펴보았듯이, 여호와의증인 교단은 설득력 구조의 형성 및 원활한 작동으로 압축되는 '강력한 심리적·사회적 보상'과 잠재적 일탈자에 대한 '부정적 제재'를 효과적으로 결합시킴으로써 양심적 병역거부자에 대한 국가폭력에 맞섰다고 말할 수 있을 것이다. 감옥행을 견딘 신자들에게 교회·교단 내 지위 상승과 같은 긍정적인 보상을 제공했을 수도 있다.

여기에다 '선악善惡 이분법'과 정확히 겹치는 '우리-그들 이분법'에 근거하여 외부 세계와의 대립적 단절과 내적 집단의 공고한 단결을 도모하는 "종파 결속 기제"도 함께 작용했던 것으로 보인다. 종말론적 신앙과 "박해 대 순교 프레임"도 중요했을 수 있다. 주류 사회 및 국가와의 상호작용이 절망적이고 미래가 암담해 보일수록 종말론 성향의 종파들은 박해-순교 프레임으로 상황을 해석하고 대응하는 경향을 보인다. 주류 사회의 핍박·차별과 국가폭력이 가중되는 것은 종말―궁극적 승리―이 임박했다는 징표로 이해될 수 있다. 군대로 끌려가 죽음을 예감할 정도로 극심한 폭력에 시달리면서 박해-순교 프레임을 체험적으로 받아들인 신자들이 종말론적 재림신앙으로써 '박해'를 견뎌냈을 수 있다는 것이다.

　병역 문제에 대한 여호와의증인 교단, 특히 국제적 차원 혹은 뉴욕 세계본부 차원의 입장도 역사적으로 가변적이었음을 반드시 언급해야 할 것 같다. 여호와의증인 교단은 전통적으로 "비전투 대체복무를 병역 대신 받아들이는 것조차 이 세상의 권력과 타협하게 된다고 하여 계속 거부"할 것을 요구해왔다.[106] 그것이 군대 내부의 비전투 복무이든 군대 바깥에서의 민간대체복무이든 모두 거부한다는 것이다. 2차 대전 이후 (투옥되는 대신) 대체복무를 수용하는 문제를 두고 여러 차례 교단 내부로부터 문제 제기와 의견 수렴, 토론 과정이 있었지만 한결같이 기존 입장을 재확인하는 결정이 내려졌다.[107] 유인술의 설명을 다시 들어보자.

　　많은 징병제를 실시하는 나라들에서, 양심적 병역거부자에 대해서 그것을 대체하는 비전투 근무, 예를 들면 토목공사라든지 군병원에서의 근무 등을 제시하고 있었다. 여호와의증인은 오랜 세월 동안, 이 대체 비전투 근무도 거부하는 것이 공식적 방침이 되어 있었다. 이 교리는 1996년 5월 1일 호『파수대』지에서 변경될 때까지, 반세기 이상에 걸쳐서 계속되어 그 결과, 징병제를 실시하는 많은 나라들에서, 수천 명이 넘는 여호와의증인 남자들이, 징병 거부라는 죄로 계속 투옥되었다. 이 교리의 이유는, 대체근무를 받아들이는 것은 전투라고 하는 '유혈 죄'의 '대체'이며, 그것은 동일하게 유혈 죄가 된다고 하는 해석이었다. 그 결과, 여호와의증인의 젊은 청년들은 대체복무를 거부해서 투옥되든지, 대체복무를 받아들여 즉시 회중으로부터 이탈로 처리되어 제명처분을 받은 것과 동일한 취급을 받든지 어느 한쪽의 선택을 강요받게 되었다.[108]

위의 인용문에도 나오듯이, 국제적 차원에서 여호와의증인 교단이 신자들에게 '대체복무'를 공식 승인한 때는 1996년이었다. 이후 여호와의증인 교단은 병역 문제에서 "형제들 각자의 양심에 맡겨야 한다"거나, "소집을 받으면, 개개인이 양심에 근거해 결정해야 할 일이다"라는 입장을 표명해왔다.[109] 그러나 이런 입장이 현역 군복무까지 포함하는 것으로 오해되어서는 안된다. 신자들의 양심에 따른 선택은 "투옥이냐, 대체복무냐"의 양자택일 상황으로 압축된다. 다시 말해, 우리가 제2장에서 정리한 용어를 따르자면 ① 군복무를 대신하여 공적·사적 기관에서 대체적 공익복무를 하는 대체적 선택의 양심적 병역거부alternativist CO를 선택하든, ② 대체복무 역시 군대 체제를 전제하고 있으며 군대를 사용하는 국가의 권위를 인정할 수 없으므로 군복무만이 아니라 일체의 대체복무까지 거부하는 절대적 병역거부absolutist CO를 선택하든, 그것은 신자 개개인이 결정할 문제라는 것이다. 2020년 한국에서도 양심적 병역거부자들에게 마침내 대체복무제라는 기회의 창이 열렸을 때 여호와의증인 신자들이 기꺼이 대체복무에 응할 수 있었던 것도 세계본부 차원에서 이뤄진 1996년의 교리 변경 덕분이었다.

여호와의증인 교단과 대조적으로, 재림교회에서는 교단의 규정 자체가 좀 더 느슨하고 모호한 구석이 많았다. 세계적 차원에서 단일한 재림교회 교리를 확립했던 1954년의 대총회는 "민간복무이든지, 군복무이든지, 전시에나, 평화 시에나, 제복 차림으로나, 평복 차림으로나 생명을 구원하는 일에 기여하는 비무장 전투원의 기능으로 국가에 봉사하고자 한다"고 규정했다. 그런데 재림교회 한국연합회의 종교자유부장을 역임한 이지춘 목사는 대총회의 이 선언이 "신자들을 구속하는 엄격한 입장은 아니"라고 해석했다.[110] 그리고 앞에서 관련 통계를 통해 확인했듯이, 재림교회의 집총거부 교리를 준수하는 청년 신자들의 비율은 1958년 이후 급격히 감소했다. 특히 1965년 이후에는 10% 미만으로, 1967년 이후로는 1% 미만으로 떨어져 공식교리로서의 구속력을 완전히 상실했다. 집총거부 교리를 외면하는 신자들에 대한 제재도 부과되지 않았다. 신자들에게 교리에 대한 충성을 유도하거나 강제할 제재 장치들이 아예 부재했던, 혹은 제대로 작동하지 않았던 것이다. 1972년에는 북미지회 추기회의가 '비무장 군복무'라는 종전 원칙을 여전히 최선의 선택으로 내세우면서도 '무장 군복무' 역시 허용하는 결정을 내렸지만, 한국 재림교회에서는 집총거부(비무장 군복무)의 교리적 구속력이 훨씬 이전부터 소실되고 있었다.

제
8
장

다른 장소와 유형의
거부자들

이번 장에서는 재림교회와 여호와의증인 두 교단에 속한 이들이 아닌, "다른 장소와 유형의 양심적 병역거부자들"을 다루려 한다. 먼저 교단 차원이 아닌 '개별적인' 양심적 결단에 의해 병역을 거부한 이들을 소개할 것이다. 이들 중 상당수는 종교적 동기로 병역을 거부했지만, 다른 이들은 비종교적인 다양한 세속적 동기에 이끌려 거부를 감행했다. 양심적 병역거부가 고독한 개인적 선택이었기에, 이들이 겪어야 했던 심적 고통은 훨씬 더 크고 깊을 수밖에 없었다. 이 장에서는 한국에 온 몇몇 외국인 병역거부자들도 간략하게 소개할 것이다.

아울러, 이번 장에서는 실제적인 양심적 병역거부자들을 거의 배출하진 않았지만 평화주의적 교리를 갖고 있는 교단들, 곧 1950년대에 한국에 진출한 퀘이커와 메노나이트 교단, 그리고 1920~1930년대에 한국에 온 하나님의성회에 대해서도 소략하게나마 기술할 것이다. 마지막 절에서는 예비군훈련 거부와 함께 학교에서의 집총훈련(교련) 거부와 관련된 갈등, 즉 1970년대 이후 학교에서의 군사훈련이 부활함에 따라 새롭게 시작된 갈등을 집중적으로 살펴볼 것이다.

1. 개별적 거부자들

(1) 이문창, 김성호, 문기병, 김동희, 김진수, 김이석

우리가 탈영병이나 병역기피자들도 넓은 의미의 양심적 병역거부자로 간주한다면, 한국전쟁 당시 5만여 명에 달했던 대규모 탈영병들, 징병 대상의 15%에 이르렀던 병역기피자들의 존재를 주목해야 옳을 것이다. 물론 그 대부분은 종교적이거나 정치적·사상적 이유로 인한 병역거부자가 아니었지만 말이다. 병환 중인 노부모를 둔 새 신랑 신병이 세 차례나 탈영했다가 결국 총살형을 당한 사례에서 보듯이, 한국전쟁 당시 전체 탈영병의 60% 정도는 "가족의 안위를 걱정해 탈영하는 경우"에 해당했다.[1] 박문수가 설명하듯이 만연한 병역비리에 대한 반발도 중요한 탈영 사유였다.

> 육군 자료에 의하면 6·25전쟁기 탈영한 군인 숫자가 5만여 명에 이른다. 특히 전쟁 후반기인 1952년과 53년 사이 탈영한 군인 비율이 80%에 이르렀다.……당시 자료를 보면 징병 대상 가운데 15% 정도가 병역을 기피한 것으로 나타난다. 병역기피자들은 계층과 무관하게 발생했다. 그럼에도 소집이나 징집을 당한 청년들은 대부분 하층 출신이었다. 이때도 유력자 가문의 자녀나 고학력자들은 군입대가 면제되었다. 설사 입대해도 이들은 전투에 참여하지 않는 보직을 맡았다. 이 때문에 군대는 '문맹'이거나 '초등학교 졸업자'들만 가는 곳이 되었다. 실제로 당시 징집되어 입대한 군인 70%의 학력이 국졸 이하였다. 이는 탈영자들의 계층 구성에서 하층 비중이 높은 이유를 설명해 준다.…… 탈영병이 발생한 이유는 '가정 사정, 훈련 부족, 보급 불량, 불공정한 병무 행정, 보직 배속을 포함한 군 인사행정 비리, 사회 전체의 애국심

박약' 등이었다.[2]

　한국전쟁 시기인 1950년 가을에 '아나키스트' 청년이던 이문창이 병역거부를 감행했다. 그는 9·28 서울수복 직후 강제로 군대에 끌려갔지만 입대를 거부하여 제주도수용소에 갇혔고, 그때부터 휴전 직후까지 3년 가까이 수용소에 머물렀다. 그리하여 그는 지금까지 알려진 해방 후 최초의 '비종교적인' 양심적 병역거부자, 해방 후 최초의 '정치적·도덕적' 동기에 기초한 양심적 병역거부자가 되었다. 언론 보도에 나타난 그의 당시 파란만장한 행적은 다음과 같다.

> 일제는 그가 18살 때 이 땅에서 물러갔다.……고향에서 한학을 공부한 그는 서울에서 아나키스트 집단을 만났다. 을지로의 한 적산가옥 2층에 모인 젊은이들은 '무명회'였다. 일제 강점기에 만주와 한반도, 일본 등지의 지하에서 아나키스트로 활동하던 독립운동가들이 해방이 되자 지상으로 나온 것이다. 이들은 '자유사회건설자연맹'을 발족시켰고, 그는 그들의 심부름을 하며 즐거워했다.……그는 곧 청년 아나키스트 조직인 '설형회' 조직의 주역으로 자주학습운동을 전개했다. 그들은 미국의 지원을 받는 이승만의 주도로 남한 단독 정권이 들어서자 좌절을 하면서 그들만의 혁명정부를 꿈꿨다. 6·25전쟁은 이문창에게 레지스탕스로 반전·반공산 지하운동을 하는 기회가 됐다. 전쟁 발발 직후 인민군에게 점령당한 서울에 머물며 그는 단파방송으로 유엔군 등의 참전 소식을 청취하고, 이런 뉴스를 일반 민중에게 전파하는 활동을 했다. 그러다 인민군에게 잡혀 고문을 당하며 죽음의 문턱에서 가까스로 탈출했고, 수복 뒤엔 다시 국군한테 붙잡혀 강제로 군에 끌려갔다. 하지만 그는 스스로 "전쟁 도구가 될 수 없다"며 군입대를 거부해 제주도의 수용소에 수감됐다. "남과 북이 세계적 권력의 꼭두각시가 돼 서로

총부리를 겨누는 것에 항거했어요. 반지배와 반권력을 추구하는 아나키즘 사상은 나의 신념이기도 했어요." 그는 제주도수용소에서 21일간 목숨을 건 단식을 하기도 했다. 1953년 휴전으로 풀려나 서울로 돌아온 그는 아나키스트 선배들이 세운 '국민문화연구소'에 들어가 농촌계몽운동에 전념했다.[3]

정영신에 의하면, 김성호는 전쟁 반대의 신념에 따라 군입대를 회피하여 일본으로 밀항한 경우였다.

김성호 씨는 해방 이후 벌어졌던 빨치산과 국방경비대, 경찰, 국군, 인민군 사이의 폭력 속에서 병역거부를 결심하게 되었다. 특히 그는 초등학교 시절 국방경비대 23연대가 창고에 가두어두었던 '공비' 한 사람을 학교 운동장으로 끌고 나와 칼빈총으로 찌르고 죽이는 것을 목격했던 경험 속에서 "저것은 누구고, 이것은 누구고, 왜 그렇게 해야 하는 건가, 그때 일평생 무조건 전쟁에 반대한다, 군대는 안 가겠다"고 결심했다. 그러던 중 고등학교 3학년 때 신체검사에서 갑종 합격 통지서를 받고 언제 영장을 받을지 모른다는 공포에 떨다가 일본으로 밀항했다. 이후 김성호 씨는 일본에 정착해서 한국 민주화운동을 지원하는 활동에 참여해왔다.[4]

현역군인으로 복무 중이던 1965년에 베트남전 파병을 거부하며 탈영한 후 일본으로 밀항했던 김동희도 정치적·도덕적 차원의 양심적 병역거부자로 볼 수 있다. 그의 병역거부는 도쿄대 교수인 와다 하루키의 글을 통해 처음 알려졌다.

베트남전쟁 기간 중, 일본인 앞에 한국인이 또렷이 모습을 보였던 적이 있다. 베트남 파견을 거부하여 한국군에서 탈영한 청년 김동희金東희 씨가 일본에 밀항해 왔던 것이다. 그가 체포되어 1년의 징역형을 살고 한국으로 강제송환되기 위해 오오무라大村수용소에 보내진 1967년 2월에 일본인 시민운동가들은 그의 사정을 처음으로 알게 되었다. 김동희 씨가 수용소 안에서 일본에의 망명을 요구하며 강제송환 정지 재판을 일으킴에 따라 지원 운동이 확산되었다. 말할 것도 없지만 일본 정부가 망명을 허용했을 리가 없다. 그래서 재판 도중에 그는 북조선행을 희망하였고, 그에 따라 일본을 떠났던 것이다. 이 사건과 맞싸웠던 쿄오또 베트남평화운동연합의 활동가는 이 김동희 씨의 출국에 대해 보고할 때 '귀국'이란 표현을 사용했다.[5]

3년 전인 1962년에 이미 한 차례 징병을 피하여 일본으로 도피한 바 있는 김동희 역시 파란만장한 삶을 살았다. 전역을 불과 6개월 앞둔 상태에서 병역거부를 감행했다는 점에서, 그는 '군복무 중 양심적 병역거부자'에 해당한다. 소집 즉시 집총거부를 행하여 퇴소당함으로써 군 훈련소 문턱을 넘지 못하는 이들을 제외한다면 말이다. 김동희는 베트남전쟁이라는 '특정한 전쟁에 대한 반대'를 내세웠다는 점에서 '선택적 병역거부자selective objector'에 해당하기도 한다. 최근에는 자신이 부도덕하거나 비인도적이거나 불의하다고 생각하는 특정 전쟁·전투·작전·임무를 반대하여 탈영하거나 도피하는 이들도 넓은 의미의 양심적 병역거부자로 인정하는 추세이다. 역시 언론의 관련 보도를 보자.

김동희는 1935년 제주도에서 7남매의 막내로 태어났다. 일본에 거주하던 세 명의 형을 찾아 1953년에 처음으로 밀항한다(제1차 밀항). 가난이 이유였다. 열아홉 살 때 일이다. 합법 신분을 얻지 못하고 1960년 4월 1일 한국으로 강제송환된다.……그 뒤 입대 영장을 받았지만 징병을 기피하고 1962년 5월 재차 밀항을 시도한다(제2차 밀항). 이틀 동안 표류하다가 일본 쪽에 구조·체포되었고 1962년 6월 출입국관리령 위반으로 징역 1년 2개월, 집행유예 3년의 판결을 받는다. 같은 해 10월엔 한국으로 강제송환된다. 제1차 송환 때와는 달리 한국에서 징역 10개월(집행유예 1년) 판결을 받았다. 1963년 7월에 입대하였고 9월에 부산 육군병기학교에 배속되었다.……제대를 약 반년 앞둔 상황에서 돌연 베트남 파병 명령이 떨어졌기 때문이다. 상관에게 밉보인 게 이유였다고 그는 말한다. 1965년 7월 3일 탈영을 감행한다. 계급은 병장이었다. 1967년 1월 23일 일본의 재판소에 제출한 '망명신청서'에서 그는 4·3 사건과 "한국전쟁에서 많은 동포들이 죽어가고 조국이 파괴되는 것을 통해 전쟁이 얼마나 잔혹한지를 체험했다. 지금 베트남에서 포연에 휩싸인 채로 많은 사람들이 이유도 없이 서로 죽이고 국토를 파괴해 피로 물들고 있는 것에 강한 반발을 느꼈"으며, 따라서 "죄 없는 베트남 사람을 죽이고 싶지 않"으며 또한 "나도 죽고 싶지 않"았었다고 말한다. 다시 밀항을 택한다. 1965년 8월 조그마한 어선에 몸을 싣고 대마도로 향한 것이다. "헌법 전문 및 헌법 제9조의 전쟁 포기를 규정한 평화주의를 관철시키려 노력하는 일본"이라면 베트남 파병에 반대한 자신의 뜻을 받아들여줄 것이라고 생각했기 때문이다. 바람은 이뤄지지 않았다. 일본 경찰에 체포되었고 출입국관리령을 위반했다는 이유로 약 1년의 징역형을 받고 후쿠오카 형무소에서 복역한다.[6]

그 자신 병역거부자인 이용석은 "우리가 몰랐던 병역거부자"라는 글에서 베트남전쟁 당시 병역을 거부한 김진수와 김이석의 사례를 소개한 바 있다. 두 사람 모두 베트남전쟁에 대한 반대 신념 때문에 탈영을 통해 병역거부를 한 사례로서, '군복무 중 양심적 병역거부자'이자 '선택적인 양심적 병역거부자'였던 셈이다. 같은 글에서 이용석은 김이석의 탈영과 일본 밀항을 소개한 후 김동희 사례를 덧붙였다.

> 김진수는 한국계 미국인으로 미군 복무 중에 베트남으로 파병되었고,
> 휴가지인 일본에서 탈영하여 쿠바대사관에 망명 신청을 했다. 그는 중
> 국, 소련을 거쳐 결국 스웨덴으로 망명을 하며 다음과 같은 글을 남겼
> 다. "나는 미국이 베트남에서 행하고 있는 현재의 방식을 바꾸기 위해
> 서 뭔가를 해야 한다고 마음먹었습니다. 게다가 나는 오늘날의 한반도
> 의 비극을 없애는 데 도움이 되어, 확실한 변혁의 가능성을 가져다줄
> 수 있는, 그래서 현재의 한반도 사람들에게 재통일이 받아들여질 수 있
> 는 뭔가를 해야 한다고 결심했습니다. 그래서 나는 내 마음을 전하기
> 위해 탈영이라는 길을 택한 것입니다."

미군이었던 김진수뿐만 아니라, 한국군에서도 베트남전쟁에 반대
하여 병역을 거부한 이들이 있었다. 제주 출신 김이석은 어려서 제주
4·3과 한국전쟁을 몸소 겪었다. 그럼에도 군입대가 의무라는 생각에
군에 입대하지만 베트남전쟁에 파병되자 탈영을 하고 일본으로 밀항
한다. 감리교 신자이기도 했던 김이석은 자신의 신앙과 양심에 비추어
베트남전쟁이 잘못된 일이고 가담할 수 없는 일이라고 판단했다. 훗날
김이석은 일본 정부에 발각되어 한국으로 강제송환되었고 그 이후의
삶은 알려져 있지 않다.[7]

1950년대에는 재림교회 및 여호와의증인 교단 이외의 주류 개신교 교
단 출신자 가운데서도 양심적 집총·병역 거부자가 나타났다. 문기병, 그
리고 뒤에서 자세히 소개할 홍명순이 그 사례에 해당한다. 1958년 6월
장로교 신자인 문기병이 훈련소에서의 집총훈련 거부로 투옥되어 6개월
형을 선고받았다. 그는 훈련소의 군목과 소속 교회 목사의 거듭된 만류
에도 불구하고 집총거부의 신념을 끝까지 고수하였다고 한다.[8] 문기병

은 현재까지 확인되는 최초의 장로교인이자 '주류' 종교 출신의 양심적 병역거부자였다. 동시에 문기병은 '현역 복무 중의 양심적 병역거부'에 해당하는 해방 후 최초의 사례이기도 했다. 그러나 그의 이런 행동은 교단 안에서조차 반향을 불러오지 못했고, 또 다른 양심적 병역거부자의 출현으로 이어지지도 못했다.

(2) 승려 효림, 목사가 된 김홍술

1970년대 말 '주류' 종교에서 또 다른 양심적 병역거부자들이 나왔음을 기록해둘 필요가 있다. 개신교 신학교 출신으로 복역 이후 목사가 된 김홍술과 현직 승려로서 군대 안에서 양심적 병역거부를 감행했던 효림이 그들이다.

2002년 2월 13일자 「법보신문」에 따르면, 효림은 "영장이 나와 입대했으나 승려로서 도저히 살인 훈련을 받을 수 없어" 집총훈련을 거부하고 감옥살이를 했다고 한다. 그는 불교 신자로는 한국 최초의 양심적 병역거부자였던 셈이다. 이용석은 김홍술과 효림에 대해 다음과 같이 기술했다. 여기서 승려 효림이 '선택적 거부자'였다는 표현은 '군복무 중의 거부자'로 수정되어야 할 것이다.

병역거부자에게 가장 가혹했던 1970년대에도 종교인들은 병역거부를 이어갔다. 여호와의증인은 물론이고 기독교와 불교 신자들의 병역거부가 이어졌다. 1978년, "형제끼리 총부리를 겨누는 게 싫다"며 병역을 거부한 기독교인 김홍술은 실형 3년을 선고받고 수감되었다. 그는 출소 후 목사 안수를 받고 부산에서 빈민운동을 했다. 효림 스님은 입대한 뒤 병역거부를 선언한 선택적 병역거부자였다. 유신시대 말기에 입영 영장을 받고 입대했지만 수행자로서의 양심에 위배되는 군사훈련을 받으면서 가치관의 혼란을 느끼고 결국 병역거부를 택해 감옥살이를 했다. 훗날 효림 스님은 2000년대 초반 결성되어 병역거부운동을 이끌었던 '양심적 병역거부권 실현과 대체복무제도 개선을 위한 연대회의'의 대표를 맡아 병역거부자들을 활발히 지원했다.[9]

김홍술은 약 20년의 간격을 두고 1950년대 말 주류 개신교 신자였던 문기병과 홍명순의 뒤를 이었다. 다음은 2022년 2월 그의 죽음을 알리는 추모 기사의 일부이다.

> 그는 16살에 예수를 처음 접하고, 신학대학에 진학했으나 예수의 가르침과는 거리가 먼 신학교의 모습에 실망하다가 어느 날 성 프란체스코의 전기를 읽고선 프란체스코처럼 살기로 결심했다. 그는 아버지의 무덤에 옷을 벗어 놓고 2년 넘게 걸식을 하며 전국을 떠돌아다니다가 1978년 1월 군에 입대했다. 하지만 5개월만에 탈영했다. 탈영 이유는 '동포를 주적으로 삼을 수 없다'는 것이었다. 그는 군 대신 3년간 수감 생활을 한 뒤 서울 삼각산에 들어가 걸인, 알코올중독자들과 천막에서 1년을 보냈다.……그 뒤 신학교에 편입해 목사 안수를 받은 그는 1989년 예배당을 열어 누구나 올 수 있는 곳으로 문턱을 낮췄다.[10]

(3) 한국에 온 양심적 병역거부자들

본국에서 양심적 병역거부를 선언한 이후 한국에 온 외국인들도 있었다. 한국이 그들의 대체복무 현장인 경우도 있었다. 한국인 양심적 거부자들과는 정반대로, 이들 대부분은 처벌은커녕 한국인들의 존경을 받는 위치에 있었다.

김두식 교수는 2차 대전 당시 양심적 병역거부를 하고 대체복무로서

대서양 항로를 오가는 상선의 선원으로 일했던, '대천덕'이라는 한국명
으로 더 잘 알려진 미국인 성공회 신부 루벤 아처 토리의 사례를 소개한
바 있다.

비기독교인들에게는 낯선 이름일 수 있으나 한기총 목사들과 신앙심
깊은 기독교인들 중에 '그리스도의 십자가', '로마서 강해' 등으로 복
음주의 지성 운동을 이끈 존 스토트 목사와 강원도 태백 예수원의 대
천덕 신부를 모르는 분은 없을 것이다. 두 사람 모두 보수적인 기독 청
년들에게 매우 큰 영향을 끼치고 있는 지도자들이다. 존 스토트 목사
는 제2차 세계대전을 맞아 양심에 의한 병역거부를 결정하고 감옥에
갈 각오까지 했던 사람이다. 다행히 신학교 입학을 허가받게 되어 감
옥행은 피할 수 있었지만(목사안수 후보자의 경우에는 병역에 대한 예외가 인정
되었다), 현역 장성이던 아버지와의 갈등은 오랫동안 스토트 목사에게
깊은 상처가 되었다. 대천덕 신부는 독일 잠수함의 공격 위험에 노출
되어 있는 대서양 항로 상선의 선원으로 병역의무를 대신했다.[11]

막상 대천덕 신부 자신은 "나의 간증"이라는 제목의 짧은 자전적 회
고록에서 이에 대해 약간 모호하게 서술한 바 있다.

때가 되어 정부 방침에 의해 군대를 가든지 신학교에 복학하든지 결정
을 내려야 했으므로 다시 신학교에 들어갔다가, 한 학기만 하고 배 타
는 친구의 소개로 선박회사를 찾아가서 자격증을 얻어 일자리를 알아
보았습니다. 우여곡절 끝에 배를 얻어 타고 모험에 가득 찬 생활을 하
게 되었습니다.……전쟁 중에는 상선을 탄 사람들이 제일 많이 죽었습
니다. 해군보다도 몇 배나 더 위험한 생활이었습니다. 한 배에서 20명
이 함께 공동생활하는데 몇 개월 동안 도망갈 수도, 피할 수도 없는 생

활을 했습니다.[12]

1918년 중국에서 태어난 대천덕 신부는 2차 대전 기간 중 대체복무를 마친 후 1957년에 한국으로 와 성공회의 성미가엘신학원을 재건했고, 1965년에는 강원도 태백에 성공회 수도원인 '예수원Jesus Abbey'을 설립했다. 그는 2002년 한국에서 작고했다.

영국인 외과 의사이자 퀘이커 신자였던 존 쉘윈 콘스는 한국전쟁 당시 징집령을 거부하고 한국에서 양심적 병역거부자로서 대체복무를 이행했다. 콘스는 "신의 부름에 응답하다"라는 글에서 자신이 경험을 다음과 같이 직접 소개한 바 있다.

내가 스무 살이던 1947년 여름, 킹스칼리지의 의대생이었던 나는 우연히 퀘이커 미팅을 알게 되고 이후 정기적으로 모임에 참여하게 되었다.……1951년 웨스트민스터병원에서 훈련을 마친 뒤 나는 웨스트민스터병원의 외과의사로 임명되었다. 몇 주 후 징집영장을 받게 되었고 나는 병역거부자로 등록하기로 결심했다. 1952년 6월 나는 풀럼 시청의 재판소에 출두하여 경찰에 구금되었다. 나는 그날 아침 법정에 출두한 20명의 병역거부자 중 마지막 사람이었다. 처음 18명의 병역거부자들은 감옥에 보내졌고 19번째 거부자에게는 병원 질서유지인이라는 대체복무가 부여되었다.……나는 전쟁의 공포를 피하고 싶은 것이 아니었기 때문에 웨스트민스터 퀘이커의 장로에게 내 생각을 털어놓았다. 나의 진심 어린 욕망은 Friends Ambulance Unit FAU와 같은 활동에 함께하는 것이었다. 당시에 나는 미국 필라델피아의 미국친우봉사회 지도하에 의사, 간호사, 사회복지사들로 이루어진 팀이 한국 봉사를 계획하고 있다는 얘기를 들었고 함께하고 싶다는 요청을 보냈다.……재한친우봉사회는 1952년 말에 팀 구성을 마쳤지만 미군이 팀을 한국에 들여보내주지 않았다. 1953년 한국의 상황은 너무 절박했다. 1953년 11월이 되서야 팀은 한국에 입국할 수 있었고 다른 모든 국제 원조기관이 간과한 난민들의 중심지였던 군산에서 일할 것을 요청받았다. 진과 나는 1954년 1월 1일에 두 번째 자원팀으로 파견되었다. 웨스트민스터 퀘이커는 우리가 군산의 난민 캠프에서 의료 지원을 하는 데 필요한 모든 것을 제공해주었다.……우리가 군산에 도착했을 때 나는 전쟁의 피해를 입은 군산 지방병원의 외과 서비스를 복원해줄 것을 요청받았고 진은 간호사를 위한 훈련학교를 조직하라는 요청을 받았다.……미국친우봉사회도 재한친우봉사회도 전쟁으로 손상된 병원에서 열악하게 의료업무를 시작한 세 명의 의사를 대체할 사람들을 찾을 수 없었기 때문에 팀원 모두가 집에 돌아가고 난 후에도 우리는 한국에 머물렀다. 결국 9개월 후에 두 명의 의사를 찾을 수 있었고 진과 나는 1956년 9월 말 런던으로 돌아왔다.[13]

그 자신 양심적 병역거부자인 최정민은 『콘스가 본 1950년대 한국』(서울역사박물관, 2013)이라는 사진집에 기록된 존스의 병역거부·대체복무에 대해 간략히 소개한 바 있다. 이에 따르면, "콘스는 1952년에 웨스트민스터병원에서 의사로 일하던 중 BBC TV 프로그램을 통해 한국의 처참한 실상을 알게 되었다. 퀘이커교도이었던 그는 전쟁과 군대에 대해 부정적인 생각을 가지고 있었고, 인도적인 신념과 종교적인 이유로 간호사였던 진과 의논해 한국행을 결심했다. 그는 1952년 6월 한국 파견 영·미권 퀘이커교도의 봉사단체인 재한친우봉사단(Friends Service Unit: FSU)에 자원했으며, 1953년 런던에 있는 중앙의료전쟁취업위원회Central Medical War Recruitment Committee로부터 병역의무를 대신하여 한국에서 의료요원으로 복무하는 것을 허락받았다."[14] 2013년에 한국 정부는 1950년대 군산에서의 의료봉사 공적을 인정하여 2011년 작고한 콘스에게 수교훈장을

추서했다.[15]

덴마크인 불교학자인 헨릭 소렌센은 베트남전쟁 당시 병역을 거부하고 이를 인정받아 군면제를 받은 후 한국으로 건너온 경우였다. 그는 송광사에서 구족계를 받고 추광秋光이라는 법명으로 오랫동안 승려 생활을 했지만, 한국 승려사회에 실망하여 환속한 후 덴마크로 돌아가 신라 불교에 관한 논문으로 박사학위를 받았다. 다음은 소렌센에 관한 박노자의 소개이다.

그때(60년대 말·70년대 초) 덴마크에서는, 의무 군대에 가지 않으려는 사람들은 병원·학교 등에서 간호사·교사로 봉사하거나 특수 캠프에서 소방관 등의 훈련을 받아야 했다. 즉, 국가는 살생을 거부하는 젊은이들에게 '살생 거부권'을 주되, 일종의 국가적 규율(사회봉사, 훈련 등)을 그래도 강요하였다.……그러나 그는 그의 자유를 속박하는 의무인 사회봉사나 특수 캠프까지도 받아들일 수 없었던 것이다.……그는 캠프에서 사회의 '강요된 집단성'을 참았다가 견딜 수 없어 무단 탈영하여 일본에 가서 비폭력·비강제의 종교인 불교 공부에 몰두하였다. 나중에 그는 덴마크에 귀국해 군 당국으로부터 '의식상 군역 부적합자'라는 다행스러운 판정을 받았다. 헨릭 씨의 말로, 베트남전쟁에 대한 반감과 관련해서 그 당시의 덴마크에서는 자신과 같은 폭력과 규율의 무조건적 거부자들이 매우 많았다고 한다.……폭력과 약탈의 오명을 쓴 유럽 문화 전체에 대해서 깊은 회의를 느낀 헨릭 씨는, 비폭력과 박애의 가르침으로 생각되었던 불교에 본격적으로 입교하기로 결심, 국제적 폭력의 희생자로 여긴 '한국'으로 가서 구산 스님의 문하로 들어갔다. 송광사에서 구족계를 받아 오랫동안 수행 생활을 했던 헨릭 씨는, 구산 스님에 대한 고마움과 존경을 지금도 간직하고 있다.[16]

피터 바돌로뮤는 베트남전쟁 당시 병역을 거부하고 한국에서 대체복
무를 행한 미국인이었다. 그는 베트남전쟁이 한창이던 1968년에 퀘이커
계열의 평화봉사단 일원으로 한국에 왔다. 기업인으로 한국에 정착한 후
'한옥 예찬론자'로 유명해진 그는 2021년 한국에서 작고했다. 다음은 부
고 기사의 일부이다.

> 바돌로뮤 씨는 1968년 평화봉사단 자격으로 한국을 찾았다가 한옥에
> 매혹돼 50년 가까운 세월을 한국에 체류하며 '한옥 전도사'를 자임했
> 다. 그가 1974년 구입해 작고 시까지 살았던 성북구 동소문동 14칸짜
> 리 한옥에는 고학 중인 대학생들이 무료 하숙하기도 했다. 한옥 사랑
> 과 무료 봉사의 정신을 인정받아 바돌로뮤 씨는 2010년 서울시 명예
> 시민 선정, 2012년 문화체육관광부 세종문화상 한국문화 부문 수상,
> 지한파 외국인 1,000여 명이 가입한 왕립아시아학회 회장 역임 등의
> 영예를 거뒀으나 갑작스러운 비보에 장례 절차가 늦어졌다고 그의 동
> 료 피터 언더우드 IRC 대표는 전했다.[17]

간략히 보았듯이, 대천덕 신부는 2차 대전 당시, 존스는 한국전쟁 당
시, 소렌센과 바돌로뮤는 베트남전쟁 당시 각각 양심적 병역거부자가 되
었다. 존스는 1954년에, 대천덕 신부는 1957년에, 바돌로뮤는 1968년에
한국을 찾았다. 존스와 바돌로뮤에게는 한국이 대체복무의 현장이었다.
대천덕 신부와 바돌로뮤는 작고할 때까지 한국에서 살았다.

한국으로 온 외국인 병역거부자 대부분은 널리 알려진 '저명인사들'
이었지만, 그들이 양심적 병역거부자였다는 사실은 그다지 알려지지 않
았다. 그들 자신이 그런 사실을 적극적으로 드러내지도 않았다. 그들은
한국인들의 일상 속으로 스며든 "조용한 평화주의자들", 그러면서도 한
국에 의미 있는 "평화적 영향력"을 발휘한 사람들이었다고 하겠다.

2. 역사적 평화교회들의 한국 진출
   : 퀘이커와 메노나이트

(1) 퀘이커, 함석헌, 홍명순

1950년대에는 기존의 재림교회와 여호와의증인 외에, 브레드런과 함께 3대 역사적 평화교회로 간주되어온 메노나이트와 퀘이커교가 한국으로 진출했다. 퀘이커 교단은 친우회(Friends, Friends Church) 또는 종교친우회 Religious Society of Friends로 불리기도 한다. 메노나이트는 미국·캐나다를 통해, 퀘이커는 미국·영국을 통해 한국에 전파되었다. 양심적 병역거부를 둘러싼 갈등의 세 번째와 네 번째 잠재적 교단 주체가 새로 나타난 셈이었다.

먼저, 한국전쟁 직후인 1953년 후반부터 미국의 일부 퀘이커 신자들이 (영국인 콘스가 대체복무를 한 곳이기도 했던) 군산의료원에서 의사와 간호사로 봉사하기 시작했다. 1958년 2월부터 한국인이 참여한 퀘이커 예배모임이 개시되었고, 그해 7월 최초의 한국인 회원이 탄생한 데 이어, 1960년 12월에는 '종교친우회 서울모임'이라는 최초의 교단 조직이 등장했다. 다음은 한국 퀘이커의 초기 역사를 압축적으로 기술한 김항제의 논문 일부를 옮긴 것이다.

세계의 퀘이커들이 한국 사회에 발을 디딘 것은 민족상잔의 6·25전쟁의 참화 속에 있던 시기였다. 1953년 전쟁의 피난민과 고아를 구조하기 위해 설립된 군산의료원에서 의사로 봉사하기 위해 퀘이커들은 한국에 왔던 것이다. 그들은 미국친우봉사단AFSC과 친우봉사회FSC에서 보내기는 했으나 퀘이커 복음주의자이거나 선교사는 아니었다. 친우회에 직간접으로 감동을 받은 친우회의 일원으로서 왔으며 1958년까지 군산의료원을 세우고 봉사했다. 동시에 한국의 난민 구조를 위한 주택사업Houses for Korea 팀의 리더로 미국 워싱턴주 시애틀에서 온 친우회원 플로이드 슈모에Floyd Schmoe를 비롯한 몇몇 사람들은 '퀘이커라 불리는 특별한 사람들Peculiar People Called Quakers'로 알려져 있기도 하다.……1958년 친우봉사단의 철수 후 친우봉사단에서 함께 일하고 있었던 한국인과 서울에 있었던 친우회원들은 국제한국협력단 미국사무국 소속이었던 프라이스R. Price와 미첼A. Mitchell의 도움으로 한국 모임을 갖기 시작했다. 1958년 2월 15일 서울에 있는 미첼의 집에서 한국인을 위한 첫 번째 퀘이커 예배모임이 이루어졌다. 그 후 1958년 3월 22일부터 토요모임을 정기적으로 갖기 시작했다. 한국인으로서 퀘이커교도가 되고자 결심한 사람은 1958년 7월 이윤구와 차신애였다. 1959년 8월에는 공병우 박사의 병원에서 예배를 위한 모임이 계속되었다. 1960년 3월에는 이윤구가 펜들힐에서 일 년간 퀘이커교를 배우기 위해 유학하기도 했다. 친우회 모임의 공식적인 조직이 요청되어 1960년 12월 '종교친우회 서울모임Seoul Monthly Meeting of the Religious Society of Friends'을 결성하였다. 1961년에는 사무모임을 위한 조직도 갖추었다.……1961년에는 종교친우회 서울모임이 공식적으로 세계친우회FWCC와 관계를 맺기 시작했으며 '일본태평양연회Japan and Pacific Yearly Meeting'에도 참석하기 시작했다. 1964년에는 한국에서 처음으로 미국친우봉사단 국제워크캠프가 개최되었다.[18]

한국의 퀘이커 역사는 함석헌과도 긴밀히 얽혀 있다. 함석헌이 퀘이커교를 처음 접한 때는 1920년대였다. 그 후 1940년대와 1950년대에 퀘이커교와 그의 간헐적인 조우가 이어졌다. 『함석헌 평전』의 저자 김성수는 함석헌과 퀘이커교의 인연을 다음과 같이 기술한 바 있다.

함석헌이 퀘이커리즘을 처음 접하게 된 것은 오산학교에서 면학에 힘쓸 때인 1921년으로 거슬러 올라간다.……그때 그는 카알라일의 『의상 철학』과 초창기 퀘이커 운동 지도자 조지 폭스의 『일지』를 읽었던 것이다. 그리고 동경 유학 시절(1923~1928)에 우치무라 간조, 니토베 이나조와 함께 일본 퀘이커 모임에 출석한 적이 있다……그 후 20여 년 동안 함석헌의 퀘이커리즘에 대한 관심은 잠적한 상태에 있었다. 그러다가 1947년, 북한에서 막 내려온 시점에 함석헌은 YMCA 총무 현동완에게서 서구 퀘이커들의 양심적 병역거부운동에 대해 듣게 되었다. 현동완은 막 미국 여행에서 돌아온 상태였다. 함석헌은 그때를 이렇게 회상한다. "미국 퀘이커들의 평화운동…나는 그 말을 듣고 많이 놀랐습니다. 수많은 젊은이들이 사람 죽이기를 목적으로 하는 전쟁에는 같이 곁들어 할 수 없다는 생각에 징병령에 반대하고 나서서 즐겨 감옥에 들어가고 남아 있는 교도들은 책임을 지고 그들의 뒤를 돌봐주며 운동을 전개해나간다는 것이었습니다."

함석헌이 처음으로 서양 퀘이커 교도들을 직접 만난 것은 한국전쟁이 끝난 직후의 일이다. 피난민들을 위한 의료봉사팀으로 전북 군산병원에 파견을 나온 영국과 미국의 퀘이커들을 만날 기회가 있었다. 영국인 퀘이커 의사 잉글 라이트Ingle Wright 박사를 포함한 미국인 퀘이커 봉사자들이 한국인 이윤구와 함께 퀘이커 모임을 갖기 시작할 무렵이었다.……함석헌은 군산병원에서 서구 퀘이커들의 인도주의적인 활동에 좋은 인상을 받았다. "……나는 그 사람들을 만나게 되었고 그들의 신앙에 참 감동했어요. 그들로 인해서 나는 퀘이커리즘에 흥미를 느끼기 시작했어요."[19]

함석헌은 1960년 12월 '종교친우회 서울모임'이 조직될 당시 5인 고문 중 한 사람이었다.[20] 그는 1961년 1월부터 서울의 퀘이커 예배 모임에도 직접 참석하기 시작했다. 함석헌은 1962년에 미국 퀘이커 교단의 초청으로 필라델피아 펜들힐의 퀘이커연구원에서 10개월 동안 머물렀고, 1963년 봄에는 영국 퀘이커 교단의 초청으로 버밍엄의 우드브룩 퀘이커연구원에 머물기도 했다. 1967년 태평양퀘이커연합회의 초청으로 미국 노스캐롤라이나에서 열린 세계퀘이커대회에 참석한 것을 계기로 함석헌은 퀘이커회의 '공식 회원'이 되었다.[21] 함석헌은 한국의 퀘이커 신자들에게 '스승' 대접을 받았다. 김성수에 의하면, "대부분의 한국 퀘이커들은 함석헌의 이야기를 듣기 위해서, 혹은 예배모임 후에 함석헌이 이끄는 성경공부 모임에 참석하기 위해서 퀘이커 모임에 출석했다고 볼 수 있다. 달리 말하면 한국 퀘이커들의 초점은 퀘이커리즘 자체였기보다는 함석헌이었다. 모임에서 함석헌의 역할은 전형적인 '스승'의 그것이었다. 함석헌과 다른 한국 퀘이커들과의 관계는 공자와 그 제자들과의 관계를 연상시켰다."[22]

한편 함석헌이 세운 '씨올농장'에서 함께 생활하면서 함석헌의 그리스도교 평화주의 사상에 깊은 영향을 받은 홍명순이 1958~1960년경 양심적 병역거부로 인해 6개월 형을 선고받고 대전형무소에서 복역했다.[23] 함석헌은 1957년 천안에 씨올농장을 만들고 중앙신학교에서부터 사제 관계가 형성된 제자들인 홍명순, 김종태와 함께 지내며 농사를 지었다. 이치석은 『씨올 함석헌 평전』에서 홍명순의 병역거부 사건을 다음과 같이 소개한 바 있다.

> 함석헌은 거기(천안의 씨올농장, 1957년 3월)에 단지 홍명순과 함께 온다. 그는 우리나라 최초의 양심적 병역 거부자로서 1년여 간 옥고를 치르고, 강원도 평창 해발 1,200미터 고지에서 600마지기 땅을 일구던 중이었다. 그가 병역을 거부한 것은 함석헌의 말 때문이었다. 어느 날, 그는 "한국전쟁을 치르고 나서도 나는 한 명의 목사도 전쟁의 잔인함

을 비판하는 것을 보지 못했다"는 말을 듣고, 이를 스스로 실천에 옮겨 버렸다.[24]

홍명순 자신의 목소리로 부연하자면 다음과 같다. "함 선생님은 늘 말씀하셨습니다. '6·25전쟁을 치르고 나서도 나는 한 명의 목사도 전쟁의 잔인함을 비판하는 것을 들어보지 못했다.' 이런 선생님의 말씀을 들었을 때 나는 징병에 응하기보다는 평화의 길을 택해야겠다고 마음먹었습니다."[25] 홍명순과 씨올농장에서 함께 지냈던 김종태 역시 함석헌이 '전쟁 반대'나 '병역거부'에 대해 자주 강조했음을 증언한 바 있고, 자신이 입대를 선택했을 때 함석헌이 "몹시 서운"해했다고 회고했다.

1957년 11월경 나는 씨올농장을 떠나게 되었다. 소집영장이 나왔기 때문이다. 당시 나는 선생님으로부터 전쟁 반대라든지 병역거부 이야기를 많이 들었지만 거대한 국가권력에 나 같은 것이 감히 저항하고 거부한다는 것을 생각지도 못했다. 그만한 용기도 없어 어찌할 수 없이 남들이 하는 대로 소집영장에 응하기 위해 씨올농장을 떠나올 수밖에 없었다. 선생님은 몹시 서운하셨던 모양이었다. 봉명동에서 천안역까지 2키로미터 이상 되는 거리인데 선생님은 거기까지 나를 따라 나오셨다. 한마디 말씀도 안 하시고 따라 나오시면서 가끔 한숨을 지으시는 것을 보았다. 나는 그때 선생님의 한숨의 의미를 이해하지 못했다. 지금 와서 생각해볼 때 선생님의 한숨은 보통 한숨이 아니었다는 생각이 든다. 선생님은 그동안 나를 지켜보면서 어떤 기대를 가지셨던 모양인데 내가 거기 부응하지 못했다는 것을 나중에서야 알았다. 나와 같이 있던 홍명순 님은 군대 소집영장이 나왔을 때 단연 그것을 거부하고 법정에 섰고 6개월 선고를 받아 대전 감옥에 복역 중이라는 사실을 내가 해병대에 입대해서 복무 중에 그 소식을 들었다. 그 소식을 들었을 때 나는 부끄러워 얼굴을 들 수 없었다. 그런 점에서 선생님 앞에 홍명순은 합격하고 나는 낙제한 셈이다.[26]

인용문에서 보는 것처럼, 홍명순과 씨울농장에서 함께 지냈던 김종태는 자신이 1957년 11월경 입대한 후 군복무 중에 홍명순의 병역거부로 인한 복역 사실을 듣게 되었다고 진술했다. 김종태가 제대한 것이 1961년의 5·16 직후였으므로,[27] 홍명순의 병역거부 및 복역 사건은 1958~1960년경에 일어났을 것으로 판단된다. 홍명순의 복역 기간이 1년 4개월에 이르렀다는 주장으로 미루어,[28] 홍명순은 적어도 두 차례에 걸쳐 수감생활을 한 것으로 추측된다.

홍명순은 김종태와 함께 초교파적인 중앙신학교를 다니다 중퇴하고 씨울농장에 들어가 신앙생활을 계속했는데, 병역거부 사건 당시 그가 어떤 종교 혹은 교파 소속이었는가는 분명치 않다. 그러나 당시 함석헌이 퀘이커회의 정식 회원은 아니었으나 퀘이커교도의 양심적 병역거부운동에 대해 오래 전부터 잘 알고 있었고 그런 맥락에서 자신의 제자들에게도 전쟁 반대나 병역거부에 대해 지속적으로 가르쳤던 사실을 감안해야 할 것이다. 앞서 보았듯이 함석헌은 이미 1947년부터 퀘이커교의 양심적 병역거부운동에 대해 알고 있었을 뿐 아니라, 1960년부터는 '종교친우회 서울모임'의 고문으로 관여하기도 했다. 따라서 홍명순의 양심적 병역거부 결단에는 퀘이커주의의 영향이 간접적으로라도 미쳤다고 보아야 할 것이다. 물론 홍명순이 "한국 최초의 양심적 병역거부자"였다는 주장은 명백히 잘못된 것이지만 말이다.[29]

함석헌과 씨울농장에서 함께 숙식했던 두 제자는 각기 다른 선택을 했다. 홍명순은 양심적 병역거부로 옥고를 치렀지만, 김종태는 현역병으로 입대하여 병역을 마치는 길을 선택했다. 함석헌은 제자의 선택에 대해 비난하거나, 그런 제자를 내치지 않았다. 병역거부부터 입영 및 전

함석헌, 『새벽을 기다리는 마음』(1979)

투 훈련까지 신자 개개인의 선택을 존중하는 퀘이커의 전통을 함석헌도 따랐다고도 볼 수 있을 것이다.

간략히 살펴보았듯이, 1958년부터 한국에서 퀘이커 모임이 시작되었음에도 불구하고 (1950~1960년대에는 물론이고 2025년 현재까지도) 퀘이커 신자인 양심적 병역거부자는 전혀 등장하지 않았다. 함석헌의 영향을 받은 홍명순의 병역거부가 그나마 '간접적으로라도' 퀘이커주의의 영향으로 설명될 수 있는 유일한 사례였다. 한국 퀘이커교에서 양심적 병역거부의 부재 현상은 교단 신자 수 자체가 워낙 적은 상황에서, 징집 연령기의 신자가 거의 없었을 뿐만 아니라, 설혹 있다 해도 병역거부가 아닌 군복무를 자발적으로 선택했기 때문이었을 것이다. 이와 관련하여 우리는 전통적으로 퀘이커 교단은 병역과 관련하여 개개인의 선택을 존중해왔다는 사실을 다시금 상기할 필요가 있다.

(2) 메노나이트

한국전쟁을 계기로 또 하나의 역사적 평화교회인 메노나이트 신자들이 한국 땅을 처음 밟았다. 한국 메노나이트의 역사는 세 시기로 구분된다. 첫째, 1950년부터 1971년까지의 약 20년간은 메노나이트중앙위원회가 파견한 미국인·캐나다인 신자 중심의 활동 시기이다. '한국대표부'는 존재했을지언정 '한국메노나이트교회'는 부재했던 시기였다. 둘째, 1972년부터 1992년까지는 한국에서 메노나이트 자체가 자취를 감춘 '공백과 부재의 20년'이었다. 셋째, 1993년 이후는 캐나다 메노나이트교회의 도움을 받은 한국인 신자들이 자생적으로 교회와 교단을 재생시킨 시기에 해당한다. 1993년부터 춘천에 거주하는 소수의 그리스도교 신자들이 3년 동안 모임을 가진 끝에 메노나이트 신앙을 받아들였다. 이들은 1996년 1월 '예수촌교회'를 시작하면서 북미 메노나이트교회와 교류를 시작했고, 2001년에는 캐나다 메노나이트교회의 협력과 도움 속에서 한국메노나이트 교단본부에 해당하는 한국아나뱁티스트센터(Korea Anabaptist Center: KAC)를 설립했다.[30] 조응태는 1950년부터 1971년까지의 한국 메노나이트 역사를 다음처럼 요약하고 있다.

6·25동란이 발발하고 고통당하는 사람들이 많다는 소식을 접한 미국과 캐나다의 재세례파는 즉각 한국을 도울 계획을 세웠다. 1950년 10월 한국 정부는 최초의 메노나이트중앙위원회(Mennonite Central Committee: MCC) 직원의 입국을 허락하였다. 그들은 유엔 산하에서 MCC의 간접적 대표 자격으로 일을 시작하게 되었다. 그 후 한국전쟁이 한창이던 1952년 MCC는 달라스 보랜을 한국에 파견하는데, 그는 부산에 있던 민간협회 본부에서 봉사단체 연락사무관으로 첫 업무를 시작하였다. 보다 나은 구제 활동의 구체적 실현을 위해 한국 내의 독자적인 메노나이트 단체 결성을 준비했다.⋯⋯1953년에 어니스트 래버와 데일 위버가 부산으로 건너와 봉사활동에 동참하였고, 같은 해 MCC는 한국대표부를 대구에 설립하고 본격적인 활동에 들어갔다.⋯⋯1952년부터 MCC 활동이 마감되는 1971년까지 20여 년 동안 총 74명의 메노나이트 봉사자들이 한국에서 MCC를 통해 활동을 했다.⋯⋯1952년부터 1971년까지 20여 년간 MCC가 한국에서 한 활동 가운데 대표적인 활동들은 4가지 정도로 요약될 수 있는데 '물자구제사업, 메노나이트 직업학교, 가족-어린이 지원 프로그램, 전쟁 과부들을 위한 재봉 기술 교육' 등이 그것이다. 그 밖에도 병원 자문 봉사, 지역개발 봉사, 기독교 어린이 위탁훈련 교육 등의 다양한 구제, 교육, 지역개발 사업들이 대구와 부산 지역을 중심으로 활발하게 이뤄졌다.⋯⋯이러한 MCC의 한국 사역들은 1971년 메노나이트 직업학교가 문을 닫으면서 최종적으로 막을 내리게 된다. MCC가 한국 활동을 마감한 데는 몇 가지 이유가 있겠지만, 가

장 근본적인 이유는 한국의 경제가 안정적으로 성장하고 있다고 판단했기 때문이다. 메노나이트 교회는 선교와 구제-봉사 사역을 구분하여 수행한다는 독특하고 철저한 원칙이 있는데, 초창기의 메노나이트 사역자들이 보기에는 한국 내에 이미 많은 교회들이 성장하고 있는 상황에서, 또 다른 교회를 세우는 것보다는 어려움에 처한 이들을 돕는 것이 메노나이트가 해야 할 일이라 판단하였다. 결국 구제와 봉사를 맡은 MCC 활동은 1971년에 철수하게 되었고 더 도움이 필요한 나라로 그 사역을 옮기게 되었다.⋯⋯메노나이트 사람들은 또한 당시에는 생소했던 화해세미나Reconciliation Seminar를 해마다 개최하는 데 일조하였으며 한국뿐 아니라 아시아의 다른 나라의 청년들이 참석할 수 있도록 국제사역캠프International Work Camp를 주도할 만큼 국제관계에서의 그리스도의 말씀에 기초한 평화를 만드는 사역에 관심 있었다.[31]

간략히 보았듯이 메노나이트 교회는 1952년부터 한국 종교사에 등장하기 시작했다. 그러나 1950~1960년대에 한국에서 활동한 미국인 사역자들은 1971년에 철수하기까지 '한국인 메노나이트 공동체'를 조직하려는 그 어떤 노력도 하지 않았다. 결국 한국인 신자의 부재로 인해 메노나이트는 한국 병역거부 역사에 그 어떤 족적足跡도 남길 수 없는 처지였던 셈이다. 다만 한국 메노나이트 역사에서 첫 번째 시기(1950~1971년)에 해마다 개최되었던 '화해세미나'가 메노나이트가 추구하는 '평화 사역peace ministry'에 제대로 부합하는 일이었다고 하겠다.

(3) 하나님의성회

마지막으로 한 가지 더 지적할 점은 20세기 초 미국에서 발원했고 1920~1930년대를 지나면서 한국에도 진출한 또 하나의 개신교 교파인 하나님의성회Assemblies of God 역시 평화주의 성향을 종종 드러냈다는 것이다. 물론 퀘이커나 메노나이트와는 달리, 하나님의성회 교단은 '역사적 평화교회'로 분류되지 않는다. 1901~1908년 캔자스주 토페카를 비롯하여, 휴스턴, 로스앤젤레스, 시카고 등을 중심으로 확산했던 오순절운동을 기반으로 1914년에 하나님의성회가 하나의 독립 교단으로 등장했다.[32]

한편 1928년 감리교 신자로서 개인 자격으로 식민지 조선을 찾은 메리 럼시 선교사로부터 태동한 움직임이 1933년 첫 오순절교회인 서울 서빙고교회로 구체화했다. 1938년에는 본부 격인 정동 시병원에서 최초의 목사 안수식을 갖는 등 작은 규모로나마 교단의 형태를 갖추었다. 그러나 1937~1940년에 걸쳐 미국인·영국인 선교사들이 모두 출국하면서 재정난과 리더십 등 여러 어려움에 직면한 산하 교회들은 문을 닫았고 신자들은 뿔뿔이 흩어졌다. 교회 및 교단 부재 상황에서 해방이 되자 1947~1950년 사이에 순천과 광주의 박귀임, 목포와 무안의 김성환, 전남 광산의 윤성덕, 서울의 배부근·허홍·박성산 등이 교회 및 교단 재건을 위해 제각기 노력하다가, 한국전쟁 발발 직전인 1950년 4월 '제1회 대한기독교오순절대회'를 열어 역량을 결집했다. 이런 자생적인 움직임은 1951년 이후 한국에 나와 있던 미군 군종목사의 주선으로 미국 하나님의성회 교단과 연결되었다. 1952년 여름 미국 하나님의성회 아시아선교부장이 방한한 데 이어, 그해 12월에 미국 하나님의성회가 파견한 첫 선교사인 아서 체스넷이 한국에 도착했다. 이를 계기로 한국에서 교단 형성 움직임이 급진전되어, 1953년 4월 서울 용산의 남부교회에서 '기독교대한하나님의성회'라는 명칭으로 교단 창립총회가 열렸다.[33]

그런데 오만규의 『네 검을 내려놓으라: 재림교회와 비폭력』이라는 책에서는 다음의 흥미로운 대목을 발견할 수 있다.

제2차 세계대전에서……미국의 여러 주들 중에서도 콜로라도(424명),

인디아나(1,772명), 미시간(1,338명), 미주리(493명), 오하이오(1,394명), 텍사스(1,071명), 와싱톤(1,571명) 등 7개 주에서 비무장 비전투원 군복무자들과 민간 대체복무자들이 많았는데 숫자가 높게 나온 주들은 제칠일안식일예수재림교도들과 하나님의성회Assemblies of God 신자들이 이들 지역에 많이 거주하기 때문인 것으로 분석되고 있다. 비무장 비전투원 군복무를 선호하는 교단은 제칠일안식일예수재림교회와 하나님의성회 등 최소한 두 교단 이상이다.[34]

이 인용문은 하나님의성회 교단 역시 재림교회처럼 (의무대 같은 비전투부대에서의 군복무를 지향하는) '비무장 군복무'를 교리적으로 선호하고 있다는 주장을 포함하고 있다. 그러나 스튜어트 머리에 의하면, "평화에 대한 헌신을 복음의 본질적 차원으로 회복시키고자 하는 아나뱁티스트의 끊임없는 노력은 아나뱁티스트 전통을 다른 여타 운동으로부터 구분시켜준다. 왜냐하면, 다른 운동들의 경우에, 초기에는 '평화의 증인'이 되고자 하였으나 그 이후 세대들에 가서는 변질되고 말았다. 이런 경향을 가진 교단들로는, 그리스도인교회Disciples of Christ, 플리머스형제교회Plymouth Brethren, 하나님의성회Assembly of God가 있다."[35]

1916년 제4차 총회에서 채택되고 1961년과 1976년 총회에서 부분 개정된 '미국 하나님의성회 신조'에서도 평화사상을 드러낸 대목은 발견되지 않는다.[36] 비무장 군복무 입장이 주요 교리의 지위를 점하고 있지는 못한 것이다. 또 주지하듯이, 한국의 하나님의성회 교단이나 그 신자가 양심적 집총거부나 병역거부 입장을 표명한 적은 한 번도 없다. 1953년 4월 창립총회에서 채택한 '기독교대한하나님의성회 신조'에도 '평화사상'은 전혀 나타나지 않는다.[37]

3. 예비군 거부자와 전투경찰 거부자

한국에서 예비군제도는 1950년대에 일시적으로 존재했다가 폐지되었고, 1960년대 말 재등장하여 현재까지 존속하고 있다. 앞서 소개했듯이 예비군제도가 처음 등장한 것은 한국전쟁 끝 무렵인 1953년 7월의 일이었고, 그때부터 1955년 5월까지는 '민병대'라는 이름으로, 그 후에는 '예비군'이라는 이름으로 불렸다. 1950년대 말부터 사실상 폐지 상태에 놓여 있었던 예비군제도가 1968년에 부활했는데, 필자는 『경합하는 시민종교들』에서 그 대략의 경과는 다음과 같이 소개한 바 있다.

> 1960년대 말부터 (전쟁의 일상화뿐 아니라) '사회의 군사화'도 맹렬한 속도로 진행되었다. 사회의 군사주의적·군대식 재편은 학교, 마을, 직장, 기업, 정부 등을 망라하여 광범위하게 진행되었다.……우선, 직장과 마을 단위로 예비군이 재조직되었다. 1950년대에는 예비군이 '민병대' 혹은 '예비군'으로 지칭되었다. 군사쿠데타 주역들은 사실상 폐지된 예비군을 되살리려 시도했다. 그 일환으로 1961년 12월 27일에 '향토예비군 설치법'을 제정했다. 그러나 관련 예산이 배정되지 않았을 뿐 아니라 시행령과 시행규칙도 제정되지 않아 사실상 사문화된 상태를 벗어나지 못했다. 그런데 1968년 2월 27일에 '향토예비군 설치법 시행령'을, 같은 해 4월 1일 '향토예비군 설치법 시행규칙'을 뒤늦게 제정함으로써 1968년 4월 1일에 향토예비군이 정식으로 창설될 수 있었다. 뒤이어 박정희 정권은 1968년 5월에 향토예비군 설치법을, 6월에 그 시행령을, 이듬해 1월에 시행규칙을 전면 개정하여 법적인 정비 작업을 마무리했다. 예비군은 직장예비군과 지역예비군으로 나뉘어 조직되었다. 지역과 직장의 남자들은 '예비군'뿐 아니라 '민방위대民防衛隊'로도 이중적으로 조직되었다. 민방위대는 17세 이상 50세 이하

의 남자로 구성되었고, 이들 의무 가입자 외에 여자나 다른 연령층의 남자들 역시 지원에 의해 참여할 수 있게 되어 있었다.[38]

아직 제대로 규명되지 못하고 있지만, 예비군 훈련장도 양심적 병역·집총 거부로 인한 갈등이 꾸준히 이어진 또 다른 현장이었다. 양심적 집총거부로 처벌받는 예비군은 대부분 '현역 군복무'를 마친 후에 재림교회나 여호와의증인 교단으로 입교入敎한 이들에 해당한다. 그러나 재림교회 측이 보고하고 있듯이, 1956년에 "예비군훈련 시 집총거부로 인해 4명이 실형을 선고받고 복역한" 사실도 있다. 1976년에도 9명의 '예비역'이 집총거부로 처벌당한 바 있다.[39] 1956년 처벌받은 김응호는 다음과 같이 증언한 바 있다.

예비군훈련은 군에서 제대한 사람에게 3년간(일 년에 4주씩) 실시되었다. 학교에 근무하는 교사들에게는 여름방학을 통해 소집하였고 영남삼육중고등학교에 봉직하던 나는 박해종 선생(후에 삼육대학 교수와 총장 역임)과 함께 1956년 7월에 대구에 있는 50사단 본부에 소집되었다.……우리 두 사람은 헌병대 영창에 입감되었다.……그 후 우리는 CIC 대위에게 취조를 받게 되었다. 그는 우리에게 왜 집총을 거부하는지에 대한 이유를 물었다. 나는 나의 신앙관과 양심상 살인하는 훈련을 받을 수 없으나 남을 구원하고 도와주는 일이라면 즐겁게 봉사할 수 있다고 말하였다. 그는 우리의 신앙을 이해해주었고 우리에게 한 차례의 폭력도 사용하지 않았다. 삼복더위의 감방 안에 수십 명의 사람이 갇혀 있어서 잘 때는 옆으로 차곡차곡 자야만 했다. 한번 일어나면 다시 누울 자리가 없어졌다.……구속 후 42일만에 재판을 받게 되었고, 검사는 징역 2년을 구형하였으나 오히려 재판장은 3년형을 언도하여 놀라움을 금치 못했다.……그 다음날은 추석이었다. 그런데 우리는 그날 부산 육군형무소로 전옥하게 되었다. 부산 육군형무소로 들어오자 신고식 자리에서 형무소 요원들이 죄과와 관계없이 우리들을 사정없이 폭행하였다.……하나님의 은혜와 믿음의 가족들의 열렬한 기도의 덕분으로 우리는 부대 영창과 교도소 수감생활 70여 일만에 5년 형 집행유예로 출감하게 되었다.[40]

여호와의증인 신자들에게 국가폭력이 집중된 1970년대 중반에는 여호와의증인인 예비군에게도 가혹한 탄압이 자행되었다. 제7장에서 상세히 고찰했듯이, 박정희 정권은 1973~1974년에 걸쳐 여호와의증인 신자들에게 파상적 공격을 퍼부었는데, 1975년부터는 현역병 대상자뿐 아니라 예비군 대상자에게도 향토예비군 설치법에 따른 구속 및 실형 선고가 이어졌다. 구속과 신체형은 그 대상자로부터 직장과 생계수단을 박탈함을 뜻한다. 1975년 3월 9월 부산시 병무사범단속반은 부산 시내 19개 여호와의증인 집회소를 급습하여 63명의 신자들을 체포한 후 이튿날 고발했다. 그 가운데 향토예비군 편성 및 훈련 기피 혐의자가 29명, 거주이동 신고 불이행이 29명, 입영 소집 기피자가 5명이었다.[41] 3월 11일 부산지방검찰청 병무사범 담당 천기홍 검사는 이 가운데 39명을 "무더기 구속"했다. 이 중 최정규는 "주거를 옮기고도 향토예비군 대원 신고를 하지 않은 혐의"를 받았고, 나머지 38명은 모두 "주소를 옮기고 전입신고를 하지 않은 혐의"였다. 당시 보도에 의하면, "검찰은 전입신고를 하지 않은 병역법 위반 및 향토예비군설치법 위반자들을 그동안 불구속으로 벌금형의 약식기소를 해왔는데 이번에 이 같은 혐의로 무더기 구속하기는 처음"이었다.[42] 1975년 5월에는 6회에 걸쳐 8일 동안 예비군훈련에 불참한 혐의로 여호와의증인 신자 김남용이 서울 종로경찰서에 구속되었다. 그는 1973년 9월 입영기피죄로 8개월 형을 이미 선고받은 바 있는데, 만기 출감한 이후 계속 예비군훈련을 거부하여 향토예비군설치법 위반 혐의로 구속된 것이었다.[43] 1975년 7월에는 예비군 신고와 '신상이동 신고'(전입신고)를 하지 않아 예비군 편성을 기피한 혐의로 1심에서 각각 6개월, 8개월 형을 선고받은 여호와의증인 신자 배영식과 유영구에게 향토예비군설치법의 "법정 최고형"인 3년 형이 선고되었다.[44] 1976년 6월에는 여호와의증인 신자 김윤태가 서울 청량리경찰서에 의해, 같은 해 7월에는 여호와의증인 신자 이경호가 안양경찰서에 의해 향토예비군설치법 위반 혐의로 구속당했다.[45]

1980년 광주항쟁 직후 발생한, 예비군훈련에 대한 양심적 거부 사례가 최근 뒤늦게 알려졌다. 당시 감리교 전도사였던 김영수 목사가 그 주인공이다. 그의 지인인 송병구 목사는 이렇게 회고했다.

> 그는……예비군 훈련소집을 거부하는 생활투쟁을 통해 엄연히 군사정권에 맞선 것이다. 두 차례 소집통지서를 받고 양심선언문과 함께 반송하였다. "2533부대장 귀하. 금번 귀하의 훈련소집 통지서를 받고 본인의 양심의 소리와 함께 통지서를 반납합니다.……오늘의 군은 본연의 임무를 망각하고 비상계엄을 확대하여 국민을 억압하고 구속하며 심지어 선량한 시민을 향해 총과 칼을 서슴없이 휘두르고 있습니다.……"(1980년 5월 31일). 예비군훈련을 받기 위한 요구 조건은 '비상계엄 철폐' '민주인사 석방' '광주사태 책임' '군 통수권자 사퇴'였다.[46]

향토예비군설치법을 이용하여 예비군 거부자들에게 구속과 실형 선고를 불사했던 1970년대 중반의 광풍은 점차 잦아들어 종전의 약식기소에 이은 벌금형 선고 패턴으로 되돌아갔다. 이처럼 소집에 불응한 예비군에게는 대개 벌금이 부과되지만, 벌금형이 누적되고 반복될 경우에는 실형으로 이어질 수도 있다. 2004년에 발간된 『양심에 따른 병역거부자들을 위한 가이드북』에 따르면, 벌금형의 경우 한 차례의 처벌로 끝나는 것이 아니라 소집에 불응할 때마다 "반복처벌"의 대상이 될 뿐 아니라, "몇 차례 벌금형이 선고되다가 집행유예 선고가 내려지게 되는데 집행 유예 기간에 다시 기소가 되면 원칙적으로 이 기간에 다시 집행유예가 선고될 수는 없기 때문에 유예된 기간까지 실형이 선고"되기도 한다.[47] 다음 인용문은 1990년대 말부터 2000년대 사이에 오동렬 등 두 명의 여 호와의증인 신자들이 직면해야 했던 난관을 잘 보여준다.

> 그(오동렬—인용자)는 지난 1993년부터 1995년까지 강원도 고성군의 최 전방 부대에서 박격포 사수로 군생활을 했다. 또 제대한 뒤에는 다른 이들과 마찬가지로 예비군 동원훈련에도 충실히 나갔다. 그러나 지난 2000년 그의 삶의 방식이 바뀌었다. 그해에 그는 형의 권고로 여호와 의증인 신자가 됐다. 종교를 갖게 된 뒤 나온 첫 예비군 훈련통지서를 손에 쥔 2001년 3월 어느 날 오씨는 이른 새벽 훈련장을 찾았다. 예비 군 동대장에게 "종교적 신념에 따라 총을 들 수 없기에 훈련에 참여할 수 없다"는 말을 전하기 위해서였다. "7월쯤 10만 원짜리 약식명령이 나왔습니다. 바로 벌금을 냈지요. 그런데 계속 훈련에 참가하지 않으 니, 9월쯤에 또 벌금 50만 원이 나왔습니다. 그리고 11월쯤에 100만 원 이 다시 나왔고요." 두 달에 한 번꼴로 나오는 벌금은 평범한 월급쟁이 가 부담하기에 버거운 액수였다. 정식재판을 시작한 지난해만도 모두 5차례에 걸쳐 500만 원가량의 벌금 고지서가 날아들었다. 그동안 오씨 는 벌금을 내기 위해 새벽 시간을 이용해 따로 부업까지 해야 했 다.……정운영 사단법인 워치타워성서책자협회 홍보부 대표는 "군복 무를 마친 뒤 '여호와의 증인' 신자가 된 이들은 대부분 오씨처럼 향토 예비군법 위반자가 돼 쌓여가는 벌금으로 생활고에 허덕이거나, 실형 을 선고받고 복역하는 이들도 상당한 숫자에 이른다"라고 말했다. 특 히 지난 1996년 10월 육군 병장으로 만기 제대한 뒤 1998년 신자가 된

김아무개(29) 씨는 향군법 위반으로 두 차례 실형을 선고받아 모두 1년 8개월을 복역하기도 했다. 정 대표는 "병역법을 보면 1년 6개월 이상의 징역을 선고받은 사람은 제2국민역에 편입되게 돼 있는데도, 김씨는 1년과 8개월 등 두 차례로 나눠 형이 선고됐기 때문에 제외 대상이 아니라는 병무청의 유권해석이 나왔다. 이 때문에 실형을 마친 뒤 다시 예비군훈련 통지서가 나오고 있다"고 말했다.[48]

한편, 우리는 1980년대 말부터 1990년대 초 사이의 "유사 양심적 병역거부자들"에게도 관심을 기울여야 한다. 이런 움직임은 민주화 이후 공개적으로 이른바 "양심선언"을 했던 군인들로 대표되는데, 특히 박석진은 군복무(전투경찰 복무)를 명백히 거부했다. 이들은 "초기적 형태의 양심적 병역거부자들" 혹은 "양심적 병역거부운동 이전의 양심적 거부자들"이라 불릴 만했다.

평화학 연구자인 정주진은 전투경찰이나 의무경찰도 '국가폭력의 피해자'라고 주장한 바 있다. "모집제가 아닌 징병제인 대한민국에서 일정 기간만 국가에 봉사할 의무를 지는 전의경에게 극도의 심리적, 신체적 억압을 가하고 촛불집회 참가자들을 진압하라는 양심에 반하는 일을 시킨다는 것 자체가 그들에 대한 심각한 폭력이다. 그들을 자유의지를 가진 인간으로 존중하지 않고 잘못된 정부 정책을 방어하는 도구로 사용하는 것 또한 인간에 대한 존중을 거부하는 근본적 폭력이다."[49] 이런 상황이 전투경찰이나 의무경찰 대원들의 양심을 요동치게 만든 것이다.

1991년 4월 26일 명지대 학생 강경대가 전투경찰이 휘두른 쇠파이프에 맞아 숨진 사건이 발생하자 그 직후인 5월 4일 현역 전투경찰이던 박석진이 "정권의 방패막이"인 전투경찰대의 해체를 요구하면서 '전투경찰 복무 거부'를 공개 선언했다.[50] 박석진은 공개적 복무 거부 선언 이후 수배된 가운데 경찰의 체포를 피해 다니다 유사하게 양심선언을 한 8명의 군인·경찰과 만나게 되었다. 이들은 1993년 5~7월에 걸쳐 서울 기독교회관에서 농성한 후 청와대로 행진을 감행하다 체포되고 투옥되었다. 다음은 이런 움직임에 대한 임재성의 설명이다.

> 양심선언 이후 박석진은 2년간의 수배 생활을 이어갔다. 이 수배 생활은 단지 구속을 피하기 위해 몸을 숨긴 것이 아니라, 군대 문제로 양심선언을 한 이들과 공동의 실천을 준비하기 위한 과정이었다. 박석진이 양심선언을 했을 때, 그보다 먼저 군인 신분으로 양심선언을 했던 이들은 전투경찰 해체와 군대 민주화를 위한 나름의 '활동'을 진행하고 있었고, 박석진은 이들의 제안으로 그 활동에 참여하게 되었다. 1987년 민주화 항쟁 이후부터 박석진이 양심선언을 할 때까지 군대 관련 문제로 양심선언을 한 사병만 50여 명에 달했다고 한다. 그중에 8명(군인 3명, 전경 5명)이 수배 상태에서 함께 모임을 가져갔다.……수배 상태에 있던 8명은 자신의 상징성을 가지고 1993년 5월 25일부터 7월 말까지 58일 동안 서울 종로 기독교회관에서 '군의 민주화와 자주화', '전투경찰대 해체' 등의 주장을 내걸고 농성을 시작했다.……이들이 결정한 '마지막'은 청와대로 걸어가는 것이었다. 양심선언 당시 전경 신분이었던 이는 전투경찰복 입고, 군인 신분이었던 이는 군복 입고, 그 옷에다 "양심선언 전경 누구", "양심선언 군인 누구" 이렇게 붙이고 손으로는 플래카드 맞들고 행진에 나선 것이다. 지인과 지지자들 200명 정도가 함께 청와대로 걸어갔다. 결국 경찰에게 막혔고, 수배자 8명은 연행되었다. 군사정권의 방패막이가 될 수 없다던 이들, 군대 내의 구타 금지를 외친 이들을 문민정부는 감옥으로 데려갔다.[51]

이 8인의 군인과 경찰들은 두 단계에 걸쳐 양심선언을 했다는 점에서 '이중 양심선언자들'이었다. 이들도 공개적으로 자신의 주장을 드러냈지만 '병역거부 선언'이 아닌, 주로 군 내부의 여러 문제들을 고발하는 '양심선언'이라는 형태를 취했다. 그런 면에서 이들은 '내부고발자'의 성격이 강했다. 그들은 이구동성으로 '전투경찰대'의 존재 이유를 부정했지만, '군대'의 존재 이유를 근본적으로 문제시하지는 않았다.

4. 학교와 양심적 집총거부
　　: 학생군사훈련의 등장과 폐지

양심적 병역거부 문제는 비단 군대에서만 제기되었던 것은 아니다. 한국전쟁이 한창이던 1951년 12월부터 대학생과 고등학생들을 대상으로 현역 혹은 퇴역 장교에 의해 지도되는 의무적인 '학도군사훈련' 제도가 도입되었다. 이로써 양심적 집총거부의 문제는 군대에서 학교, 즉 고등학교와 대학으로도 확대되었다. 학도군사훈련 제도는 한국전쟁이 종료된 지 약 2년 후인 1955년 9월에 공식적으로 폐지되었다. 그러나 1951년 말부터 1955년까지 학생군사훈련 과정에서 발생한 충돌의 사례와 과정들에 대해서는 알려진 바가 거의 없으며, 앞으로 더 연구되어야 할 부분으로 남아 있다. 1960년대 말에 이르러 대학과 고등학교에서 '교련교육'의 형태로 군사훈련이 부활됨으로써 학교에서의 양심적 집총거부 문제가 재차 대두되었고, 재림교회 및 여호와의증인 교단 소속 종교인들의 수난도 되풀이되었다.

　　1968년과 1969년에 각각 예비군제도와 학생군사훈련제도가 되살아났다. 물론 이는 급속하게 진행되던 '사회의 군사화' 추세를 반영한 것이지만, 집총 혹은 병역 거부의 입장을 고수하는 교단이나 신자들에게는 군대에서의 고통이 이제 "군복무 이전" 단계(학교)뿐 아니라 "군복무 이후” 단계(직장, 거주지)로까지 대폭 확대됨을 의미했다.

교련교육은 1972년부터 여자고등학교로 확대되었다. 대학생의 경우 1976년부터 ‘병영 집체교육’이 추가되면서 교련교육이 더욱 강화되었다. 학교의 집총거부자들은 구타와 욕설, 집단적 따돌림, 퇴학·제적, 자퇴, 강제입영 등 다중적인 압박이 복합된 고통에 시달려야 했다. 고등학교에서 종교적 이유로 교련 수업을 거부하는 이들은 일상적으로 자퇴의 압력을 받거나 강제로 퇴학당하는 일들을 겪었다.

> 한 여호와의증인은 교련 수업을 받을 수 없어 고등학교 입학을 포기했다고 한다. 1991년 그가 다닌 검정고시학원 4월 개강반의 수강생 60명 중 30명이 여호와의증인이었다고 한다. 그는 “3월에 학교에서 잘리는 증인들이 많았기 때문”이라고 말했다. 그의 지인 중에는 교련 수업 시간에 붕대 감기를 거부했다고 강제 자퇴당한 여학생도 있다. 심지어 1990년대 초반 한 실업계 고교에서는 9명의 여호와의증인이 무더기로 퇴학당한 일도 있었다고 한다.……퇴학 사태는 1990년대 중반 교련 수업이 폐지돼서야 사라졌다.[52]

학교에서의 교련교육이 특별히 ‘문제적’이었던 것은, 이것이 한국에서 유일하게 여성들과 관련하여 군사교육으로 인한 갈등이 발생할 장소로 떠올랐다는 사실에서 찾을 수 있다. 언론 보도에 따르면, 1972년부터 여자고등학교로 교련이 확대 실시되면서 그해 2학기부터 교련 거부를 사유로 자퇴하는 여고생들이 속출하여 1973년 6월 초까지 그 숫자가 40여 명에 이르렀다. 그 대부분이 여호와의증인 신자들이었다. 이 때문에 서울시교육위원회가 “장학사들을 각 가정에 보내 교련 훈련에서의 제외 등을 약속했으나 대부분 자퇴원을 낸 채 학교에 나오지 않고 있는 형편”이었다.[53]

여학생 교련실기대회 사열(1975)

　여호와의증인 신자로서 부정기간행물인 『아웃사이더』 7호에 "죽이는 연습은 하되 죽이지는 않아야 민간인이 되는 사회"라는 글을 기고한 적이 있는 김재현은 「문화일보」와의 인터뷰에서 자신의 체험을 다음과 같이 밝히고 있다. "교련 수업을 거부했다. 선생님은 수업 거부를 선생님에 대한 결투 신청으로 받아들였고 수업 시간 외 체벌이 이어졌다. 결국 선생님을 학교에 고발하고 자퇴했다."[54] "병역거부보다 힘든 교련 수업 거부"에 관한 김재현의 회고담을 조금 더 들어보자. 그는 학생군사훈련이 폐지되기 직전인 1988년 3월부터 1989년 11월에 걸쳐 외국어고등학교에서 교련 거부로 인해 큰 고통을 당해야만 했다.

　어렵게 시험을 치고 원대한 꿈을 품고 들어갔던 대일외국어고등학교에서, 성적은 일어과 남자 수석이었으나 제 목표는 '좋은 대학'이 아닌 '정상적인 졸업'이어야 했습니다. 양심적 병역거부로 교련 수업을 거부했던 저는 교련 점수 0점이라는 성적을 감수해야 했고, 대학 진학이 목표인 학생에게는 치명적인 0점이 대가로는 부족했는지 고문 수준의 체벌이 연일 계속되고 있었습니다. 이론수업 시간에도 한 시간 내내 '엎드려뻗쳐'를 하고 있거나 운동장에서 오리걸음을 해야 했고, 실습 수업이 있는 날은 학생들보다 강도가 몇 배는 높은 기합과 신체 단련을 감수해야 했습니다.……2학년에 올라가면서……수업 시간의 체벌만으로는 의지를 굽힐 수가 없다고 판단한 교련 선생님은 시도 때도 없이 저희(저를 포함한 몇 명의 교련 거부 학생, 모두 여호와의증인이었음)를 때리고 억압하기 시작했습니다. 저희들은 선생님의 특별한 개인적인 사정이 없는 한 거의 매일 교련 기재실에 불려가 '교련을 할래, 자퇴를 할래?'라는 극단적인 선택을 강요하는 질문을 받아야 했고 '둘 다 할 수 없습니다!'라는 대답에 이은 모진 빳다를 견뎌야 했습니다.……교련 거부가 선생님에 대한 반항이 절대 아니며 종교인으로서 사람을 죽

이는 것은 연습조차 할 수 없다는 양심의 작은 실천이라는 것을 선생
님은 끝끝내 이해해주지 않았습니다. 나무로 만든 총이든 실탄이 장
전된 총이든 우리에게는 마찬가지이며, 그에 대한 합당한 대가는 치를
테니 자퇴만은 강요하지 말아 달라는 최소한의 요구를 선생님은 철저
히 거부하셨습니다.……몇 개월의 줄다리기가 계속되던 끝에 교련 거
부 학생의 대표 격이었던 저는 남은 여호와의증인 학생들에게 앞으로
는 부당한 체벌을 중단한다는 약속을 대가로 자퇴를 하게 되었습니다.
선생님의 자존심과 저의 요구가 모두 충족될 수 있는 거의 유일한 선
택이었습니다. 힘들게 인내해온 이듬해 봄 교련 수업이 폐지됐다는 소
식을 들었습니다.[55]

　김재현의 사례는 '민주화 이후' 시기에도 "10대 양심적 집총거부자들"
에게 체벌, 구타, 협박, 최하 성적 부여 등 온갖 형태의 핍박이 "거의 매
일" 가해졌던 지옥 같은 현실을 생생히 보여준다. 평화주의적 양심을 꺾
으려는 집요하고 가혹한 회유와 전향 시도, '교사'라는 도덕적으로 우월
한 지위를 이용하여 교육을 빙자한 '합법적' 전향 공작을 펴는 게 교련
교사의 주 임무 중 하나였다는 사실도 가감 없이 드러난다. 학교에서의
군사훈련으로 인해, 재림교회와 여호와의증인 교단에 소속된 고등학교
및 대학 학령의 청소년들은 진학 자체를 포기하거나 정상적인 학교생활
을 영위하기 어려운 처지로 내몰리게 되었다. 그들은 제도화된 계층상
승의 통로에서 배제된 채, '종교적 소수자religious minority'의 지위가 '사
회적 소수자social minority'의 지위로 확대재생산되는 부담과 불이익을 감
내해야만 했다.
　대학에서의 군사훈련으로 인한 갈등과 고통은 고등학교의 그것을 오
히려 능가했다. 학교를 자퇴하고 검정고시를 통해 대학 진학이 가능했
던 고등학생에 비해, 대학생들의 경우 교련교육을 거부하면 곧바로 강제

입영 조치가 내려지고, 입영 후에도 집총훈련을 거부하면 군대 영창을 거쳐 군교도소에 갇히게 되기 때문이었다. 박정희 정권은 1970년 11월 대학 군사교육 과정을 일원화하고, 1971년 6월에는 대학 군사교육을 강화하기 위해 제도를 개선했다. 1975년 7월에는 학도호국단이 창설되면서 대학생들에 대한 군사교육이 더욱 가중되었다.[56]

재림교회가 양심적 집총거부 입장을 실질적으로 포기한 지 이미 오래였던 1974년 9월 이 교단이 운영하는 삼육대학교의 학생들이 '집총 교련' 수업을 집단적으로 거부하는 사건이 발생했다.[57] 그러나 앞서 지적했듯이 삼육대학교는 1975년 이후 집총훈련을 수용하게 되었다. 1974년 9월 신학생으로서 집총훈련을 거부한 이들 중 하나였던 오정채 목사는 당시 상황을 상세히 증언한 바 있다.

남학생들이 군입대 연기를 하기 위해서는 그들이 군대에 가기까지 교련 과목을 수강하도록 되어 있었다. 그래서 그 과목을 3년간 이수하면 3개월의 현역 복무를 감해주었다. 교련 수강은 1학년부터 3학년까지 받도록 되어 있었다.…… 교련 과목 중에는 집총훈련 과목이 있는데 우리가 이것을 거부하였기 때문에 교련 과목 중 다른 과목만 먼저 수강하고 집총훈련은 자꾸자꾸 뒤로 미루어졌다. 그러다가 우리가 3학년(1975년)이 되자 이것이 더 이상 뒤로 미룰 수 없는 형편이 되었다. 그때 학훈단 측은 우리가 만약 계

執銃 敎鍊 거부
三育大生들
삼육대학생 1백32명이 또

교련시간의 집총을 거부했다. 제7안식일 예수 재림교회 신도들인 신학 영문 농학과 학생들은 당국이 삼육대학의 설립목적을 존중, 집총을 하지않고 비전투요원으로 의무 과정을 피육받으면 학점을주어오다 지난2학기부터 집총을 요구하는것은 이해할수없다고 주장하고 있다.

삼육대생 집총 교련 거부 관련 기사(1974)

속해서 집총교육을 거부한다면 지금 교련 과목을 수강하는 우리 모든 남학생들을 교련 미수강자로 규정하여 강제징집―군복무 연기 대상에서 제외시키겠다는 것이다. 그때부터 학훈단 측과 우리 학교 측은 심각한 긴장 관계에 들어갔다.……그러는 가운데 학훈단 측에서 제의해 오기를 삼육대학 교정에서 집총훈련을 할 수 없다면 경희대에서 하면 어떻겠느냐는 것이었다. 그것도 목총으로….

　이런 분위기 속에서 교련 수강 남학생들이 두 부류로 나뉘기 시작했다. 한 부류는 어디서든지 절대로 집총을 할 수 없다는 부류(주로 신학과생들과 소수의 비 신학과생)요, 또 한 부류는 집총교육을 받고 군복무 단축 혜택을 받겠다는 부류(주로 영문과 농업교육과 학생들)였다.……날이 갈수록 그 두 부류 학생들 사이의 긴장도 커갔다. 그때 우리 연합회와 삼육대학은 삼육대학의 학장을 역임하시고 박정희 대통령과 친분이 깊다는 크라임스(구인서) 박사를 미국으로부터 초빙하여 대통령에게 우리의 입장을 설명하고 도움을 요청하도록 하였다. 그리하여 구인서 박사와 박 대통령 사이에 유익한 회담이 이루어졌으나 우리 학생들 가운데 일부 학생들이 이미 경희대학으로 가서 집총교육을 받았기 때문에 그 회담은 소기의 효력을 얻지 못하고 결국 군사 당국은 삼육대학에 집총훈련을 강행시키는 입장을 확고하게 하고 말았다.……이렇게 되자 학교 당국도 학생들에게 집총훈련을 종용하는 분위기였고 학교의 분위기는 급기야 집총훈련을 하는 것이 당연하다는 쪽으로 기울어지면서 신학과를 제외한 대부분의 학생들은 경희대학에서 집총훈련을 받으러 다니는 것으로 확정지어지게 되었다.……방학이 다가오자 나는 강화도로 하기 봉사를 갈 준비를 하고 있는데 군입대 통지서가 전달되었다. 나뿐만 아니라 집총훈련을 거부한 모든 학생들에게 강제징집 영장이 발부된 것이다.……군 징집 통지서가 전달된 주 대상은 신학과 3학년이었다. 그래서 이 클라스가 2학기부터 공중분해될 정도가 되었

다.……당시의 학교에서의 가르침은 집총 문제가 교단의 교리가 아니
라 개인적인 문제라 하여 학생들 자신의 신앙 양심에 맡긴다는 것이었
다.……나는 내가 할 수 있는 범위 내에서 국민의 의무를 다하는 것이
필요하다고 생각해서 일단 입대하여 나의 요구(비무장 전투원이 되는 것)
을 요청하기로 하였다.[58]

위의 인용문처럼 정부가 대학에서의 집총훈련 거부자들에 대해 강제
징집 조치를 내리자, 1975년 여름 신학과 학생들이 주축이 된 삼육대의
집총훈련 거부자 31명이 한꺼번에 징집 대상이 되는 사태가 벌어졌다.
그러나 이들 중 신병훈련소에서도 집총거부를 고수했던 학생은 1명(오
정채) 뿐이었고, 그마저도 결국 군사법정에서 집총거부를 철회함으로써
불기소처분을 받았다. 집총거부 입장을 포기하라는 대학 관계자들과 교
단 지도자들의 집중적인 설득이 주효한 결과였다. 다음은 오만규의 설
명이다.

집총훈련 문제로 학군단과 문교부의 지속적인 압박에 시달리게 된 삼
육대학교는 여러 차례에 걸쳐 학교 이사회에 이 문제에 대한 해결방안
을 요청하였다. 한국 본방인(本邦人—한자는 인용자) 지도력만으로 구성
된 삼육대학 이사회와 연합회 행정위원회는 재림교회의 전통적인 군
복무관에 입각하여 (1974년—인용자) 3월 29일에 군사교육 문제로 해당
기관에 진정서를 보낼 것을 결의하고(의사록, 74-95) 8월 5일에는 전국의
교회에 1974년 9월 7일을 삼육대학교의 교련교육 문제를 위한 금식 기
도일로 선포하는 등(의사록, 74-209) 재림교회의 역사적 신념을 유지하기
위하여 여러 가지로 애썼다. 그러나 삼육대학 이사회와 연합회 행정위
원회는 정부의 강경한 방침에 밀려 집총훈련의 압박을 부분적으로 수
용하여 집총훈련 시간에 실총 대신 플라스틱 모조총을 사용하게 하거

나 여기숙사 뒤쪽 숲속 같은 삼육대학 교정의 후미진 공간에서 집총훈련을 하게 하거나 또는 삼육대학 교정이 아닌 경희대학 등 다른 공간에 가서 집총훈련을 받게 하는 등 부분적인 타협 이외의 다른 길을 찾지 못했다.……이때(1975년―인용자)……신학과 3학년 한 반의 대부분인 30명과 영문과생 1명이 집총훈련을 거부하여 학적이 변동될 위기에 처하게 되었고 결국 그들은 집단으로 휴학하여 군대에 입대하지 않으면 안되었다.

오정채 군은 군에 입대한 후에도 계속하여 집총을 거부함으로써 1개월여 관구사령부 영창에 수감되어 군사법정의 재판을 기다리고 있었는데 그의 고통과 희생을 마음 아파했던 삼육대학교의 학생처장과 신학과장 등 은사들과 중서합회의 군복무 담당자들이 군대 영창으로 오정채 군을 방문하여 집총거부를 철회하도록 집중 설득하였다. 그리하여 그는 그동안 영창에서 피눈물 나는 고문들을 다 이겨낸 보람도 없이 결국 군사법정에서 집총거부를 철회하여 불기소처분을 받았다. 교회 지도자들과 교우들이 집총거부로 영창과 육군형무소에 갇힌 재림 청년들을 "사흘이 멀다고" 찾아가 신앙으로 격려하던 시대가 이미 아니었다.……오정채 군과 함께 삼육대학의 군사훈련에서 집총을 거부하여 군대에 입대한 다른 동료 신학생들은 훈련소의 훈련이나 기성 부대의 복무 과정에서 대부분 집총훈련을 수용했다. 그들이 삼육대학 군사훈련에서 집총을 거부했던 것은 그들이 비무장 전투원의 원칙에 대한 적극적인 신념을 가지고 있었기 때문이 아니라 재림교회의 영적 본산이라고 할 수 있는 삼육대학의 교정에서 재림교회의 전통적인 비무장의 군복무 원칙을 훼손시키는 집총훈련이 이루어져서는 안된다는 소극적 이유에 근거했었기 때문이다. 집총을 거부하는 신앙적 신념은 이처럼 삼육대학의 신학과 학생들에게까지도 힘을 잃고 있었다.[59]

재림교회는 1970년대를 거치면서 군대에 이어 학교에서까지 집총거부 교리를 차례로 포기하게 되었다. 그로 인해 결국 학생군사훈련 영역에서도 1976년 이후에는 오로지 여호와의증인 신자들만이 집총을 거부하는 힘겨운 싸움을 벌여가야 했다.

1989년 이후 대학에서, 1994년부터는 고등학교에서 군사교육이 각각 폐지됨으로써 학교에서의 집총거부로 인한 종교인들의 수난은 완전히 사라지게 되었다. 1989년에 대학생 대상의 군사교육은 완전히 폐지되었으나, 이후에도 고등학생(남자)의 경우 모형총―플라스틱 총 혹은 목총―을 직접 사용해야만 하는 총검술, M16, 각개전투 등 교련 과목을 3년 동안 모두 204시간에 걸쳐 이수하게 되어 있었다.[60] 그러나 정부는 1994년에 교련 과목은 유지하되 '군사훈련'과 관련된 부분은 모두 폐지했다.[61] 그 결과 2000년대 초에 양심적 병역거부 문제가 한국에서 처음으로 공론화했을 때, 학생군사훈련을 제외한 현역 복무와 예비군 복무만이 쟁점으로 부각되었던 것이다.

학교에서의 군사교육 폐지 조치가 종교적 집총거부자들을 일차적으로 겨냥했던 것은 아니었다. 그러나 학교 군사교육 폐지가 한국 사회의 민주화·인간화 과정의 산물임은 분명했다. 대학에서의 군사교육 폐지는 정치적 양심을 끊임없이 자극하는 "캠퍼스 군사주의campus militarism"에 대한 줄기찬 반대운동의 결실이었다. 또한 김영삼 정부 출범 직후인 1993년 5월 내려진 고등학교에서의 군사교육 폐지 결정은 이전의 노태우 정부 계획을 2년이나 앞당긴 것으로서, 「한국일보」(1993년 5월 18일자) 기사의 표현대로 "학교교육에서 군사문화를 청산하려는 문민정부의 의지가 반영된 결과"였다.

어쨌든 결과만 놓고 본다면, 군대라는 '큰 싸움터'에 비해 학교라는 '작은 싸움터'에서는 양심적 집총거부자들이 이미 승리를 거둔 셈이었다. 그러나 학생군사훈련의 부활과 동시에 점화된 1970년대 초 대학생들의 '교련 반대 운동', 그리고 학도호국단의 부활에 이은 1970년대 중반 이후 대학생들의 '학도호국단 폐지 운동'은 "군사독재에 대한 항거" 혹은 "학원민주화"를 목표로 한 것이었지, 인권 신장이나 양심의 자유 차원에서 결코 접근되지 않았다. 양심적 집총거부자들과 학생운동은 끝내 서로 수렴되지 못했던 것이다.

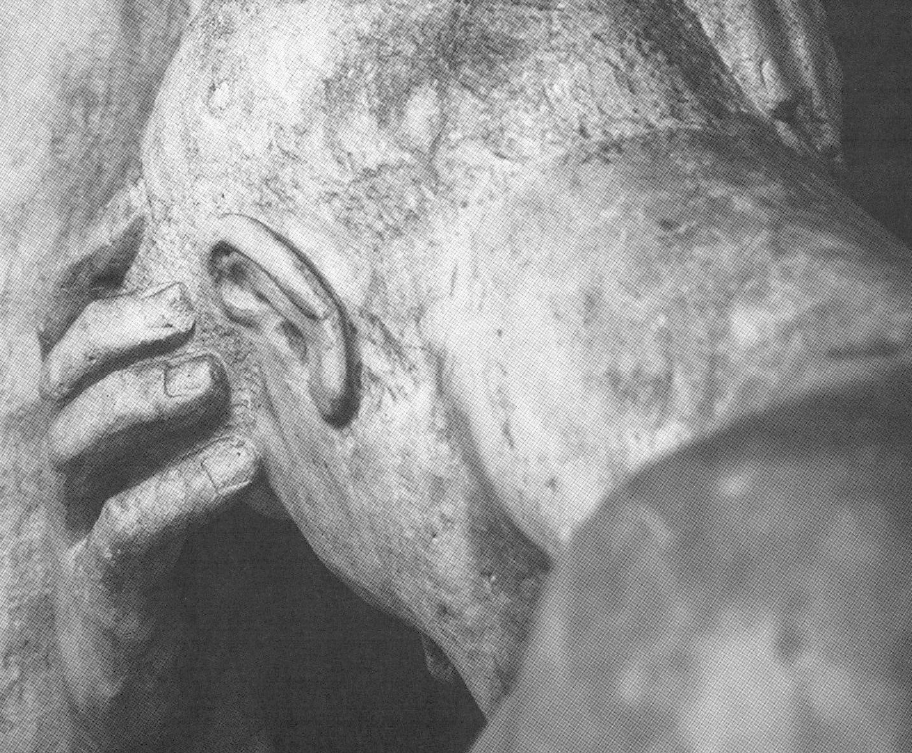

제 3 부

한국의 군사주의와 양심적 병역거부

제
9
장

한국의 특성들
: 비교의 맥락에서 본
양심적 병역거부

이 책 3부에서는 1부와 2부에서 논의한 한국과 세계의 양심적 병역거부 역사를 색다른 방식으로 종합해보고자 한다. 우선, 우리는 여태까지 양심적 병역거부 쟁점을 둘러싼 종교인들과 국가의 갈등적이고 전략적인 상호작용에 초점을 두고 그 역사적 변화를 추적해왔다. 말하자면 역사적 접근을 시도했던 셈이다. 그러나 역사적 변화를 외국의 다른 사례들과의 비교라는 맥락에서 접근해야 한국이라는 사례의 특수성과 보편성을 보다 잘 파악할 수 있다. 다음으로, 양심적 병역거부라는 주제를 종교-국가 양 주체의 갈등을 넘어 보다 포괄적인 사회적·정치적 맥락에서 조망해볼 필요가 있다. 그래야 이 갈등의 의미를 비롯하여, 왜 이 갈등이 그토록 오랫동안 지속되었는지, 이 갈등의 가능한 진로·향배나 해결 전망은 어떠할지 등에 대해 보다 만족스러운 설명을 기대할 수 있을 것이다. 요컨대, 기존의 '역사적' 접근에 '비교' 접근과 '(정치)사회학적' 접근을 추가할 필요가 있다는 것이다. 이번 장에서 시도할 작업이 이러한 비교 분석과 사회학적인 분석이다.

이때 무엇보다 '군사주의' 문제를 심층적으로 검토해볼 필요가 있다. 양심적 병역거부와 관련된 한국의 특성들은 대부분 "군사주의의 초강세 현상", 그리고 이 현상의 이면裏面이자 결과인 "평화운동의 지체 및 약세 현상"과 밀접히 관련되어 있다고 판단되기 때문이다. 이 쟁점의 지대한 중요성을 고려하여, 이어지는 두 개의 장에서 군사주의와 평화운동 문제를 별도로 상세히 다루고자 한다.

우리는 한국 현대사에서 "전쟁과 정치의 밀접한 상호작용"에 주목해야 한다. 아울러 "전쟁의 국가·국민·민족 형성 효과"에도 유의해야 한다. 한국인들의 독립전쟁과 맞물린 태평양전쟁 종결이 남한에서의 국가형성을 추동했다는 점에서, 그리고 해방공간을 점유했던 '부정형의 불완전국가' 단계를 지나 남한에서 출현한 국가의 성격과 특성 대부분이 한국전쟁을 전후한 시기에 형성되거나 고착화·공고화했다는 점에서, '대한민국'이라는 나라는 상당 정도 '전쟁의 산물'이었다. 한국전쟁이 끝난 후 대한민국은 단순히 전쟁의 산물이기에 그치지 않고, 스스로 '전쟁국가'로의 길로 질주해갔다. 전쟁 요인을 제쳐둔 채 대한민국의 국가 정체성을 논하기 어렵게 되었다. 그런 면에서 양심적 병역거부든 반전평화운동이든, 대한민국에서 전쟁에 반대하고 나선다는 것은 곧바로 국가와의 정면충돌로, 국가와의 적대관계로 돌입함을 뜻하기 쉬웠다. 나아가 전쟁 반대나 병역·집총 거부를 주장하는 행위는 힘의 압도적인 비대칭 속에서 국가권력의 일방적이고 강도 높은 탄압 대상이 될 가능성이 높았다. 양심적 병역거부자가 국가에 의해 관용의 대상으로 취급될 가능성은 애초부터 매우 낮았다.

한편, 서구 사회들에서 그러했듯이 해방 후 한국에서도 '대체복무제 없는 징병제'를 도입함에 따라 평화주의 성향의 교단과 국가의 갈등이 점화되었다. 한국에서 양심적 병역거부로 인한 갈등은 한국전쟁 발발 직후부터 시작되었고, 전쟁 말엽인 1953년에 이르자 국가는 양심적 병역거부자들을 감옥으로 보내기 시작했다. 전쟁은 징병제를 불러낸다. 세계 어느 곳에서든 전쟁과 징병제는 양심적 병역거부를 둘러싼 종교-국가 갈등을 유발하고 격화하는 핵심적인 공통 요인들이었다. 서구 사회들은 두 차례의 세계대전, 한국전쟁, 베트남전쟁을 거치면서 양심적 병역거부를 대하는 태도에서 점진적인 변화를 겪었다. 크게 보면 그 변화는 양심적 병역거부에 대한, "범죄화에서 비범죄화로의 전환"이었다. 이와 대조적으로, 한국에서는 바로 그 무렵부터 양심적 병역거부의 범죄화로 인한 종교-국가 갈등이 본격적으로 시작되었다.

서구 사회들과 비교할 때, 한국의 양심적 병역거부는 중요한 차이와 특이점들을 드러냈다. 징병제를 시행하고 있거나 일시적으로라도 징병제로 전환한 경험을 지닌 세계의 많은 나라들이 양심적 병역거부 문제로 진통을 겪었지만, 그중에서도 한국은 매우 독특한 사례에 속한다. 필자가 보기에는 대략 다음의 요인들이 한국의 양심적 병역거부와 그 역사를 유별나게 만들었다: ① '항존恒存하는 징병제'로 인한 평화교회-국가 갈등의 장기화, ② 양심적 병역거부를 배제하는 '한국형 대체복무제', ③ 감시사회·시선권력視線權力 형성과 '예외 없는 징병제' 드라이브,[1] ④ '정치적-이데올로기적 신新신분제'의 작동에 따른 병역거부자의 비국민화非國民化, ⑤ 양심적 거부자 정체성의 생애사적 확장과 '고난의 트라이앵글', ⑥ 사회적으로 인정받는 역사적 평화교회들의 부재, ⑦ 낮은 사회적 평판의 소규모 평화 종파 신자들만의 병역거부, ⑧ 국가의 종교자유 경시와 권위주의적·차별적 종교통제, ⑨ 주류 종교·교단들의 친親군대·친親전쟁 성향과 군사주의적 에토스,[2] ⑩ 양심적 병역거부자에 대한 고강도 국가폭력의 장기 지속, ⑪ 전향 공작이라는 형태의 국가폭력과 인간개조 욕망, ⑫ 비종교적 거부자 부재로 인한 양심자유-종교자유 쟁점의 수렴 및 중첩, ⑬ 평화운동 이전 단계의 '초기 양심적 병역거부자'로서의 전투경찰과 의무경찰, ⑭ 과거(사)청산 맥락에서의 양심적 병역거부 문제 의제화와 확산. 이 밖에 '한국형 군사주의'라는 특성에 대해서는 이어지는 제10장에서 따로 분석해보려 한다.

■ **징병제의 항존화**恒存化, **평화교회-국가 갈등의 장기화**　무엇보다 한국전쟁이 끝난 후에도 징병제가 계속 유지된 사실을 들 수 있다. 대부분의 유럽과 북미 국가들은 큰 전쟁이 발발하면 징병제를 도입했다가 전쟁이 종식된 후 일정한 기간이 지나면 모병제로 돌아가곤 했다. 예컨대 영국은 1960년에, 미국은 1973년에 징병제에서 모병제로 전환했다.[3] 그것이 1차대전 이후 20세기를 관통하여 유지되어온 패턴이었다. 그러나 한국에서는 전쟁 종결 이후에도 징병제가 존속했을 뿐 아니라, 1960년대 초부터 군사정권이 이어지면서 징병제가 오히려 강화되었다. 앞서 나태종을 인용한 적 있듯이, 현대 한국의 병역제도가 "국민개병주의에 입각한 의무병제(징병제)를 채택하고 있지만, 여기에 지원병제(모병제)를 병행함으로써, 엄밀한 의미에서는 징병제를 위주로 한 혼합형 병역제도를 적용"하고 있는 것은 사실이다. 그러나 혼합형 제도 안에서도 한국은 현역군인 중 징병제로 충원된 병사의 비율이 매우 높은 '경성 징병제'에 속한다. 어쨌든 양심적 병역거부로 인한 갈등과 고통이 징병제와 직결되어 있다는 점에서, 한국은 그 갈등과 고통이 항상화 내지 영속화하는 양상을 보여주었다고 말할 수 있다.

■ **양심적 병역거부 없는 '한국형 대체복무제'**　서구에서는 양심적 병역거부자들을 위해 창안된 대체복무제도가 한국에서는 1960년대 말 이후 전혀 다른 맥락과 목적을 갖고 등장하여 점차 확대되었다. 그것은 애초 "잉여 병역자원" 문제로 대표되는 징병 대상자의 수요-공급 불균형 해소를 위해 도입되었다. 최초 도입 후 시간이 지나면서 국민개병제의 평등주의 이념, 반공주의와 결부된 국가주의·군사주의 이념, 경제발전·근대화를 지향하는 발전주의 이념이 추가로 반영됨에 따라 '한국형 대체복무제'가 완성되어갔다. 대체복무제는 발전주의·근대주의와 결합하여 훈육권력과 폭력의 복합체인 한국적 근대성, 곧 문승숙이 명명한 "군사화된 근대성"의 일부를 이루게 되었다. 사실상의 무급 착취를 보

장해왔다는 점에서 한국의 대체복무제는 현대판 노예노동제도나 다름없이 운용되었다. 요컨대, 서구에서는 양심적 병역거부 문제의 해결책으로 대체복무제가 도입되었지만, 한국에서는 대체복무제가 징병제의 보편적-전면적 실현을 위한 "잉여 자원 최소화 및 잉여 자원 최대 활용 수단"으로, 나아가 경제적 근대화의 수단으로 활용되었다. 대체복무제의 도입 이유와 활용 실태야말로 한국 병역제도의 독특한 면모를 보여주는 중요한 요소였다. 양심적 병역거부 문제의 해결책으로 대체복무제가 도입된 것이 아니라는 사실, 또 대체복무제가 도입되었음에도 불구하고 양심적 병역거부자들이 그로부터 계속 배척당하는 상황, 다시 말해 "양심적 병역거부자가 배제된 대체복무제"라는 점이 한국형 대체복무제의 핵심적 특징이었다. 한국에서 양심적 병역거부권을 처음 인정한 2018년 결정에서 헌법재판소가 이 문제를 정확하게 지적했다.[4] 대체복무라는 제도가 그 내부로 양심적 병역거부자를 포용하는 데 반세기 이상의 긴 세월이 필요했다.

■ **감시사회 형성과 '예외 없는 징병제' 드라이브** 주민등록제도까지 동원하는 등 국가의 '예외 없는 징병' 정책이 갈수록 강화된 것도 한국의 특징이었다. 이는 '전쟁의 일상화' 추세와 맞물린 '감시사회 형성'과 관련된다. 또 이는 곧 최장집이 "국가의 과대성장과 (시민)사회의 유약한 발전이라는 극도의 불균형 관계"로 설명했던 권위주의 국가의 등장에 다름 아니었다.[5] 해방과 더불어 본격적으로 발전되기 시작했던 시민사회는 전쟁을 거치면서 급격히 위축되고 활성을 잃어버린 반면, 전쟁 기간 중 증강된 군사력과 안정된 관료체제에 기반한 권위주의적 국가가 공고한 통제 속에 사회를 편입시켜갔다.[6] 점점 전체주의의 성격을 띠어가는 사회 안에서, 양심적 병역거부자들은 미셸 푸코가 『감시와 처벌』에서 묘사했던 '시선視線의 권력' 앞에 적나라하게 노출되었다. 조르조 아감벤의 표현에 따르자면, 양심적 병역거부자들은 국가권력 앞에 고스란히 노출

징병 입대 광경(1951)

된 벌거벗은 생명, 곧 호모 사케르였다.[7] 해방 후 한국의 국가권력은 "호모 사케르 내지 비국민을 창출하는 권력이고, 비국민의 생명을 옥죄고 희롱하고 박탈하는 권력"이었다.[8] 양심적 병역거부자들은 국가권력의 가장 손쉬운 먹잇감이자 희생양이었다. 더욱이 국기 경례 거부와 애국가 제창 거부로 인한 충돌까지 겹쳐짐으로써, 여호와의증인 신자들은 국가권력의 더욱 가혹한 탄압에 노출되었다.

■ **죽여도 좋을 비국민 혹은 호모 사케르: 정치적-이데올로기적 신新신분제의 작동** 해방 후 등장하고 한국전쟁을 계기로 공고해진 '정치적-이데올로기적 신신분제'가 위력을 떨치게 된 상황도 고려해야 한다. 〈표 9-1〉에서

<표 9-1> 신신분제에서의 인간 분류 방식[9]

| 선민/지배엘리트 | 서발턴 | | 비국민(호모 사케르) |
	국민	반半국민	
지배엘리트, 성가정, 상이군인, 참전자, 민간인 유공자, 월남 귀순자	선민-반국민-비국민이 아닌 자	반공포로, 월남자, 인권보호대상(전쟁고아, 기아, 식모, 여차장, 여공 등), 수복지구 주민, 잔류파(잔류자), 피난민, 토벌지구 주민	좌익 및 가족, 인권보호대상에서 배제된 이들(성매매 종사자, 부랑인, 넝마주이, 거지 등), **양심적 병역·집총 거부자**, 성소수자

보듯이, 해방 후 한국에서 형성된 '정치적-이데올로기적 신신분제'라는, 대한민국 경계 내부에 위치한 모든 인간을 새롭게 범주화하고 위계화하는 질서에서 양심적 병역거부자들은 그 최하층에 위치하게 되었다. 다시 말해 양심적 병역거부자들은 좌익 및 그 가족, 인권보호대상에서 배제된 이들(성매매 종사자, 부랑인, 넝마주이, 거지 등), 성소수자 등과 마찬가지로 비국민 혹은 호모 사케르로 취급당해야 했다. 심지어 그들을 죽도록 고문하거나 구타해도 별다른 처벌을 받지 않았다. 그런 일이 발생한다 해도 언론에 보도되지도 않았다. 그들은 공론장 바깥에 위치한 사람들이었다.

■ **고난의 트라이앵글: 양심적 거부자 정체성의 생애사적 확장** 고등학교·대학교의 학생군사훈련과 예비군·민방위대 제도를 통해 20년 이상 군인 혹은 준準군인 정체성을 요구받는 '사회의 군사화' 경향이 현저했다는 점도 지적할 수 있다. 한국전쟁을 계기로 뚜렷해졌다가 1950년대 후반부터 약화했던 사회의 군사화 경향은 한국이 베트남전쟁에 참여 중이던 1960년대 말부터 재차 강화되었다. 이는 학교, 마을·거주지, 직장·기업, 정부(경찰, 검찰 등)를 망라하는 전방위적인 변화였다. 한국전쟁을 거치면서 징병제, 학생군사훈련, 예비군제도가 비슷한 시기에 나란히 시작되었던 것처럼, 1960년대 말부터 군대-교련-예비군·민방위대가 '거의

동시에' 재생했다. 1970년대 들어 박정희 정권은 전쟁의 관점에서 한국사의 재구성을 시도했다. 그것은 '국난國難극복사'라는 이름의 전쟁사, 특히 대외적 전쟁사 중심의 민족사 재구성 작업이었다. 이로써 "전쟁과 민족의 단단한 담론적 접합"이 성사되었다. 전쟁은 민족의 '생존'과 '부흥'을 결정짓고 좌우하는 키워드였다. 1960~1970년대에 한국군이 대규모로 참전했던 베트남전쟁도 또 하나의 '국난극복 전쟁'으로 해석되었다. 외침外侵에 대한 민족적 항전 중심의 이런 역사 재구성은 '국사國史' 교육 강화와 역사교과서 국정화 전환과 맞물려 강력한 국민 형성 기제로 작용했다. 그것은 한편으로 대내적 단결·통합 효과로, 다른 한편으로 민족적 정체성 형성 효과로 이어졌다. 이런 전쟁사 중심의 접근은 (현역군인들의 자긍심 고취만이 아니라) '시민들'에게 군인 혹은 유사類似군인의 정체성과 주체성을 부여하는 쪽으로 나아갔다. 시민들은 군인(예비군)이나 유사군인(민방위대원)으로, 혹은 산업전사나 태극전사로 호명되었다. 국민 모두가 군인 혹은 준군인의 정체성을 보유하고 강화하도록 요구받는 사회에서, 군인 정체성을 정면으로 거부하는 이들이 설 자리는 사실상 존재하지 않았다. 학생군사훈련-군대-예비군·민방위대는 도저히 빠져나올 수 없는, 그리고 동시에 작동하는 촘촘한 '죽음의 트라이앵글'이 되어 양심적 병역거부자들을 끝도 없는 극한의 고통 속으로 몰아넣었다. 집총을 거부하는 평화주의자들은 청소년기부터 청년기를 지나 장년기의 초입까지 자기 생애의 20년 이상에 걸쳐 군인 되기를 강요하는 국가폭력에 끊임없이 시달려야 했다.

■ **사회적으로 인정받는 역사적 평화교회의 부재** 전통적인 역사적 평화교회들의 사실상 부재 현상도 한국의 특성 중 하나였다. 양심적 병역거부·집총거부로 인한 종교-국가 충돌이 본격화하던 한국전쟁 당시 한국에는 메노나이트나 아미시 등 아나뱁티스트도, 퀘이커도, 브레드런도 '교회'로서 존재하지 않았다. 일정한 사회적 인정과 평판을 확보하고 있

을 뿐 아니라 이단 논란으로부터도 비교적 자유로운 전통적 평화교회의 존재 유무는 양심적 병역거부 쟁점의 파급력, 그에 대한 대중적 반응, '자유주의적·진보적 시민사회'의 대응 전략에 두루 영향을 미칠 수 있었다. 양심적 병역거부자를 배출하는 해당 교단들의 주체적 대응 방식도 달라졌을 가능성이 높았다. 대체로 퀘이커의 경우 비교적 명료한 '비폭력 저항' 노선을 고수했고 아나뱁티스트의 경우에도 1960년대 이후 내부 논쟁을 거치면서 점차 '비폭력 저항'으로 이동했지만, 여호와의증인과 재림교회는 '탈정치'와 '비폭력 무저항' 노선에 가까웠다. 한마디로 양심적 병역거부의 당사자 종교집단이 누구인가에 따라 사회적·정치적 공론화의 잠재력 면에서 큰 차이가 존재했던 것이다. 한국에도 역사적 평화교회들이 존재했을 뿐만 아니라 이 교단들이 주류 개신교 교파들의 연합기관인 한국기독교교회협의회NCCK 혹은 그 전신인 한국기독교연합회의 회원 교단으로 참여하고 있었다면, 한국의 다른 주류·대규모 교단들도 양심적 병역거부 문제에 대해 상당한 관심을 갖고 보다 적극적이고 긍정적인 태도로 대응했을 가능성이 높았을 것이다. 예컨대 미국에서는 퀘이커를 비롯한 역사적 평화교회들이 주류 개신교 교파들로 구성된 미국교회협의회(National Council of the Churches of Christ in the USA: NCCUSA)에 참여했고, 그럼으로써 세계교회협의회WCC에도 거의 자동적으로 참여하게 되었다. 평화교회들이 비록 교단 규모는 크지 않았을지언정 '주류' 개신교 교단 중 하나로 인정받았던 것이고, 그만큼 사회적 평판도 높은 편이었다. 특히 퀘이커 교단의 경우 미국 역사 초기부터 특정 주州의 통치에 주도적으로 참여하기도 했고, 신자들의 평균적인 사회경제적 지위도 대체로 높은 쪽에 속했다. 그 때문에 적어도 미국의 일부 주에서는 양심적 병역거부의 공론화 초기부터 상당히 관용적인 접근이 가능했었다. 그러나 한국에서는 이런 상황을 아예 기대할 수 없었다.

한국전쟁을 계기로 메노나이트와 퀘이커 신자들이 각각 1950년과

1953년부터 한국에서 활동을 시작했다. 메노나이트중앙위원회가 파견한 미국인과 캐나다인 신자들이 한국에서 구호 활동과 교육 분야에서 활동했지만, 이들은 한국인 신자들을 개종시켜 교회를 조직하려는 노력을 하지 않았고, 그나마 1971년에는 한국에서 철수해버렸다. 1990년대에 몇몇 한국인들의 자생적 움직임이 메노나이트 신앙을 재생시켰고 2001년에는 초기적인 교단 조직도 형성했지만, 한국인 메노나이트 신자 중 최초의 양심적 병역거부자는 2013년 10월에야 비로소 등장했다.[10] 한국전쟁 말엽부터 미국인 퀘이커 신자들이 한국에서 의료봉사 활동을 주로 전개했고, 1958년에 첫 한국인 신자가 등장하고 1960년에 최초의 교회(종교친우회 서울모임)도 조직되면서 1961년부터 세계친우회(Friends World Committee for Consultation: FWCC)와 교류하기 시작했지만, 이후 수십 년 동안 신자 숫자가 거의 증가하지 않았다.

■ 사회적 반향 없는 양심적 병역거부: 낮은 사회적 평판의 소규모 평화 종파들

(위의 요인과 직접 연관되는 것으로) 한국에는 역사적 평화교회들이 사실상 부재한 대신, 사회적 평판이 낮은 소규모 평화주의 개신교 교단들만이 존재했다. 이들은 종종 이단 시비에 시달렸으므로 주류 개신교 교단이나 교단연합체로부터도 배척당했다. 한국에서 1949년 도입된 징병제가 한국전쟁 초기부터 본격 가동된 이래 양심적 병역·집총 거부의 주역이 된 이들은 전통적인 평화교회들이 아니라, 19세기 미국에서 등장한 재림교회와 여호와의증인 교단의 신자들이었다. 이들은 강한 종말론적 지향을 갖고 있었고, 특히 여호와의증인 교단은 현세질서와 권력의 가치를 격하하거나 거부하는 편이었다. 사회적 시선도 부정적이었고 교단에 대한 사회적 평판도 낮았다. 윤용복에 의하면 한국 사회의 일반적인 인식은 여호와의증인 신자들이 "국가체제 부정"이나 "폐쇄적이고 배타적인 성향"을 보인다고 여겼다. "한국 사회에서 '여호와의 증인'이라는 단어는 곧바로 '병역기피'와 '수혈 거부', 그리고 '이단'이라는 단어를 떠올릴 정

도”라는 표현에서 보듯이 ‘이단’ 시비도 그치지 않았다.[11] 탁지원이 서술한 바 있듯이 1977년 12세 소녀, 1980년 23세 여성과 원로가수 백년설, 2010년 두 달 영아가 수혈 거부로 사망한 일, 1992년 가정을 등한시한다면서 여호와의증인 신자 아내에 대한 보복으로 남편이 원주의 왕국회관(교회)에 방화한 일, 2010년 진주, 2016년 남해, 2017년 이천에서 인근 주민들이 왕국회관 건립에 반대하고 나선 일 등이 사회적 주목을 받았다. 특히 2010년 진주에서는 주민들이 ‘애국 대 반反국가’ 프레임을 내걸고 왕국회관 건립 반대운동에 나섰다.[12] 그리하여 윤용복은 다음과 같이 결론짓는다: “여호와의증인에 대한 시각은 수혈 거부와 방문 선교, 그리고 간혹 일간지 기사에 등장하는 가족 해체 논란 등에 관한 것들이 있다. 병역거부에 이어 가족 해체나 수혈 거부도 역시 비난의 대상이 되곤 했다. 그렇기 때문에 한국 사회에서 여호와의증인을 대하는 태도는 일반적으로 비우호적인 수준에 있다고 해야 할 것이다.”[13] 이런 상황은 양심적 병역거부에 대한 한국 사회의 무관심과 부정적 편견·차별, 그리고 양심적 병역거부 쟁점의 너무 오랜 비非가시화와 공론화 실패, 나아가 양심적 병역거부자들에 대한 국가의 자의적이고 가혹한 대우 그리고 그것의 장기 지속을 상당 부분 설명해준다.

결국 한국에서는 양심적 병역거부 문제의 사회적 토론과 해결책 모색을 위한 주체적 여건이 대단히 취약했다고 말할 수 있다. 구체적으로, 최소한 세 가지 차원에서 ‘의제화-공론화의 주체적 조건’이 결여되어 있었다. 첫째, 여호와의증인과 재림교회의 ‘종교적 정교분리론’에 기초한 ‘탈정치’ 성향이다.[14] 여호와의증인 교단이 말하는 ‘(정치적) 중립’은 실상 엄격한 성속이원론에 터한 정교분리와 탈정치에 가깝다고 하겠다. 둘째, 양심적 병역거부와 관련된 교단들의 부정적인 사회적 이미지와 낮은 사회적 평판이다. 이는 이들이 처한 어려움에 대한 사회적 관심, 주목, 경청을 이끌어내는 데 부정적인 조건이었다. 셋째, 취약한 교세 혹은 교단

규모의 왜소함이다. 양심적 병역거부 관련 교단들의 교세와 규모가 무시할 수 없을 정도로 컸다면, 이들은 어떤 방식으로든 자신들의 존재와 주장을 공론장에 반영할 수 있었을 가능성이 높다.

■ **종교자유의 경시 혹은 왜소화: 권위주의적·차별적 종교통제 정책** 헌법에 보장된 종교의 자유를 위협하는, 종교 영역에 대한 국가의 '권위주의적 통제'와 '차별적 통제'라는 특이한 전통 또한 한국적 특성 중 하나로 고려해야 한다. 식민지 시대는 말할 것도 없고, 해방 후에도 이승만 정권의 불교·유교 분규 조장 및 개입, 이승만 정권에서 군사정권까지 이어진 불교에 대한 '배제적 헤게모니 전략' 및 그리스도교-불교 사이의 규제격차regulation gap와 특혜격차privilege gap 현상 등이 지속되었다. 〈표 9-2〉는 해방 후 '종교정책 기조'의 변화를 집약한 것이다. 여기서 '비非특권적 종교시장'에는 "특권적 종교시장에 속하는 1960년대 말 이후의 3대 종교(개신교, 천주교, 불교)를 제외한 모든 종교들"이 포함되며, 재림교회와 여호와의증인 교단도 당연히 여기에 포함된다. 또 '규제격차'는 어떤 상황에서 종교 영역에 대한 국가 규제력의 한계가 노출되고, 종교에 따라 국가 규제력의 편차가 나타나는 현상을, '특혜격차'는 국가가 종교에 따라 희소자원을 차별적으로 배분하는 현상을 가리킨다. 특권적 종교시장에 속하는 종교들이 '많은 특혜와 적은 규제의 결합'으로 특징지어진다면, 비특권적 종교시장에 속하는 소수파 종교들minority religions은 '강한 규제와 적은 특혜의 결합'으로 특징지어진다. 규제격차와 특혜격차의 중첩은 종교 영역의 양극화, 이중적 종교시장 형성 경향으로 이어진다.[15] 이는 결국 한국에서 국가의 일상적이고 차별적인 종교 개입, 그리고 종교자유 보장의 불완전함·불안정성을 동시에 보여주는 것이다.

현대 한국에서 국가는 종교의 자유를 보장하는 데 별 관심이 없고 종교자유와 관련된 종교 측의 요구나 항의를 종종 무시하는 반면, 자신의 의지와 이념·정책을 관철하기 위해 종교 영역에 초법적으로 또 강도 높

〈표 9-2〉 해방 후 종교정책 기조의 변화[16]

시기	종교정책의 기조 및 목표	종교정책의 특징
1948~1966	• 종교 전반에 대한 권위주의적 통제 • 분할지배와 종속적 포섭	• 국가가 종교 전반에 대해 강한 통제력을 행사 • 국가 자신이 유사종교 내지 대체종교로 등장; 그 결과 국가 주도의 시민종교-정치종교가 활성화됨 • 종교에 대한 분할지배와 종속적 포섭 • 규제격차, 특혜격차 모두 매우 큼
1967~1986	• 과두적 종교부문의 안정적 관리 • 분할지배와 종속적 포섭	• 국가는 과두적 종교부문의 안정적 관리에 중점 • 국가는 대(對)종교 통제력을 유지 • 국가가 주도하는 시민종교-정치종교의 활성이 유지됨 • 상당 수준의 규제격차 유지 • 특혜 배분에서 '이중적 종교시장'의 형성; 반면 특권적 종교시장 내에서는 특혜격차가 빠르게 축소됨
1987년 이후	• 과두적 종교부문 내부의 균형 추구	• 국가는 과두적 종교부문 사이의 균형 추구에 중점 • 국가는 종교적 중립과 불개입의 태도로 전환 • 국가의 탈성화(脫聖化)와 국가 주도 시민종교-정치종교의 해체 과정이 진행됨 • 규제격차의 점진적 소멸 • 이중적 종교시장의 유지 및 고착화; 특권적 종교시장의 부분적 확대; 특권적 종교시장 내에서 특혜격차는 사실상 소멸

게 개입하곤 했다. 다원주의적 종교시장에 대한 분할지배와 자의적 개입이 1950~1970년대에 특히 두드러졌다. 양심적 병역거부처럼 종교 문제에 대한 국가의 강력한 권위주의적 통제를 잘 보여주는 쟁점도 드물었다. 양심적 병역거부자들은 반공주의와 국가안보이데올로기를 앞세운 권위주의적 종교통제의 희생양들이었다. 나아가 우리는 양심적 병역거부 문제를 통해, 종교시장에서 주변적인 위치를 점하는 소수파 종교에 대한 (사회적·종교적 냉대는 물론이고) 국가에 의한 강력한 규제력 격차와 특혜

격차의 결합, 즉 소수파 종교에 대한 강한 규제와 특혜의 부재, 나아가 특혜는커녕 가혹한 처벌만을 고수하는 한국 종교정치의 특성들을 비교적 쉽게 확인할 수 있다.

여호와의증인 교단은 상황을 개선하기 위한 정치적 활동을 거의 하지 않는, 말하자면 '탈정치화' 입장에 가까웠다. 이에 비해 재림교회는 1950~1960년대에 양심적 집총거부 혹은 비무장 군복무 입장을 관철하기 위해 정부를 겨냥한 적극적인 노력을 지속적으로 경주했지만, 국가의 냉담한 반응에 막혀 좌절하고 결국 집총거부 교리마저 포기했다. 한마디로 종교자유 보장에 무관심한 국가의 권위주의적 종교통제 전통이 양심적 병역거부 문제의 해결을 더욱 어렵게 만들었다. 양심적 병역거부 쟁점은 한국 현대사에서 종교-국가 사이의 갈등적이고 불균형하고, 심지어 절망적인 상호작용이 어떻게 종교의 자유에 파괴적인 영향을 미치는가를 선명하게 보여주는 사례이기도 하다.

■ 주류 종교·교단들의 친親군대·친親전쟁 성향 혹은 군사주의적 에토스

한국 주류 종교·교단들의 평화주의 결핍과 낮은 평화 감수성, 심지어 친군대·친전쟁 성향도 고려해야 한다.[17] 한국의 주류 종교 및 교단 내에서 평화주의자들을 발견하기는 어렵다. 반면에 오랫동안 주류 종교·교단들은 호전적으로 기운 전쟁 교리를 신봉하는 모습을 보여왔다. 특히 한국전쟁과 베트남전쟁 당시 개신교와 천주교에서는 호전적인 성전·십자군 교리가 지배적이었다. 당시 천주교와 개신교 등 한국의 주류 종교·교단들의 전쟁 교리는 서구 교회들이 주도하는 세계적 흐름과도 동떨어진, 시대착오 혹은 탈구脫臼 내지 부정합不整合 상태에 있었다. 정의로운 전쟁 교리를 수용한 이후에도 이를 군대나 전쟁을 정당화하는 맥락에서 해석하는 이들이 다수였다. 불교 지도자들도 전투적인 호국불교론의 강고한 전통을 해방 이후에도 고수했다. 한국 주류 종교·교단들의 군대에 대한 긍정적 태도는 종교인들의 적극적인 교섭과 청원으로 한국전쟁 초기에 탄생한 군종제도에 대한 강한 선호에서도 잘 드러난다.

　전체적으로 볼 때, 군사주의적 에토스가 주류 종교·교단들까지 장악했다고 해도 과언이 아닌 상황이다. 주류 종교·교단 신자들 가운데 양심적 병역거부자는 사실상 전무한 상태였다. 한국의 주류 종교·교단들이 양심적 병역거부 쟁점에 대해 냉담과 무관심의 태도로 일관했던 데에는 (이단-정통 프레임뿐 아니라) 전쟁이나 군대 등과 관련된 교리상의 차이까지 작용했다고 보아야 한다. 요컨대 양심적 병역거부자들의 계속된 희생은 시민사회와 주류 종교들의 철저한 무관심과 외면 속에서 국가가 집요하고도 야만적으로 특정의 소수파 종교 신자들을 괴롭힌 사례에 해당된다. 문제는 주류 종교들의 이런 태도가 국가의 종교 개입, 종교자유 제한을 정당화하는 결과로 이어져 종교자유 수준을 전반적으로 낮은 수준으로 고착화하는 데 기여했다는 사실이다.

　■ **양심적 병역거부자에 대한 초강도 국가폭력의 장기 지속** 이런 모든 요인들의 귀결이자 상승작용의 결과, 매우 오랜 기간에 걸쳐 "침묵 속의 초강도 폭력·억압 지속"이라는 현상이 가능하게 되었다. 다시 말해 "양심적 병역거부자들에 대한 국가의 탄압과 처벌이 최고 수준에서 장기간 지속되었다"는 점이 한국의 대표적인 특징이었다고 할 수 있다. 국가는 양심적 병역거부자들을 향해 자신의 폭력성을 유감없이 발휘했다. 직접적 폭력과 구조적 폭력과 문화적 폭력 모두가 양심적 거부자들에게 강도 높게 가해지는 상황이 수십 년 동안 지속되었다. 문화적 폭력 역시 주류 종교들에 의한 이단 규정으로 대표되는 '종교적 낙인', 병역기피나 수혈 거부나 공격적 선교 방식과 관련된 사생활 침해 등과 관련된 '사회적 낙인', 충성심 결여나 반국가 집단과 같은 '정치적 낙인' 등 전방위적으로 나타났다. 양심적 병역거부자 개개인에게는 병무청의 강제입영 조치에서 시작되어 훈련소, 사단 영창, 군구치소, 군교도소, 민간교도소 등 5~6단계에 걸쳐 이어지는 '다단계 폭력', 이 과정에서 구타, 기합, 욕설, 전

향 공작 등 가능한 모든 형태의 폭력들을 두루 경험하도록 만드는 '다중적·종합적 폭력'이 행사되었다. 국가권력의 억압은 유엔과 국제법이 금지하는 반복처벌을 포함하는 '반복·가중 처벌'에서도 잘 드러났다. 조국이 말했듯이 양심적 병역거부자들에게 선고되는 최초 형량 자체가 과도한 것이기도 했다.[18] 군대에서―그리고 부분적으로는 학교의 교련교육 현장에서도―양심적 집총거부자들에 대한 육체적 학대가 만연했으며, 구타로 인해 사망하거나 장애인이 되는 일도 종종 일어났다. 양심적 병역거부자들은 감옥 안에서도 빈번히 종교의 자유를 박탈당했다.

우리는 양심적 병역거부자들을 향한 초강도 탄압의 시기가 유신체제와 정확히 겹친다는 사실에 유의할 필요가 있다. 유신체제는 1972년 10월 17일 박정희 대통령의 계엄령 선포로 시작되었고, 같은 해 12월 27일에는 박정희 종신 집권을 위한 유신헌법이 공포되었다. 앞에서 살펴본 바와 같이 1973년 1월부터 대통령 지시에 따라 양심적 병역거부자에 대한 파상적인 공세가 본격화했다. 아렌트는『폭력의 세기』에서 '폭력'을 (정당성을 갖는 지배인) '권력'과 대립시켰다.[19] 그에 의하면, "총구가 권력을 파괴할 수는 있지만 총구로부터 권력이 나올 수는 없다."[20] 때문에 그는 "권력의 감소야말로 폭력으로의 공개적인 초대"이며, "권력을 폭력으로 대체하려는 유혹"을 증가시킨다고 보았다.[21] 유신체제는 정당성을 상실하여 오로지 '폭력'에만 의존하는 정부가 '비폭력'을 추구하는 이들을 편리한 희생양으로 악용하는 현실, 나아가 강한 군사력과 국가안보 논리를 내세우는 군사주의적 정부가 평화주의자에 대한 폭력 행사를 정치적 정당성의 주요 원천으로 삼는 현실을 의미했다. 평화주의자들이 국가폭력과 시민폭력의 집중점 내지 핵심 과녁이 되었다는 사실은, 역으로 그들의 존재 자체가 정부의 폭력성과 권력적 무능을 드러내는 가시적인 지표였음을 뜻하기도 했다.

이런 폭압적인 사회·정치 상황들은 양심적 병역거부권의 인정, 그에 기초한 대체복무제도의 실제적인 도입은 고사하고, 이 쟁점의 공론화 자체를 아예 불가능하게 만들었다. 무려 50년 동안이나 한국에서는 종교계를 포함한 시민사회의 항의 목소리가 전무했다. 무려 1만 명에 가까운 이들이 이 단일한 쟁점 때문에 끝없이 감옥행을 거듭했음에도 그것이 한국 사회에서는 전혀 공론화되지 않았다. 한국 사회는 반세기 내내 집단적 무지와 무관심 속에 갇혀 있었다. 사회적 무관심과 방관 속에 계속된 국가의 강도 높은 탄압과 처벌 일변도 정책은 초법적인 강제입영 조치를 통해 해당 신자들의 교리적 입장에도 맞지 않는 '선입영 후집총거부'라는 대응을 강제하거나, 핵심적인 교리를 수정하게 만들거나, 교단 내부의 혼란과 균열을 초래하는 등의 파괴적이고 파국적인 결과들을 빚어냈다.

■ **인간개조의 욕망: 전향 공작이라는 형태의 국가폭력** 단순한 신체적 처벌과 폭력적 억압만이 아니라, 고등학교(교련) 혹은 훈련소-헌병대-군구치소의 여러 단계에서 교련교사·교관·장교·부사관·헌병 등 여러 얼굴의 국가 대리인들에 의해 "양심을 향한 대대적인 폭력"이 행사되었다는 사실이 한국의 또 다른 특징 중 하나였다. 다양한 방식의 회유와 협박 혹은 신체적 폭력을 통해 군사훈련·병역·집총을 거부하는 양심을 꺾고 전향시키려는 집요한 공작이 바로 그것이었다. 학교에서는 '교육'이라는 명목으로, 군 훈련소에서는 '재복무'로 유도하기 위한 '교화'라는 명목으로 전향 공작이 반복되었다. 누군가를 단순히 처벌하거나 배제하는 데 그치지 않고 '인간개조'나 '의식개조'를 위한 의지와 욕망을 끊임없이 드러내는 것, 이야말로 '독특하게 한국적인' 국가폭력의 장면이었다.

■ **비종교적 거부자 부재로 인한 양심자유-종교자유 쟁점의 수렴 및 중첩** 식민지 시대를 제외한다면, 해방 후 한국 현대사에서 비종교적·세속적 거부자는 거의 발견되지 않는다. 한국에서는 양심적 병역거부 문제가 50년 이상 전적으로 종교인들에 의해서만 제기되었기 때문에, '종교의 자

서울시 학도호국단 총검술 시범(1977)

유'와 '양심의 자유' 문제가 불가분하게 결합되어 있었다. 이 점이 한국의 또 다른 특성을 이룬다. 한국(대한민국)은 국교를 인정하지 않는다. 그럼에도 국가는 마치 중세적 국교제도 아래서 배교자들을 처벌하듯 병역·집총을 거부하는 소수파 종교인들을 한없이 가혹하게 몰아붙였다. 제헌헌법에 명시된 종교의 자유는 국가에 의해 형해화했다. 필자는 2005년에 발표한 논문에서 "특정 종교인들의 신앙고백적 결단에 대해 가혹한 처벌만을 고집함으로써 국가가 배교背教(즉 교리에 대한 불충)와 이단異端(즉 정통교리의 수정)을 강요하는 이 '현대의 야만'은 도대체 언제까지 계속될 것인가? 국가는 언제까지 '종교박해자'로 처신할 것인가?"라고 물었다.[22] 그리고 다음과 같이 덧붙였다.

> 종교적 소수파의 자유는 인정하지 않으면서 거대 종교들의 자유만 인정한다면, 그 사회의 종교자유는 기형적이거나 위험천만한 것일 수밖에 없기 때문이다. 종교적 소수파를 겨냥한 규제 장치들은 언제든 부메랑처럼 되돌아와 주류 종교들의 몸에도 깊은 상처를 입힐 수 있다.……병역이나 집총을 거부하는 교리를 공식화한 소수파 종교들을 합법적인 종교계 법인法人으로 허가하면서 그 교리를 따르는 모든 젊은이들을 범법자로 몰아가는 것은 명백한 모순이다. 이것은 국가가 특정 종교에게 핵심적 교리를 바꾸라고 강요 내지 윽박지르는 것과 다름없다. 국가는 병역·집총 거부를 교리로 제도화한 교단들을 '반국가단체'로 간주하여 애초에 법인 설립을 허가하지 말았어야 했을까? 그러나 그럴 경우 국가가 종교 교리를 심사하는 셈이 되므로 정교분리와 종교자유를 규정한 헌법정신이 침해된다.[23]

■ 전투경찰과 의무경찰: 평화운동 이전 단계의 초기적 병역거부자들 한국에는 "초기적인 양심적 병역거부자" 혹은 "평화운동 이전 단계의 양심적

병역거부자” 역할을 담당한 이들이 있었다. 한국형 대체복무제의 산물인 전투경찰과 의무경찰이 그들이었다. 의무경찰이 본인의 자원에 의해 배치되는 반면에, 전투경찰은 본인의 의사와 상관없이 차출되고 배치되는 이들이었다. 이들은 그들만이 경험하는 독특한 유형의 국가폭력, 즉 “자신의 양심에 반하여 국가폭력의 도구가 될 것을 강요당하는 국가폭력”의 희생자들이었다. 이들의 다수는 선택적 병역거부자이자, 특정한 임무나 무기 사용을 거부하는 재량적 거부자이자, 세속적이고 비非평화주의적인 거부자였다. 전투경찰과 의무경찰 외에도, 초기적 대체복무자 유형 중 하나였던 ‘방위병’ 중에서도 집총훈련 거부자들이 출현했다.

■ 국가폭력과 과거청산: 과거청산 맥락에서의 양심적 병역거부 문제 의제화

1987년 이후 한국 민주화 이행의 중요한 양상 중 하나가 ‘과거(사)청산’이었다. 과거청산 작업은 다양한 시기, 다양한 유형의 쟁점들을 포괄하고 있었다. 대부분의 쟁점들을 관통하는 키워드는 바로 ‘국가폭력’이었다. 양심적 병역거부는 마지막 금기의 성채로 남아 있던 국가폭력 쟁점, 즉 “최후에 의제화된 국가폭력” 쟁점이었다. 다시 말해 이 문제는 “양심적 병역거부자들에게 가해진 국가폭력”이라는 익숙한 프레임으로 줄곧 해석되고 재조명되었다. 2001년 봄 최초의 언론보도 이후 많은 이들을 놀라게 했던, “양심적 병역거부 문제 공론화의 무서운 속도”는 국가폭력 희생자라는 ‘과거청산 프레임’을 재차 활용함으로써, 과거청산이라는 익숙한 경로와 궤도에 편승함으로써 가능했다고 말할 수 있을 것이다.

제
10
장

한국의 군사주의와

양심적 병역거부

1. 왜 군사주의를 문제 삼는가?

평화운동가들, 특히 평화운동의 관점에서 양심적 병역거부운동을 전개하는 이들은 대부분 징병제와 군사주의를 양대 극복 대상으로 설정한다. 누차 강조했듯이 한국에서는 한국전쟁을 계기로 본격 시행된 징병제도가 전쟁이 끝난 지 70년이 넘었음에도 불구하고 별다른 도전을 받지 않은 채 의연히 지속되고 있다. 양심적 병역거부 운동가들은 왜 (징병제와 함께) 군사주의를 집중적으로 비판하는가? 그 이전에, 군사주의란 과연 무엇을 가리키는가?

서보혁은 군사주의에 대한 협의狹義의 정의와 광의廣義의 정의를 구분하면서, 군사주의를 "전쟁(준비)을 지지하는 협의의 범주보다는 군대식 사고방식의 사회적 확산이라는 광의의 범주로 설정"할 것을 제안했다.[1] 군사주의에 대한 기존의 정의들에는 협의와 광의의 접근들이 섞여 있다. 김정수는 2003년 발표한 "한국교회와 군사주의"라는 글에서 관련 용어들에 대한 몇 가지 정의들을 소개했고, 서보혁도 2024년 출간한 『군사주의』에서 몇 가지 정의들을 소개한 바 있다. 군사화militarization 역시 군사주의와 연관하여 자주 언급되는 용어이다. 군사주의, 군사화에 관한 다양한 정의들을 한데 모아보면 〈표 10-1〉과 같다.[2]

〈표 10-1〉 군사주의와 군사화에 대한 정의들

구분	정의
군사주의	전쟁 및 전쟁 준비를 규범적이고 바람직한 활동으로 간주하는 일련의 태도와 사회적 관행(마이클 만)
	군사력을 갈등의 해결책으로 우선시하는 이데올로기(레이철 우드워드)
	군대 및 전쟁과 관련된 일단의 관습, 이익, 위신, 행동 및 사회를 대변한다.…군사적인 것(the military)과 비교해 군사주의는 그 영향력의 범위가 무제한적이고, 모든 사회에 침투하고, 모든 산업과 예술을 압도하고, 일정한 서열, 제의, 권위 및 신념을 드러낸다(알프레드 배그츠)
	한 국가나 사회에서 전쟁 또는 전쟁 준비를 위한 배려와 제도가 반영구적으로 최고의 지위를 차지하고, 정치·경제·교육·문화 등 국민 생활의 다른 모든 영역을 군사적 가치에 종속시키는 그런 사상 내지 행동양식(마루야마 마사오)
	① 조직화된 정치적 폭력을 준비하고 실행하는 사회적·국제적 관계, ② 상위의 가치, 혹은 정치·경제·사회적 발전을 위해 전쟁 및 폭력의 생산성을 인정하는 시각, ③ 군사주의(군대)를 정치·경제적 발전의 대행자, 국가 수호자, 근대화의 추진력으로 보는 견해(애나 스타브리아나키스, 얀 셀비)
	① 남자는 자연스러운 보호자이고 여성은 남자의 보호를 받는 데 고마워해야 한다는 신념, ② 군인은 국가에 기여한다는 점에서 특별한 찬사를 받을 자격이 있다는 신념, ③ 명령의 위계가 사회의 자연스러운 일부라는 신념, ④ 차이를 해결하는 데 있어 물리적 힘에 다른 형태의 인간의 상호작용보다 높은 가치를 부여하는 것, ⑤ 군대 없는 국가는 완전히 성숙한 국가가 아니라는 관념(신시아 인로)
	일국적 혹은 국제적 문제의 해결을 폭력에 의존하는 태도와 그것을 지지하는 주의주장과 관행; 군사화를 정당화하는 이데올로기와 제반 문화적 실천; 군대식 사고 및 행동 방식을 군의 담장을 넘어 민간에 확산시키는 움직임과 그런 조치를 지지하는 태도(서보혁)
	전쟁과 전쟁 준비가 정상적이고 바람직한 사회 활동으로 인식되게 만드는 이데올로기; 국가안보와 그것을 위한 군사력을 '절대선'으로 상정하는 이데올로기(임재성)

구분	정의
군사화	군사적 가치, 이데올로기, 행동양식이 국가의 정치적, 사회적, 경제적, 그리고 외부의 문제에 지배적 영향을 미치는 과정, 그 결과 사회와 정부의 구조적, 이데올로기적 행동 양태가 군사화되는 것(세계교회협의회)
	군사주의를 초래하는 과정(앤드류 로스)
	사회문제에 대한 군사적 접근이 엘리트와 대중의 수용을 얻어내는 과정(얀 바흐만)
	군사 활동의 준비와 실행을 위한 과정 그리고 군사적 수단을 통해 특정 계급관계, 사회세력의 이익 및 권력의 확대를 위한 과정(이라클리스 오이코노모우)
	개인, 집단, 사회가 군사주의 사고와 실천을 흡수하는 단계적인 사회적, 정치적, 심리적 과정; 반대로 '탈군사화'는 군사화된 가치 혹은 그 영향력에 대한 의존이 줄어드는 과정을 가리킴(신시아 인로)
	군대의 시각과 우선순위가 폭넓은 외교·안보 정책으로 점점 더 스며들고, 더 직접적으로는 정책결정자 등이 정책 형성·결정·집행 등 일련의 과정에 군사 기구에 대한 의존을 높여가고, 그 결과 시간이 지나 군대가 한 국가의 외교·안보 정책 방향을 주도하는 경향 혹은 그런 현상(고든 애덤스, 슌 머리)
	군대식 사고 및 행동 방식이 민간 영역에 확산·수용되는 일련의 현상과 그 과정(서보혁)

유사한 맥락에서 김정수는 '군사주의 문화militarist culture'에 대해 "권위주의, 획일성, 폭력성, 통제, 적과 동지의 구분, 비밀주의, 명령과 복종, 과정보다는 결과를 중시함 등과 결합되어 사용되며, 주로 군대의 생활양식이나 사고방식이 사회에서도 그 영향력을 미치는 것"으로 정의한 바 있다.[3] 핀란드의 평화운동가인 시모 헬스텐과의 인터뷰에서 임재성은 군사주의를 "'강한 국가', '강한 군대' 이데올로기"로도 설명하면서, "군사주의는 적을 만들고, 그 적에 대한 공포로써 작동한다"고 주장했다.[4] 서보혁은 군사화에 대한 정의 내리기의 핵심은 "군사적 사고 및 행동 방식" 혹은 "군대식"이라면서, 그 "군대식"의 요체는 "적대의식 고취와 상명하복의 실천"으로서, "군대식"이야말로 "권위주의 문화의 극단에 위

치”한다고 보았다. 그에 따르면, “군사문화라고 불리는 군대의 이런 성격 자체가 곧 군사화를 말하는 것은 아니다. 군사문화가 정치·경제적 이해관계와 결합하고, 군 막사에 머물지 않고 민간사회로 퍼져나가고, 그런 양상이 특정 제도에 의해 안정적으로 재생산할 때 군사화 개념이 성립된다.”[5]

서보혁이 단언하듯이 모든 형태의 군사주의는 ‘현대적인’ 현상이다. “필자(서보혁—인용자)는 군사주의를 산업화 이후 현대사회의 일반적 경향으로 간주하고, 그 주요 요인으로 주류 정치집단과 자본의 이익연합을 꼽는다. 물론 그 일차 명분은 국가안보이다. 이 연합이 중심이 되어 정치와 문화예술, 과학기술이 결합해 군사주의는 물리적 폭력은 물론 구조적·문화적 폭력을 양산해오고 있다.”[6] 또한, 모든 군사주의는 ‘다차원적인’ 현상이다. 서보혁은 보다 일반적인 맥락에서 “군사주의의 세계화와 지방화, 사회화, 가정화 그리고 내면화가 동시에 상호작용하고 있음”을, “군사화된 세계가 상호 연관되어 있는 하나의 실체”를 이루고 있음을 역설한다.[7] 그는 “군사주의의 다측면성과 다차원성, 또 그 역동성”을 강조하면서, 군사주의의 ‘범위’는 “개인의 마음과 몸에서부터 가정과 다양한 사회집단, 국가 그리고 국제관계, 생태, 나아가 우주에서까지 발견할 수 있”을 정도로 넓고, 군사주의의 ‘깊이’ 혹은 ‘차원’은 “국가 혹은 국제관계에 머무르지 않고 개인, 사회, 생태 그리고 우주 차원까지” 포괄한다고 설명하고 있다.[8]

이처럼 군사주의는 다양한 수준에서 동시에 작동하는 다차원적 현상임이 분명해 보인다. 우리는 군사주의를 일국—國 및 국제 차원으로 다시 나눌 수 있는 거시적 차원, 그리고 군사주의에 침윤되고 포획된 일상생활과 개인의식의 미시적 차원으로 구분할 수 있다. 보다 구체적으로, ① 거시사회적 수준에서 작동하는 ‘사회조직 원리로서의 군사주의’, ② 미시사회 수준에서 작동하는 ‘일상적 군사주의’, ③ 개인들의 의식 수준에

서 작동하는 '내면의 혹은 내면화된 군사주의internalized militarism'를 구분
해볼 수 있을 것이다. 군사주의는 미시적인 수준에서 일상세계를 장악
하고 개개인의 의식 깊숙이 침투할 수도 있다. 서보혁이 말하듯이, "군
대는 물론 시장에서, 의회에서 그리고 국제회의장에서도 군사주의는 익
숙하고 자연스럽게 나타난다. 심지어는 스포츠, 연예오락 경연 프로그
램에서도 '전쟁', '무기', '전략'이라는 말을 흔하게 쓰고 있다. 어린이들
장난감과 연령 제한 없는 영화에서도 군사주의는 장려되고 있다."9

　군사주의가 사회 구성원들의 의식에 내면화되고 그들의 일상세계에
도 스며들면 군사주의는 '자연화'의 단계로 올라선다. 군사주의적 사고
와 행동이 당연시되고 '상식'이 되고 무의식 수준으로 가라앉음으로써,
의식적 성찰 및 비판의 대상으로 좀처럼 부상하지 않게 되는 것이다. 하
물며 저항과 도전의 대상으로 떠오를 가능성은 더욱 적어진다. 그러나
모든 군사주의가 모든 수준과 차원에서 효과적으로 작동하는 것은 아니
며, 모든 군사주의가 미시-거시 차원에 다층적으로 침투하여 위력을 발
휘하는 것은 아니다. 어느 나라든 군사주의의 일상화를 도모할 수 있지
만, 그것이 얼마나 성공적인가는 별문제이다. 진정으로 강력하고 효과
적인 군사주의는 국제질서와 특정 국가뿐 아니라, 특정 국가 내부의 일
상생활과 개인의식까지 파고들어 지배하는 그런 유형의 군사주의이다.
그런데 우리는 대부분의 연구자들이 한국의 군사주의가 바로 그런 유형
의 전형적인 사례에 해당한다고 판단한다는 점을 주목해야 한다. 요컨
대 한국에서는 매우 효과적이고 위력적인 군사주의가 작동하고 있다는
것이다. 필자가 보기에 한국에서는 수십 년 지속된 군부통치의 영향 아
래 군사주의의 '자연화' 차원을 넘어 군사주의의 '도덕화'와 '신성화'라
는 현상마저 출현했다(이에 대해선 조금 뒤 자세히 언급할 것이다).

　그러나 그것의 효과나 위력, 그것의 자연화·도덕화·신성화 여부와는
별도로, 군사주의는 자주 '부정적이고 문제적인' 사회현상으로 평가된

다. 양심적 병역거부운동이 군사주의에 대한 반대 입장을 견지하는 것도 바로 이 때문이라고 할 수 있다. 서보혁은 "군사주의는 인간의 삶과 함께하면서 오래되고 익숙한, 그러나 존엄한 삶을 저해하는 사고방식"으로서, "인권과 민주주의를 약화시키고 생태계를 파괴할 뿐만 아니라, 공감하고 공존하려는 평화주의를 부정한다"고 주장한다. 또 그는 군사주의가 전시는 물론 평시에도 나타나며, "평시 군사주의 없이 전쟁은 일어나지 않고, 중우정치나 무기 수출 같이 군사주의에 기반하는 정치경제는 발생할 수 없음"을 강조한다.[10] 이스라엘의 병역거부 운동가 알렉스 파루신은 "군사주의란 '안보'가 무엇보다 중요하다는 사고방식"으로, "이 속에서 사람들은 정부가 원하는 바대로 사회적 불평등이나 소수자의 문제에 무관심하게 된다"고 했다.[11] 서보혁은 정욱식과의 인터뷰에서 다음과 같이 말하기도 했다.

> 군사주의는 이론적으로 민주주의와 대립하지만, 현실에서는 민주주의 국가에서도 군사주의는 어렵지 않게 나타난다.……여기에는 '군산복합체'라고 불리는 거대 집단의 정치적, 전략적 이해가 함께 작용하고 있다.……군사주의는 민주주의와 정면으로 배치되고 권위주의와 친하다. 군사주의는 생각하기, 토의, 과정을 무시하고 강자의 힘을 숭배하면서 그 지위를 지키고 확대하는 데 우선순위를 두는 경향이 강하다. 다양성을 존중하고 생태계와 공존하려는 오늘날 인류의 시대정신과 역행한다……군사주의는 결국 민주주의와 인권, 그리고 조화로운 세계를 부정한다.[12]

군사주의는 양심적 병역거부 문제와 어떻게 관련되는가? 한마디로 양심적 병역거부는 군사주의와 대립적인 위치에 놓이기 쉽다. 무엇보다 양심적 병역거부운동의 사상적 기초이자 추동력이기도 한 평화주의는 군사주의와 정면으로 충돌한다. 평화주의와 군사주의는 원칙적으로 양립할 수 없다. 양자의 양립 가능성은 "힘에 의한 평화라는 군사주의적 구호" 속에서만 상상될 수 있을 따름이다. 이 때문에 양심적 병역거부운동은 군사주의의 극복을 궁극적 목표로 설정하는 경향을 보인다.

보다 구체적으로, 반군사주의로서의 양심적 병역거부운동은 다음의 몇 가지 목표들을 추구한다고 말할 수 있을 것이다. 첫째, 병역거부운동은 군사주의의 일상화·자연화, 나아가 그것의 도덕화와 신성화를 극복하고자 한다. 역으로, 군사주의의 일상화·자연화·도덕화·신성화가 관찰되는 사회에서는 평화운동과 그 일부인 양심적 병역거부운동의 의미 있는 발전이 거의 불가능해진다. 군사주의의 일상화·자연화·도덕화·신성화야말로 한국에서 양심적 병역거부 문제의 공론화, 그리고 양심적 병역거부자들을 위한 대체복무제 도입을 수십 년간 지연시킨 핵심적인 요인들이었다. 중무장한 적대적 분단체제에서 비롯된 국가안보이데올로기의 강력한 효력, 그와 직결된 군사주의의 지배력은 양심적 병역거부 문제의 가시화와 공론화를 억압한 최대의 요인이었다. 여기에 반공주의와 국가주의(애국주의)까지 가세하여, 안보제일주의-군사주의-반공주의-국가주의의 공고한 담론적 결속結束이 진행되었다. 이와 유사한 문제의식에서 한인섭은 "과잉 군사주의화, 과잉 국가주의화가 지배"하는 상황 때문에, 한국에서는 양심적 병역거부 문제를 제기하고 성찰하는 데 상당한 어려움과 함께 상당한 용기가 필요하게 되었다고 지적했다.[13] 따라서 양심적 병역거부운동은 군사주의를 비판하면서 그것의 효과적인 작동을 방해하거나 저지하려 노력한다. 둘째, 양심적 병역거부운동은 군사주의의 여러 부정적 폐해들에도 도전한다. 앞에서도 언급했듯이, 서보혁은 '전쟁 지지'라는 협의의 군사주의와 '군대식 사고방식의 사회적 확산'이라는 광의의 군사주의를 구분했다. 이때 협의의 군사주의에 대한 실천적 대안은 "군에 대한 문민통제"에 그치지만, 광의의 군사주의에 대한 대안은 민주주의, 평화주의, 생태주의를 두루 지향한다. 서보혁의 표현에 따르면 그 대안은 "민주주의+평화주의+생태주의+α"이다.[14] 셋째, 양심적 병역거부운동은 거부자들에 대한 처벌을 '정당한 국가권력 행사'로 인정하지 않으며, 오히려 그것을 '부당한 국가폭력'으로 해석한다. 이런 태도는 '한국적 예외주의Korean exceptionalism'를 가능케 하는 분단체제 아래서 거의 무한정 허용되는 국가폭력을 거부하는 것이기도 하다. 그런 면에서 양심적 병역거부운동은 분단체제와 분단 논리를 해체하려는 노력이라고도 볼 수 있다.

2. '한국적 군사주의'의 형성과 양심적 병역거부

군사주의가 거시적인 차원에서 현대 한국 사회에 중대한 영향을 미쳤다는 사실은 비교적 널리 인정되고 있다. 무엇보다 지난 한 세기 동안 가장 큰 구조적 변동 중 하나인 '근대화' 자체가 군사주의에 침윤되어 있다는 주장이 설득력 있게 제기되었다. 문승숙은 '한국적 근대성'의 특징을 '군사화된 근대성'으로 개념화했고, 신병식은 1960년대 이후의 한국에서 '근대적 주체 생산'이 '군사적 규율화military disciplination'를 통해 이뤄져 왔다고 주장했다.[15] 여기서 문승숙이 '사회의 군사화' 측면을 보다 강조한다면, 신병식은 '개인의 군사화' 측면을 보다 강조하고 있다고도 볼 수 있겠다. 한국에서 '사회의 군사화'와 '개인의 군사화'는 동시에 진행되었다. "'사회 군사화'와 '개인 군사화'의 관계처럼, 1970년대 이후 사회 개조와 인간개조 사이의 순환 관계, 양자 간의 순환적 상호작용이 점점 뚜렷하게 가시화되었다."[16] 이에 대해 조금 더 자세히 살펴보자.

1960년대 말부터 한국에서는 사회를 군사주의적·군대식으로 재편하거나 재조직함을 의미하는 '사회의 군사화' 추세가 뚜렷해졌다. 사회의 군사화는 학교, 마을, 기업, 정부 조직 등을 망라하여 진행되었다. 1950년대 혹은 1960년대 초에 사라졌던 예비군, 학도호국단, 학생군사훈련 혹은 교련교육, 전투경찰 등이 차례로 부활했다. 직장과 마을 단위로 조직된 예비군(1968년)과 민방위대(1972년), 학교 단위의 학생군사훈련 재도입(1969년), 미국식 학군단ROTC 제도 도입(1972년), 학도호국단 부활(1975년) 등의 조치들이 숨 가쁘게 이어졌다. 기업들도 군사화 물결에 휩쓸리거나 올라탔다.[17]

사회의 군사화는 한국전쟁 이후, 특히 1960년대에 집중적으로 진행된 '병영국가로의 전환'과도 맞물렸다. "한국에서 병영국가의 등장은 '전쟁의 일상화'와 '사회의 군사화'라는 두 흐름이 맞물린 결과였다. 전자가 '전시체제의 항구화·제도화'를 가리킨다면, 후자는 '사회의 군사주의적 혹은 군대식 재편·재구성'을 가리킨다."[18] 한국전쟁 시기부터 1970년대 사이에 전쟁의 일상화를 위한 다양한 기제들이 발명되거나 모방되었다.

한국전쟁 당시 전시체제의 일부였지만 전쟁이 끝난 이후에도 존속한 전시체제의 유제遺制들이 존재했다. 징병제, 주민등록제, 주민 감시·통제·동원 조직, 야간통행금지 등이 그런 예들이다. 전쟁 직전에 등장했고 종전 후에도 위력을 발휘했던 국가보안법, 계엄령, 위수령 역시 '전쟁의 일상화를 통한 일상의 전장화' 기제들이었다.……1960년대 이후에는 반공법, 대통령 긴급조치권, 사회안전법과 보호감호 처분 등이 추가되었다. 특히 유신체제와 긴급조치체제는 그 자체가 '비상사태', '예외상태'의 일상화이자 제도화였다. 이 밖에도 이른바 '무장공비武裝共匪' 소탕전, 간첩과 부역자 사냥, 혈서가 난무하는 반공·반북 궐기대회들, 신원조사, 불심검문, 연좌제, 지속적인 예비군 소집 점검과 훈련,

대통령 등 주요 인사에 대한 저격 사건들, 휴전선과 해상에서의 남북 무력충돌 사건들도 전쟁의 일상화, 일상의 전장화에 기여하는 장치들이었다.[19]

대다수 사회 구성원들이 민족분단에서 비롯된 동족상잔의 비극적 전쟁에 대한 기억과 트라우마에 여전히 시달리는 상황은 위로부터 추진되는 '전쟁의 일상화 드라이브'에 순응하는 사회심리적 토양으로 작용했을 것이다. 1950년대 전반기 한반도에서 벌어진 길고 참혹한 열전熱戰에 대한 생생하고 고통스런 기억, 전쟁을 빌미로 자행된 학살과 즉흥적인 생명 박탈의 공포, 예측 불허의 징병·징용 차출에 대한 공포 등은 '전쟁이라는 상황정의'에 무시무시하고 놀라운 위력을 부여하기 쉬웠다. 국가와 지배층은 전쟁 상황정의에 대한 대중의 인지적 승인, 그 위기의식의 정동적 공유를 자양분 삼아 민주주의의 죽음과 독재, 공포통치, 심지어 고문·암살·테러·사법살인까지 정당화할 수 있게 된다. '일상화된 비상사태'는 '일상화된 계엄통치'를 가능케 했다. 『경합하는 시민종교들』에서 필자는 전쟁의 일상화가 1960년대 이후 감시사회·불신사회 형성과 병행했음을 밝혔다.

강화된 징병제, 주민등록제, 주민 통제·동원 조직을 통해 한국형 불신사회와 감시사회가 완성되었다. 필자는 불신사회society of distrust를 "사회 전반에 불신이 확산되고 일상화되어 있을 뿐 아니라, 무엇보다도 불신에 기초하여 사회질서가 생산·재생산되는 사회"로, 감시사회surveillance society는 "한편으로 피지배층에 대한 지배층의 일상적이고 조직적인 감시와 통제의 체계, 다른 한편으로 피지배층 상호 간의 감시와 고발의 체계에 기초한 사회"를 가리키는 용어로 사용하고 있다. 불신사회가 "불신을 사회조직화의 중심적 원리로 삼는 사회"라면, 감

시사회는 "불신의 제도화·체계화·항구화에 자원을 집중적으로 투입하는 사회"이다.[20]

김동춘은 『전쟁과 사회』에서 1950년 이후 한국의 정치와 사회를 "전쟁의 내재화" 곧 "전쟁이 정치와 사회의 운영원리로 정착"된 현상을 통해 해석했다. '군사적인 것'이 일상생활을 포함하여 정치·경제·사회 영역으로 스며들어, 그 영역들을 지배한다. 이런 사회에서는 양심의 자유나 종교의 자유와 같은 기본적인 인권조차 쉽게 무시된다.[21]

점점 전체주의적으로 변모해 가는 사회 안에서 양심적 병역거부자들은 '시선의 권력' 앞에 고스란히 노출되었다. '잠재적인 양심적 병역거부자들'은 연좌제 대상자와 마찬가지로 가장 정밀하고 엄혹한 감시의 대상이 되었다. 한국 사회는 그들에게 '자유'와 '사생활'을 결코 허용하지 않았다. 평시에도 보통사람들의 생활세계 속으로 전쟁이 깊숙이 침투해 있는 상황에서 전쟁 반대의 목소리는 간단히 무시되었다. 일상생활에 대해서까지 전쟁이라는 상황정의가 횡행하는 사회에서 반전, 비폭력, 전쟁 반대 주장은 국가·민족에 대한 배신행위 내지 반국가적·반민족적 행위로 규정되었다. 그것은 엄하게 처벌받아 마땅한 행위로 규정되었고, 그런 주장을 펴는 이들을 처벌하는 것은 당연시되었다. 그로 인해 반세기 동안 1만 명에 달하는 양심적 병역거부자들이 줄줄이 투옥되는 고난의 현실도 전혀 공론화되지 못했다.

지금까지 서술해온 전쟁의 일상화, 사회의 군사화, 병영국가 형성, 불신사회·감시사회 형성의 과정들이 적대적 분단체제와 직결되어 있음은 분명하다. 분단체제는 거시 수준에서 군사주의를 정당화한 가장 중요한 배경적 요인이었다. 우리가 분단체제를 지탱하는 관념체계 내지 이데올로기를 '분단 논리'라고 부른다면, 그 핵심은 분단국가로서의 특수성을 강조하는 '한국적 예외주의'였다고 할 수 있었다. 2000년대 이후 한국 정부가 유엔을 비롯한 국제적 압력에도 불구하고 양심적 병역거부자를 위한 대체복무제 도입에 끝내 반대하면서 가혹한 처벌을 고집하는 준거로 전가의 보도처럼 활용했던 논리도 바로 분단·정전停戰 체제를 앞세운 '한국적 예외주의'였다. 1987년 민주화 이행이 시작되었음에도 불구하고, 나아가 오히려 민주화 흐름을 역류하면서, 기존 형량이 증가하는 등 양심적 병역거부자들에 대한 처벌 강도가 더욱 높아졌던 것도 궁극적으로 분단체제 요인에 의해 설명될 수 있지 않을까.

양심적 병역거부자들은 "분단체제의 희생양"이었다. 동시에 그들은 분단체제 유지와 정당화에 "필수적인 존재들"이었다. 식민지엘리트 출신들이 중핵을 이룬 해방 후 한국의 지배층은 처음부터 정치적·사회적·문화적 정당성을 심각하게 결여하고 있었다.[22] 지배층은 오로지 반공주의와 분단체제에만 의존할 수밖에 없는 상황에 처해 있었다. 더구나 (앞서 언급했듯이) 유신체제는 '권력' 정당성을 상실하여 오로지 적나라한 '폭력'에만 의존하는 레짐이었다. 양심적 병역거부자들은 분단체제와 유신체제에 의해 선택된 무고하고 무죄한 희생양이자, '선량한 범죄자들'이었다. 뒤집어 말하자면, 양심적 병역거부자들은 분단체제·유신체제의 유지와 정당화를 위해 긴요한 존재, "반드시 있어야 하는" 존재들이었다. 그들은 "어찌 이토록 망할 자들이 이 땅에 살고 있단 말인가!"라는 공분의 촉발 대상이어야 했고, "반드시 공개되고 무자비하게 처단돼야 마땅할" 대상이었다. 그것이 그들에게 주어지고 그들이 감당해야 할 '역사적 사명'이었다.

분단체제를 지탱할 강한 군사력과 물샐틈없는 안보 체제를 무너뜨리는 "위험천만한 존재"로 과장되었지만, 그들은 실상 보복·저항 능력과 의사 모두를 결여한 소수 집단에 불과했다. '이북'(북한)과 '빨갱이'(남한의 비판 세력)는 일정한 보복 능력이나 의지를 갖고 있지만, 양심적 병역거부자들은 보복 능력이 없음은 물론이고, 그럴 의사도 없음을, 나아가 국가의 처벌을 조용히 감수할 의사가 있음을 밝혀왔다. 그런 면에서 그들은 체제 위험도가 가장 낮은, 그러면서도 분단체제 정당성 유지에 최적화된 희생양들이었다. 한마디로 그들은 "만만한 희생양"이었다.[23] 적당한 먹잇감인 그들은 '빨갱이보다 더 사악한' 존재로 묘사되었고, 또 그렇게 취급되었다. 분단체제와 유신체제의 화신들은 희생양을 찾아헤맸고, 덫에 걸려든 희생제물들을 게걸스레 먹어치웠다. 역으로 보면, 무력하고 순종적인 희생양 역할을 충실히 수행하고 공연함으로써 양심적 병역거부자들이 분단체제 공고화에 일정하게 기여하는 역설마저 발생했다. 분단체제와 양심적 병역거부 사이의 "악순환적 상승효과"라는 '기이한' 현상이 수십 년 동안 매우 '정상적으로' 작동하고 있었던 것이다.

사회의 군사화는 개인의 군사화와 맞물렸고, 두 과정은 상호의존했다. 한국 사회에서는 다양한 대중매체들을 통해 군사주의적 고정관념이 형성되었다. 역대 정부들은 영화·라디오·TV를 통한, 그리고 '국민 형성'을 위한 정규교육 과정을 통한 군사주의 확산에 매우 적극적이었다. 특히 학교에서는 애국주의 교육, 군인들에게 보내는 위문편지, 전투적인 표어와 포스터 만들기, 각종 애국적 맹세, 반공 웅변대회 등이 일상적 풍경을 이루고 있었다. 이런 과정을 통해 '개인의 군사화'도 빠르게 진행된다. 필자는 『경합하는 시민종교들』에서 이를 다음과 같이 서술한 바 있다.

'사회의 군사화'에 발맞춘 '개인의 군사화'를 지향하는 움직임도 여러 분야에서 나타났다. 특정 개인을 군인이나 전사戰士로 호명하고 주체화함으로써 군인과 유사한 정체성을 갖도록 만드는 게 그 요체였다.……신병식은 대체복무 대상인 병역특례자를 '군인노동자'로, 노동자로 단련되는 현역군인들을 '노동자군인'으로 부른 바 있다. 병역특례자뿐 아니라 산업 현장의 노동자 전체가 종종 '산업전사'나 '산업역군産業役軍'으로 호명되곤 했다. 1970~1980년대 각종 산업체나 건설사업의 현장에 세워진 기념조형물들에 등장하는 노동자의 형상도 '군인 같은 노동자', 즉 나치나 군국주의 조각상과 유사한 '근육질의 영웅적인 전사상戰士像'으로 표현되었다. 군사주의 문화가 기업문화 속으로 깊이 스며들어 있었을 뿐 아니라, 모든 노동자들은 직장예비군 및 직장민방위대라는 준準군사조직으로 편입되어 있었다. 그들은 군인 정체성을 반복적으로 환기하는 주기적인 훈련에 동원되었다.……1960년대 초 군사정부는 '부랑아' 등을 황무지나 간척지 개발에 동원하면서 이들을 '국토건설군軍'으로 명명했다. '학도군學徒軍'인 학도호국단으로 편성되어 의무적인 군사훈련을 받아야 했던 고등학생과 대학생들에게도 군인 정체성이 강제로 주입되었다. 특히 학군단ROTC 소속의 대학생들은 명백히 '군인학생'이었다. 전투경찰이나 의무경찰 신분으로 대체복무를 하던 청년들에겐 '군인경찰' 정체성이 부여되었다. 특히 전투경찰 대원의 경우 실제로 전투 같은 상황에 빈번히 투입되어 군인처럼 싸워야만 했다. 국가대표급 운동선수들에게 부여된 '태극전사'라는 용어에는 애국심과 군인 이미지가 절묘하게 버무려져 있다. 식민지 시대부터 존속해온, "근대적 군대를 모델로 해서 만든" 주민 감시·동원 조직이 1970년대에는 반상회와 지역민방위대라는 이름으로 운영되고 있었다. 한마디로 '전사 국민 되기'가 시대적 요청이었다.[24]

군사주의는 가정에까지 파고든다. 예컨대 오늘날의 튀르키예(터키) 사회에서 아버지는 "집안의 사령관"이고, "군복무를 마친 남성(아들)만이 '진짜 사나이'로 여겨지고 결혼도 할 수 있"으며, 여성들은 "아버지와 남편의 지휘하에" 있는 등 "가정은 작은 병영"을 이루고 있다고 한다.[25] 이런 군사주의-가부장제-젠더 역할의 상관성은 한국전쟁 이후의 한국 사회와 놀랄 만큼 유사하다. 한국전쟁이나 베트남전쟁에 가담해서 싸웠던 과거, 혹은 군대 경험을 자랑스럽게 강조하는 남성들의 집단심리 밑바탕에는 어떤 상황에서도 "폭력을 가할 수 있는 능력이 자존심의 원천이 되는 남성성의 모델", 말하자면 "군사주의적 남성성" 모델이 작동하고 있다.[26] 권김현영에 의하면 "군인화와 남성성의 밀착", ""남성다움과 군인다움의 연결"은 "병역에 대한 의미를 부여해 군사적 동원을 정당화"한다.[27] 이는 양심적 거부자에 대한 부정적 낙인찍기로 표출된다. 양심적 병역거부자 를 향한 국가주의·애국주의 담론의 전형적인 낙인이 '매국노'나 '배신 자'였다면, 가부장적 남성중심주의와 결합된 군사주의 담론의 전형적인 낙인은 '비겁자' 내지 '겁쟁이'였다.

필자는 군사주의가 사회 구성원들에게 내면화되고 그들의 일상세계 로 스며듦에 따라 군사주의가 '자연화'된다고 앞에서 언급했다. 그런데 한국의 경우 군사주의의 위상은 이 수준마저 넘어선 듯하다. 한국에서 는 '군사주의의 도덕화와 신성화' 양상까지 출현했던 것이다. 군사주의 의 도덕화·신성화는 '전사자 숭배'의 정교한 시스템에 의해 가능해지고 또 지속된다.[28] '군대·병역의 신성화'와 '폭력의 신성화'는 불가분하게 얽혀 있다. 임재성이 말하듯이, "군인이 되는 것은 나라를 지키는 영광 된 일이고, 살인 기계인 탱크와 전투기는 나라를 보호하기 위한 정당한 무력으로 각인되었다. 그것에 '살인'이나 '폭력'이라는 말을 붙이는 것 은 그야말로 신성모독이었다."[29]

군사주의의 도덕화·신성화 현상은 "병역의 도덕화·신성화"에서 가장 뚜렷했다. 1970년대에 이르러 "신성한 국방의 의무"라는 담론이 사람들 의 마음 속으로 파고들었다. 병역을 기피하는 이들은 배제되어야 할 '비 국민'으로, 병역기피 행위는 용납될 수 없는 '범죄'로 인식되었다. 병역 의 도덕화는 "병역 이행은 선, 병역기피는 악이라는 도덕적 이항대립"을 만들어냄으로써, 병역의 신성화는 병역에 대한 거부나 기피를 "신성모독 행위"로 낙인찍음으로써 가능해진다.[30] 병역의 도덕화는 한편으론 '부정적 제재'로, 다른 한편으론 '긍정적 미화'로 나타났다. 오제연이 말했듯이, 병역 회피는 "도덕적으로 용납할 수 없는 비행", "용납될 수 없는 공공도덕의 파괴행위이자 범죄행위", "공동체에 대한 배신행위"로 담론화되었다.[31]

1970년대 이후의 한국 사회에서 "군대를 가지 않는다는 것은 단순히 법을 어긴 범죄의 문제가 아니라, 도덕을 깨뜨린 행위"였고, 병역을 기피하는 이들은 "파렴치하고 비겁한 놈"으로 손가락질당했다.[32] 반면 병역 이행은 '국가라는 도덕공동체'의 일원으로 마땅히 감수해야 할 도리이자 의무이자 미덕으로 담론화되었다. "신성한 국방의 의무"라는 담론과 "남자는 군대 갔다 와야 사람 된다"는 담론은 서로 상승작용을 일으키면서 나란히 위력을 키웠다. 신성한 국방의무 담론은 도덕적 제재가 자아내는 수치심과 사회적 고립에 대한 공포, '병역기피자'에 대한 빈틈없는 감시와 가혹한 처벌에 대한 공포를 자양분 삼아 번성했다. 그런 면에서 우리는 '공포에 의한 병역 신성화'를 말할 수 있게 된다.

이처럼 신성한 국방의무 담론은 '예외 없는 징병' 정책을 추진하는 강력한 이데올로기적-사회적 기반으로 작용했다. 군대의 수요를 초과하는 인적 자원의 공급으로 발생하는 잉여자원 관리 차원에서 1960년대 말부터 도입된 대체복무제도 역시 예외 없는 징병 정책과 '평등주의적 국민개병제 이념'을 관철하는 수단으로 활용되었다. 양심적 병역거부자들은 국민개병제 이념을 훼손하는 이들일 뿐 아니라, '조국 근대화'의 걸림돌로 간주되었다. 그로 인해 그들은 대체복무제 적용 대상에서 지속적으로 배제되었다.

사회의 군사화 경향이 뚜렷해질수록, '신성한 국방의무' 담론이 뭇사람들의 마음을 사로잡고 강하게 지배할수록, 평화주의적 목소리가 발화되거나 경청될 여지는 그만큼 줄어들 수밖에 없었다. 그럴수록 양심적 병역거부자들의 고통은 더욱 커질 수밖에 없었다.

3. 군사주의 강세의 결과인
   평화운동 약세

군사주의 초강세의 이면은 바로 평화운동의 지체와 약세였다. 군사주의의 초강세 현상과 동전의 양면을 이루고 있는 평화운동의 지체된 등장 및 약세도 한국 사회의 특징 중 하나였다. 그리고 이런 특징이 양심적 병역거부 문제의 전향적인 해결을 한없이 어렵게 만들었다.

적어도 1970년대 이후의 한국은 사회운동이 강세인 사례에 해당한다. 민주화운동·인권운동 그리고 노동운동·농민운동·빈민운동 등 민중운동은 1970년대부터 활성화되었다. 1960년에도 정권 붕괴를 이끈 전국적인 민주화운동이 벌어졌고, 1987년부터 개시된 한국의 민주화 이행 또한 사회운동에 의한 아래로부터의 압력에 의해 성사되었다. 정해구는 민주화 이행 과정에서 드러난 한국만의 특징 중 하나로 권위주의 체제의 온건파가 주도하는 자유화liberalization가 아니라, 사회운동(민주화운동)이 민주화 이행의 중심 역할을 담당했다는 사실을 지적했다.[33]

이처럼 강력한 사회운동의 존재에도 불구하고 그것이 평화를 추구하다 박해를 당하는 종교적 소수자 인권 문제에 주목하거나, 평화주의로 전진하지는 못했다. 사회운동의 한 부문인 평화운동은 해방 후의 한국 사회에서 아예 존재하지 않았으며, 심지어 민주화 이행 이후에도 곧바로 등장하지 않았다. 이성용과 서보혁은 한국에서 비폭력주의 담론이 형성되지 못하고 그 실천적 대안 담론이 안착하는 데도 실패한 요인들로 분단체제, 군사주의, 가부장주의의 세 가지를 꼽은 바 있다.[34] 이기범은 1990년대 중반까지 한국에서 평화운동·평화교육이 거의 부재하다시피 했던 요인을 국가(정부), 시민, 시민사회로 각각 귀인歸因하는 세 가지로 정리한 바 있다.

첫째, 냉전과 분단 속의 독재체제에서 평화를 주장하는 활동은 남한의 자유주의를 거부하고 북한의 공산주의를 지지하는 반체제 활동으로 오해받고 탄압되었다. 냉전체제의 한 축이었던 미국에서도 평화운동에 대한 감시와 규제가 1950·60년대에 있긴 하였지만 곧 사라지게 된다. 그러나 우리 사회에선 남북 평화협정 체결, 군축, 핵무기 철거, 주한미군 철수 등 분단의 긴장을 누그러뜨리기 위한 주장이, 분단을 지렛대로 오용하는 독재정권에 의해 오랫동안 억압되고 무시되었다. 둘째, 평화에 대한 사회적 관심이 부족했다. 전쟁 이후 대부분의 사람들에게 먹고사는 게 시급했고, 의식 있는 사람들에게는 민주주의 실현이 시급한 과제로 여겨졌으므로, 평화를 고민할 수 있는 인식의 공간이 비좁았다. 게다가 반체제 활동이라고 여겨지는 평화운동에 감히 참여할 수 있는 시민들의 수도 많지 않았다. 셋째, 사회운동에서 평화에 관련된 주장을 내세웠지만, 그 주장은 평화운동의 문을 열기 위한 시도가 아니라 목적 실현에 전략적 도구로 사용되는 데 그쳤다. 예를 들자면 군축 요구가 있었으나, 그것은 민주화운동에서 독재정권의 정당성을 비판하기 위한 전략이거나 통일운동의 전략으로 동원되었다.[35]

정욱식은 한국 평화운동의 '늦은 탄생'뿐 아니라 '더딘 발전 혹은 저성장'에도 주목하면서 그 요인을 다섯 가지로 정리했다. 그것은 ① 극단적 반공주의, 역대 정권의 억압, 전문성 부족 등으로 인해 "민주화가 통일·외교·국방 분야로까지 제대로 확산되지 못했던 것", ② 평화와 안보가 동일시되고, 안보의 주체가 국가로 인식되고, 안보 문제가 국가 고유의 문제로 인식되면서 "독립된 가치이자 영역"으로서의 평화에 대한 자각이 늦어지고, 평화 가치가 "통일운동이나 반미운동에 포섭"되었던 것, ③ 미국, 북한, 남한 정부 가운데서 "운동의 대상을 설정하는 데 발생하는 어려움", ④ "평화교육의 부족, 군사주의 문화의 팽배, 보수적 언론

풍토, 지식인 사회의 보수성 등 우리 사회에 팽배해 있는 문화적 폭력", ⑤ 교육·재정·구성원 등 평화 활동가 충원 및 양성 구조의 결핍, 즉 "평화운동의 핵심 주체인 활동가를 양성할 수 있는 '사회적 기반'의 부족" 등이었다.[36]

이런 논의들을 종합해본다면, 결국 평화운동의 장기 부재 및 지체된 출발은 결국 '한반도 분단-적대 체제'와 '국가보안법 체제'에 기인하며, 따라서 평화운동의 출현과 발전은 분단체제 및 국가보안법 체제의 이완 속에서만 가능하다고 말할 수 있을 것이다. 한국에서 국가보안법 체제의 이완은 1980년대 말부터의 민주화 이행으로, 분단체제의 이완은 1990년대 초부터의 세계 및 동북아시아 탈냉전으로 비로소 가능해졌다고 말할 수 있다. 그렇다고 체제 이완이 곧바로 평화운동 활성화로 이어지지는 않았다. 한국에서 평화운동은 1991년 걸프전 파병 문제가 공론화되었을 때 '파병 반대운동' 형태로 잠시 출현했을 따름이었다. 이기범은 한국에서 "1990년대 중반"부터 평화운동·평화교육이 태동했으며, 2002년 현재 "3년 이상 평화운동 혹은 평화교육을 주목적으로 하고 있는 단체"로, 청소년폭력예방재단(1995년 창립), 남북어린이어깨동무(1996년), 통일을 생각하는 서울교사모임(1996년), 평화를 만드는 여성회(1997년), 평화인권연대(1999년), 한반도평화를 위한 시민네트워크(1999년) 등을 예시한 바 있다.[37] 정욱식은 한국에서 "조직적이고 독립적인 평화운동"이 시작된 시기를 "1990년대 이후"로 잡고 있고, 임재성은 한국에서 평화운동의 등장 시기를 "1990년대 중후반"으로 설정한 바 있다.[38]

그럼에도 한국에서 1990년대의 평화운동은 여전히 '반쪽 평화운동'에 불과했다. 그것은 세계 평화운동의 주요 영역 중 하나인 양심적 병역거부운동이 완전히 부재한 사회운동이었기 때문이다. 2001년 봄 『한겨레21』을 통해 양심적 병역거부로 인한 여호와의증인 신자들의 대규모 감옥행이 처음 보도되었을 때 자칭 평화운동가들 사이에서 부끄러움을 토로하는 '고백의 행렬'이 나타났던 사실이야말로 이런 상황을 잘 보여준다. 한국에서 '대중운동'으로서의 평화운동은 2000년대 이후, 특히 2003년 발발한 이라크전쟁을 계기로 시작된 한국군 파병 반대운동을 통해 처음 등장한 것으로 인정되고 있다. 임재성도 2003년을 ('대중운동'으로서의) 한국 평화운동의 '원년', 곧 "한국 평화운동의 대중적인 시작"으로 간주한다.[39] "민주화와 탈냉전이라는 조건 속에서 1990년대 한국 평화운동의 선구적 단체들이 하나둘씩 등장했다. 분단을 가장 중요한 사회적 모순으로 인식했던 기존 통일운동과 달리, 당대의 군사기지, 군대, 국방비, 군사동맹, 군사주의 문화에 천착하는 운동 주체들이 출현했다. 그리고 2003년 미국의 이라크 침공과 한국군 파병 반대운동을 기점으로 '대중운동'으로서 평화운동이 비로소 시작됐다."[40]

한국 사회운동에서 평화운동의 상대적 지체는 정치적·철학적·윤리적 병역거부자, 한마디로 비종교적 병역거부자의 부재로 연결되었다. 이런 일들이 서로 원인과 결과로 작용하면서 나선형적 악순환을 만들어냈다. 양심적 병역거부 문제는 "'빨갱이'인 비전향장기수 문제가 일단락"될 때까지도 공론화되지 못했다.[41] 군사주의 문화는 반공주의보다도 더 강하게 사회, 대중, 나아가 사회운동가들의 마음속에까지 뿌리박고 있었던 것이다. 임재성은 한국 사회에서 장기 지속된 양심적 병역거부 피해자들의 '비非가시성'에 주목하면서, 그 원인을 팽배한 군사주의, 주류 종교·교단에 의한 이단 낙인, 여호와의증인 교단의 '정치적 중립' 입장의 세 가지로 설명한 바 있다.[42] 그는 1970~1980년대 한국에서 대단히 활발했던 저항적 사회운동 진영조차 양심적 병역거부에 대해 무지하거나 둔감했던 이유로 '군사주의의 내면화'를 들었다.

군사정권 시절 투옥되었던 다수의 민주화 운동가들 역시 교도소에서 병역거부자들을 만나왔다. 그러나 그들은 병역거부가 무엇이고, 병역거부자들을 처벌하는 것이 어떤 의미인지에 대해서 정확히 인지하지 못했다.……한홍구는 감옥에 가고 분신까지 하면서 군부독재에 맞섰던 치열한 1980년대 학생운동권 중에서 양심적 병역거부자가 단 한 명도 없었음을 지적하면서, 이는 한국 사회의 군사주의가 얼마나 강력했는가를 보여주는 것이라 말한다. 권인숙 역시 병역거부와 같이 군사행위 자체에 대한 거부는 1980년대 학생운동에 존재하지 않았다고 말한다. 전방 입소 거부나 교련 반대와 같은 실천들은 존재했지만, 이는 반군사주의적 저항이었다기보다는 정권에 대한 저항이나 반미反美운동의 맥락에서 행해졌기 때문이다. 이처럼 진보적이라 할 수 있는 운동진영 내부에서조차 군사주의에 대한 감수성은 척박했다. 악마와 싸우면서 악마를 닮아간다는 말처럼, 군부독재와 싸우면서도 군사주의에 대한 비판적 인식을 갖지 못했던 것이다.……한국 사회의 강력한 군사주의 속에서 병역거부자들의 처벌을 인권침해로 인식하고 이들의 고통에 연대할 수 있는 감수성과 평화운동 모두가 극도로 취약했던 상황이었다.[43]

페미니즘 관점에서 양심적 병역거부를 연구한 강인화도 사회운동가들의 "저급하고 비정치적인 평화 인식"과 함께, "군사화된 혹은 군사주의에 오염된 운동문화"를 지적한 바 있다. "그동안 군사독재에 저항하며 성장해왔던 민주화운동 세력에게 평화는 '마음의 안식', '화합'과 같은 급진성이 결여된 것으로 이해되거나 혹은 '통일'과 동의어로만 이해되었다. 사회운동은 '적과 싸우다 적을 닮아버리듯' 군사화된 방식의 저항에 익숙했고, 군사력 사용을 사회변혁의 주요한 수단으로 사고하였다. 이 속에서 반전 사상과 국제주의 방침에 따라 병역을 거부하였던 서구 사회주의와 무정부주의 전통은 한국 사회운동에서 주류화될 수 없었다."[44] 임재성처럼 양심적 병역거부자로서 수감생활을 한 바 있는 이용석도 군사주의가 저항적 사회운동마저 사로잡았다는 유사한 분석을 내놓았다. "한국 사회의 지독한 군사주의는 사회운동 진영에게도 지대한 영향을 끼쳤다. 민주화운동이 가장 강렬했던 시기에 민주화운동의 가장 큰 세력이었던 노동운동과 학생운동은 '사수대'라는 이름의 준군사조직을 운영했다. 사수대는 따로 남성들만 뽑아서 군사훈련을 하고, 경찰과 싸우는 선봉에 나섰다. 때로는 강력한 적과 맞서 강력한 투쟁을 해야 한다는 이유로 운동 그룹 내부의 민주주의에 대한 요구가 묵살당하기도 했다. 비폭력은 개량, 혹은 투항의 이미지로 받아들여졌고, 폭력투쟁만이 진정한 사회운동이라고 여기는 분위기도 있었다."[45]

앞서 제9장에서 이미 다룬 바 있지만, 종교 영역으로 한정하더라도 한국에서는 다음 세 가지 요인들이 함께 작용함으로써 평화운동 발전을 저해했다고 볼 수 있다. 그것은 첫째, 주류 종교·교단들의 평화주의 결핍, 둘째, 역사적 평화교회의 부재 혹은 지체된 출현, 셋째, 평화주의 교단의 탈정치주의 내지 사회운동에 대한 거부감 등이었다. 서구 사회들과는 달리, 한국에서 양심적 병역·집총 거부자를 배출한 당사자인 교단들은 결코 평화운동에 나서지 않았다. 재림교회와 여호와의증인 교단, 그중에서도 여호와의증인 교단은 성속이원론에 근거한 탈세속주의 태도를 고수했다. 그들의 태도는 말하자면 '평화주의와 성속이원론/탈속주의脫俗主義의 결합'에 가까운 것이었다. 미국에서 그랬던 것처럼, 한국에서도 보수적 소수 종파들에 의해 주도된 그리스도교 평화주의 운동은 (프레드 니스의 표현을 빌리자면) "전통주의와 개인주의의 역설적 결합"으로 특징지어진다.[46] 특히 여호와의증인 교단은 강한 탈정치주의/탈세속주의 성향을 고집했고, 재림교회는 탈세속주의는 아닐지라도 종종 '정치적 순응주의' 태도를 드러냈다. 강인화가 인터뷰한 여호와의증인 병역거부자들은 '중립' 교리를 내세우면서 '탈정치' 입장을 표명했고, 사회운동—이 경우 평화운동 혹은 양심적 병역거부운동—도 정치의 일환이라면서 거부 입장을 밝혔다. 이런 입장에 서서, 2000년대의 양심적 병역거부 문제 공론화 초기에 여호와의증인 신자들과 교단은 대체복무제를 대안으로 적극 주장하지도 않았고 관련 입법 활동에 관여하는 것조차 꺼리는 모습을 보였다.[47]

개신교 평화주의 교파들 가운데 한국에서 양심적 병역거부운동을 주도했던 그룹이 적극적인 사회적 관심과 능동적인 비폭력 저항을 추구하는 퀘이커교도나 메노나이트 교단의 진보파였다면 상황은 꽤나 달랐을 것이다. 서구 사회들의 경우 역사적 평화교회와 주류 교단 소속 종교적 평화주의자들의 주도 아래 평화운동이 선행하여 등장했고, 그 후에 종교적 평화운동이 비종교적 평화운동을 태동시키고 견인해 가는 양상이었다. 그러나 한국의 경우 역사적 평화교회는 부재했고, 주류 종교·교단들은 평화주의를 결여하고 있었다. 정치적·사회적 보수주의와 낮은 사회적 관심으로 특징지어지는 평화주의 교회들(재림교회와 여호와의증인)이 양심적 병역거부의 압도적 주체가 됨으로써, 이 문제가 공론화되지 못한 채 '무관심의 어두운 상자' 속에 갇혀 있었다고 생각된다.

제
11
장

한국의
종교적 군사주의
: 개신교의 사례

한국 종교사宗敎史의 관점에서 양심적 병역거부 역사를 고찰해보면 몇 가지 두드러진 특징들이 눈에 띈다. 종교인이 양심적 병역거부자의 거의 대부분을 차지한다는 것, 그것도 소수의 주변적 그리스도교 계통 종파들에서 발생한 일이었을 뿐 양심적 병역거부에서 '주류 종교들의 부재'가 두드러졌다는 것, 아주 드물게 주류 종교에 속한 양심적 거부자가 나타나긴 했지만 세상에 거의 알려지지 않았고 본인들도 스스로 당한 고통에 대체로 침묵했다는 것 등이다. 양심적 병역거부 문제에서 드러나는 주류 종교들의 부재, 소수파 종교인들의 고난에 대한 그들의 방관적 태도는 군사주의에 물든 독특한 종교문화, 그로 인한 평화 감수성의 부족 탓이 아닐까? 주류 종교 출신인 극소수 병역거부자들의 침묵도 그런 군사주의적 종교문화에 짓눌린 탓은 아닐까? 이번 장에서는 한국 주류 개신교를 사례 삼아 '종교적 군사주의religious militarism' 문제를 천착해보려 한다.[1]

1. 양심적 병역거부, 해외파병, 그리고 한국 개신교

2001년에 주간지인 『한겨레21』은 그때까지 한국에 거의 알려지지 않았던 양심적 병역거부 문제를 처음 공론장으로 끌어올렸다. 지난 반세기동안 거의 1만 명에 달하는 양심적 병역거부자들이 평화주의적 종교 신념 때문에 감옥에 가야만 했다는 사실에 한국 사회는 큰 충격을 받았다. 얼마 지나지 않아 소수의 평화운동가들과 진보적인 시민운동 진영은 이들에게 비무장 대체복무의 기회를 부여해야 한다고 요구하기 시작했다. 그러나 양심적 병역거부자들에게 대체복무의 기회를 주자는 제안에 대한 반응은 크게 엇갈렸다. 종교계의 반응은 대체로 부정적이었다. 진보 성향의 종교 지도자들조차 당혹감을 드러내면서 대체복무제 도입에 대한 찬성 입장 표명을 유보했다. 소수의 진보적인 인물들과 단체들을 제외하면, 개신교회들의 반응은 대체복무는 물론이고 양심적 병역거부 자체에 대한 강력한 반대였다. 천주교 지도자들은 양심적 병역거부자들에게 대체복무를 보장해야 한다는 교황청의 공식교리에도 불구하고 한국의 안보 상황을 들어 부정적인 반응을 보였다. 불교 지도자들의 반응은 침묵에 가까웠다.

2001년 이후 몇 년 동안 이 문제를 둘러싼 치열한 논쟁이 전개되었다. 이 과정에서 개신교는 시종일관 가장 강력한 반대자 역할을 수행했다. 그러나 논쟁을 거치는 과정에서 양심적 병역거부자들을 위한 대체복무제 도입에 찬성하는 여론이 조금씩 상승했다. 많지는 않을지라도 개신교 주류 교파들과 불교, 천주교 신자 중에 양심적 병역거부를 선언하는 이들도 등장했다. 유엔인권위원회를 비롯하여 대체복무제를 도입하라는 국제사회의 압력도 거셌다. 결국 2007년에 노무현 정부는 2009년부터 대체복무제를 도입하기로 결정했다. 이 결정에 대해 천주교와 불교는 '침묵의 승인'에 가까운 반응을 보였지만, 보수파가 압도적 다수를 이루고 있는 개신교는 반대 입장을 명확히 밝혔다. 2007년 말 대통령으로 당선된 이명박은 1년도 지나지 않아 개신교 측의 요구를 수용하여 대체복무제 도입 일정을 전격 취소했다. 서울 강남 지역 초대형교회의 장로였던 그는 개신교계의 전폭적인 지원 덕분에 비교적 손쉽게 대통령으로 당선되었다. 대체복무제 도입 시도를 좌절시키는 데 개신교가 결정적으로 기여한 셈이었다. 2018년 6월 28일 헌법재판소가 대체복무제 도입을 요구하는 역사적인 결정을 내렸을 때도 보수 개신교는 또 다시 이에 반대했다.

2003년에도 이라크전쟁에 한국군을 파병하는 문제를 둘러싸고 한국 사회가 또 한 번 큰 갈등을 겪었다. 대규모의 파병 반대운동이 벌어졌다. 앞서 기술했듯이 이것은 한국 사회 최초의 조직적이고 대중적인 반전평화운동이었다. 당시 한국 천주교회는 파병 반대 입장을 공식적으로 밝혔고, 개신교의 '진보적 소수파'를 대표했던 한국기독교교회협의회NCCK 역시 반대 입장을 표명했다. 그러나 NCCK 내부에서조차 다수파를 이루고 있던 보수주의자들의 견제 때문에 NCCK의 파병 반대 입장은 온건하고 모호한 어조를 띠었다. 절대다수 세력인 보수 개신교회들은 한국군 파병에 적극적으로 찬성했다. 출범 이전부터 보수 개신교와 격렬하게 충돌했던 노무현 정부는 한국군의 이라크 파병 문제로 의도치 않게 보수 개신교와 같은 편이 되었다.

이 두 사례는 한국의 개신교가 얼마나 심하게 군사주의적 사고방식에 젖어 있는지를 잘 보여준다. 한국의 개신교는 왜 이토록 전쟁에 긍정적이며, 왜 이토록 평화주의에 적대적인가? 이 질문은 한국 교회뿐 아니라 한국 사회에도 중요한 함축을 갖는다. 그럼에도 한국 개신교에 군사주의가 어떤 영향을 주었는지, 역으로 한국 교회들이 군사주의에 어떤 기여를 했는지는 기존에 거의 연구되지 못한 주제이다. 뿐만 아니라 한국

학계에서는 이 주제가 갖는 중요성이 대체로 간과되어왔다. 지금까지의 연구들은 태평양전쟁, 한국전쟁, 베트남전쟁에 개신교를 포함한 한국의 주요 종교들이 어떻게 대응했는가를 서술하는 데 그쳤다. 이제는 한국 교회 안에 깊숙이 자리를 잡고 앉아 교회의 일상적인 작동 과정에 개입하는 군사주의의 문제를 정면으로 다룰 때가 되었다.

앞 장에서 군사주의에 대한 여러 정의를 소개한 바 있지만, 사전적 의미에서 군사주의는 군사력 강화와 전쟁 준비에 우선순위를 부여하고, 나아가 군대와 군사력을 찬양하고, 사회의 전반적인 군사적 재조직을 지지하는 사상·태도·행동양식을 의미한다. 보다 구체적으로, 이 장에서 필자는 다음 다섯 가지 요소 혹은 현상을 '종교적 군사주의'의 지표들로 간주할 것이다: ① 전쟁과 군대에 대한 우호적이고 긍정적인 태도, ② 강한 군사력에 기초한 국가안보의 중요성에 대한 강조, ③ 군대식 사고방식과

노무현 대통령 이라크 파병신고 및 환송행사(2003)

행동, 조직의 확산, ④ 현재 선-악 사이의 심각한 우주적 갈등이 전개되고 있거나, 그런 갈등이 임박했다는 세계관, ⑤ 종교적 타자들에 대한 공격적이고 승리주의적인 태도.

이 장은 한국 개신교를 집중적인 분석 대상으로 삼는다. 이른바 '보수 개신교'가 가장 중요한 관찰 대상이지만, 군사주의의 영향 범위가 보수 개신교를 넘어선다는 사실 또한 분명하다. 필자는 한국 개신교회와 군사주의의 관계를 두 차원으로 구분하여 접근할 것이다. 먼저, 군사주의가 보다 직접적으로 교회 안으로 침투하여 뿌리내리도록 기여하는, 보다 제도화된 통로들과 기제들을 다룰 것이다. 여기에는 군종軍宗, 전쟁과 평화 교리, 교리화된 반공주의가 포함된다. 둘째, 공식적인 규범이나 교리로 제도화된 것은 아니나, 군사주의가 신자들의 일상적 생활 및 의식을 지배하도록 허용하고 조장하는 기제들이 있다. 여기에는 영적 전쟁 프레임, 해외선교와 북한선교, 전도와 건축 등이 우선 포함될 수 있다.

2. 군사화된 군종

한국은 비서구 사회들 중 가장 일찍 군종제도military chaplaincy를 도입한 사례에 속한다. 군종제도는 한국전쟁 시기인 1951년 초에 도입되었다. 한국 군종제도는 다른 종교들을 배제하면서 그리스도교에 유리하게 운영되어왔다. 다시 말해 한국에서 군종은 그리스도교에 편파적으로 특혜적인 제도였다. 1951년 당시 한국 최대의 종교였던 불교가 군종제도 참여 자격을 얻은 시기는 17년이나 지난 1968년이었다. 다른 종교들이 모두 배제된 상태에서 개신교와 천주교는 군대에서 방대한 새 신자들을 획득했다. 개신교와 천주교는 고급 장교를 양성하는 사관학교들에서도 새

신자들을 획득하는 데 매우 성공적이었다. 이는 1960년대 초부터 30년 동안 지속된 군사정부 체제에서 개신교와 천주교에 중요한 제도적 이익을 제공했다.

군종제도는 교회들 안으로 군사주의가 직접 침투하도록 허용하는 가장 중요한 제도화된 통로였다. 특히 평화 교육자나 도덕 옹호자가 아닌 사기 증진자로서의 군종은 군대식 버전의 그리스도교를 생산하고 확산시키며, 교회 안의 군대 대변자 역할을 수행했다. 클라우스너가 지적했듯이, 장기적인 군대 경험을 거치면서 군종장교들은 "교회 안에서 군대를 대표하는" 경향이 있다. 군종장교의 기능은 "군대식 버전의 종교military version of religion"를 민간교회 내에 확산시키는 것이 될 가능성이 높다는 스윔리의 주장 또한 경청할 만하다.[2] 미국의 맥락에서 하비 콕스는 군종제도가 "군대식 종교military religion"를 조장하고 있다고 비판했다.[3] 군종제도의 비판자들은, 첫째, 군종 활동에서 군사주의를 제거함으로써 '탈군사화된demilitarized 군종제도'를 형성하는 것, 둘째, 군대의 통제로부터 상대적으로 자유로운 자율적인 군종을 형성하는 것을 군종 개혁의 양대 과제로 제시해왔다.[4]

우리는 군종에도 다양한 유형들이 존재한다는 사실에 유념할 필요가 있다. 필자는 2017년에 발간한 『종교와 군대』에서 군종 유형론을 정립하려 시도한 바 있다.[5] 먼저, 필자는 군대조직으로의 통합 정도, 군대조직에 대한 동일시 혹은 일체화의 정도에 따라 개별 군종 사례들의 유형화가 가능하다고 생각했다. 다시 말해 군종들이 군대조직에 얼마나 통합되어 있는지, 군대조직과 얼마나 일체화되어 있는지에 따라 세 가지의 이념형적 유형들을 구분해낼 수 있다고 보았다. ① 완전한 통합 유형full integration type 혹은 군대화 유형militarization type은 군대와의 적극적이고 능동적인 일체화/동일시로 특징지어진다. 이 유형에서는 군종에 대한 군대의 통제력이 매우 강한 반면, 교단의 통제력은 상대적으로 약하다. ②

한국전쟁 당시 강원도 화천 지역 미31연대에서 예배 중인 군종목사(1951)

자율 유형autonomous type은 군대조직과의 '비非통합' 그리고 '군종에 대한 시민적 통제'로 특징지어진다. 물론 시민적 통제의 일차적이고 가장 중요한 주체는 교단이다. 따라서 자율 유형을 탈군대화 유형demilitarization type 혹은 민간화 유형civilianization type이라고 말할 수도 있겠다. ③ 부분적 통합 유형partial integration type은 '완전 통합 유형'과 '자율 유형'의 사이에 위치한다. 따라서 여기에는 다양한 변이들이 포함될 수 있다.

한편, 필자는 '교회와 군대의 관계'를 기준 삼아 또 다른 방식의 군종 유형화를 시도해보았다. 여기서는 각 교단들이 군대와 전쟁을 어떤 시각에서 바라보며 어떤 방식으로 접근하는가가 중요하다. ① 영합 접근 conformist approach에서 군대는 교단의 제도적 이익을 실현하는 장場이자 무대이며, 군종은 이를 위한 가장 효과적인 수단으로 간주된다. 동시에 국가가 수행하는 대부분의 전쟁들은 정의로운 전쟁이거나 성전으로 미화되고 정당화된다. ② 균형 추구 접근balancing approach은 군대와 교단 사이에 목표·가치의 '충돌 가능성'을 인정하면서도, 전통적인 군종 활동과 변화된 환경을 절충하고 타협시키려는 입장에 가깝다. ③ 비판적 긴장 접근critical tension approach은 교단-군대의 관계가 본질적으로 긴장 관계에 놓일 수밖에 없음을 인정한다. 뿐만 아니라 의식적으로 이 교단-군대의 긴장 관계를 성찰과 혁신의 출발점으로 삼는다. 이 때문에 비판적 긴장 접근에서는 균형 추구 접근에 비해 군종의 '경계적 위치'와 '모순적 존재성'이 더욱 강조되는 경향이 있다.

한국과 미국 모두 세 유형 중 '완전한 통합 유형'에 속한다. 한국 군종 역사에서는 군대조직으로의 통합, 그리고 군대를 향한 일체화에의 열망이 강하게 유지되었다. 또한 한국 군종의 모델이었던 미국 군종이 오랜 논쟁과 시행착오 끝에 1970년대 이후 '영합 접근'에서 벗어나 '균형 추구 접근'으로 이행해갔던 데 반해, 한국에서는 예나 지금이나 '영합 접근'이 지배적인 현실이 굳건히 이어지고 있다. 군종들은 지난 수십 년 동안 교단을 대상으로 군대 측의 충실한 대변인 역할을 수행해왔다. 요컨대 한국 군종은 '군사화된 군종militarized chaplaincy'으로 기울 가능성이 높고, 군대의 강한 통제와 영향을 받기 쉬운 유형에 속한다.

미국 군종과의 비교분석은 한국 군종에 대한 보다 나은 이해를 가능하게 한다. 한국 군종은 미국 군종을 모범으로 간주하여, 그리고 미국 군종의 주도로 출범했다.[6] 한국 군종에서는 1950~1960년대 동안 '모방에 의한 압축성장compressed growth' 현상이 두드러졌다. 미국 군종은 1차 대전 직후에 "관료화된 전문직bureaucratized profession으로서의 군종"을 향한 기나긴 여정을 마감했다. 미국 육군에서 일정한 관료적 자율성을 향유하는 독립적인 군종감실이 탄생한 때가 1920년이었다.[7] 미국에서는 식민지 개척기부터 20세기 초까지 약 4세기에 걸쳐 진행되었던 제도적 변동이 한국에서는 군종 창립 후 10년 이내에 대부분 완료되었다. 그 결과 1950년대 말경에 이르면 한국의 군종제도는 미국 군종제도와 쌍둥이처럼 비슷해졌다.

1950~1960년대에 한국-미국 군종이 '동질화를 촉진하는 상호작용'을 지속했다면, 1970년대 이후에는 '이질화를 촉진하는 상호작용'이 지배적이었다. 베트남전쟁에 대한 반대운동이 본격화되는 가운데 미국 군종은 심각한 위기에 직면했다. "불의하고 더러운 전쟁"인 베트남전쟁에 협력하는 군종제도는 폐지되어야 한다는 여론이 고조되었던 것이다. 이런 도전에 직면하여 미국 군종의 지도부는 "사기 증진자morale builder에서 도덕 옹호자moral advocator로의 전환"으로 요약될 수 있는 군종 개혁을 시도했다.[8] 그들은 군종을 전투력과 직접 연결시키는 오랜 전통과 결별했다. 그들은 군종의 전통적인 '사기 증진자 역할'을 점진적으로 축소하는 반면 '도덕 지도 역할'은 대폭 확대했다. 이와 동시에 사기 증진자 역할의 내용도 "군인공동체의 삶의 질 향상"에 초점을 두는 방향으로 변화시켰다. 군종은 이제 "군인들의 인권 옹호자" 역할까지 능동적으로 떠맡고 나섰다.

그러나 미국 군종의 이런 변화로 인해 1970년대 이후 한국 군종의 자기 이해는 미국의 그것과 판이하게 달라졌다. 한국 군종은 그 이전과 마찬가지로 1970년대 이후에도 신앙과 전투력의 적극적인 결합을 추구했다. 이런 지향은 1976년 이후 한국 군종 병과의 공식 모토가 된 "신앙전력화信仰戰力化"로 집약된다. 군종장교들은 군종 활동이 "정신전력精神戰力"에 기여해야 하며, 신앙을 전투력으로 만들어야 한다고 주장해왔다. 군종으로 오래 복무한 고급 장교들일수록 이런 경향이 더욱 강하게 나타난다. 이런 경향은 비단 개신교에만 국한된 게 아니었다. 천주교와 불교 군종도 거의 다를 바 없었다. 박노자가 관찰한 바에 따르면, 한국의 불교 군종들은 '호국불교' 전통을 내세우면서, "신앙전력 계발을 통한 병사들의 정신전력 강화"의 중요성을 강조했다.9 어느 종교에 속하든 한국의 군종장교들은 신앙을 통한 정신전력 함양을 군종의 업무로 기꺼이 수용했고, 심지어 당연시했다.

군종을 군사주의가 민간 종교조직으로 흘러드는 통로가 되도록 만드는 추가적인 요인들이 존재했다. 이것은 이른바 "황금어장의 신화"와 관련된다. 한국의 종교 지도자들과 군종장교들은 군종을 무엇보다 새 신자 획득을 위한 기회의 공간으로 여긴다. 실제로 군종은 전도 측면에서 혁혁한 성공을 거두어왔다. 군종은 지난 수십 년 동안 신자집단의 양적인 성장을 선도해왔으며, 1970년대 그리고 1990년대 중반 이후 이런 현상이 두드러졌다. 특히 군종에 참여하고 있는 모든 종교들은 20대 남성 새 신자의 대부분을 군대에서 획득하고 있다. 그 결과 군대는 새 신자 영입을 위한 황금어장이라는 신화가 만들어졌다. 이 신화를 교단 최고 지도자들과 군종장교가 공유하고 있다.

교단의 최고 지도자들은 군종장교에 대한 헌신적인 지지자이자 후원자이다. 군종장교는 자기 종교와 교단을 대표해서 다른 종교 소속의 군종들과 치열한 선교(포교) 경쟁을 벌인다. 황금어장 신화가 위력을 발휘할수록 군대는 군종장교들 간의 치열한 '선교 전쟁'의 현장이 되어간다. 선교 전쟁에서 교단 지도자와 군종은 유기적인 파트너십을 유지한다. 이런 긴밀한 협력이 군대식 가치와 관행들이 교회 안으로 흘러들어오는 것을 용이하게 만든다. 군종-교단 협력이라는 측면에서 개신교는 천주교와 불교를 압도한다. 천주교와 불교 군종은 교단과 종종 갈등하지만, 개신교에서는 그런 갈등의 사례가 거의 없었다. 선교 전쟁에서 보다 유리한 자리를 차지하기 위해, 교단 지도자들은 군부엘리트들과 우호적이고 협력적인 관계를 지속하고, 가능하다면 더욱 강화하려 애쓴다. 바로 이런 맥락에서 1980년대 초 개신교 지도자 초청 간담회와 전방 시찰, 안보 강연 요청에 교회 지도자들은 적극적으로 호응했다. 이것들은 군사정권에 대한 더욱 강력한 지지를 이끌어내기 위해 군부가 기획했던 프로그램들이었다. 교회의 호응에 군부가 '더 많은 선교의 기회'로 보답했음은 말할 것도 없다. 어쨌든 이런 과정을 거치면서 군부엘리트와 종교엘리트의 사고방식이나 가치관이 점점 유사해지는 것이다.

군종이 군사주의를 교회 안으로 침투시키는 데 기여하는 개신교만의 독특한 요인이 있다. 천주교와 불교가 군종장교 충원에 어려움을 겪는 것과는 대조적으로, 개신교에서는 군종장교 선발 경쟁이 매우 치열하다. 대부분의 신학교 학생들은 대학 재학 중에 군종장교 선발시험을 치르며, 합격할 경우 신학교 졸업 후 목사 안수를 받고 군종장교로 입대한다. 군종장교 선발시험의 합격자 숫자를 최대한 늘리기 위해 신학교와 교단은 군종 시험 합격자들에게 장학금 등 여러 혜택을 제공한다. 따라서 개신교에서 군종장교가 된다는 것은 교단의 촉망받는 젊은 엘리트로 인정받음을 의미한다. 실제로도 군종장교 신분으로 군복무 의무를 마친 목사들이 교단의 주요 직위로 충원된다. 젊은 군종장교들은 대부분 3~5년 동안 군대에서 복무한 후 제대하여 좋은 일자리를 얻는 데 성공한다. 장기적인 관점에서 볼 때, 교단의 상층부가 군종장교 출신들로 채워진다. 이런 사실은 군종장교 출신들이 교회엘리트 지위로 충원되는 사례가 많지 않은 천주교와 예리하게 대조된다. 군종장교 출신들이 종교권력 구조에서 철저히 배제당하는 불교와의 차이는 굳이 말할 필요조차 없다. 치열한 선발경쟁과 결합되어, 개신교에서는 군종이 교단 엘리트층을 군사주의에 길들여진 이들로 충원하는 기제로 작용한다. 군종장교들의 군사주의적 사고방식이 세대를 이어 교단의 최고 엘리트들을 지배하게 되는 것이다.

3. 전투적 전쟁 교리

한국 그리스도교의 전쟁·평화 교리들 역시 중요하다. 이 교리들이 평화를 지향하는지 혹은 전쟁을 지향하는지에 따라, 교회에 대한 군사주의의 영향이 촉진될 수도 있고 억제될 수도 있기 때문이다. 역으로, 전쟁·평화 교리들은 한국 교회가 사회와 군대에 어떤 영향을 미칠지를 결정짓기도 한다. 여기서 전쟁과 평화 교리는 동전의 양면과도 같으며 사실상 동일한 것이다. 결론부터 말하자면, 한국 개신교의 전쟁·평화 교리는, 첫째, 평화주의의 빈곤, 둘째, 성전 혹은 십자군 이론의 과잉 혹은 강세, 셋째, 성전-십자군 이론과 크게 다르지 않은 정의로운 전쟁 이론 등으로 특징지어지며, 따라서 전체적으로 호전적이고 전쟁 친화적인 성격을 띠고 있다. 한마디로 "전투적인 전쟁 교리militant doctrine of war"가 오랜 기간 한국 개신교를 지배했다. 1990년대 이전의 천주교 역시 이와 크게 다르지 않았다.

전쟁에 대한 담론은 교리적·신학적 토론에서 발견되는 엄격한 논리적 정합성을 갖추지 못하는 경우가 많다. 이런 점을 고려하여 여기서는 교리·신학을 넘어 전쟁에 대한 일반적인 태도와 접근까지 포괄해서 논의하고자 한다. 전쟁에 대한 교회와 신자들의 실천적인 대응을 통해서도 우리는 그 배후에 전제되어 있는 전쟁·평화 교리를 어느 정도 유추해낼 수 있을 것이다.

앞에서 소개한 양현혜에 의하면, 한국 개신교에서 전쟁 담론이 처음 등장한 계기는 1차 세계대전이었다. 이후 1931년 만주사변까지는 전쟁 반대와 비폭력 저항 노선이 지배적이었고, 1931~1937년 사이에는 전쟁 담론 자체가 거의 사라졌다가, 중일전쟁 발발에 자극받아 1938년 이후 전쟁 담론이 재등장했으나 당시엔 1931년 이전과 정반대로 성전·십자군 담론이 주를 이뤘다. 그런데 이런 성전 담론이 식민지 시기에 그치지 않고 해방 후에도 오랫동안 영향을 미쳤다.

> 평화를 향한 이러한 지향들과 사상적 모색들은 1931년의 만주사변을 계기로 잠잠해진다. 중일전쟁과 이어지는 태평양전쟁 시기에는 자신을 절대적인 선으로 그리고 타자를 절대적인 악으로 규정하고 타자의 멸절을 주장하는 성전론이 주종을 이루었다.……이러한 성전론은 잘 알려진 대로 해방 이후의 한국전쟁 그리고 베트남전쟁을 통해 한국 개신교에 광범위하게 침투되어, 전쟁에 대한 개신교의 반응으로 일반화되었다. 해방 이후 이렇게 성전론적 세계관이 압도적인 영향력을 발휘하는 한국 개신교의 풍토 속에서 비전 평화론은 물론 '정당한 전쟁론'도 숙고될 여지가 없었다.[10]

성전 주창자들은 구약성서에 나오는 전쟁과 폭력 이야기를 자주 인용한다. 한국 개신교의 강한 문자주의-근본주의 전통이 성전 담론을 보다 쉽게 수용하는 데 기여했으리라는 게 필자의 판단이다. 한국전쟁 당시에도 개신교, 천주교, 불교 모두에서 성전 담론이 맹위를 떨쳤다. 개신교와 천주교는 전쟁에 적극적으로 협력했고, 군입대 등 신자들의 전쟁 참여를 독려했다. 전쟁 지원 활동에는 군인 모병, 선무宣撫 활동, 구호 활동, 군종, 포로들을 상대로 한 반공 선전과 선교 등이 포함되었다. 공산주의 세력에 대한 완전한 승리를 주장하면서 휴전 반대운동을 펼치기도 했다. 이런 활동들 덕분에 한국전쟁을 거치면서 그리스도교는 '반공의 상징'이 되었다. 적극적인 참전과 협력의 대가는 컸다. 막대한 인명 손실과 교회 재산 파괴가 잇따랐다. 개신교의 피해가 가장 컸다. 북한군이나 좌익 인사에 의해 살해당하거나 납치당한 교역자가 240여 명, 불타거나 파괴된 교회가 970여 개에 이르렀다.[11]

한국 그리스도교 교회들이 한국전쟁을 성전 혹은 십자군전쟁으로 규정했다는 사실은 그들이 세계 그리스도교의 신학적 흐름과 단절되어 있었음을, 그리하여 심각한 비정상성과 일탈을 드러냈음을 의미한다. 우선, 교황청과 서구 개신교 교회들은 1차 대전 이후 성전 혹은 십자군 교리와 확실히 단절했다. 주류 그리스도교 교회들의 전쟁 교리는 정의로운 전쟁과 평화주의의 두 가지로 좁혀졌다. 교황청과 서구 개신교회들은 2차 대전 이후 정의로운 전쟁 이론에 대해 중대한 수정을 가했다. 수정의 목표는 정의로운 전쟁 이론이 더 이상 전쟁 정당화의 편리한 수단으로 악용되지 못하게 하는 것이었다. 교리적 변화의 핵심은 특정의 전쟁이 정의로운 전쟁으로 인정받을 수 있는 조건과 기준들을 최대한 까다롭게 만드는 것이었다. 그 결과 2차 대전 이후 정의로운 전쟁 교리는 평화주의 쪽으로 크게 이동했다. 정의로운 전쟁 이론과 평화주의의 수렴, 정의로운 전쟁 이론의 평화주의적 전환이 2차 대전 후 그리스도교 전쟁 교리의 가장 중요한 변화였던 것이다.[12] 그런데 한국전쟁 당시 한국 그리스도교 지도자들은 1차 대전 후 폐기된 낡은 전쟁 교리들인 성전론과 십자군전쟁론을 고수하고 있었다. 또 그런 만큼 전쟁 시기의 한국 그리스도교 지도자들은 보다 호전적이고 공격적인 태도, 전쟁 친화적인 태도를 보였던 셈이었다.

한동안 잠잠하던 전쟁 담론은 한국의 베트남전쟁 참전을 계기로 재활성화되었다. 베트남전쟁 당시에는 한국전쟁 때와 같은 열광적인 전쟁 찬양이 나타나지는 않았다. 어조는 한결 조심스러워졌다. 대표적인 사례가 천주교였는데, 주교회의는 베트남전쟁에 대한 교회 차원의 공식 입장이나 판단을 발표하지 않았다.[13] NCCK의 전신인 한국기독교연합회와 회원 교단들은 베트남전쟁을 공산주의의 팽창주의적 세력과 이를 저지하려는 자유세계 간의 대결이라는 관점에서 이해했으며, 이런 인식하에 한국군의 베트남전 파병을 적극 지지했다. 한국군을 '십자군'으로 지칭하는 경우도 빈번했다. 더욱이 한국의 진보적인 교단들조차 미국의 근본주의자와 유사한 입장, 즉 '전쟁의 평화적 해결'이 아닌, '확전을 통한 완전하고도 최종적인 승리'라는 입장을 고수했다.[14]

걸프전쟁이 발발함에 따라 베트남전쟁 이후 두 번째로 한국군의 해외 파병이 이뤄졌던 1990년대 초에 이르러 NCCK를 중심으로 활동하던 개신교의 진보적 분파들은 성전이나 십자군 이론과 확고히 단절했다. 『기독교사상』 1991년 4월호의 "중동전쟁과 종교" 특집에 기고한 한승홍, 손규태, 강사문 등이 좋은 예이다. NCCK 인물들 대부분은 정의로운 전쟁 입장을 수용했고, 일부는 정의로운 전쟁 이론조차 비판하면서 평화주의 쪽으로 더욱 접근했다. 정의로운 전쟁 이론이나 평화주의 입장에서 집필된 그리스도교 전쟁 교리 서적들이 1980~1990년대에 번역·소개되었던 사실도 이런 변화를 촉진했다.

그러나 1985년에 육군 군종감실이 편찬한 『군진신학』이라는 책에 기고한 8명, 1990년에 대한예수교장로회총회 군선교부가 출간한 『군선교신학』에 기고한 12명의 필자들은 대부분 여전히 성전 혹은 십자군 이론을 고수했다.[15] 한국의 보수적 혹은 근본주의적 성향의 신학자들은 2000년대 이후에도 '거룩한 전쟁', '하나님의 전쟁', '여호와의 전쟁' 등으로 지칭되는 성전 이론을 선호하고 있다. 보수적 신학자들은 자신들의 입장이 정의로운 전쟁 이론에 속하는 것처럼 주장할 때조차, 종종 이 이론을 과도하게 단순화하거나 의미를 축소시키곤 한다. 따라서 이들이 말하는 정의로운 전쟁은 말하자면 "성전론적으로 해석 혹은 채색된 정의로운 전쟁 이론"이 되고 만다. 1990년대 이후 상당 기간 동안 한국 개신교 보수 교단들의 모임이자 한국 최대 개신교 단체 지위를 향유했던 한국기독교총연합회(한기총)의 입장도 성전론에 가까웠다.[16] 전체적으로 볼 때 최근까지도 한국 개신교회 안에서는 전쟁·평화 교리에 관한 논의가 활발하지 못했다. 이런 상황에서 군종장교들, 그리고 군진신학이나 군선교신학과 관련된 신학자들이 전쟁 교리 논의를 자연스럽게 주도하게 되었다. 따라서 그들의 호전적인 전쟁 교리가 마치 한국 개신교 전체를 대표하는 것처럼 보이게 되었다.

4. 교리화된 반공주의

한국 그리스도교 교회들은 식민지 시기부터 주로 '사회교리'라는 형식으로 반공주의를 교리 체계 내부로 편입시켜왔다. 한국 그리스도교 교회들은 반공주의를 교리 수준으로 격상시킴으로써, 그것을 신자들이 반드시 준수해야 할 의무로 만들었다. 공산주의자들은 맞서 싸워야 할 적으로 간주되었으며, 그들과의 타협이나 대화는 물론이고, 그들과의 접촉조차 금지되었다. 해방 후 공산주의자들과의 대립은 빈번한 폭력적 충돌로 비화되었다. 이 과정에서 그리스도교 교회들은 점차 반공투쟁을 위한 군대처럼 변해갔다. 이 과정을 좀 더 자세히 살펴보자.

한국 그리스도교에서 '반공주의의 종교화' 과정은 식민지 시기에 진

휴전선에 8.15기념 태극기 게양(1962)

행되었다. 천주교의 경우에는 이 과정이 이미 정립되어 있는 반공주의적 교리를 국내에 소개하는 방식으로 진행되었다. 공산주의와 사회주의를 비판하는 교황의 공식 문서들을 소개하는 글은 1921년에 처음 등장했고, 이후 1930년대까지 그런 글들이 수십 편 발표되었다.[17] 개신교에서도 1920년대에 처음으로 반공주의적 태도가 형성되기 시작했다. 그러나 천주교와 달리, 또 미국 개신교회의 사회교리들을 대폭 참조하기는 했지만, 개신교에서 반공주의의 종교화는 한국교회 지도자들의 발명품이었다. 1932년 9월에 열린 조선예수교연합공의회의 제9회 총회에서 제정된 12개 조항의 '사회신조'가 바로 그것이었다.[18] 이 문서의 전문前文에는 "우리는……일체의 유물唯物 교육, 유물 사상, 계급적 투쟁, 혁명 수단에 표俵한 사회개조와 반동적 강압에 반대한다"는 구절이 포함되어 있었다. 그러나 식민지 시기에 (만주 지역을 제외한다면) 한국인 크리스천과 공산주의자 간의 폭력적인 충돌 사례는 극히 드물었다. 양자 간의 갈등은 대체로 글을 통한 논쟁에 머물렀다.

해방 직후 한국의 전체적인 이데올로기지형은 좌경左傾에 가까웠다. 그러나 그리스도교 교회만은 압도적으로 우익 중심이었다. 좌우합작위원회에서 활동했던 김규식이나 강원용 같은 중도파조차 허용하지 않았을 정도였다. 해방 직후부터 북한에서는 개신교 중심의 우익 세력이 좌익 세력과 격렬하게 충돌했다. 북한의 주요 우파 정당들은 모두 저명한 개신교 지도자들에 의해 창립되고 운영되었다. 1945년부터 1948년까지 남한에서는 독립국가의 정체政體와 주체 문제를 둘러싸고 종종 폭력을 동반한 좌익-우익 갈등이 계속되었다. 1948년에 남한과 북한 각각에 분단 정부가 수립된 이후에도 지리산 일대와 제주도에서는 무장투쟁이 계속되었다. 이런 상황에서 그리스도교 교회는 자연스럽게 우익의 강력한 거점이자 보루가 되었다. 특히 월남자들로 구성된 개신교회들은 우익 단체들에 행동주의자들을 공급하는 원천으로 기능했다.

바로 이런 상황에서 한국전쟁이 발발했다. 그리스도교와 공산주의의 정면충돌이 불가피해졌다. 개신교와 천주교 지도자들이 전쟁에 적극 참여하도록 신자들을 독려했음은 물론이다. 한국전쟁을 겪으면서 반공주의는 강력한 "윤리적·종교적 선악 이원론"으로 발전했다. 무신론적 공산주의는 반드시 무찔러야 할 악의 세력으로 간주되었다. 한국전쟁 과정에서 공산주의를 사탄과 동일시하는 '사탄 담론'이 등장하고, 여기에 '종말론적 세계관'과 '반공주의적 선민의식'이 결합되면서 반공 담론 자체가 '구원론'의 일부로 발전했다.[19]

개신교 반공주의의 폭력성과 공격성이 두드러지게 나타났던 때는 식민지 시대가 아니라 해방 이후였다는 사실이 다시 강조될 필요가 있다. 대규모의 민간인 희생과 학살을 동반했던 1946년 대구 10월사건, 1948년 여수·순천사건과 제주 4·3사건, 그리고 한국전쟁 시기에 자행되었던 무수한 학살사건들에 다수의 개신교 신자들이 가담했다. 또 그로 인해 남한 곳곳에서 많은 개신교 신자들이 인민군과 좌익 인사들에 의해 희생되었다.[20] 한국전쟁 당시 개신교는 "분노의 종교, 학살자의 종교"가 되었다.[21] 베트남전쟁 당시 한국 개신교 지도자들은 크리스천만으로 구성된 '임마누엘 부대'의 탄생에 감격해하면서, 이를 "신앙의 십자군", "정의의 십자군"으로 찬양했다.[22] 한국군이 베트남전쟁에 참여하고 있던 시기에 국내에서는 '전군신자화운동'이 벌어졌다.[23] 이 과정에서도 '여호수아 부대'나 '엘리사 부대' 등이 탄생했다. 개신교 지도자들은 다시금 열광하면서, 1972년에는 전군신자화후원회(현재의 한국기독교군선교연합회)를 설립하여 군종 후원 활동에 나섰다. 한국전쟁과 베트남전쟁이라는 두 차례의 '반공 전쟁'을 겪으면서 한국 개신교회는 그 스스로 '반공 십자군'이 되어갔다. 아울러 해방 후 종교적으로 재해석된 반공주의가 분단 체제와 결합하여 강력한 국가안보이데올로기로 변화되었다. 반공주의는 국가주의와도 결합했는데, 양자의 결합은 종종 반反민주적·권위주의적 성향의 안보국가national security state로 실체화하곤 했다.

개신교 반공주의는 열정적이고 공격적인 선교 활동과도 결합되었다. 다시 말해 반공주의적 세계관은 남한의 교회와 신자들에게 강한 선교적 열정과 사명감을 불어넣는 측면 또한 갖고 있었다. "벌써 세계의 절반을 장악한 상태에서 끊임없이 세력을 확장하려고 시도하는 거대한 사탄의 세력과 최전선에서 맞서 싸워야만 하는 피할 수 없는 운명이 한국 혹은 한민족에게 주어졌다면, 한국 사회에서 기독교인구가 여전히 소수에 불과하다는 사실은 큰 모순이 아닐 수 없다. 따라서 기독교와 공산주의의 대결을 핵심으로 하는 선善과 악惡의 지구적 투쟁에서 승리하려면 한국 및 한민족을 '기독교화基督教化'하는 것이 매우 시급하면서도 선차적인 과제로 떠오르게 된다."[24]

순교자 공경恭敬 운동에서 이미 한 세기 이상의 역사를 갖고 있는 한국 천주교와 달리, 한국 개신교는 선교 100주년을 맞는 1980년대에 들어서야 비로소 순교자 조사와 순교 장소 성역화에 나서기 시작했다. 그런데 유교를 국교로 삼았던 조선왕조의 박해에 희생된 천주교 순교자들과 달리, 거의 대부분의 개신교 순교자들은 한국전쟁을 전후한 시기에 공산주의자와 북한군에 의해 희생당했다. 따라서 개신교의 순교자 공경 운동이 활성화될수록 반공주의적 태도도 더욱 강해질 수밖에 없었다. 한국 개신교의 순교자 공경은 다름 아닌 '반공주의적 순교자 공경'이었다. 신자들에게는 순교자들을 본받아 죽음을 각오하고 공산주의자에 맞서라는 메시지가 반복적으로 주입되었다.

해외여행 자유화 조치에 따라 1990년대에 한국 개신교의 해외선교가 폭발적으로 활성화되었다. 10년 후인 2000년대 초에 이르면, 한국 개신교는 미국에 이어 세계에서 두 번째로 많은 선교사들을 국외로 파견하게 되었다. 1990년대는 탈냉전과 동북아 데탕트 시대이기도 했다. 개신교 해외선교사들 중 가장 많은 이들이 중국과 북한 접경 지역으로 몰려들었다. 러시아나 베트남 등 이전의 사회주의 국가들로도 한국인 선교사들이 몰려갔다. 그런데 중국과 북한 등 사회주의 국가들과 이슬람 국가들은 거의 예외 없이 외국인들의 선교 활동을 엄하게 금지하고 있다. 따라서 이곳들에서는 한국인 선교사들의 체포, 실종, 사망, 추방 소식이 끝없이 이어지고 있다. 이에 대응하여 한국 개신교회들은 사회주의 국가의 지도자들을 "한국인 선교사들을 박해하는 사탄의 세력"으로 규정하고 있다.

한국 해외선교의 활성화 시기는 1989년에 한국기독교총연합회로 결집한 한국 개신교 보수 세력이 종전의 성속이원론을 벗어나 '사회참여' 노선으로 전환한 시기와 정확히 일치한다. 이들은 2003년 초부터 '정치적 행동주의political activism'로 한 단계 더 나아갔다. 보수 개신교는 기도회 형태의 대규모 정치집회들을 통해 극단적인 반反북한·반공 입장을 반복적으로 주장하고 있다. 김선주에 의하면, "이런 행사의 기도에는 어김없이 '빨갱이', '사탄' 등의 용어가 사용되며 하느님의 거룩한 이름으로 북한 권력자나 특정 정치세력이 저주된다. 한국교회에서 '빨갱이'와 '사탄'이 동의어로 사용되고 있는 것이다."[25] 이들 중 일부는 2004년부터 그리스도교 정당을 결성하여 활동하기 시작했다. 류대영은 한국전쟁 당시에도 그랬듯이 최근의 개신교 반공주의도 전천년설pre-millennialism에 가까운 종말론의 성격을 띠고 있다고 주장했다. 그에 따르면, 세계 종말이 임박했으며, 공산주의는 종말에 등장할 적그리스도이며, 세상을 구하기 위해 신으로부터 선택된 미국은 적그리스도인 공산주의와 운명을 건 싸움을 해야 하며, 이 싸움에서 한국은 한반도에 복음을 전해준 모교회母教會이자 혈맹血盟인 미국을 최대한 도와야 한다는 것이다.[26]

2007년에 차별금지법 제정 움직임이 본격화된 이후, 보수 개신교는 성소수자를 공격하는 입장에서 성평등 이슈를 반공주의와 결합시켰다. 보수 개신교 지도자들은 페미니스트를 '변종 마르크스주의자'라고 단정하거나, 동성애자 인권을 내세우는 것은 영향력을 확장하려는 좌파 세력의 음모라고 주장하고 나섰다. 급기야 이들은 "종북 게이"라는 신조어까지 창안했고, 이를 성수소자 인권을 옹호하는 이들 그리고 차별금지법 제정을 주도한 국회의원들을 공격하는 무기로 이용했다. 주디 한에 의하면, 최근 보수적 개신교인들은 반공(국가안보)을 매개로 반동성애와 반이슬람을 적극적으로 결합시키고 있다: "'동성애 반대, 이슬람 반대, 안티기독교 반대'라는 최근의 슬로건들에서도 볼 수 있듯이, 보수 개신교인들과 동성애 혐오적homophobic 정치 지도자들은 하나같이 국가안보라는 명분으로 LGBTQ 평등 문제를 테러리즘 및 급진적 이슬람과 연계시키기도 했다."[27] 개신교 반공주의는 시대의 변천에도 불구하고 놀라운 생명력과 활력을 과시하고 있다. 오늘날 한국 사회에서 개신교야말로 전투적 반공주의를 대량생산하는 최대의 공장임이 분명하다.

5. 일상생활 속의 군사주의

이번에는 공식 규범이나 교리로 제도화된 것은 아닐지라도 군사주의가 신자들의 일상적 생활과 의식을 지배하도록 조장하는 기제들에 초점을 맞춰보자. 필자가 보기엔 이와 관련하여 '영적 전쟁 프레임'이 그 무엇보다 중요하다.

(1) 영적 전쟁 프레임

영적 전쟁 프레임은 한국의 보수적 개신교 신자들 사이에 널리 퍼져 있고, 그들의 사고방식과 행동 방식에 큰 영향을 미치고 있다. 문제는 이들 개신교 보수파가 한국 개신교회에서 절대다수 세력을 이루고 있다는 사실이다. 한국 개신교의 이런 상황은 한국 천주교의 상황과 선명하게 대조된다. 천주교에서는 교회 내 영향력이 미미한 극소수의 '가톨릭 우파' 혹은 '극우적 가톨릭'Catholic rights만이 영적 전쟁 프레임을 내세우고 있기 때문이다.[28] 더욱이 언론의 주목을 받을 뿐 아니라 개신교회에도 큰 영향을 미치는 개신교 행동주의자들의 대부분이 이 프레임을 신봉하고 있다. 일상적 세계를 전쟁 프레임을 통해 바라보는 사회집단은 아마도 개신교밖에 없을 것이다.

그리스도교 역사에서 영적 전쟁이라는 용어가 낯선 것은 아니다. 그것은 오랜 역사를 갖고 있다. 현재 한국 개신교의 영적 전쟁 프레임에 가장 큰 영향을 미치고 있는 사람은 미국의 교회성장 이론가인 피터 와그너인데, 그는 영적 전쟁을 세 가지 차원으로 구분한다. 첫째는 지상 수준의ground-level 영적 전쟁인데, 이것은 개인들에게 영향을 끼치고 있는 악마를 물리치는 것이다. 두 번째는 오컬트 수준의occult-level 영적 전쟁인데, 이것은 보다 조직화된 악마적demonic 집단과 맞서 싸우는 것이다. 다양한 형태의 오컬트들을 비롯하여, 사탄 숭배, 프리메이슨, 뉴에이지, 여러 동양종교들이 이 싸움의 대상이 된다. 세 번째는 전략 수준의strategic-level 영적 전쟁으로, 이는 "지역 영들territorial spirits"로 불리는 권력 집단과 맞서 싸우는 것이다. 지역 영들은 도시, 지역, 국가, 종족집단, 기업, 교육제도, 종교단체, 언론 등을 통해 수많은 사람들을 영적 포로로 사로잡고 있는 것으로 간주된다.[29] 거의 동일한 맥락에서 '신사도개혁운동'의 지도자인 랜스 월나우와 빌 존슨은 2013년에 출간한 저서에서 "그리스도교인들이 종교, 가족, 정부, 교육, 대중매체, 예술/엔터테인먼트, 비즈니스 등 7대 권역을 재장악해야 한다"는 이른바 "7대 산 명령7 Mountain Mandate"을 제시했다.[30]

그리스도교에서 오랫동안 사용된 전통적 영적 전쟁 개념은 위에서 말한 지상 수준의 영적 전쟁, 그리고 인간 육신의 사악한 본성에서 기인하는 유혹과 죄악에 맞서 싸우는 것을 가리킨다. 필자가 보기에 와그너와 그의 동료들이 말하는 '오컬트 수준' 및 '전략 수준' 영적 전쟁 개념은 전통적인 영적 전쟁 개념을 다섯 가지 차원에서 변형했다. 첫 번째는 주로 심리적 영역에 머물던 이 개념을 사회, 문화, 정치, 경제 영역으로 확대한 것이다. 두 번째는 이 개념을 개인적 차원에서 집단적 차원으로 확대한 것이다. 세 번째는, 군사적인 비유를 과도하게 확장함으로써 영적 전쟁 개념에 행동주의 혹은 사회운동의 성격을 강하게 포함시킨 것이다. 네 번째는 영적 전쟁 개념을 통치신학dominion theology, 세대주의적 전천년설 종말론, 교회성장학과 교묘하게 결합시킨 것이다. 영적 전쟁을 통해 특정 지역의 정치적·사회적·문화적 권력을 장악하는 데 성공할 경우, 그 권력을 활용하여 적극적으로 교세 성장을 추구한다는 것이다. 세대주의적 전천년설에서는 '땅끝까지의 선교'가 예수 재림의 조건 중 하나로 제시되므로 성장주의와 종말론의 결합이 자연스럽다. 다섯 번째는 영적 전쟁 개념을 정치적 저항성, 나아가 변혁성과 결합시킨 것이다. 기존 정치·사회·문화 체제가 여전히 '사악한 지역 영들'에 의해 지배되는 곳에서, 그리스도인들은 다양한 수단을 동원하여 기성 질서의 전복에 나서야 한다는 것이다. 이재완에 따르면 와그너가 주장하는 것과 같은 새로운 영적 전쟁 개념이 미국 오순절주의나 은사주의Charismatism 진영에서 등장하고 확산한 때는 1990년대 초부터였다.[31] 1990년대 미국 버전의 영적 전쟁 개념이 2000년대의 한국 교회에 곧바로 수입되었다.

아울러 한국에서는 영적 전쟁이 종교전쟁religious warfare의 논리와도 결합되었던 것으로 보인다. 주어겐스마이어에 의하면, '종교전쟁'은 "희생과 순교의 혼합"—적군의 일부를 희생 제물로 삼는 것과 아군을 순교자로 제공하는 것—그리고 "성과 속의 이분법"으로 구성된다. 궁극적인 선과 악, 신성한 진리와 거짓이라는 우주적 힘들의 거대한 대립이 전쟁의 본질을 이루며, "세상의 투쟁들worldly struggles"은 "우주적 전쟁cosmic war"을 모방하고 있을 따름이라는 것이다.[32]

'외부의 희생양 찾기'라는 맥락에서 영적 전쟁의 한국적 맥락을 찾을 수도 있을 것 같다. 영적 전쟁 프레임은 양적 성장의 정체, 낮은 사회적 공신력, 안티기독교운동 등으로 나타나는 한국 개신교의 위기를 외부의 희생양 탓으로 전가한 것일 수 있다.[33] 그것은 외부 희생양 혹은 적을 내세워 '목사 독재'에 대한 신자들의 저항을 잠재우려는 것일 수도 있다. 시인이자 교수인 김응교는 이렇게 말했다: "이런 보스적 시스템을 유지하기 위해서는 외부의 적들을 양산해야 하죠. 신도들을 단독자로서의 자유인이 아니라, 적들과 싸워야 하는 '분노의 전사'로 만들어내기 위해 교회 밖으로 적을 계속 만들어내요. 교회 안의 문제에 신경 쓰지 않도록, 분노를 교회 밖으로 향하도록 하는 방식입니다. 그래서 반공·반동성애 프로파간다가 이루어지고요."[34]

이처럼 영적 전쟁 프레임은 선악 이원론에 기초한 우리-그들 대립의 이분법적 세계관, 전쟁이라는 상황정의, 그리고 이 세상에서의 영적 전투는 궁극적인 선-악 및 진리-거짓의 거대한 힘들이 충돌하는 '우주적 전쟁'의 일부라는 인식 등으로 구성된다. 영적 전쟁의 대상은 이데올로기적 좌파, 무슬림, 도덕적 자유주의자, 동성애자, 불교와 같은 국내의 경쟁 종교들, 그리고 통일교·신천지·여호와의증인과 같은 종교적 소수파 등으로 급격히 확대된다. 안점식은 영적 전쟁의 본질이 "세계관의 대결worldview encounter"이라면서, 개신교인들이 맞서 싸워야 할 '비성서적unbiblical 세계관들'을 스무 가지 이상 제시하고 있다. 여기에는 이슬람은 물론이고 개신교와 천주교를 제외한 거의 모든 종교들이 포함되어 있다. 더구나 그는 이런 비성서적 세계관들이 개신교에 대항하기 위해 '연합전선'을 형성하고 있다고 주장한다.[35]

이 프레임에서 볼 때 한국 개신교가 국내외에서 맞서야 할 주적은 단연 공산주의와 이슬람교 두 가지이다. 국내에서는 때때로 불교와 동성애도 개신교의 적수 내지 원수 자리에 놓이는 것 같다. 좌익, 무슬림, 불교도, 동성애자는 모두 "사악한 영들evil spirits"의 지배 아래 있다고 간주된다. 그런데 사탄·마귀 같은 "사악한 영들"의 조종을 받거나 그 앞잡이 노릇을 하고 있는 이들과는 대화나 타협·공존 노력 자체가 애초 헛되거나 위험한 것이기에, 이런 프레임을 내면화한 신자들의 정체성은 '영적 전사'나 '잠재적 순교자'가 될 수밖에 없다. 선과 악 사이의 거대한 우주적 전쟁이 전개되고 있다는 세계관은 신자들의 정체성을 전사로 규정하고, 교회조직을 전투에 적합한 반민주적이고 위계적인 것으로 변화시키며, 교회와 사회의 관계를 적대적인 긴장 속으로 몰아간다.

영적 전쟁 이론가 대부분은 집단적 중보기도intercession prayer를 영적 투쟁의 무기로 제시하지만, 실제로는 다양한 세속적 무기들이 동원된다. 동성애의 예를 들어보자. 한국에서 동성애에 대한 영적 전쟁을 주도하고 있는 목사이자 변호사인 이태희는 동성애를 "자유, 평등, 인권이라는 이름으로 포장되어 하나님의 창조 질서를 파괴하는 사탄의 책략"이라고 정의했다.[36] 그는 동성애와의 영적 전쟁이 세계관 전쟁, 문화 전쟁, 법률 전쟁이라는 세 가지 형태로 진행된다고 주장한다. 동성애 문제는 정치화되지 않을 수 없는 것이다. 실제로 2007년 이후 개신교인들은 동성애 반대를 위해 온라인 댓글, 문자폭탄, 팩스 폭탄, 집중적 항의전화, 서명운동, 기자회견, 신문광고, 특정 후보에 대한 낙선 협박 등의 다양한 수단들을 활용했다. 그들은 퀴어 페스티벌이나 퍼레이드를 직접 방해하거나, 그에 반대하는 '맞불집회'를 개최하곤 했다. 그들은 또한 동성애자들을 상대로 강제적인 "전환치료conversion therapy"나 "게이 큐어gay cure"를 실행하기도 했다.

영적 전쟁 프레임에 사로잡힌 이들은 개신교와 경쟁하는 종교들도 인정하지 않았다. 지난 몇 년 동안 한국의 개신교 신자들은 영적 전투의 일

환으로 다음과 같이 행동했다. 그들은 대규모 집회를 열어 지역의 대표
사찰들이 무너지도록 함께 기도하는가 하면, 불교 사찰에 들어가 이른바
"땅밟기 기도prayerwalking"를 했고, 불교계 대학 캠퍼스에 건립된 불상을
훼손했다. 그들은 초등학교와 중학교 교정에 세워진 단군상들을 파괴했
다. "하나님 군대의 힘을 보여주기 위한" 개신교인들의 집중적인 항의전
화로 인해, 2018년 평창겨울올림픽 기간 중에 무슬림 선수들을 위해 기
도실을 설치하려던 계획은 무산되었다. 이슬람교에 대한 공격적이고 배
타적인 태도는 2008년경부터 일부 개신교 지도자들에 의해 시작된 이슬
라모포비아Islamophobia 선동과도 연결되어 있다.

영적 전쟁 프레임은 교회의 조직과 운용, 심지어 예배와 기도 생활에
도 부정적인 영향을 미친다. 일부 대형교회들에서는 지극히 '호전적인
예배' 형태들이 발견되며, '전투로서의 기도'의 중요성이 강조된다.[37]
영적 전쟁 프레임은 전투의 효율적인 수행을 위한 담임목사의 독재를
정당화한다. 교회조직은 전투에 적합하도록 위계적으로 재조직된다. 이
는 교회 안의 민주주의를 보장하던 여러 제도적 장치들은 무용하게 만
든다. '군인인 신자들'에게는 무조건적인 복종이 요구된다. 설교에서 목
사의 목소리와 말투는 갈수록 오만해진다. 영적 전쟁 프레임은 교회 안
의 가부장적 젠더 지배구조를 정당화하기도 한다. 영적 전쟁 프레임은
교회 안팎의 비판 목소리를 억누르는 무기로도 활용된다. 비판자는 종
종 배신자로 비난받는다. 교회 재정은 지극히 불투명하고 폐쇄적인 방
식으로 운용된다. 이 프레임은 교회를 사유화하는 수단으로, 나아가 담
임목사 직위를 아들과 사위를 포함하는 친족에게 세습하는 수단으로도
활용된다.

(2) 승리주의적·정복주의적 해외선교와 북한선교

영적 전쟁 프레임이 가장 큰 위력을 발휘하고 있는 영역은 해외선교이다. 앞서 언급했듯이 한국 개신교의 해외선교는 1980년대 말부터 폭발적으로 성장하기 시작했다. 비슷한 시기에 천주교, 불교, 원불교의 해외선교도 빠르게 확대되었다. 외국으로 파견된 개신교 선교사 숫자는 2002년에 1만 명을 넘겼고, 2009년에는 2만 명을 넘겼다. 그리하여 한국 개신교는 미국에 이어 두 번째로 많은 선교사들을 외국으로 보내는 나라가 되었다. 그중에서도 가장 많은 수의 개신교 선교사들이 북한선교의 교두보인 중국으로 파견되고 있다.[38] 이 사실은 개신교의 해외선교가 반공주의와 직접 연결되어 있음을 보여준다.

많은 선교사들은 개신교 이외의 종교들이 "사악한 영들"의 지배를 받고 있으며, 따라서 해외선교를 "사악한 영들"과 싸워 정복하는 영적 전쟁이라고 생각한다. 『선교와 영적 전쟁』의 저자인 이재완은 다음과 같이 말했다: "선교는 본질적으로 세계 복음화를 필사적으로 저항하는 사단과 그의 추종 세력과의 생명을 건 치열한 싸움이다. 선교사는 영적 전쟁의 최일선에서 사단의 세력들과 보이지 않는 격렬한 전투를 치르는 가운데 사단의 세력에 의해 고통받고 있는 영혼들을 구원해내는 영적 특공대이다."[39] 해외선교를 영적 전쟁으로 인식하는 태도는 선교사들에게 '영적 전사'와 '잠재적 순교자'라는 자기 정체성을 심어줄 가능성이 높다. 일부 단기선교단원들은 영적 전투의 일환으로 이슬람교·힌두교·불교 국가의 도심이나 사원에서 "땅밟기 기도"를 시도했으며, 그로 인해 현지 주민들과 갈등을 빚거나, 추방 혹은 투옥의 위험에 처했다.

영적 전쟁 프레임이 1990년대 초부터 널리 확산한 이른바 "미전도종족unreached people 선교 운동"과 "전방개척 선교frontier missions"와 결합했음을 강조할 필요가 있다. 선교사들은 크리스천 인구 비율이 낮은 나라들로 우선 파송되어야 하며, 그들은 현지에서 교회 건립과 개종자 획득에 주력해야 한다는 것이다. 그러나 크리스천의 비율이 낮은 나라들은 대개 사회주의 국가, 이슬람 국가, 힌두교 국가, 불교 국가들이다. 이런 나라들의 대부분은 현지 주민들에 대한 외국인들의 직접적인 선교 활동을 금지한다. 이 때문에 많은 한국인 선교사들은 자신들의 신분과 정체성을 숨긴 채 비밀스럽게 선교 활동을 수행해야만 했다. 그 결과 해외선교 현장은 전투 현장처럼 변했다. 비합법적인 선교 활동에 종사한 많은 선교사들이 추방되거나 투옥되거나, 심지어 살해당했다. 실제로도 2000년대에 세 명의 개신교 선교사들이 이라크와 아프가니스탄에서 이슬람 전사들에 의해 처형당했다. 몇몇 개신교 선교사들은 북한과 중국의 접경 지역에서 살해되거나 실종되었다. 몇몇 선교사들은 북한에서 비밀리에 선교 활동을 전개하다 체포되었다. 다음은 김정수의 서술이다.

> 인기 있는 해외선교 사이트를 방문해 보니, 영적 전쟁을 위한 '현지 적응 침투훈련' 과정이 아주 자세히 소개되어 있었다. 주로 이슬람과 불교 지역에 대해 '미전도종족'(부족)이라는 이른바 '전근대적' 혹은 문화적인 경멸감을 내포하는 용어를 사용하고 있고, 여기서 인용되는 성서 구절도 여호수아와 갈렙이 여리고를 정탐하고 가나안을 정복하는 여호수아서가 주를 이루었다. 이 선교단체의 '국내 현장조사 실습 및 보고'의 목적은 "각 민족과 지역을 잡고 다스리는 지역의 영의 실체를 알고 그를 무너뜨리고 하나님의 나라를 세우기 위한 전략인 영적 도해를 국내의 현장에 실습하고 경험한다"는 것이다.[40]

해외선교 현장들에서 발생하는 갈등과 희생의 소식들은 국내 개신교회들에 금세 전달된다. 국내의 수많은 신자들과 교회들이 선교사-후원자 관계를 통해 해외선교에 관여하고 있다. 다수의 신자들이 단기선교를 통해 선교사의 삶을 스스로 체험하고 있기도 하다. 이라크와 아프가니스탄에서 피살된 선교사들은 한국 개신교회에 의해 '순교자'로 간주된다. 북한과 북·중 국경지대에서 발생하는 충돌 사건들은 신자들의 반공주의 감정을 더욱 고조시킨다. 간략히 살펴보았듯이 한국 교회의 승리주의적이고 정복주의적인 해외선교는 현지 문화 및 종교와의 강렬한 갈등을 빚어낸다. 한편, 이런 갈등 사례들은 역으로 국내에서 해외선교 전방-후방 지대 사이의 감정적 유대를 강화함으로써 일종의 "싸우는 선교공동체"를 형성해낸다.

(3) 전투로서의 전도와 건축

군사주의는 한국 주류 종교들의 일상적 삶에까지 스며들었다. 2000년대의 시점에서 그리고 페미니즘의 시각에서 김정수는 한국 개신교 조직과 문화에 편만한 군사주의를 다각도로 진단한 바 있다.

군사문화의 특징인 명령과 복종, 위계질서, 비밀주의, 획일주의, 다원성의 불인정 등이 교회문화 속에서 권위주의와 가부장제와 결부되어 나타나는 것을 일일이 열거할 수는 없다. 일반인들에게 말 많은 사람들로 인식되어 있는 교인들이 정작 의사결정 과정에서는 공동의회에서 대화와 토론 없이 "'가'하면 '예' 하시오"라는 일방적 의사결정 과정이나 위계적 심방 대열, 권위주의적 교회문화를 드러내는 상징물들(거대한 교회 건물이나 담임목사에게 독점된 높은 강댓상, 평신도와 동떨어진 장로석, 화려한 목회자 의상, 전투적 찬송가 등)이 대표적 예일 것이다.

교단적 차원에서는 선교를, 개교회 차원에서는 교인 수 증가와 교회 확대를 일차적 목표로 하면서, 성직자(담임목회자—부목회자—남성·여성 전도사) → 평신도(남성 장로—권사—집사—평신도 여성)의 위계질서가 마치 군대조직과 유사한 교회구조가 형성되었다. 명령하고 결정하는 남성 소수 권력자(목회자)와 이를 수행하는 다수 평신도 여성의 비대칭적 권력관계는 명령하는 장군과 총 들고 앞으로 나가는 사병canonball의 관계와 마찬가지이다. 여성의 관점에서 보면 한국교회는 젠더화된 군사문화를 통해 뒷받침되고 있다.[41]

군사주의적 교회문화는 양적 성장을 위한 전도 운동과 모험적 교회건축 관행에서도 선명하게 드러난다. 한국 개신교에서 "교회성장―헌금―교회건축"은 새로운 삼위일체를 이룬다. 신자들의 수적 증가는 헌금의 양적 팽창을 가져오며, 헌금 사용의 최우선 순위는 토지 구입과 새 건물 건축에 두어진다. 2010년 3월 주간지인『시사인』과의 인터뷰에서 청어람아카데미의 양희송은 이를 "모여라, 돈 내라, 집 짓자"라는 슬로건으로 요약한 바 있다. 성장―헌금―건축이라는 삼각형의 어느 것도 영적 전쟁 프레임과 직접적으로 연결되지는 않는다. 그러나 우리는 영적 전쟁 프레임이 피터 와그너가 주도하는 교회성장 이론에서 유래했음을 기억해야 한다. 특정 지역에서 신자 숫자, 교회 숫자, 예배 참석자 숫자, 헌금 규모의 증가는 성공적인 영적 전쟁의 결실인 것이다. 다음은 김정수의 진단이다.

문제는 전도를 수행하는 데 필연적으로 군사주의적 양태가 드러난다는 데 있다. 사용되는 용어 역시 군대용어가 빈번하다. 한 예로, 감리교의 '300만 총력전도운동'을 위한 '결단식'에서 그리스도의 '지상명령'인 전도에 '충성'을 다하기 위한 다짐이 있었다. (2003년―인용자) 4월부터는 '300만 기드온 전도특공대' 등 네트워크를 조직할 예정이다. 개교회의 '총동원주일' 역시 마찬가지로 전쟁 상황을 방불한다. 전도 돌격대, 전도 특공조들을 통해서 '영적 전쟁'을 수행하면서 '120일 작전'을 세우고, '총력 전도 단계'를 수립하여, '작전개시일'부터 전쟁 수행에 나가는 군인들처럼 표어 제창과 구호 제창을 하고, 진행본부인 '상황실'을 통해 전도 운동을 전개한다. 물론 총력전도운동이나 총동원주일 즈음의 예배 때 부르는 찬송가는 '십자가 군병' 등 전투성을 띤 것이 대부분이리라. 그러나 이렇듯 군사용어들이 무분별하게 사용되고 있지만, 예민하게 받아들이거나 비판하는 교인들은 별로 없는 듯 보인다.[42]

이처럼 한국에서 신자 수 증가를 위한 전도와 교회건축 과정은 마치 전투처럼 진행된다. 여기에 작용하는 몇 가지 요인들이 있다. 첫 번째 요인은 잦은 교단 분열이었다. 한국 최대의 개신교 교파인 장로교에서 가장 빈번하게 교단 분열이 발생했다. 그러나 다른 교파들에서도 교단 분열이 자주 일어났다. 한국 개신교에서는 1950년대 말부터 교단 분열이 활발하게 진행되었다. 한국 개신교 중 가장 규모가 큰 장로교 교단에서는 1970년대 말부터 대대적인 교단 분열이 재차 진행되었다. 그로 인해 개신교 내에서조차 엄청난 경쟁 압력이 발생했다. 재정적으로 취약한 소규모의 신생 교단은 상당 기간 동안 교회 설립과 신자 증가 운동에 매달릴 수밖에 없게 된다.

두 번째 요인은 과도한 개교회주의個敎會主義였다. 노치준에 의하면, 개교회주의는 "교회가 그 목표를 설정하고 활동을 전개하며 교회 내의 인적, 물질적 자원을 사용하는 데 있어서 개별 교회 내부의 문제, 특별히 개별 교회의 유지와 확장에 최우선권을 부여하는 태도 또는 방침"을 가리킨다.[43] 그러나 필자는 개교회주의를 개별 교회와 교단 간의 권력관계, 특히 개별 교회에 대한 교단본부의 통제력 정도 측면에서도 접근할 필요가 있다고 생각한다. 한국의 대표적인 개신교 교파인 장로교, 감리교, 성결교, 침례교 중에서 장로교와 침례교는 처음부터 개별 교회에 대한 교단본부의 통제력이 약하고 개별 교회의 자율성이 강조되는 회중주의 congregationalism 유형에 가까웠다. 따라서 두 교파는 개교회주의로 흐를 가능성이 처음부터 상당히 높은 편이었다고 할 수 있다. 반면에 감리교에서는 개별 교회에 대한 연회와 감독의 영향력이 강하게 작용해왔지만, 1960~1970년대를 거치면서 오히려 개교회주의에 가깝게 변했다. 감리교 감독을 능가하는 종교권력을 보유한 감독제도와 회중주의를 오가던 성결교 역시 해방 후에는 개교회주의에 가깝게 변했다.[44]

빈번한 교파 분열과 개교회주의의 결합은 독특하게 한국적인 현상, 즉 세 번째 요인인 "예외적으로 왜소하고 빈곤한 출발"이라는 현상을 만들어냈다. 여전히 중앙집중적인 주교 제도를 유지하고 있는 성공회를 제외하면, 그리고 대형교회의 지교회 설립 사례를 제외하면, '작고 빈곤한 출발' 현상은 대다수 개신교회들의 라이프 사이클에 부합한다. 이런 개신교적 현상은 교구가 신설 교회의 토지 매입비와 건축비의 상당 부분을 부담하는 천주교와 결정적으로 다른 점이기도 하다. 개신교의 전형적인 과정은 다음과 같이 진행된다. 신학교를 졸업한 젊은 목사나 전도사들은 교단의 재정 지원 없이 오로지 자신의 힘만으로 교회를 설립해야 한다. 이를 한국에서는 "교회개척church planting"이라 부른다. 대다수는 기존 상업용 건물의 일부를 임대하여 교회를 설립한다. 최대한 빠른 시일 안에 신자 수를 늘리고 헌금을 모아 교회를 신축할 부지를 구입해야 한다. 그리고 가급적 빨리 그 부지에 교회 건물을 지어야 한다. 그러나 충분한 자금을 확보한 상태에서 건축을 시작하는 경우는 극히 드물다. 일단은 무리하게 착공을 해놓고, 전투를 치르듯 신자들을 다그치면서 교회 건물을 완성해 가는 경우가 대부분이다. 그럼에도 이런 과정을 최초 3~5년 내에 완료해내지 못한다면 해당 교회는 폐쇄의 기로로 몰리게 된다. 생존 위기의 첫 고비를 간신히 넘긴 신생 교회들도 이내 새로운 도전들에 직면하게 된다. 최초의 교회 건물을 완성하면 그 인근 토지를 더 사들여 주차장을 마련해야 하며, 교육과 사무용 빌딩도 건립해야 한다. 최초의 교회 건물은 곧 비좁아지며, 따라서 더 큰 건물과 주차장을 마련하기 위해 새로운 토지를 구입하고 건축에 나서야 한다.

엄청난 경쟁과 생존 압력 속에서 이런 일련의 과정이 진행되고 반복된다. 이런 일들은 개신교인구의 성장이 정체되고, 그럼에도 목사와 교회의 숫자는 계속 증가하고, 작은 교회의 신자들이 더 큰 교회들로 이동해가고, 성장과 건축에 실패한 작은 교회들이 무수히 파산하는 소식이 속속 전달되는 와중에 진행된다. 모든 과정에서 헌금의 중요성이 대대적으로 강조된다. 교회의 양적 성장을 가장 중요시하는 '성장제일주의'가 자연스럽게 목사와 신자들의 머리를 지배하게 된다. 성장과 건축은 그저 바람직한 일이 아니라, 절박한 생존의 문제이다. 따라서 교회의 성장과 건축은 "생사를 건 전투"가 된다. 담임목사가 스스로 전투 사령관이 되어 신자들에게 "총동원 전도"를 명령하고 지휘한다. 수십 년 동안 계속되는 생존 투쟁의 과정은 그 투쟁에 최적화된 군대식 조직화를 조장한다.

6. 소결

한국군의 해외파병에 대한 열광적인 지지와 양심적 병역거부에 대한 맹렬한 반대는 한국 개신교가 군사주의에 깊이 침윤되어 있음을 보여준다. 지금까지 필자는 개신교와 군사주의의 결합을 촉진한 여러 요인들을 탐색했다. 이를 위해 한국 개신교와 군사주의의 관계를 크게 두 가지 차원에서 분석했다.

첫째, 군사주의가 교회들에 침투하는 데 기여하는 보다 제도화된 기제들이 존재한다. (1) 한국은 비서구 사회들 중 가장 일찍 군종제도를 도

입한 사례에 속하며, 한국 군종제도는 다른 종교들을 배제하면서 그리스
도교에 유리하게 운영되어왔다. 군종제도는 교회들 안으로 군사주의가
직접 침투하도록 허용하는 가장 중요한 제도화된 통로였다. 군인들의 사
기 증진자로서의 군종은 군대식 버전의 그리스도교를 생산하고 확산시
키며, 교회 안의 군대 대변자 역할을 수행한다. 나아가 치열한 선발 경쟁
과 결합되어, 군종은 교회의 엘리트층을 군사주의에 길들여진 이들로 충
원하는 기제로 작용하기도 한다. (2) 한국 그리스도교의 전쟁·평화 교리
들 역시 중요하다. 이 교리들이 평화를 지향하는지 혹은 전쟁을 지향하
는지에 따라, 교회에 대한 군사주의의 영향이 촉진될 수도 있고 억제될
수도 있기 때문이다. 역으로, 전쟁·평화 교리들은 한국 교회가 사회와
군대에 어떤 영향을 미칠지를 결정짓기도 한다. 한국 개신교의 전쟁·평
화 교리는 평화주의의 빈곤, 성전 혹은 십자군 이론의 과잉 및 강세, 성
전-십자군 이론과 크게 다르지 않은 정의로운 전쟁 이론으로 특징지어
지며, 따라서 전체적으로 호전적이고 전쟁 친화적인 성격을 띠고 있다.
(3) 한국 개신교의 전투적 반공주의militant anti-communism 역시 군사주의
와 친화성을 갖고 있다. 한국 그리스도교 교회들은 식민지 시기부터 주
로 '사회교리'라는 형식으로 반공주의를 교리 체계 내부로 편입시켜왔
다. 한국전쟁을 겪으면서 반공주의는 강력한 윤리적·종교적 선악 이원
론으로 발전했다. 이제 무신론적 공산주의는 반드시 무찔러야 할 사탄
의 세력으로 간주되었다. 해방 후에는 교리 수준으로 격상된, 종교적으
로 재해석된 반공주의가 분단체제와 결합하여 강력한 국가안보이데올
로기로 변화되었다.

둘째, 공식적인 규범이나 교리로 제도화된 것은 아니나, 군사주의가
신자들의 일상적 생활 및 의식을 지배하도록 허용하고 조장하는 기제들
이 있다. (1) 여기서는 영적 전쟁 프레임이 가장 중요하다. 영적 전쟁 프
레임은 한국의 보수적 개신교 신자들 사이에 널리 퍼져 있고, 그들의 사

고방식과 행동 방식에 지대한 영향을 미치고 있다. 선과 악 사이의 거대한 우주적 전쟁이 전개되고 있다는 세계관은 신자들의 정체성을 전사로 규정하고, 교회조직을 전투에 적합한 반민주적이고 위계적인 것으로 변화시키며, 교회와 사회의 관계를 적대적인 긴장 속으로 몰아간다. (2) 공격적이고 배타적인 해외선교와 북한선교도 군사주의를 교회 안으로 암암리에 불러들인다. 한국 개신교의 해외선교는 1980년대 말부터 급속히 성장했다. 대다수 교회들과 상당수 신자들이 후원자-피후원자 네트워크를 통해 해외선교와 관련되어 있다. 한국교회의 정복주의적 해외선교 방식은 현지 문화·종교들과 격렬한 갈등을 유발하며, 이는 역으로 국내에서 해외선교 전방-후방 간의 심정적 유대를 강화함으로써 "전투하는 선교공동체"를 만든다. (3) 잦은 교파 분열에서 비롯된 소규모 교회들의 경쟁 압력과 생존 위기도 일상적 수준에서 군사주의를 조장한다. 1950년대 이래 반복되는 교단 분열로 인해, 그리고 교단의 도움 없이 스스로 소규모 교회를 새로 설립하고 발전시켜나가야 하는 사정으로 인해, 개신교 목회자들은 격심한 경쟁 압력과 항상적인 생존위기에 직면하고 있다. 그들은 신자 수 증가를 위한 전도에, 보다 큰 규모의 교회건축에 사활적으로 매달리지 않을 수 없다. 더 많은 신자 확보를 향한 욕구와 더 큰 교회건물의 건축을 향한 욕구는 서로 맞물려 하나의 거대한 악순환의 소용돌이를 만들어내며, 끝없이 계속되는 생존투쟁의 과정은 자연스럽게 그 투쟁에 최적화된 군대식 조직화를 조장한다.

요컨대 거시적-제도적 차원에서는 군종, 전쟁과 평화 교리, 교리화된 반공주의의 요인들이, 미시적-일상적 차원에서는 영적 전쟁 프레임, 해외선교와 북한선교, 전투로서의 전도와 건축이라는 요인들이 "군사화된 개신교militarized Protestantism"의 창출에 기여하고 있다고 말할 수 있다. 개신교는 오늘날 한국의 시민사회에서 가장 전투적이고 공격적인 사회집단 중의 하나가 되었다.

한국 개신교가 지닌 막강한 영향력이 문제를 더욱 심각하게 만들고 있다. 이것은 '비극적 역설'이다. 1970년대에 한국의 개신교인구 가운데 자유주의적이거나 진보적인 성향의 개신교인은 20%에도 미치지 못했다.[45] 1970년대와 그 이후에도 보수 개신교회들의 양적 팽창이 두드러졌으므로, 군사주의를 지지하지 않는 자유주의적-진보적인 개신교인의 비중은 증가할 수가 없었다. 따라서 필자는 현재 1천만 명 안팎인 개신교인구 가운데 80% 이상이 개신교 군사주의의 영향권 아래 있다고 추산한다.

1970년대 이래 한국의 종교지형은 개신교, 불교, 천주교를 중심으로 재편되어왔다. 2015년 센서스가 보여주듯이, '3대 종교 다원주의three-religion pluralism'에서 개신교는 최대 종교의 지위를 차지하고 있다. 또 지난 수십 년 동안 많은 조사들이 일관되게 보여주듯이 한국의 개신교인들은 고학력의 중산층과 그 이상 계층에 주로 분포되어 있다. 파워엘리트 그룹 내에서, 특히 경제와 정치 영역의 파워엘리트 그룹에서는 개신교인들의 비중이 훨씬 높아진다. 한국 개신교의 강력한 정치적·사회적 영향력을 고려할 때, "군사화된 개신교"의 존재는 한국 사회의 민주주의와 한반도 평화의 미래에도 어두운 그림자를 드리운다. 문화적·종교적·종족적으로 다원적인 한국 사회에서 갈등의 원천으로 기능할 가능성이 높다는 점에서, 개신교 군사주의는 한국 사회 내부의 평화도 위협한다.

권위주의적·차별적 통제를 특징으로 하는 한국에서조차, 또 고도로 군사화되고 병영화된 한국에서조차, 양심적 병역거부자를 제압하는 일에서 국가는 '절반만의 성공'을 거뒀을 뿐이다. 군사정권은 재림교회를 굴복시키는 데는 성공했으나, 극악한 억압에도 불구하고 여호와의증인 교단을 굴복시키는 데는 실패했다. 비록 교단은 공식적으로 양심적 집총거부 입장을 포기했지만, 재림교회의 주변부인 '재림교회 개혁운동파'에서는 집총거부로 인한 희생자들이 1980년대 이후에도 계속 배출되었다.

장기적인 억압을 통해서도 국가가 평화주의를 고수하는 소수파 종교인들을 완전히 제압하지 못했음을 기억하는 것은 중요하다. 그리하여 교회-국가 간의 절망적인 상호작용 속에서도 "종말론적 신앙으로 무장한 신자들이 '순교'의 각오로 '박해'를 견뎌냈다"는 역사 서사가 탄생하는 것이다. 재림교회와는 대조적으로, 1970년대 중반부터 현저히 강화된 폭압과 처벌에도 불구하고 여호와의증인 교단에서는 양심적 병역거부자들이 지속적으로 출현했다. 여호와의증인 소속 양심적 병역거부자 숫자는 1990년대에 오히려 증가하는 추세를 보였다.

비록 소수일지언정 재림교회와 여호와의증인 교단 바깥에서도 양심적 병역거부자가 꾸준히 나타났다. 식민지 국가의 징병제에 맞섰던 "선구적 거부자들"을 비롯하여, 한국전쟁 시기의 이문창, 한국전쟁 직후의 김성호, 1950년대 말 장로교인 문기병, 함석헌을 통해 퀘이커 평화사상의 영향을 받은 홍명순, 1960년대 베트남전쟁 시기의 김동희와 김이석·김진수 등이 양심적 병역거부의 계보를 이었다. 1970년대 말에는 개신교 신학교 출신인 김홍술이 탈영이라는 방식으로 병역을 거부했고, 현직 불교 승려인 효림이 불교 최초의 양심적 거부자가 되었다.

그러나 양심적 병역거부 문제가 한국 사회에서는 아예 "보이지도 않는 갈등invisible conflicts"이었다는 것 또한 명백한 역사적 사실이었다. 그것은 실제 대립과 충돌은 대단히 격렬했음에도 불구하고 사회적으로는 전혀 가시화되지 못하는 갈등이었다. 양심적 병역·집총 거부로 인한 교회-국가 갈등이 1950년부터 이미 시작되었고, 1953년부터 반세기 동안 1만 명가량이 군형법의 항명죄나 병역법의 병역기피죄로 투옥되었음에도 불구하고, 이런 사실 자체가 사회에 거의 알려지지 않았다. 이 사실을 접한 극소수조차 '신성한 국방의무' 담론의 지배력에 포섭되어, 양심적 병역거부자들을 "반反국가적·비非국민적 병역기피자"로 간주해 처벌하는 것을 당연시했다. 한국 사회를 가득 채울 정도로 팽만한 군사주의는 일상화·자연화 수준을 넘어 도덕화·신성화 수준으로까지 나아갔다. 재림교회와 여호와의증인 교단이 한국 주류 개신교 교파들에 의해 이단시異端視되었던 점, 이 교단들의 사회적 지위와 평판이 낮고 교세 면에서도 미약했던 점 또한 양심적 병역거부의 가시화와 공론화를 방해한 요인이었다. 철저한 "사회적 어둠social darkness" 속에서, 두 교단의 청년 신자들은 사회적 낙오자(전과자)가 되지 않으려면 자신의 신앙을 저버리는 배교자背敎者가 되어야 하고, 신앙을 지키려면 사회적 낙오자가 되어야 하는 진퇴양난의 딜레마에 70년 가까이 갇혀 있었다.

양심적 병역거부 문제와 관련하여 정확히 반세기 동안 답답하게 이어지던 한국 현대사의 흐름은 2001년에 이르러 거대한 변곡점을 맞게 된다. 역사상 최초로 양심적 병역거부 쟁점이 한국에서 공론화되고 의제화되자 시민사회 여론이 역동적으로 변화하기 시작했다. 불교·개신교·천주교 등 한국 '3대 종교'에서 양심적 병역거부자들이 속출했다. 도덕적·정치적·이데올로기적 이유로 병역거부를 선언하는 이들도 꼬리를 물고 출현했다. 소위 "정치적 거부자들"의 등장이었다. 정당과 정치사회도 본격적으로 움직이기 시작했다. 이를 기초로 한국에서도 평화운동이 급속히 성장했다. 국제사회도 이 쟁점에 우호적으로 반응했다.

2001년 이후 여호와의증인 신자들 가운데 양심적 병역거부를 감행하는 이들도 종전보다 늘어났다. 특히 양심적 병역거부가 사회적 쟁점으로 떠오른 2001년에는 이 숫자가 무려 804명으로 급증했다.[1] 2001년 이후 재림교회 내부에서 "1970년대와 80년대 군정기를 지나며 MCC 교육이 중단되고, 재림교회의 비무장 전투원칙과 정체성이 희석된 현실은 반성해야 할 것"이라는 지적이 자주 나온 것도 중요한 변화였다.[2] 이런 와중에 2002년 3월에는 삼육대 신학과에 재학하다 입대한 윤영철이 양심적 집총거부에 따른 항명죄로 구속되었고, 이듬해 3월에는 임희재가 훈련소에서의 집총훈련 거부로 1년 6개월 형을 선고받았고, 2004년 5월에는 삼육대 신학과 학생인 이윤길 등 7명이 예비군 훈련장에서 집총을 거부하여 고발당했다.[3] 2005년 9월에는 군대에서 집총을 거부한 재림교회 신자가 대법원으로부터 1년 6개월 형 확정판결을 받았다.[4] 2006~2009년 사이에도 5명의 재림교회 신자들이 집총거부 신앙을 고수하다가 실형을 선고받았고, 1명은 예비군훈련에서 집총을 거부하여 벌금형에 처해졌다.[5] 2013년 10월에는 대표적인 역사적 평화교회인 메노나이트 교단에서도 이상민이 첫 번째 한국인 거부자가 되었다.

1939년에 시작된 한국의 양심적 병역거부 역사는 극심한 사회적 무관심과 냉대 속에서 국가권력이 '비폭력 양심'을 무자비하게 짓밟아온 역사였다. 그러나 그것은 국가폭력이 비폭력 양심을 말살하는 데 실패한 역사이기도 했다. 비폭력 양심은 끝내 살아남았을 뿐 아니라, 가공할 국가폭력과의 기나긴 싸움에서 결국 승리했다.

주

참 고 문 헌

찾 아 보 기

머리말

1) 윈턴 U. 솔버그, 『미국인의 사상과 문화』, 조지형 역, 이화여자대학교출판부, 1996, 116-117쪽.

2) Jane Roland Martin, "Martial Virtues or Capital Vices? William James's Moral Equivalent of War Revisited," *Journal of Thought* 22(3), 1987; T. J. Jackson Lears, "William James," *The Wilson Quarterly* 11(4), 1987, p. 94; Andrew Fiala, "Pacifism," *Stanford Encyclopedia of Philosophy*, http://plato.stanford.edu/entries/pacifism(2023.4.14 검색). 아울러 윌리엄 제임스의 비폭력 옹호에 대해서는, Terry Beitzel, "Virtue in the Nonviolence of William James and Gandhi," *International Journal on World Peace* 30(3), 2013을 볼 것.

3) 토마스 머튼, 『칠층산』, 정진석 역, 바오로딸, 2009, 638-639쪽. 1962년 집필한 『포스트 그리스도교 시대의 평화』라는 책에는 (주로 제한적 핵전쟁 불가피론이나 핵무기의 전쟁억제력 논리를 비판하는 맥락에서) "우리의 정치적·경제적, 심지어 종교적 사유조차 결국 범죄행위나 다름없는 억측에 꼼짝없이 사로잡혀 있는 극악무도한 상황 속에 살고 있"다거나, "전쟁 그 자체를 좋아해서가 아니라 전쟁을 불가피한 것으로 여기려는 욕구와 태도에 우리가 맹목적으로 어쩔 수 없이 얽매여 있"다는 자성적 비판도 등장한다(토마스 머튼, 『머튼의 평화론』, 조효제 역, 분도출판사, 2006, 39, 42쪽).

4) 짐 포리스트, 『잣대는 사랑: 도로시 데이 전기』, 유영난 역, 분도출판사, 1991, 116쪽.

5) 이 경우에도 대체복무자들을 "공공 및 민간 부문의 저임금 사회복지 요원"으로 값싸고 편리하게 활용하는 시스템이 너무 오래 존속되지는 말아야 할 것이다. 물론 이런 시스템은 징병제가 모병제로 전환되면 자연스레 해체될 것이다. 어쨌든 필자는 대체복무제의 개선이 한국의 복지국가화를 촉진하는 "과도적 사마리아인 역할", 곧 일시적·과도적으로나마 선한 사마리아인과 유사한 역할을 담당하길 기대한다.

6) 세계교회협의회 편, 『정의로운 평화동행』, 기독교평화센터 편역, 대한기독교서회, 2013.

7) 강인화, "한국 사회의 병역거부운동을 통해 본 남성성 연구", 이화여자대학교 석사학위논문, 2007, 30-33쪽. 여호와의증인 교단과 신자들의 이런 태도는 2004년 이후 다소 유연하게 바뀐 듯하다. 그들은 병역거부운동 그룹의 도움을 받아 유엔인권이사회 제소 등 한국 양심적 병역거부 쟁점의 국제화 노력에 힘을 보태기도 했고, 학계 인사 등과 연대하여 다양한 기회와 채널을 통해 대체복무제 도입을 공개적으로 요청하기도 했다.

제1장 서론

1) 이 용어의 약칭은 conscientious objection(CO)이다.

2) John. H. Matheson, "Conscientious Objection to Military Service," *The First Amendment Encyclopedia*, Middle Tennessee State University, 2009, p. 1, http://www.mtsu.edu/first-ammendment/article/912/conscientious-objection-to-military-service(2020.12.25 검색).

3) 임재성, 『삼켜야 했던 평화의 언어: 병역거부가 말했던 것, 말하지 못했던 것』, 그린비, 2011, 49쪽.

4) 위의 책, 49-50쪽.

5) "병역법 위반: 대법원 2018.11.1, 선고, 2016도10912, 전원합의체 판결", 법제처 국가법령정보센터(www.law.go.kr)(2022.4.18 검색).

6) 위와 같음.

7) 임재성,『삼켜야 했던 평화의 언어』, 59쪽.

8) 위의 책, 77쪽.

9) John de J. Pemberton, "Selective Conscientious Objection," *Social Action(US)* 32, 1966; James Finn, *A Conflict of Loyalties: The Case for Selective Conscientious Objection*, New York: Pegasus, 1968; James Daane, "Selective Conscientious Objection to War," *Reformed Journal* 20(10), 1970; John T. Zuber, "The Rationale of Selective Conscientious Objection," *Dissent in Church and State: 14th Annual Religious Liberty Conference*(conference proceedings), Baptist Joint Committee on Public Affairs, Washington, DC, August 4-6, 1970; LeRoy Walters, "A Historical Perspective on Selective Conscientious Objection," *Journal of the American Academy of Religion* 41(2), 1973; Maurice Lamm, "After the War: Another Look at Pacifism and Selective Conscientious Objection," Menachem Kellner ed., *Contemporary Jewish Ethics*, New York: Sanhedrin Press, 1978; Eileen Flynn, *My Country Right or Wrong?: Selective Conscientious Objection in the Nuclear Age*, Chicago: Loyola Press, 1985; Naomi Thiers, "Coercion of Conscience: Is the Right of Conscientious Objection Vanishing? The Gulf War Policy Says Yes," *The Other Side* 27(4), 1991; Reinhard Hütter, "Be Honest in Just War Thinking: Lutherans, the Just War Tradition, and Selective Conscientious Objection," *Dialog* 31(4), 1992; Peter M. Collins, "Selective Conscientious Objection," *Pacifica* 7(2), 1994; G. Albert Ruesga, "Selective Conscientious Objection and the Right Not to Kill," *Social Theory & Practice* 21(1), 1995; Joseph E. Capizzi, "Selective Conscientious Objection in the United States," *Journal of Church & State* 38(2), 1996; Randy Friedman, "The Challenge of Selective Conscientious Objection in Israel," *Theoria: A Journal of Social & Political Theory* 109, 2006; Carl Mirra, "Conscientious Objection in Operation Desert Storm," *Peace Review* 18(2), 2006; Gary Wilson, "Selective Conscientious Objection in the Aftermath of Iraq: Reconsidering Objection to a Specific War," *International Journal of Human Rights* 12(5), 2008; Shaun Casey, "A Contemporary Case for Selective Conscientious Objection," Thomas H. Olbricht ed., *And the Word Became Flesh: Studies in History,*

Communication, and Scripture in Memory of Michael W. Casey, Eugene: Pickwick Publications, 2009; Paul Robinson, "Integrity and Selective Conscientious Objection," *Journal of Military Ethics* 8(1), 2009; Larry May, "Contingent Pacifism and Selective Refusal," *Journal of Social Philosophy* 43(1), 2012; Mark Navin, "Sincerity, Accuracy and Selective Conscious Objection," *Journal of Military Ethics* 12(2), 2013; Andrea Ellner, Paul Robinson and David Whetham eds., *When Soldiers Say No: Selective Conscientious Objection in the Modern Military*, Abingdon-on-Thames: Routledge, 2014; Larry Minear, "Conscience and Carnage in Afghanistan and Iraq: US Veterans Ponder the Experience," *Journal of Military Ethics* 13(2), 2014; Yossi Nehushtan, "Civic Conscience, Selective Conscientious Objection and Lack of Choice," *Ratio Juris* 30(4), 2017; Roger C. Bergman, "Conscientious Objection to Unjust War: From Augustine to John Paul II," *Journal of Religion & Society*, Supplement Series 14, 2017; Yossi Nehushtan and John Danaher, "The Foundations of Conscientious Objection: Against Freedom and Autonomy," *Jurisprudence* 9(3), 2018; Adam Thomas Betz, "Epistemic Authority, Sovereignty, and Selective Conscientious Objection: A Critical Revision of McMahan's *Jus Ad Bellum* Court," *Social Theory & Practice* 44(4), 2018; Andreas Yiannaros, "Refusing to Kill: Selective Conscientious Objection and Professional Military Duties," *Journal of Military Ethics* 17(2/3), 2018 등을 볼 것.

10) John Culpepper Plott, "Anglican Conscientious Objection," *Anglican Theological Review* 29(3), 1947; Glenn Wallach, "The CO Link: Conscientious Objection to World War II and the San Francisco Renaissance," *Brethren Life and Thought* 27(1), 1982; Nils Ivar Agoy, "Regulating Conscientious Objection in Norway from the 1890s to 1922," *Peace & Change* 15(1), 1990; Norman Ingram, "The *Circulaire Chautemps*, 1933: The Third Republic Discovers Conscientious Objection," *French Historical Studies* 17(2), 1991; Margaret Levi and Stephen DeTray, "A Weapon against War: Conscientious Objection in the United States, Australia, and France," *Politics & Society* 21(4), 1993; T. R. Frame, "Christian Belief and Public Bureaucracy: Why Australia's Conscientious Objection Legislation Must Be Changed," *St Mark's*

Review 156, 1994; Silas Langley, "Conscientious Objection in the United States: Individual or Corporate? The Case of Arthur Jost v the United States, 1954," *The Mennonite Quarterly Review* 69(1), 1995; Alexei Zverev and Bruno Coppieters, "V. D. Bonch-Bruevich and the Doukhobors: On the Conscientious Objection Policies of the Bolsheviks," *Canadian Ethnic Studies* 27(3), 1995; Peter Brock, "Belarusan National Identity as an Aspect of Conscientious Objection in Interwar Poland," *East European Quarterly* 29(3), 1995; Constance Braithwaite, *Conscientious Objection to Various Compulsions under British Law*, York: William Sessions, 1995; Alfred J. Sciarrino and Kenneth L. Deutsch, "Conscientious Objection to War: Heroes to Human Shields," *BYU Journal of Public Law* 18(1), 2003; Manhew G. Lindenbaum, "Religious Conscientious Objection and the Establishment Clause in the Rehnquist Court: Seeger, Welsh, Gillette, and 6(j) Revisited," *Columbia Journal of Law & Social Problems* 36(3/4), 2003; Juliet Gardiner, "Prisoners of Conscience," *History Today* 54(11), 2004; Katri Silvonen, "Conscientious Objection in Finland," *Peace Review* 16(2), 2004; Richard Griffiths, "A Note on Mosley, the 'Jewish War' and Conscientious Objection," *Journal of Contemporary History* 40(4), 2005; Bert Den Boggende, "Reluctant Absolutist: Malcolm Sparkes' Conscientious Objections to World War I," *Quaker Studies* 10(1), 2005; Peter Brock, *Against the Draft: Essays on Conscientious Objection from the Radical Reformation to the Second World War*, Toronto: University of Toronto Press, 2006; Thomas R. Yoder Neufeld, "From 'die Stillen im Lande' to 'Getting in the Way': A Theology for Conscientious Objection and Engagement," *Journal of Mennonite Studies* 25, 2007; Hans Eirik Aarek, "Conscription and Conscientious Objection in the Experience of Norwegian Friends," *Quaker Studies* 11(1), 2007; Amy J. Shaw, *Crisis of Conscience: Conscientious Objection in Canada during the First World War*, Vancouver: University of British Columbia Press, 2009; Flemming S. Hansen, "The Moscow Patriarchate and the Right to Conscientious Objection," *Religion, State & Society* 37(4), 2009; David R. Bassett, Ratzlaff Steve and Tim Godshall eds., *A Persistent Voice: Marian Franz and Conscientious Objection to Military Taxation*, Telford: Cascadia Publishing

House, 2009; Judah B. Schroeder, "The Role of Jehovah's Witnesses in the Emergent Right of Conscientious Objection to Military Service in International Law," *Kirchliche Zeitgeschichte* 24(1), 2011; Nicholas A. Krehbiel, *General Lewis B. Hershey and Conscientious Objection during World War II*, Columbia: University of Missouri Press, 2012; Tobias Kelly, "Citizenship, Cowardice, and Freedom of Conscience: British Pacifists in the Second World War," *Comparative Studies in Society & History* 57(3), 2015; Amy J. Shaw, "Conscientious Objection in Manitoba during the First World War," *Manitoba History* 82, Fall 2016; Martin William Mittelstadt, "'Canada's First Martyr': The Suspicious Death of Winnipeg's WWI Pentecostal Conscientious Objector," *Didaskalia* 28, 2017~2018; Linsey Robb, "The 'Conchie Corps': Conflict, Compromise and Conscientious Objection in the British Army, 1940~1945," *Twentieth Century British History* 29(3), 2018 등을 볼 것.

11) Lorraine Roth, "Conscientious Objection: The Experiences of Some Canadian Mennonite Women during World War II," *The Mennonite Quarterly Review* 66(4), 1992; John H. Stanfield, "The Dilemma of Conscientious Objection for Afro-Americans," Charles C. Moskos ed., *The New Conscientious Objection: From Sacred to Secular Resistance*, New York: Oxford University Press, 1993; Theodore Kornweibel, "Race and Conscientious Objection in World War I: The Story of the Church of God in Christ," Theron F. Schlabach and Richard T Hughes eds., *Proclaim Peace: Christian Pacifism from Unexpected Quarters*, Urbana: University of Illinois Press, 1997; Rachel Waltner Goossen, *Women against the Good War: Conscientious Objection and Gender on the American Home Front, 1941-1947*, Chapel Hill: University of North Carolina Press, 1997 등을 볼 것.

12) Dawid Etienne de Villiers, "Putting the Recent Debate on Conscientious Objection into Perspective," *Scriptura* 8, 1983; Albert S. Axelrad, *Call to Conscience: Jews, Judaism, and Conscientious Objection*, New York: Ktav Pub & Distributors Inc., 1986; Lois Law, Chris Lund and Harald Winkler, "Conscientious Objection: The Church against Apartheid's Violence," Charles Villa-Vicencio ed., *Theology and Violence: The South African Debate*, Grand Rapids: Eerdmans, 1988; Gareth Davies,

"Conscientious Objection and the Freedom and Peace Movement in Poland," *Religion in Communist Lands* 16(1), 1988; S. Reznik, "Political Culture in Israel in the Era of Peace: The Jewish Underground Organization and the Conscientious Objection Movement, 1979~1984," *Peace & Change* 27(3), 2002; Frederick Hale, "Conscientious Objection to Military Service in South Africa: The Watershed Case of Richard Steele," *Fides et historia* 37(1), 2005; Guy Grossman and Rami Kaplan, "Courage to Refuse," *Peace Review* 18(2), 2006; Adam Gaynor, ""Neither Shall They Train for War Anymore": Reflections on Zionism, Militarism, and Conscientious Objection," *NWSA Journal* 18(3), 2006; Yagil Levy and Shlomo Mizrahi, "Alternative Politics and the Transformation of Society-Military Relations: The Israeli Experience," *Administration & Society* 40(1), 2008; Hadar Aviram, "How Law Thinks of Disobedience: Perceiving and Addressing Desertion and Conscientious Objection in Israeli Military Courts," *Law & Policy* 30(3), 2008; Yiannis Mylonas, "The Emergence of Political Subjectivity in 'A-political' Terrains: Conscientious Objection to the Military Service in Pre-crisis Greece," *Subjectivity: International Journal of Critical Psychology* 6(3), 2013; Laura Betancur Restrepo, "The Promotion and Protection of Human Rights through Legal Clinics and Their Relationships with Social Movements: Achievements and Challenges in the Case of Conscientious Objection to Compulsory Military Service in Colombia," *Sur: International Journal on Human Rights* 19, 2013; Pinar Kemerli, "Religious Militarism and Islamist Conscientious Objection in Turkey," *International Journal of Middle East Studies* 47(2), 2015; Adi Livny, "Conscientious Objection and the State," *Armed Forces & Society* 44(4), 2018 등을 볼 것.

13) 학술지 논문과 학위논문은 학술연구정보세비스(RISS)에서, 단행본과 보고서·자료집은 국립중앙도서관과 RISS, 교보문고 홈페이지에서 검색했다. 검색어는 공히 '양심적 병역거부'였고, 검색일자는 2024년 10월 30일이었다.

14) 송인권, "양심적 병역거부권", 『충남대학교 법률행정연구소 논문집』 11, 1984; 연규탁, "양심적 병역거부에 관한 법적 고찰", 고려대학교 석사학위논문, 1988; 류형우, "양심적 병역거부에 관한 연구", 건국대학교 석사학위논문, 1998; 전용진, "양심적

병역거부에 관한 법적 고찰: 외국의 입법례를 중심으로", 한양대학교 석사학위논문, 1993. 이 네 편 가운데 한국 사례를 다룬 연구가 세 편이고, 이 세 편 중 두 편은 해당 교단·신자에 대한 분석 없이 오로지 관련 판례와 학설만을 다루고 있다.

15) 한홍구, "한국의 징병제와 병역거부의 역사", 전쟁없는세상·한홍구·박노자, 『총을 들지 않는 사람들: 병역거부자 30인의 평화를 위한 선택』, 철수와영희, 2008; 임재성, 『삼켜야 했던 평화의 언어』; 강인철, "한국 사회와 양심적 병역거부: 역사와 특성", 『종교문화연구』 7, 2005.

16) 임재성, 『삼켜야 했던 평화의 언어』; 이용석, 『병역거부의 질문들: 군대도, 전쟁도 당연하지 않다』, 오월의봄, 2021.

17) 김두식, "여호와의 증인과 그 인권", 『복음과 상황』 91, 1999년 7월호; 김두식, "양심적 병역거부와 기독교", 『인권과 정의』 309, 2002; 김두식, 『칼을 쳐서 보습을: 양심에 따른 병역거부와 기독교 평화주의』, 뉴스앤조이, 2002; 김두식, "양심에 따른 병역거부자들과 탈영병들의 슬픈 노래", 박노자 외, 『'탈영자'들의 기념비』, 생각의나무, 2003; 김두식, 『평화의 얼굴: 총을 들지 않을 자유와 양심의 명령』, 교양인, 2007. 서울대 법대의 한인섭 교수도 공론화 이전인 2000년 2월에 열린 '제주국제인권학술대회'에서 양심적 병역거부 문제를 선구적으로 문제 제기한 바 있다고 한다(김진호, "권력을 향한 욕망, 그 배타적 실천", 최형묵·백찬홍·김진호, 『무례한 자들의 크리스마스: 미국 복음주의를 모방한 한국 기독교 복음주의, 그 역사와 정치적 욕망』, 평사리, 2007, 211쪽).

18) 전쟁없는세상·한홍구·박노자, 『총을 들지 않는 사람들: 병역거부자 30인의 평화를 위한 선택』, 철수와영희, 2008; 전쟁없는세상 편, 『우리는 군대를 거부한다: 양심에 따른 병역거부자 53인의 소견서』, 포도밭출판사, 2014; 전쟁없는세상 편, 『저항하는 평화: 전쟁, 국가권력에 저항하는 평화주의자들의 대담』, 오월의봄, 2015; 현민, 『감옥의 몽상』, 돌베개, 2018.

19) 오만규, 『집총거부와 안식일 준수의 신앙양심』, 삼육대학교 선교와사회문제연구소, 2002.

20) 정춘국, "잊혀질 수 없는 기억에 대한 조사", 『민주사회를 위한 변론』 41, 2001; 정춘국, "병역거부자 정춘국의 수기", 『민주사회를 위한 변론』 46, 2001; 홍영일, "양심적 병역거부와 여호와의증인", 안경환·장복희 편, 『양심적 병역거부』, 사람생각, 2002;

김재현, "죽이는 연습은 하되 죽이지는 않아야 민간인이 되는 사회", 『아웃사이더』 7, 2002; 김재현, "교도소보다 힘들었던 교련 수업 시간", 이석우 편, 『양심적 병역거부: 2005년 현실진단과 대안 모색』, 사람생각, 2005; 박화춘, "여긴 호텔", 이석우 편, 『양심적 병역거부』; 홍영일, "양심적 병역거부와 관용의 증가", 이석우 편, 『양심적 병역거부』; 홍영일, "시대의 물결이 만들어내는 굴곡들", 한인섭·이재승 편, 『양심적 병역거부와 대체복무제』, 경인문화사, 2013. 오종권은 장편소설의 형식으로 여호와의증인 거부자들의 생생한 목소리, 이들을 둘러싼 법정 공방을 전하고 있다(오종권, 『별들의 노래: 양심적 병역거부로 법정에 선 젊은이들』, 중명출판사, 2007).

21) 이남석, 『양심에 따른 병역거부와 시민불복종』, 그린비, 2004.

22) 앞서 인용한 강인화의 석사학위논문이 그 선두에 서 있다. 아울러, 강인화, "병역, 기피·비리·거부의 정치학", 『여성과 평화』 5, 2010도 볼 것.

23) 신병식, "박정희 시대의 일상생활과 군사주의: 징병제와 '신성한 국방의 의무' 담론을 중심으로", 『경제와 사회』 72, 2006; 신병식, 『국가와 주체: 라캉 정신분석과 한국 정치의 단층들』, 도서출판 b, 2017.

제1부 세계와 양심적 병역거부

제2장 세계적 차원에서 본 양심적 병역거부(1): 제2차 세계대전 이전

1) 전쟁저항자인터내셔널, 『병역거부: 변화를 위한 안내서』, 여지우·최정민 역, 경계, 2018, 220-221, 266쪽.

2) 위의 책, 221쪽.

3) R. T. Powers and T. Heath and M. W. Hovey, "Conscientious Objection," *New Catholic Encyclopaedia*, 2nd ed., vol. 4, Detroit: Gale, 2003, p. 149.

4) 한인섭, "양심적 병역거부: 헌법적·형사법적 검토", 안경환·장복희 편, 『양심적 병역거부』, 사람생각, 2002, 15-16쪽.

5) 전쟁저항자인터내셔널, 『병역거부』, 206-211쪽.

6) 베스 엘렌 보일 편, 『양심적 병역거부 관련 종교적 진술』, 한국기독교교회협의회, 2009,

48-49쪽.

7) 오만규, 『집총거부와 안식일 준수의 신앙양심』.

8) 송용창, "한국일보 포럼/병역거부자의 대체복무제", 「한국일보」, 2002.1.4.

9) 예컨대 2002년 초에도 이스라엘에서는, 팔레스타인 자치지구 내 유대인 정착촌(점령지)에서의 경계 근무가 이스라엘 군인들을 "국가 보위라는 군의 본래 사명에서 벗어나 정착민들의 사병으로 만드는 것"이라면서 이를 거부하는 양심적 병역거부운동이 거세게 일어났다. 그해 2월 말까지 공개적으로 병역거부를 선언한 현역·예비역 군인 숫자가 1천 명에 육박했다(김동문, "'점령군'의 명에를 벗어라: 팔레스타인 자치지구 복무를 거부하는 이스라엘 양심적 병역거부운동 급속히 확산", 『한겨레21』, 2002.2.28, 76-77쪽). 그러나 1995년 이스라엘 방위군 산하에 설치된 '양심 사유 병역면제 인정위원회'는 '점령지구 근무'를 거부하는 '선택적 거부자'의 병역면제 신청을 거의 대부분 기각하고 있었다(진석용, "'양심적 병역거부'의 현황과 법리", 한인섭·이재승 편, 『양심적 병역거부와 대체복무제』, 경인문화사, 2013, 221쪽). 2025년 8월 이스라엘 정부가 예비군 6만 명에게 소집 명령을 내리자 같은 해 9월 2일 365명의 예비역 군인들이 기자회견을 열고 "우리는 네타냐후의 불법적인 전쟁에 참여하길 거부한다"고 선언하는 등 2023년 10월 다시 발발한 가자전쟁도 양심적 거부자를 양산하고 있다(김지훈, "이스라엘, 예비군 6만 명 확충…가자시티 점령 작전 '초읽기'", 「한겨레」, 2025.9.4, 14면).

10) 가톨릭교회의 전쟁 교리, 그리고 양심적 병역거부와 관련된 입장의 역사적 변화에 대해서는, 강인철, 『전쟁과 종교』, 한신대학교출판부, 2003, 8장을 볼 것.

11) 원불교도 오랜 시도 끝에 2006년 군종제도 안으로 진입하는 데 성공했고, 그에 따라 2007년부터 군종장교를 배출하고 있다.

12) J. Milton Yinger, *The Scientific Study of Religion*, London: Macmillan, 1970, p. 460.

13) 롤런드 H. 베인튼, 『전쟁, 평화, 기독교』, 채수일 역, 대한기독교출판사, 1981, 특히 8장; Diane Stanton-Rich, *Becoming Peacemakers: An Introduction*, Elgin: Brethren Press, 1987; 조셉 L. 알렌, 『기독교인은 전쟁을 어떻게 볼 것인가』, 김흥규 역, 대한기독교서회, 1993 등 참조.

14) 전쟁저항자인터내셔널, 『병역거부』, 17쪽.

15) 스튜어트 머레이, 『이것이 아나뱁티스트다: 기독교 신앙의 본질을 말하다』, 강현아

역, 대장간, 2011, 180쪽.

16) 위의 책, 181쪽.

17) 가이 허쉬버그, 『전쟁, 평화, 무저항: 신앙과 실천으로 보는 메노나이트의 평화 개념』,
최봉기 역, 대장간, 2012, 123-124쪽.

18) 오만규, 『초기 기독교와 로마군대: 마르쿠스 아우렐리우스로부터 콘스탄티누스까
지』, 한국신학연구소, 1999.

19) Yinger, *The Scientific Study of Religion*, p. 459.

20) John P. Langan, S.J., "The Elements of St. Augustine's Just War Theory," *Journal of
Religious Ethics* 12(1), 1984, p. 36; Judith W. DeCew, "Codes of Warfare," *Encyclopedia
of Applied Ethics*, vol.4, San Diego: Academic Press, 1998, p. 500.

21) 노명식이 말했듯이, 4세기 이후 "철저한 평화주의를 신봉하는 자는 오히려 소수파
이단으로 박해를 받게 되었다. 중세에는 그러한 순수 평화주의자가 있었는데, 남부
프랑스에서 일어났던 발드파(Waldenses)가 그러한 것이다." 노명식, "평화주의의
역사적 타당성", 『민중시대의 논리』, 전망사, 1979, 161쪽.

22) 가이 허쉬버그, 『전쟁, 평화, 무저항』, 127쪽.

23) 위의 책, 128쪽. 여기서 "왈덴 학파"로 번역된 그룹은 위의 노명식 인용문에 나오는
남부 프랑스의 "발드파"와 동일한 이들을 지칭한다.

24) 엘리스 보울딩, "평화운동의 조직형태: 평화문화의 모태", 하영선 편, 『21세기 평화
학』, 풀빛, 2002, 343-344쪽. 아울러, 서보혁·정주진, 『평화운동: 이론·역사·영역』,
진인진, 2018, 79-80쪽을 참조.

25) 이남석, 『양심에 따른 병역거부와 시민불복종』, 191-193쪽.

26) 이들은 때로 Dunkards, Tunkers로 불린다.

27) 가이 허쉬버그, 『전쟁, 평화, 무저항』, 130쪽; "Conscientious Objector," *Britannica
Online Encyclopedia*, http://www.britannica.com/article/133266(2020.12.25 검색).

28) 존 D. 로스, 『역사: 메노나이트의 존재방식』, 김복기 역, 대장간, 2020, 95-96, 105-
110, 117-119쪽.

29) 임종운, 『북미 기독교 공동체 사회: 메노나이트, 아미쉬, 후터파, 퀘이커 사회의 이념
과 현실』, 북랩, 2017, 296, 297-299, 300쪽.

30) 가이 허쉬버그, 『전쟁, 평화, 무저항』, 243쪽.

31) 루디 배르근,『메노나이트 이야기』, 김복기 역, 한국아나뱁티스트출판사(KAP), 2005,
　　161, 170쪽.

32) 가이 허쉬버그,『전쟁, 평화, 무저항』, 223-230쪽 참조.

33) 존 D. 로스,『역사』, 155쪽.

34) 스튜어트 머레이,『이것이 아나뱁티스트다』, 219쪽.

35) 가이 허쉬버그,『전쟁, 평화, 무저항』, 137쪽.

36) C. 아놀드 스나이더,『아나뱁티스트 신앙의 씨앗으로부터: 아나뱁티스드의 정체성에
　　관한 역사적 핵심』, 김복기 역, 대장간, 2020, 85-87쪽; 존 D. 로스,『역사』, 145-148쪽.

37) 가이 허쉬버그,『전쟁, 평화, 무저항』, 240쪽.

38) 메노나이트 신앙고백 편찬위원회,『메노나이트 신앙고백』, 김경중 역, 한국아나뱁티
　　스트출판사(KAP), 2007, 144-146쪽.

39) 존 D. 로스,『역사』, 113-116, 121-123쪽; 코넬리우스 딕,『아나뱁티스트 역사: 메노나
　　이트를 중심으로』, 김복기 역, 대장간, 2013, 143-144쪽.

40) 루디 배르근,『메노나이트 이야기』, 180-182쪽; 존 D. 로스,『역사』, 157-158, 180쪽;
　　가이 허쉬버그,『전쟁, 평화, 무저항』, 152쪽.

41) 전쟁저항자인터내셔널,『병역거부』, 17쪽.

42) 노명식, "평화주의의 역사적 타당성", 161-162쪽.

43) 존 D. 로스,『역사』, 93, 104쪽.

44) 가이 허쉬버그,『전쟁, 평화, 무저항』, 141쪽.

45) 스튜어트 머레이,『이것이 아나뱁티스트다』, 203-204쪽.

46) 위의 책, 210쪽.

47) 위의 책, 216쪽.

48) 코넬리우스 딕,『아나뱁티스트 역사』, 362쪽.

49) 김신숙,『역사와 쟁점으로 살펴보는 한국의 병역제도』, 메디치미디어, 2020, 85-86쪽.

50) "Conscientious Objector," *Britannica Online Encyclopedia*,
　　http://www.britannica.com /article/133266(2020. 12. 25 검색).

51) 코넬리우스 딕,『아나뱁티스트 역사』, 543-544쪽.

52) 가이 허쉬버그,『전쟁, 평화, 무저항』, 152-153쪽.

53) 위의 책, 51-52쪽.

54) 위의 책, 180-181쪽.

55) 위의 책, 147-148쪽.

56) 서보혁·정주진,『평화운동』, 84-85쪽.

57) 위의 책, 85쪽.

58) 엘리스 보울딩, "평화운동의 조직형태", 346-347쪽.

59) 서보혁·정주진,『평화운동』, 86쪽.

60) 엘리스 보울딩, "평화운동의 조직형태", 347쪽.

61) 서보혁·정주진,『평화운동』, 86쪽.

62) "History: Over a century of Peace-Making", International Peace Bureau, https://ipb.org/over-a-century-of-peace-making/#more-118(2025.3.11 검색).

63) 김흥수,『손정도, 애국적 생애』, 숭실대학교출판부, 2020, 16, 47쪽; 서보혁·정주진, 『평화운동』, 86쪽.

64) 엘리스 보울딩, "평화운동의 조직형태", 350쪽.

65) 위의 글, 348쪽.

66) 노명식, "평화주의의 역사적 타당성", 157쪽.

67) 물론 제2인터내셔널 안에는 전쟁으로 인한 위기를 이용하여 혁명을 촉진하자는, 다시 말해 임박한 '제국주의 전쟁'을 (폭력투쟁을 포함하는) '사회주의 혁명전쟁'으로 전환하자는, 레닌과 같은 주전론자(主戰論者)들도 이미 1910년대 이전부터 존재하고 있었다.

68) 엘리스 보울딩, "평화운동의 조직형태", 348-350쪽.

69) 전쟁저항자인터내셔널,『병역거부』, 20쪽. 본문에는 노르웨이의 양심적 병역거부권 인정 시기가 1900년으로 되어 있으나, 이는 오류이므로 필자(인용자)가 1902년으로 바로잡았다.

70) https://ebco-beoc.org/norway(2025.3.29 검색). EBCO의 국가별 정보에는 노르웨이 정부가 양심적 병역거부권을 처음 인정한 시점이 1903년으로 되어 있으나, 이는 오류이므로 필자가 1902년으로 바로잡았다.

71) Nils Ivar Agøy, "Regulating Conscientious Objection in Norway from the 1890s to 1922," *Peace & Change* 15(1), 1990, 특히 pp. 3-10을 볼 것.

72) Victor Hulbert, "British Conscientious Objectors in World War I ," *Encyclopedia*

of Seventh-Day Adventists, http://encyclopedia.adventist.org(2020.12.26 검색).

73) 이종필, "휘어지는 빛", 『동아사이언스』(온라인판), 2021.6.11.

74) 징병반대연대는 영국에서의 징병제 도입에 반대하고 잠재적인 양심적 병역거부자들을 지원하기 위해 전쟁 발발 직후인 1914년 11월 노동당 기관지 편집자인 페너 브록웨이에 의해 설립되었다. 1915년 가을에 이르러 이 단체는 전국적 조직으로 성장했고, 1차 대전 직후인 1920년 초까지 전쟁 반대 및 병역거부자 지원 활동을 계속했다. "No-Conscription Fellowship," *Conscientious Objection During World War I*, British Online Archives, https://britishonlinearchives.com/collections/55/volumes/321/no-conscription-fellowship(2025.3.3. 검색).

75) Lucy Harris, "Conscription and Conscientious Objection," *Conscription and Conscientious Objection: History of Government*, 2014, http://histoty.blog.gov.uk/2014/09/30/conscription-and-conscientious-objection(2020.12.25 검색).

76) Julie Moore, "Conscientious Objection and Military Tribunals: An Introduction to Their Value as a Source for the Local Historian," *Everyday Lives in War*, 2015, http://everydaylivesinwar.herts.ac.uk/2015/02/conscientious-objection-and-military-tribunals(2020.12.25 검색).

77) 임재성, 『삼켜야 했던 평화의 언어』, 51-52쪽.

78) Albert William Wetter, ""I Deny Your Authority to Try My Conscience": Conscription and Conscientious Objectors in Britain during the Great War," *Bowdoin Digital Commons Honors Projects*, No.117, 2020, p. 118. 이 글의 전문이 다음 주소에 공개되어 있다. https://digitalcommons.bowdoin.edu/honorsprojects/117(2020.12.26 검색).

79) Hulbert, "British Conscientious Objectors in World War I."

80) Canadian War Museum, "Voices for Peace: Conscientious Objectors," *Canada and the First World War*, http://www.warmuseum.ca/forstworldwar/history/life-at-home-during-the-war/voices-for-peace/conscientious-objectors(2020.12.25 검색).

81) 진석용, "'양심적 병역거부'의 현황과 법리", 216쪽.

82) Mark Derby, "Conscription, Conscientious Objection and Pacifism," *Te Ara Encyclopedia of New Zealand*, 2012, http://www.TeAra.govt.nz/en/conscription-

conscientious-objection-and-pacifism(2020.12.25 검색).

83) Tim Shoebridge, "Conscientious Objection and Dissent in the First World War," *New Zealand History*, 2016, http://nzhistory.govt.nz/war/first-world-war/conscientious-objection(2020.12.25 검색).

84) 위와 같음.

85) 서보혁·정욱식,『평화학과 평화운동』, 모시는사람들, 2016, 75-76쪽.

86) 서보혁·정주진,『평화운동』, 87-88쪽.

87) 엘리스 보울딩, "평화운동의 조직형태", 350쪽. WILPF 홈페이지의 '역사(WILPF Through the Years)' 부분에 의하면, 1915년 4월 네덜란드 헤이그에 모인 12개 국가 1,136명의 여성 참정권론자들(suffragists)이 1차 대전을 종식시킬 중재 전략을 발전시키고, 궁극적으로는 전쟁의 근원적 요인들을 근절하기 위해 '국제여성의회(International Women's Congress)'의 결성을 결의했다. WILPF는 이 결의가 행해진 1915년 4월 28일을 창립일로 기념하고 있다[https://www.wilpf.org/about-us/history(2025.2.26 검색)]. 이 단체의 명칭이 '평화와 자유를 위한 국제여성연맹'으로 바뀐 시점이 1919년인 것으로 판단된다.

88) 김명섭, "평화학의 현황과 전망", 하영선 편,『21세기 평화학』, 풀빛, 2002, 133-134쪽.

89) 박홍규,『우리는 꽃이 아니라 불꽃이었다: 프란시스코 고야부터 나오미 클라인까지, 세상과 맞서 싸운 이단아들』, 인물과사상사, 2022, 197-202, 209-214쪽.

90) 하승우,『군대가 없으면 나라가 망할까: 먼저 총을 내리겠다는 바보, 병역거부자 이야기』, 뜨인돌, 2008, 55쪽.

91) 박홍규,『우리는 꽃이 아니라 불꽃이었다』, 51-56쪽.

92) 이남석,『양심에 따른 병역거부와 시민불복종』, 55쪽.

93) 1926년 선언에는 앙리 바르뷔스, 애니 베전트, 마르틴 부버, 에드워드 카펜터, 미겔 데 우나무노, 조르주 뒤아멜, 알버트 아인슈타인, 오귀스트 포렐, 마하트마 간디, 쿠르트 힐러, 가가와 도요히코, 조지 랜스베리, 파울 뢰베, 아서 폰손비, 에마누엘 라들, 레온하르트 라가츠, 로맹 롤랑, 버트런드 러셀, 라빈드라나드 타고르, 프리츠 폰 운루, H. G. 웰스 등이 서명했다. 그리고 1930년 선언에는 제인 애덤스, (레오 톨스토이의 협력자였던) 폴 비루코프와 발렌틴 불가코프, 존 듀이, 알버트 아인슈타인, 오귀스트 포렐, 지그문트 프로이트, 아르비드 야르네펠트, 가가와 도요히코, 셀마 라거

뢰프, 유다 레온 마그네스, 토마스 만, 루트비히 크비데, 에마누엘 라들, 레온하르트 라가츠, 헨리에트 롤랜드 홀스트, 로맹 롤랑, 버트런드 러셀, 업튼 싱클레어, 라빈드라나드 타고르, H. G. 웰스, 슈테판 츠바이크가 참여했다. Guest Editorial, "Manifesto against Conscription and the Military System," Gandhi Information Center (Berlin), Satyagraha Foundation for Non-violence Studies, December 23, 2013, https://www.satyagrahafoundation.org/guest-editorial-manifesto-against-conscription-and-the-military-system(2024.11.20 검색).

94) ""To renounce war…and never support or sanction another": The Peace Pledge Union, from 1934 to the 1960s," *McMaster University Library Digital Collections*, https://digitalcollections.mcmaster.ca/pw20c/case-study/renounce-war-and-never-support-or-sanction-another-peace-pledge-union-1934-1960s(2025.3.28 검색). 이 단체의 홈페이지(https://www.ppu.org.uk)도 참조할 것.

95) 서보혁·정주진, 『평화운동』, 88, 172쪽.

96) 박종천, "노동운동과 기독교사회주의: 관계유형과 발전단계를 중심으로", 『신학사상』 64, 1989년 봄, 57, 59쪽.

97) 위의 글, 59-60쪽.

98) 위의 글, 59쪽. 국제화해연대는 종교적·세속적 사회주의자들로 구성되었고, 특히 미국에서 1920~1930년대에 사회적 급진주의, 특히 평화주의를 자극하는 대표적 단체가 되었다(Christopher Hodge Evans, *The Kingdom is Always but Coming: A Life of Walter Rauschenbusch*, Waco: Baylor University Press, 2010, p. 288).

99) 에두아르트 부에스·마르쿠스 마트뮐러, 『예언자적 사회주의: 블룸하르트, 라가츠, 바르트』, 손규태 역, 한국신학연구소, 1987, 122, 198-199, 201쪽.

100) 위의 책, 203-204쪽.

101) 박종천, "노동운동과 기독교사회주의", 59쪽.

102) 가이 허쉬버그, 『전쟁, 평화, 무저항』, 212쪽.

103) 코넬리우스 딕, 『아나뱁티스트 역사』, 551, 565쪽.

1) "Conscientious Objector," *Britannica Online Encyclopedia*, http://www.britannica.com/article/133266(2020.12.25 검색).

2) 전쟁 후 학교로 돌아온 터너는 인류학으로 전공을 바꾸어 1949년에 학부를 졸업하고, 맨체스터대학 대학원으로 진학하여 1955년에 박사학위를 받았다. Edith Turner, *Communitas: The Anthropology of Collective Joy*, New York: Palgrave MacMillan, 2012; Edith Turner, "The Paradox of Victor Turner's Poetry: A Preface," *Anthropology and Humanism* 37(2), 2014; Matthew Engelke, "An Interview with Edith Turner," *Current Anthropology* 41(5), 2000; Simon Coleman, "Communitas: A Trope Made to Travel," *Estudos de Religião* 33(2), 2019. 이 밖에 *Encylopedia.com* (http://www.encyclopedia.com), *New World Encyclopedia*(http://www.newworldencyclopedia.org)의 'Victor Turner' 항목 참조(2020.12.26 검색).

3) 박홍규, "로런스 베이커, 토착의 힘으로 생태건축 꽃피우다", 「한겨레」(온라인판), 2020.7.4.

4) 서보혁·정욱식, 『평화학과 평화운동』, 76-77쪽.

5) 서보혁·정주진, 『평화운동: 이론·역사·영역』, 88쪽.

6) 토머스 머튼, 『머튼의 평화론』, 35-36쪽.

7) 서보혁·정주진, 『평화운동』, 90쪽.

8) 노명식, "평화주의의 역사적 타당성", 163쪽.

9) "Conscientious Objector," *Britannica Online Encyclopedia*, http://www.britannica.com/article/133266(2020.12.25 검색).

10) 조국, "양심적 집총거부권: 병역기피의 빌미인가 양심의 자유의 구성요소인가?", 『민주법학』 20, 2001, 143쪽.

11) 전쟁저항자인터내셔널, 『병역거부』, 196쪽.

12) 볼프강 후버·한스-리하르트 로이터, 『평화윤리』, 김윤옥·손규태 역, 대한기독교서회, 1997, 269-270쪽 참조.

13) 진석용, "'양심적 병역거부'의 현황과 법리", 219-220쪽.

14) 예컨대 서독의 경우 "군인은 다른 무엇보다도 시민이다(soldier is first and foremost

a citizen)"는 명제에 기초하여 군인을 "군복 입은 시민(citizen in uniform)"으로 간주한다면, 스위스에서는 군인과 시민 개념을 결속시킴으로써 군복무를 집단(민족)에 대한 궁극적 기여 행위로 만들었다는 것이다. 다시 말해 스위스에서 군인은 "군복무가 시민권을 만든다(military service makes citizenship)"는 명제에 기초한 '시민-군인'이 된다. 이 경우 군대에 "사회통합 및 민족 형성의 도구"라는 추가적인 사회적 기능이 부여되고, 그럼으로써 군대는 단순한 '수단 내지 기관(instrument)'이 아닌, 하나의 '상징(symbol)'이 된다는 것이다. Adi Livny, "A Matter of Security? Conscientious Objection and State Recognition," *LawLog*, Center for Global Constitutionalism, 2015, pp. 3-4, http://lawlog.blog.wzb.eu/2015/10/31/a-matter-of-security-conscientious-objection-and-state-recognition(2020.12.25 검색).

15) Moira Coombs, *Conscientious Objection to Military Service in Australia*, Melbourne: Parliamentary Library, 2003, http://apo.org.au/node6651(2020.12.25 검색). 또 ABC 방송의 다음 기사도 볼 것. Neil James, "Conscientious Objection to War as a Model for Resolving Other Moral Dilemmas," ABC, September 11, 2017, http://www.abc.net.au/religion/conscientious-objection-to-war-as-a-model-for-resolving-other-moral-dilemmas(2020.12.25 검색).

16) Mark Derby, "Conscription, Conscientious Objection and Pacifism," *Te Ara Encyclopedia of New Zealand*, 2012, http://www.TeAra.govt.nz/en/conscription-conscientious-objection-and-pacifism(2020.12.25 검색).

17) 임재성, 『삼켜야 했던 평화의 언어』, 81쪽.

18) 여성국·이영근, ""총 못잡겠다" 이 신청서 하나면 대체복무할 수 있는 나라", □중앙일보□(온라인판), 2022.8.4.

19) 임재성, 『삼켜야 했던 평화의 언어』, 161쪽.

20) 진석용, "'양심적 병역거부'의 현황과 법리", 218-219쪽의 〈표 11〉의 내용에서 필자가 일부를 간추린 것임. 벨기에의 경우 필자(인용자)가 "1980년"을 "1964년"으로 수정했다.

21) 대체복무제 도입 이전의 대만에서는 양심적 병역거부자들에 대한 극심한 탄압이 일상적인 풍경이었다. "대체복무제가 입법되기 전, 양심적 병역거부자들에 대한 대만의 처벌은 가혹했다. 7년 형 이상 선고를 받고 4년 이상 수감생활을 해야 군입대가

면제됐다. 그나마 형량이 누적되지 않아 연속된 수감 기간이 4년에 하루라도 모자라면 45살이 될 때까지 되풀이해 감옥에 끌려가야 했다. 고의적으로 형기 4년을 눈앞에 두고 석방시키는 경우도 적지 않았다. 이런 형편이다 보니 최고 15년까지 감옥생활을 한 사람도 있다"(신윤동욱, "“우리는 감옥에 가지 않아요”: 양심적 병역거부와 대체복무제를 아시아 최초로 도입한 대만, 그 현장을 가다", 『한겨레21』, 2001.3.29, 102쪽). 대만의 대체복무제 도입 전후 상황에 대해서는, 한홍구, "인권과 사회복지, 그리고 군정예화의 묘수: 타이완의 대체복무제", 『황해문화』 32, 2001도 볼 것.

22) Charles Moscos and John W. Chambers II, *The New Conscientious Objection: From Sacred to Secular Resistance*, New York: Oxford University Press, 1993, p. 7; 이남석, 『양심에 따른 병역거부와 시민불복종』, 255쪽에서 재인용.

23) 임재성, 『삼켜야 했던 평화의 언어』, 50쪽.

24) 가이 허쉬버그, 『전쟁, 평화, 무저항』, 207-208쪽. 오해 소지가 있는 부분들을 인용자인 필자가 추가하거나 수정했다.

25) 김나루, "유럽의 양심적 병역거부자를 위한 대체복무제의 비교법적 연구", 『유럽헌법연구』 29, 2019, 36쪽; Office of the High Commissioner on Human Rights, *Conscientious Objection to Military Service*, Geneva: United Nations Publication, 2012, pp. 42-43.

26) 조국, "양심적 집총거부권", 143쪽.

27) Livny, "A Matter of Security? Conscientious Objection and State Recognition," p. 3.

28) 문수현, "양심적 병역거부에 대한 서독 사회의 대응", 한인섭·이재승 편, 『양심적 병역거부와 대체복무제』, 경인문화사, 2013, 379쪽.

29) 전쟁저항자인터내셔널, 『병역거부』, 196-201쪽 참조.

30) 이재승, "판례를 통해서 본 양심적 병역거부", 이석우 편, 『양심적 병역거부: 2005년 현실진단과 대안 모색』, 사람생각, 2005, 73쪽.

31) 김나루, "유럽의 양심적 병역거부자를 위한 대체복무제의 비교법적 연구", 37쪽.

32) 위의 글, 53-54쪽.

33) 여성국·이영근, "핀란드, 병원·학교 대체복무 다양. 한국 “사회적 합의 먼저”", 『중앙일보』(온라인판), 2022.8.5.

34) 여성국·이영근, "“총 못잡겠다” 이 신청서 하나면 대체복무할 수 있는 나라", 『중앙

일보」(온라인판), 2022.8.4.

35) 이영근·여성국, "나토 가입 서명한 핀란드 외무장관, 그도 대체복무 출신이다", 「중
앙일보」(온라인판), 2022.8.6.

36) 진석용, "'양심적 병역거부'의 현황과 법리", 218-219쪽; 김나루, "유럽의 양심적 병
역거부자를 위한 대체복무제의 비교법적 연구", 37쪽.

37) Andreas Speck ed., *A Conscientious Objector's Guide to the International Human
Rights System*, London: War Resisters' International, Quaker United Nations Office
Geneva, Conscience and Peace Tax International and CCPR Centre, 2012, p. 11.

38) Andreas Yiannaros, "The Historical Evolution of the Right of Conscientious Objec-
tion to Military Service in the UN Human Right System: 1950~2017," *International
Journal of Human Rights and Constitutional Studies* 5(2), 2017, pp. 176-194.

39) OHCHR, "Conscientious objection to military service," http://www.ohchr.org/EN/Is-
sues/RuleOfLaw/Pages/ConscientiousObjection.aspx(2020.12.25 검색).

40) Office of the High Commissioner on Human Rights, "Civil and Political Rights,
Including the Question of Conscientious Objection to Military Service: Report of
the Office of the High Commissioner on Human Rights," E/CN/2004/55, United
Nations Economic and Social Council, February 16, 2004, p. 6.

41) 조국, "양심적 집총거부권", 140쪽.

42) 위의 글, 139-142쪽; Office of the High Commissioner on Human Rights, "Civil
and Political Rights, Including the Question of Conscientious Objection to Military
Service," pp. 5-7; 장복희, "양심적 병역거부에 대한 국제법, UN에서의 논의 및 각국
상황", 안경환·장복희 편, 『양심적 병역거부』, 사람생각, 2002, 76-80쪽; 장복희, "양
심적 병역거부에 관한 국제인권법", 한인섭·이재승 편, 『양심적 병역거부와 대체복
무제』, 경인문화사, 2013, 354-357쪽 참조.

43) 조국, "양심적 집총거부권", 141-142쪽.

44) 장복희, "양심적 병역거부에 대한 국제법, UN에서의 논의 및 각국 상황", 78-79쪽.

45) 장복희, "양심적 병역거부에 관한 국제인권법", 357쪽.

46) Speck, *A Conscientious Objector's Guide to the International Human Rights System*,
p. 11.

47) 조국, “양심적 집총거부권”, 142쪽.

48) 김나루, “유럽의 양심적 병역거부자를 위한 대체복무제의 비교법적 연구”, 36쪽; Office of the High Commissioner on Human Rights, *Conscientious Objection to Military Service*, pp. 41-42.

49) Özgür Heval Çınar, *Conscientious Objection to Military Service in International Human Rights Law*, New York: Palgrave Macmillan, 2013, pp. 159-160. 아울러, Özgür Heval Çınar, *The Right to Conscientious Objection to Military Service and Turkey's Obligations under International Human Rights Law*, New York: Palgrave Macmillan, 2014, pp. 63-64도 볼 것.

50) 조국, “양심적 집총거부권”, 143-144쪽.

51) 진석용, “‘양심적 병역거부’의 현황과 법리”, 217-218쪽. 이 쟁점과 관련된 국가별 현황에 대해서는, 장복희, “양심적 병역거부에 대한 국제법, UN에서의 논의 및 각국 상황”, 80-105쪽; 장복희, “양심적 병역거부에 대한 국제법, 국가 관행 및 국내적 실천”, 이석우 편, 『양심적 병역거부: 2005년 현실진단과 대안 모색』, 사람생각, 2005, 94-95쪽을 참조할 것.

52) 진석용, “‘양심적 병역거부’의 현황과 법리”, 223쪽.

53) 임재성, 『삼켜야 했던 평화의 언어』, 321, 331, 334쪽.

54) 전쟁저항자인터내셔널, 『병역거부』, 22-23쪽. 핀란드를 양심적 병역거부권 없는 나라로 분류하는 것은 명백한 오류이므로, 필자가 인용문에서 임의로 삭제했다. 이스라엘은 1995년부터 양심적 병역거부권을 인정하고 있지만, 비종교적 사유의 병역거부권을 인정하지 않는 등 실제 운용 과정에서는 여러 문제를 드러내는 사례이다.

55) 김유진·백지수, ““군대 가기 싫어요” 양심적 병역거부자, 하루 2명 감옥行”, □머니투데이□(온라인판), 2015.5.13.

56) 이남석, 『양심에 따른 병역거부와 시민불복종』, 55-58쪽; 임재성, 『삼켜야 했던 평화의 언어』, 337쪽.

1) 별도의 주를 달지 않은 경우, 이 장에서의 논의는 존 매서슨과 앤 요더의 다음 글들을 주로 활용했다. 이 두 편의 글이 미국 사례를 다루는 제4장의 기본 골조를 형성하고 있는 셈이다. John. H. Matheson, "Conscientious Objection to Military Service"; Anne M. Yoder, "Brief History of Conscientious Objection," *Conscientious Objection in America: Primary Sources for Research*, Swarthmore College Peace Collection, 2003, https://www.swarthmore.edu/library/peace/conscientiousobjection/co%20website(2020.12.25 검색).

2) 가이 허쉬버그, 『전쟁, 평화, 무저항』, 223-224쪽.

3) 엘리스 보울딩, "평화운동의 조직형태", 345-346쪽.

4) 가이 허쉬버그, 『전쟁, 평화, 무저항』, 157-158, 224쪽; 존 D. 로스, 『역사』, 199-200쪽.

5) "Conscientious Objector," *Britannica Online Encyclopedia*, http://www.britannica.com/article/133266(2020.12.25 검색).

6) 조국, "양심적 집총거부권", 137쪽.

7) 가이 허쉬버그, 『전쟁, 평화, 무저항』, 159쪽.

8) 코넬리우스 딕, 『아나뱁티스트 역사』, 574쪽.

9) 위의 책, 574-576쪽; 가이 허쉬버그, 『전쟁, 평화, 무저항』, 159-160쪽.

10) 존 D. 로스, 『역사』, 202쪽.

11) 서보혁·정주진, 『평화운동』, 84-85쪽.

12) 위의 책, 85-86쪽.

13) 오만규, 『집총거부와 안식일 준수의 신앙양심』, 35-36, 213쪽; 이지춘, "한국 재림교회 역사 속의 종교자유 논쟁", 삼육대학교 박사학위논문, 2021, 60-61쪽.

14) George Herbert Mead, "The Conscientious Objector," *National Security League, Patriotism through Education Series*, pamphlet no.33, New York, 1917, pp. 1-10, 특히 2쪽과 9쪽 참조. 이 글은 로이드 고든 워드 박사가 구축한 '미드 프로젝트(The ead Project)'를 통해 공개되어 있다. http://brocku.ca/MeadProject/Mead/pubs/Mead_1917a.html(2020.12.25 검색).

15) 코넬리우스 딕, 『아나뱁티스트 역사』, 352-353쪽.

16) 위의 책, 351-352쪽.

17) 위의 책, 577쪽.

18) 윈턴 U. 솔버그, 『미국인의 사상과 문화』, 124, 171쪽.

19) Evans, *The Kingdom is Always but Coming*, pp. 287-289.

20) *ibid.*, p. 303.

21) 송건호·김천배, 『한국 YMCA운동사: 1895~1985』, 노출사, 1986, 115쪽.

22) Patricia F. McNeal, *The American Catholic Peace Movement*, 1928~1972, New York: Arno Press, 1978.

23) 엘리스 보울딩, "평화운동의 조직형태", 350쪽.

24) Paul Allen Carter, *The Decline and Revival of the Social Gospel: Social and Political Liberalism in American Protestant Churches*, 1920-1940, Ithaca: Cornell University Press, 1956, pp. 213-216.

25) *ibid.*, p. 218.

26) 홍영일, "양심적 병역거부와 여호와의증인", 246-247쪽.

27) 홍영일, "양심적 병역거부와 관용의 증가", 33쪽.

28) Nicholas A. Krehbiel, *General Lewis B. Hershey and Conscientious Objection during World War II*, p. 3.

29) 허시 장군의 전기를 쓴 크레비얼은 2차 대전 발발 이후 달라진 미국의 양심적 병역거부 관련 정책을 '민간공공서비스'와 '시민군인(citizen soldier) 개념'의 두 가지로 요약했다. '제복 입은 시민'을 연상시키는 시민군인 개념은 19~20세기 미국에서 형성되었다. 이 개념은, 첫째, 국가와 시민의 이익은 유사하며, 따라서 시민은 국가를 위한 최선의 방어자가 된다는 것, 둘째, 군인은 동시에 시민이기도 하므로, 군부가 너무 많은 전문적 권력(professional power)을 가져선 안된다는 것으로 압축된다. 시민군인 개념의 두 번째 요소에는 전문적 군대를 만드는 것에 대한 두려움, 즉 전문적 군대가 국가로부터 분리되어 스스로 전제적 세력이 됨으로써 국가의 위협이 될 수도 있다는 우려가 담겨 있다. 특정한 형태의 '공공복무(public service)'로서의 대체복무는 시민군인 개념을 양심적 병역거부자들로까지 확대한 것인데, 양심적 병역거부자 역시 시민의 일원으로서 '대체복무=공공복무'를 통해 나라에 봉사해야 한다는 것이다. Krehbiel, *ibid.*, pp. 10-12.

30) Mennonite Central Committee, "About This Site," *The Civilian Public Service*, 2011, https://civilianpublicservice.org/about(2020.12.25 검색).

31) 김재형, "양심적 병역거부자 소고," 안경환·장복희 편, 『양심적 병역거부』, 사람생각, 2002, 127쪽 참조.

32) 토마스 머튼, 『칠층산』, 599쪽.

33) 위의 책, 631쪽.

34) 위의 책, 639쪽; Tomas Merton, "Application for Conscientious Objector Status: March 1941," *The Merton Annual* 28, 2015.

35) 토마스 머튼, 『칠층산』, 641-645쪽.

36) 위의 책, 742-746쪽.

37) 위의 책, 749-750쪽.

38) 짐 포리스트, 『잣대는 사랑』, 113쪽.

39) 위의 책, 117쪽.

40) Tom Cornell, "A Brief Introduction to the Catholic Worker Movement," *Catholic Worker Movement*, September 11, 2005, https://catholicworker.org/cornell-history-html(2023.4.15 검색); Melissa Petruzzello, "Catholic Worker Movement," *Encyclopedia Britannica*, https://www.britannica.com/event/Catholic-Worker-Movement(2023. 4.15 검색). 박홍규, 『우리는 꽃이 아니라 불꽃이었다』, 68-71쪽도 참조할 것.

41) 한상봉, "빵과 십자가: 도로시 데이의 영성과 가톨릭일꾼운동의 한국적 적용"(우리신학연구소 2006년도 제5차 월례발표회 자료), 우리신학연구소, 2006.9.6, 9-10쪽. 이 글은 『우리신학』 5호(2007)에 "도로시 데이의 영성과 가톨릭일꾼운동의 한국적 적용"이라는 제목으로 실렸다.

42) 하승우, 『군대가 없으면 나라가 망할까』, 143쪽.

43) Association of Catholic Conscientious Objectors, "Association of Catholic Conscientious Objectors Collected Records(1940~1946)," *Swarthmore College Peace Collection, TriCollege Libraries Archives & Manuscripts*, https://archives.tricolib.brynmawr.edu/repositories/8/resources/7177(2023.4.16 검색).

44) 토마스 머튼, 『머튼의 평화론』, 10-11, 18, 39쪽.

45) 위의 책, 266쪽.

46) 한상봉, "빵과 십자가", 10쪽. 도로시 데이는 1980년에 작고했다. 이후 뉴욕대교구는 도로시 데이의 시성과 성인축일 지정을 공식적으로 교황청에 청원했고, 교황청은 데이에게 '하느님의 종' 칭호를 부여했다(짐 포리스트, "서문", 토머스 머튼, 『머튼의 평화론』, 조효제 역, 분도출판사, 2006, 32쪽). 2000년의 뉴욕대교구에 이어, 2012년에는 미국주교회의가 교황청에 도로시 데이의 시성을 청원하고 나섰다(한상봉, "미국주교회의, 도로시 데이의 시성 교황청에 요구", 「가톨릭뉴스 지금여기」, 2012.11.19).

47) 짐 포리스트, 『잣대는 사랑』, 199-201쪽.

48) 위의 책, 180-181쪽.

49) McNeal, *The American Catholic Peace Movement*, 1928~1972.

50) 짐 포리스트, 『잣대는 사랑』, 181쪽; 손제민, ""베트남전 반대" 징집자명단 불살랐던 미 반전운동가 대니얼 베리건 신부 타계", 「경향신문」(온라인판), 2016.5.1; 이남석, 『양심에 따른 병역거부와 시민불복종』, 199쪽.

51) 이남석, 『양심에 따른 병역거부와 시민불복종』, 198쪽.

52) 서보혁·정주진, 『평화운동』, 173-174쪽.

53) "A Closer Look: Conscientious Objection," PBS, August 8, 2007, http://www.pbs.org/now/shows/334/conscientious-objection.html(2020.12.25 검색).

54) 이남석, 『양심에 따른 병역거부와 시민불복종』, 198-199쪽.

55) 조국, "양심적 집총거부권", 147쪽.

56) Selective Service System, "Conscientious Objectors," http://www.sss.gov/conscientious-objectors; "Conscientious Objector," *Free Legal Encyclopedia*, http://law.jrank.org/pages/5580/Conscientious-Objector.html; Center on Conscience & War, "Who is a Military Conscientious Objector?," http://www.centeronconscience.org/who-is-military-co. 세 자료 모두 2020.12.25에 검색.

57) 손 페리·베스 엘렌 보일, "나는 양심적 병역거부자인가?", 베스 엘렌 보일 편, 『양심적 병역거부 관련 종교적 진술』, 한국기독교교회협의회, 2009, 13-15쪽의 내용을 필자가 표로 요약한 것임. 이 가운데 '비협력자' 그룹에는 다양하고 이질적인 하위유형들이 포함되어 있다. "비협력자들은 병무 등록을 거부하거나, 등록한다 할지라도 징병 당국에 협력하기를 거부하거나, 이를 위한 주소 변경을 보고하지 않거나 또는 입영에 응하지 않는 사람들이다. 어떤 이들은 법적 혹은 진행상 묘책을 내어 징병 방

해를 시도하기도 한다. 또 어떤 이들은 지하로 숨어버리거나 다른 나라로 떠나버리는 방법을 취하기도 한다"(같은 글, 15쪽).

58) 여기서 소개한 내용은, 월터 딘 마이어스, 『더 그레이티스트: 무하마드 알리 평전』, 이윤선 역, 돌베개, 2017, 81-152쪽에 따른 것이다.

59) 커트 토렐이 쓴 교사용 양심적 병역거부 안내서에도 자세한 절차가 소개되어 있다. Curt Torell, *Conscientious Objection: Is This for You?*, Fayetteville: Quaker House of Fayetteville, 2016.

60) "Conscientious Objector," *Britannica Online Encyclopedia*, http://www.britannica.com/article/133266(2020.12.25 검색).

61) Mennonite Central Committee, "Timeline of Developments on Conscious Objection for Military Personnel," The Civilian Public Service, 2011, https://civilianpublicservice.org/storycontinues/hotline/timeline(2020.12.25 검색).

62) George Loft and Lyle Tatum, *Conscientious Objectors in the Armed Forces: Handbook of Conscientious Objectors*, Central Committee for Conscientious Objectors, 1952를 가리킴.

63) "A Closer Look: Conscientious Objection," PBS, August 8, 2007, http://www.pbs.org/now/shows/334/conscientious-objection.html(2020.12.25 검색).

64) Giulia Vicini, "Conscientious Objection to Military Service and the Notion of Persecution in European Union Asylum Law: The Shepherd Judgment of the Court of Justice of the European Union," *Journal of International Criminal Justice* 13(4), 2015.

제2부 한국과 양심적 병역거부: 1950~2000년

제5장 식민지 조선과 양심적 병역거부

1) 재림교회의 조직 체계는 세계본부 홈페이지의 'Our Church' 중 "How is the Seventh-day Adventist Church Organized and Structured?" 부분을 참조. https://www.adventist.org/world-church(2023.3.7 검색).

2) 한국 제칠일안식일예수재림교회 홈페이지(www.adventist.kr)의 '재림교회 역사' 중
'세계재림교회 역사' 참조(2023.2.24 검색).

3) 오만규, 『집총거부와 안식일 준수의 신앙양심』, 35-36쪽.

4) 위의 책, 213쪽.

5) 이지춘, "한국 재림교회 역사 속의 종교자유 논쟁", 60-61쪽.

6) 위의 글, 62-65쪽.

7) 오만규, 『네 검을 내려놓으라: 재림교회와 비폭력』, 삼육대학교출판부, 2004, 297쪽.

8) 오만규, 『집총거부와 안식일 준수의 신앙양심』, 215쪽. 재림교회의 전쟁·평화 교리
에 대한 보다 상세한 논의는, 오만규, 『네 검을 내려놓으라』를 볼 것.

9) 오만규, 『네 검을 내려놓으라』, 244쪽.

10) 위의 책, 296-297쪽.

11) 오만규, 『집총거부와 안식일 준수의 신앙양심』, 266쪽.

12) 한국 제칠일안식일예수재림교회 홈페이지의 '재림교회 역사' 중 '한국 재림교회 역
사'(2023.2.24 검색).

13) 이영린, 『한국재림교회사』, 시조사, 1965, 12-19쪽; 이영린, 『한국재림교회사연구』,
선명문화사, 1968, 27-34쪽 참조.

14) 이영린, 『한국재림교회사연구』, 73쪽.

15) 위와 같음.

16) 위의 책, 74-75쪽.

17) 위의 책, 75쪽.

18) 위의 책, 76쪽.

19) 위의 책, 77쪽.

20) 위의 책, 77-79쪽; 한국기독교역사연구소, 『한국기독교의 역사 II』, 기독교문사, 1990,
306-307쪽.

21) 윤용복, "'여호와의 증인'의 역사와 특성", 『종교연구』 47, 2007, 291-295쪽; 윤용복,
"현대 한국 사회에서 '여호와의 증인'의 위치", 『신종교연구』 30, 2014, 33-36쪽; 강돈
구, "'여호와의 증인'의 특징과 전개", 『종교연구』 43, 2006, 59-63쪽. 이 밖에 로버트
M. 바우만, 『여호와의 증인』, 장미숙 역, 도서출판 은성, 1997, 13-15쪽도 참조.

22) 윤용복, "'여호와의 증인'의 역사와 특성", 307쪽.

23) 박준현, "등대사 경성지부 불경 사건과 재림신앙 문제", 『숭실사학』 49, 2022, 213쪽. 같은 글에서 박준현은 "그(러더포드—인용자)의 주도로 '여호와의 증인'은 평화와 반전을 강조하면서, 군대 소집과 총기를 거부하는 정체성을 형성해나갔다"고 기술하기도 했다(같은 글, 204쪽).

24) 윤용복, "현대 한국 사회에서 '여호와의 증인'의 위치", 46-47쪽.

25) 홍영일, "양심적 병역거부와 여호와의증인", 206-214쪽.

26) 위의 글, 213쪽.

27) 이 점에 주목하여, 이남석은 여호와의증인 입장이 '평화주의'라기보다는 '중립/비(非)관여' 쪽에 기울어 있다고 보았다. 이남석, 『양심에 따른 병역거부와 시민불복종』, 66-67쪽.

28) '우주적 전쟁'에 대해서는, Mark Juergensmeyer, *The New Cold War?: Religious Nationalism Confronts the Secular State*, Berkeley: University of California Press, 1993, pp. 153-170을 볼 것. 또 '영적 전쟁'에 대해서는 이 책 제11장을 볼 것.

29) 오만규, 『네 검을 내려놓으라』, 236-237쪽.

30) 위의 책, 233쪽.

31) 임재성, 『삼켜야 했던 평화의 언어』, 90쪽.

32) 윤용복, "현대 한국 사회에서 '여호와의 증인'의 위치", 37쪽.

33) 조선일보, 1933.6.21, 3면; 조선일보, 1933.7.14, 3면; 동아일보, 1933.8.15, 3면.

34) 정주성·정원영·안석기, 『한국 병역정책의 바람직한 진로』, 한국국방연구원, 2003, 23-26쪽.

35) 나태종 편저, 『군제 기본원리와 한국의 병역제도』, 충남대학교출판문화원, 2012, 172, 176쪽.

36) 위의 책, 172-175쪽.

37) 김신숙, 『역사와 쟁점으로 살펴보는 한국의 병역제도』, 52쪽.

38) 강인철, 『전쟁과 희생: 한국의 전사자 숭배』, 역사비평사, 2019, 18-20쪽. 아울러, 안쏘니 기든스, 『민족국가와 폭력』, 진덕규 역, 삼지원, 1991, 267-274쪽; 조지 모스, 『전사자 숭배: 국가라는 종교의 희생제물』, 오윤성 역, 문학동네, 2015, 16쪽; 신병식, "박정희 시대의 일상생활과 군사주의", 151쪽 등을 참조.

39) 베네딕트 앤더슨, 『상상의 공동체: 민족주의의 기원과 전파에 대한 성찰』, 윤형숙 역,

나남, 2002, 131쪽.

40) 시오다 쇼오베에, 『일본 노동운동사』, 우철민 역, 동녘, 1985, 70쪽.

41) 니시무라 아키라, "위령과 폭력: 전쟁 사망자에 대한 태도 이해를 위해", 『종교문화비평』 2, 2002, 256-259쪽.

42) 임재성, 『삼켜야 했던 평화의 언어』, 93-94쪽.

43) 박노자, 『씩씩한 남자 만들기: 한국의 이상적 남성성의 역사를 파헤치다』, 푸른역사, 2009, 178-179쪽.

44) 두 인용문의 출처는 동일하다. Guest Editorial, "Manifesto against Conscription and the Military System," Gandhi Information Center(Berlin), Satyagraha Foundation for Non-violence Studies, December 23, 2013, https://www.satyagrahafoundation.org/guest-editorial-manifesto-against-conscription-and-the-military-system(2024.11.20 검색).

45) 정인섭, 『재일교포의 법적 지위』, 서울대학교출판부, 1996, 17-18쪽.

46) 이광규, 『재일한국인』, 일조각, 1983, 40쪽.

47) 박노자, "군대 가야 진짜 남자가 된다?", 전쟁없는세상·한홍구·박노자, 『총을 들지 않는 사람들: 병역거부자 30인의 평화를 위한 선택』, 철수와영희, 2008, 17쪽.

48) 한홍구, "한국의 징병제와 병역거부의 역사", 307쪽. 한홍구, "'여호와의 증인' 앞에서 부끄럽다", 『한겨레21』, 2004.6.3, 87쪽도 볼 것.

49) 이용석, 『병역거부의 질문들: 군대도, 전쟁도 당연하지 않다』, 오월의봄, 2021, 5-6쪽.

50) 이영린, 『한국재림교회사』, 65, 88쪽.

51) 임재성, 『삼켜야 했던 평화의 언어』, 87-88쪽.

52) 홍영일, "양심적 병역거부와 여호와의증인", 220-221쪽.

53) 강은태, "홍영일 등대사 사건 연구조사 책임자, "훈련받은 양심은 시대·장소 초월"", 「NSP통신」, 2019.9.4. 박준현은 이 사실과 관련된 가장 보수적인 수치를 제공한다. 그에 의하면, 1939년 6월에 여호와의증인 신자 29명이 체포되었다가 7명은 증거불충분으로 풀려났고 나머지 22명은 재판에 회부되어 1941~1942년에 최소 6개월부터 최대 5년까지의 징역형을 선고받았으며, 1940년 10월에도 3명이 추가로 체포되었다는 것이다(박준현, "등대사 경성지부 불경 사건과 재림신앙 문제", 203, 206쪽).

54) 박준현, "등대사 경성지부 불경 사건과 재림신앙 문제", 203, 209-211쪽.

55) 위의 글, 213쪽.

56) 위의 글, 214-215쪽.

57) 위의 글, 213쪽.

58) 위의 글, 212-213쪽.

59) 김두식, 『평화의 얼굴: 총을 들지 않을 자유와 양심의 명령』, 교양인, 2007, 265-266쪽.

60) 국사편찬위원회 한국사데이터베이스에서 이 수기의 전문을 볼 수 있다.
    https://db.history.go.kr/contemp/level.do(2024.11.15 검색).

61) 노가원, 『남도부: 전설적 남한유격대 총사령관 하준수 일대기(상)』, ㈜월간말, 1993,
    14-20쪽.

62) 위의 책, 21쪽.

63) 위의 책, 22-34쪽.

64) 위의 책, 34쪽.

65) 위의 책, 34-36쪽.

66) 장준하, 『돌베개: 장준하의 항일 대장정』, 돌베개, 2015, 15쪽.

67) 위의 책, 11-32, 65-66쪽.

68) 위의 책, 125-126쪽.

69) 정만진, "징용 거부하고 산에 올라 저항한 청년들", 「오마이뉴스」, 2024.9.20.

70) 박홍규에 의하면, "사회진화론이란 생존경쟁·적자생존의 원리로 인간사회의 변화
    를 설명하는 사회변동론의 하나로, 경쟁의 과정을 통하여 사회가 진화·진보된다고
    하는 사상이다. 이러한 사회진화론을 처음으로 접한 명치 시기의 일본의 지식인들
    은 그것을 최신의 과학이론이라 믿고 거기에서 사회 진보의 비결을 찾으려고 했다.
    즉 일본에서는 1870년 후반 이후 진화론이 생존경쟁, 자연도태, 우승열패, 적자생존
    이란 형태로 간략화되고, 서구 열강에 뒤쳐진 것을 만회하기 위해서 서구의 과학, 기
    술, 정치, 사회제도 등을 단숨에 섭취하려는 서구화 정책을 대대적으로 실시해가는
    데 필요한 최신의 과학적 진리, 의심할 여지가 없는 기본진리로서 받아들여졌다. 그
    러므로 명치 초기 일본에 필요했던 것은 어떤 면에서는 생물학적 이론으로서의 진
    화론이 아니라, 인간사회의 진화, 발전을 설명하고 선진 열강과 어깨를 나란히 하는
    데 필요한 사회이론으로서의 진화론이었다." 박홍규, "일본 식민사상의 형성 과정과
    사회진화론", 강만길 외, 『일본과 서구의 식민통치 비교』, 선인, 2004, 70-71쪽.

71) 박노자, "'국민'이라는 감옥: 구한말의 국민 담론을 중심으로", 박노자 외, 『'탈영자들'의 기념비: 한국 사회의 성과 속—주류라는 신화』(당대비평 특별호), 생각의나무, 2003, 24, 28쪽. 박노자는 『우승열패의 신화: 사회진화론과 한국 민족주의 담론의 역사』(한겨레출판, 2005)에서 1883~1910년 시기를 중심으로 '개화기 사회진화론'의 형성과 성격에 대한 심층적이면서도 방대한 연구를 수행한 바 있다.

72) 허동현·박노자, 『우리 역사 최전선: 박노자·허동현 교수의 한국 근대 100년 논쟁』, 푸른역사, 2003, 136쪽.

73) 박노자, "'국민'이라는 감옥", 28쪽.

74) 박노자, 『나는 폭력의 세기를 고발한다: 박노자의 한국적 근대 만들기』, 인물과사상사, 2005, 360쪽.

75) 양현혜, "식민지 시대 한국 개신교의 전쟁과 평화에 대한 이해", 『한국교회사학회지』 34, 2013.

76) 박형룡, "전쟁에 대한 기독교의 태도(1)", 『신학지남』 44, 1929년 3월호; 박형룡, "전쟁에 대한 기독교의 태도(2)", 『신학지남』 45, 1929년 5월호.

77) 윤선자, "일제 전시하 총동원체제와 조선천주교회", 『역사학보』 157, 1998; 윤선자, 『일제의 종교정책과 천주교회』, 경인문화사, 2001; 강인철, 『한국 천주교의 역사사회학: 1930~1940년대의 한국 천주교회』, 한신대학교출판부, 2006; 임혜봉, 『친일불교론1·2』, 민족사, 1993; Vladimir Tikhonov, "Violent Buddhism: Korean Buddhists and the Pacific War, 1937-1945," *Sai-gan-SAI* 7, 2009 등을 참조.

78) 홍영일, "양심적 병역거부와 여호와의증인", 221쪽.

79) 박노자, "부처님은 죽이라고 했는가", 『한겨레21』(온라인판), 2006.9.26; 브라이언 다이젠 빅토리아, 『전쟁과 선』, 정혁현 역, 인간사랑, 2009, 153쪽.

80) 브라이언 다이젠 빅토리아, 『전쟁과 선』, 153-251쪽 참조. 빅토리아는 당시 일본 불교계에서 평화주의적 움직임의 사례로서, 집단적으로는 1931년에 창립된 반자본주의·반군사주의적 불교부흥청년연맹을, 개인적으로는 전쟁 반대 입장을 내세웠던 불교 승려 오노 온유, 콘도 겐코, 다케나카 쇼간, 다이운 기코 등을 소개하고 있기도 하다(같은 책, 133-150쪽).

81) 서정민, "중일·태평양 전쟁과 기독교: 한일 기독교 대응 상황 비교를 중심으로", 『한국기독교와 역사』 21, 2004, 18-20쪽.

82) 양현혜, "식민지 시대 한국 개신교의 전쟁과 평화에 대한 이해", 324-327쪽.

83) 서정민, "중일·태평양 전쟁과 기독교", 20-21쪽; 한국기독교역사연구소, 『한국 기독교의 역사II』, 324-325쪽.

84) 서정민, "중일·태평양 전쟁과 기독교", 16-17쪽.

85) 막부 말기에 '사해동포주의'에 기초하여 전쟁 폐기를 주장한 요코이 쇼난, 메이지 초기에 '세계연방'(세계대합중국) 건설을 외친 오노 아즈사, 인류가 '세계 동향인(同鄕人)'임을 주창한 나카무라 마사나오, '세계헌법' 형성을 통한 전쟁 폐기를 내세운 우에키 에모리, '완전 비무장 국가(문화국가)로서의 일본'을 구상한 나가에 초민 등이 청일전쟁 이전에 출현한 평화론자들이었다. 청일전쟁 때에는 가쓰 가이슈가 예외적인 전쟁 반대론자였다. 톨스토이와 일본 평화론자들의 우호적이고 친밀한 상호작용이 계속되었던 러일전쟁 시기에는 전쟁의 원인을 자본주의에서 찾았던 고토쿠 슈스이나 사카이 토시히코 등의 사회주의자들, 반전시(反戰詩)로 유명해진 요사노 아키코, 침략 정당화 도구로 기능한 동양평화론을 비판한 우치무라 간조, '무전(無戰)주의'를 펼친 다나카 쇼조, '인도적(人道的) 경쟁'과 '훈화(薰化)에 의한 변혁'을 역설한 마키구치 쓰네사부로 등이 등장했다. 러일전쟁 이후에는 "힘의 찬미"에 빠진 일본인들을 보며 "승리의 비애"를 절감한 도쿠토미 로카, 간디의 비폭력 사상에 감화받은 피차별민 부락 해방운동(수평사 운동) 지도자 사이코 만키치, 톨스토이의 영향 아래 도쿄대 재학 중인 1938년에 병역거부를 감행한 기타미카도 지로 등이 차례로 출현했다. 야마무로 신이치, 『일본 헌법 9조와 비폭력 사상: '긴급사태'의 해석과 결정에 대하여』, 윤인로 편역, 도서출판b, 2021, 196-229쪽.

86) 이찬수, 『평화와 평화들: 평화다원주의와 평화인문학』, 모시는사람들, 2016, 110쪽.

87) 오스기 사카에, 『오스기 사카에 자서전』, 김응교 역, 실천문학사, 2005, 212, 514쪽.

88) 위의 책, 208쪽.

89) 로버트 실젠, 『가가와 도요히코 평전』, 서정민·홍이표 역, 신앙과지성사, 2018, 59쪽.

90) 김두식, 『평화의 얼굴』, 253쪽.

91) 가가와 도요히코, 『그리스도교 입문: 가가와 도요히코의 삶과 신앙을 읽다』, 김재일 역, 레베카, 2015, 382-383쪽.

92) 김두식, 『평화의 얼굴』, 252-253쪽.

93) 위의 책, 254-255쪽.

94) 오스기 사카에, 『오스기 사카에 자서전』, 516쪽.

95) 김두식, 『평화의 얼굴』, 256쪽.

96) 동아일보, 1921.10.18, 2면; 동아일보, 1921.10.19, 1면.

97) 장규식, 『일제하 한국기독교민족주의 연구』, 혜안, 2001, 137-138쪽.

98) 가가와 도요히코, 『그리스도교 입문』, 383, 397-398쪽.

99) 로버트 실젠, 『가가와 도요히코 평전』, 354쪽.

100) 가가와 도요히코, 『그리스도교 입문』, 396쪽. 개인적인 수준에서도 가가와의 평화
활동은 1930년대는 물론 2차 대전 기간 중에도 지속되었다. 앞에서 살펴봤듯이 가
가와는 1926년과 1930년의 국제적 반전·반(反)징병제 서명운동에 동참했다. 일본
이 만주를 침략한 직후인 1932년에는 중국의 크리스천들에게 보내는 공개서한을
통해 "내 나라를 용서해달라, 군사주의자들을 이길 만큼 충분히 강하지 못한 일본
기독교 세력을 용서해달라"고 빌었다(Carter, *The Decline and Revival of the Social
Gospel*, p. 161). 가가와는 2차 대전 시기에도 평화운동을 계속했다(로버트 실젠,
『가가와 도요히코 평전』, 529쪽; 가가와 도요히코, 『그리스도교 입문』, 383쪽).

101) 양현혜, "식민지 시대 한국 개신교의 전쟁과 평화에 대한 이해", 313-314쪽.

102) 노치준, "일제하 한국 YMCA의 기독교사회주의 사상 연구", 한국사회사연구회 편,
『한국의 종교와 사회변동』, 문학과지성사, 1987 참조.

103) 김흥수, 『손정도, 애국적 생애』; 이덕주, 『손정도: 자유와 평화의 꿈』, 밀알북스, 2020;
김창수·김승일, 『해석 손정도의 생애와 사상 연구』, 넥서스, 1999 등을 참조할 것.

104) 장규식, 『일제하 한국기독교민족주의 연구』, 191쪽.

105) 강원돈, "일제하 사회주의운동과 한국 기독교", 김흥수 편, 『일제하 한국기독교와
사회주의』, 한국기독교역사연구소, 1992, 53쪽.

106) "Anti-War Day," *TIME*, August 11, 1930, https://time.com/archive/6745618/in-
ternational-anti-war-day(2024.11.23 검색).

107) 조선일보, 1931.8.1, 3면; 동아일보, 1931.11.29, 3면.

108) 조선일보, 1931.8.25, 3면; 조선일보, 1932.4.26, 7면; 동아일보, 1932.5.3, 5면; 조선
일보, 1932.5.3, 7면.

109) 조선일보, 1935.8.24, 1면.

110) 조선일보, 1932.12.25, 3면; 동아일보, 1932.12.4, 3면. 『조선연감 1947』에는 서중석

의 행적이 "1931년 중국공산당에 가입, 조선 국내 공작원으로 파견, 메이데이(투쟁과—인용자) 6·10투쟁 지도, 만주사변 반전(反戰) 캄파 투쟁 지도, 피체(被逮) 6년 복역, 옥중 가형(加刑) 8개월"로 제시되어 있음을 국사편찬위원회의 한국사데이터베이스를 통해 확인할 수 있다[https://db.history.go.kr/contemp/im/detail.do (2024.11.23 검색)].

111) 강만길·성대경 편, 『한국사회주의운동 인명사전』, 창작과비평사, 1996, 236쪽.

112) 조선일보, 1934.10.3, 3면.

제6장 교회-국가 갈등의 점진적 격화

1) 나태종, "한국의 병역제도 발전과정 연구", 『군사』 84, 2012, 301-302쪽.

2) 병무청, 『병무행정사』(상권), 병무청, 1985, 261-285쪽.

3) 임재성, 『삼켜야 했던 평화의 언어』, 96쪽.

4) 국방부, 『2010 국방백서』, 국방부, 2010, 319쪽; 나태종, "한국의 병역제도 발전과정 연구", 313쪽에서 재인용.

5) 병무청, 『병무행정사』(상권), 493-498, 835-837쪽.

6) 강인철, 『경합하는 시민종교들: 대한민국의 종교학』, 성균관대학교출판부, 2019, 520쪽. 아울러, 연정은, "감시에서 동원으로, 동원에서 규율로: 1950년대 학도호국단을 중심으로", 김득중 외, 『죽엄으로써 나라를 지키자: 1950년대, 반공·동원·감시의 시대』, 선인, 2007, 239, 274쪽 참조.

7) 병무청, 『병무행정사』(상권), 468-472, 489-492쪽 참조.

8) 나태종, 『군제 기본원리와 한국의 병역제도』, 176쪽.

9) 김신숙·박형준, "병역 대체복무제도의 변동과정 고찰과 변화요인 분석", 『국정관리연구』 11(3), 2016, 87-88쪽.

10) 강인철, "한국전쟁과 사회의식 및 문화의 변화", 정성호 외, 『한국전쟁과 사회구조의 변화』, 백산서당, 1999, 208쪽.

11) 강인철, 『시민종교의 탄생: 식민성과 전쟁의 상흔』, 성균관대학교출판부, 2019, 434쪽.

12) 오제연, "병영사회와 군사주의 문화", 오제연 외, 『한국현대생활문화사, 1960년대: 근대화와 군대화』, 창비, 2016, 200-202쪽.

13) 이영린, 『한국재림교회사』, 79-83쪽.

14) 이영린, 『한국재림교회사연구』, 83-89쪽.

15) 강인철, "해방 이후 북한교회의 역사", 북한교회사집필위원회, 『북한교회사』, 한국기
    독교역사연구소, 1996, 368-370쪽.

16) 위의 글, 405쪽.

17) 이영린, 『한국재림교회사』, 112, 115, 118, 128-129쪽.

18) 이영린, 『한국재림교회사연구』, 118쪽.

19) 탁명환, 『한국의 신흥종교: 기독교편 2권』(개정판), 국종출판사, 1992, 205-206쪽. 인
    용자가 문단을 일부 조정했음.

20) 윤용복, "현대 한국 사회에서 '여호와의 증인'의 위치", 38쪽.

21) 한국종교사회연구소 편저, 『한국종교연감: 1996-97』, 제4권, 고려한림원, 1997, 615
    쪽; 한국기독교사료수집회 편, 『한국기독교연감(1967년도판)』, 백합출판사, 1967,
    300-301쪽.

22) 한국기독교사료수집회, 『한국기독교연감(1967년도판)』, 300-301쪽; 한국기독교교회
    협의회 편, 『기독교연감: 1970』, 한국기독교교회협의회, 1970, 380쪽.

23) 오만규, 『집총거부와 안식일 준수의 신앙양심』, 207쪽.

24) 이영린, 『한국재림교회사』, 248-250쪽.

25) 해당 법률 조문에 대해서는 법제처 국가법령정보센터(www.law.go.kr)를 참조.

26) 한홍구, "인민군도 무작정 처벌 안 했다", 『한겨레21』, 2003.1.9, 86쪽.

27) 이영린, 『한국재림교회사』, 252쪽.

28) 오만규, 『집총거부와 안식일 준수의 신앙양심』, 315, 322, 507쪽 등 참조.

29) 위의 책, 315, 322, 460쪽.

30) 위의 책, 315, 436쪽.

31) 위의 책, 324쪽.

32) 위의 책, 322, 478, 485, 507쪽.

33) 이영린, 『한국재림교회사』, 250-251쪽.

34) '병무소집' 혹은 '근무소집'은 오늘날의 동원훈련과 유사한 것이다. 예비군의 전신
    (前身) 격으로 1953년 7월에 창설된 '민병대'는 1955년 5월 해체되었다[병무청, 『병
    무행정사(상권)』, 489-492쪽]. 그 대신 1955년 들어 육군에 10개의 예비사단이 창설

되었고 이듬해 최초의 '병무소집(근무소집)'이 시작되었다. 이 당시 예비군은 3년은 부대 요원으로, 2년은 대기 요원으로 모두 5년간 복무하도록 되어 있었고, 병무소집은 전체 예비역 기간을 통해 5회, 1회마다 35일간으로 정해졌다. 최초의 병무소집은 1956년 1월에 시작되었으며, 1957년 9월부터는 3년간 연 1회 교육을 28일간씩 실시하고 2년 동안 대기하도록 제도가 변경되었고, 1959년 2월에는 2년간 연 1회 교육을 받은 후 3년간 대기하는 것으로 다시 변경되었다(같은 책, 468, 471-472쪽). 그러나 1950년대 말 이후 예비군제도는 유명무실해졌다.

35) 오만규, 『집총거부와 안식일 준수의 신앙양심』, 66-69쪽 참조.

36) 위의 책, 73쪽.

37) 위의 책, 73-76쪽 참조.

38) 이영린, 『한국재림교회사연구』, 222쪽.

39) 위의 책, 216쪽.

40) 이영린, 『한국재림교회사』, 248, 250쪽 참조.

41) 이영린, 『한국재림교회사연구』, 221쪽.

42) 오만규, 『집총거부와 안식일 준수의 신앙양심』, 183, 200쪽.

43) 이영린, 『한국재림교회사연구』, 217쪽.

44) 오만규, 『집총거부와 안식일 준수의 신앙양심』, 31쪽.

45) 이영린, 『한국재림교회사연구』, 223쪽.

46) 오만규, 『집총거부와 안식일 준수의 신앙양심』, 266-270쪽.

47) 위의 책, 266-307쪽의 내용을 표로 요약한 것임.

48) 위의 책, 69-70쪽.

49) 위의 책, 70-71, 278쪽.

50) 이영린, 『한국재림교회사연구』, 219쪽.

51) 오만규, 『집총거부와 안식일 준수의 신앙양심』, 71쪽.

52) 위의 책, 200, 279-280쪽.

53) 오만규, 『네 검을 내려놓으라』, 230쪽.

54) 위의 책, 232쪽.

55) 대한민국공훈사발간위원회 편, 『대한민국 역대 삼부요인 총감』, 광복출판사, 1987, 103쪽.

56) 이영린, 『한국재림교회사연구』, 223쪽.

57) 위의 책, 222쪽.

58) 오만규, 『집총거부와 안식일 준수의 신앙양심』, 70쪽.

59) 이영린, 『한국재림교회사연구』, 115쪽.

60) 평화박물관 건립추진위원회, 『총을 들지 않는 사람들』, 평화박물관 건립추진위원회, 2005, 38-39쪽; Watch Tower Bible and Tract Society of Pennsylvania, "Living by a Bible-Trained Conscience, Part 2: Korea(1946-1960)," 2004, http://www.jw-media.org/vnr/5263723221/22812302.htm(2006.1.20 검색). 여기 소개된 여호와의 증인 교단의 자료는 모두 합쳐 약 19분에 달하는 3부작 영상물이다.

61) 경향신문, 1957.7.14, 2면; 동아일보, 1957.7.15, 3면; 조선일보, 1957.7.15, 3면.

62) 경향신문, 1957.7.14, 3면.

63) 조선일보, 1957.7.25, 2면.

64) 조선일보, 1958.2.28, 2면; 경향신문, 1958.7.31, 3면.

65) 조선일보, 1959.2.10, 4면; 동아일보, 1959.2.14, 3면; 동아일보, 1959.2.17, 3면.

66) 동아일보, 1959.3.21, 3면; 경향신문, 1959.3.21, 3면; 조선일보, 1959.4.5, 4면; 동아일보, 1959.4.30, 3면.

67) 경향신문, 1959.3.22, 3면; 동아일보, 1959.3.24, 3면; 동아일보, 1959.3.26, 3면; 동아일보, 1959.5.7, 3면.

68) 조선일보, 1957.11.12, 1면.

69) 강돈구, "'여호와의 증인'의 특징과 전개", 64쪽.

제7장 암굴(暗窟) 속의 사투: 강화되는 처벌, 가중되는 딜레마

1) 김신숙·박형준, "병역 대체복무제도의 변동과정 고찰과 변화요인 분석", 86쪽.

2) 위의 글, 88쪽.

3) 강인화, "병역 대체복무제도의 역사적 구성: '잉여자원' 관리와 발전에의 동원", 『사회와 역사』 132, 2022, 188, 203쪽.

4) 김신숙·박형준, "병역 대체복무제도의 변동과정 고찰과 변화요인 분석", 97쪽.

5) 위의 글, 98쪽.

6) 위의 글, 86쪽.

7) 나태종, "한국의 병역제도 발전과정 연구", 309쪽.

8) 강인화, "병역 대체복무제도의 역사적 구성", 185쪽.

9) 위의 글, 186, 200쪽.

10) 위의 글, 194쪽.

11) 위의 글, 184, 188, 190쪽.

12) 위의 글, 189, 197-198쪽.

13) 문승숙, 『군사주의에 갇힌 근대: 국민 만들기, 시민 되기, 그리고 성의 정치』, 이현정 역, 또하나의문화, 2007, 22, 31, 69쪽.

14) 임재성, 『삼켜야 했던 평화의 언어』, 67-68쪽. 대체복무제도—나아가 병역 문제 전반—를 대하는 역대 한국 정부의 이런 태도는 군가산점제도에서도 재차 확인된다. 1999년에 헌법재판소가 위헌 판정을 내리며 비판했듯이, 군가산점제는 국가가 "아무런 재정적 뒷받침 없이 제대군인을 지원하려 한 나머지 결과적으로 여성과 장애인 등 이른바 사회적 약자들의 희생을 초래"한 것이었다(같은 책, 80쪽).

15) 강인화, "병역 대체복무제도의 역사적 구성", 193쪽.

16) 위의 글, 193쪽.

17) 정부는 1961년 9월부터 '병역거부자'를 '도망·잠닉한 병역기피자'와 구분하여 8개월 형을 선고하기 시작했다는데(평화박물관 건립추진위원회, 『총을 들지 않는 사람들』, 106쪽), 이것이 사실이라면 상황이 훨씬 악화된 재림교회 측에 비해 여호와의증인 신자들의 경우 역으로 다소나마 여건이 개선된 셈이 된다.

18) 오만규, 『집총거부와 안식일 준수의 신앙양심』, 85-88쪽 참조.

19) 위의 책, 88, 93, 477, 544쪽 참조. 정부는 1963년 1월 '병역법 시행령'을 전문(全文) 개정하면서 '2년 이상의 형의 선고를 받은 자'를 '제1예비역'에 편입하도록 정했다(57조). 그 이전에는 관련 규정 자체가 없었던 것으로 보인다. 그러나 1966년 9월에 이 규정(병역법 시행령 57조) 자체를 삭제함으로써, 2년 형을 선고받는 경우에도 재복무(再服務)를 요구할 수 있는 근거를 마련했다. 1969년 1월에는 "현역병으로서 2년 이상의 징역 또는 금고의 형을 받아 현역에 적합하지 아니하다고 인정된 자는 제1보충역에 복무하게 한다"는 조항이 새로 생겨나(43조), 1966년 이전의 상황으로 되

돌아갔다[법제처 국가법령정보센터(www.law.go.kr)의 ‘병역법 시행령’ 항목 참조].
따라서 1969년 이후에는 양심적 집총거부자가 군사법원에서 2년 이상의 실형을 받
을 경우 ‘특수현역면제(特殊現役免除)’ 혹은 ‘특수전역(特殊轉役)’, 다시 말해 불명
예제대 처분을 받게 된 것이다.

20) 오만규, 『집총거부와 안식일 준수의 신앙양심』, 477-487쪽.

21) 위의 책, 483쪽.

22) 위의 책, 544쪽.

23) 평화박물관 건립추진위원회, 『총을 들지 않는 사람들』, 57쪽.

24) 오만규, 『집총거부와 안식일 준수의 신앙양심』, 88쪽.

25) 대법원 종합법률정보(https://glaw.scourt.go.kr)의 ‘대법원 1969.7.22. 선고 69도
934 판결’에 따름, https://glaw.scourt.go.kr/wsjo/panre/sjo100.do?bubNm=%
EB%8C%80%EB%B2%95%EC%9B%90&saNo=69%EB%8F%84934&panreGa-
jiNo=00(2024.11.14. 검색). 또 1992년 9월 14일의 판결에서도 대법원은 “상관으로
부터 집총을 하고 군사교육을 받으라는 명령을 수회 받고도 그때마다 이를 거부한
경우에는 그 명령 횟수만큼의 항명죄가 즉시 성립하는 것이지, 집총거부의 의사가
단일하고 계속된 것이며 피해 법익이 동일하다고 하여 수회의 명령 거부 행위에 대
하여 하나의 항명죄만 성립한다고 할 수는 없다”는 주장만 앵무새처럼 반복할 따름
이었다[대법원 종합법률정보(https://glaw.scourt.go.kr)에 따름(2024.11.14 검색)].

26) 법제처 국가법령정보센터(www.law.go.kr)의 ‘군형법’ 항목 참조.

27) 평화박물관 건립추진위원회, 『총을 들지 않는 사람들』, 106쪽.

28) 오만규, 『집총거부와 안식일 준수의 신앙양심』, 606쪽.

29) Office of the High Commissioner on Human Rights, *Conscientious Objection to
Military Service*, pp. 34-37.

30) 오만규, 『집총거부와 안식일 준수의 신앙양심』, 542-543쪽.

31) 위의 책, 562-564쪽.

32) 평화박물관 건립추진위원회, 『총을 들지 않는 사람들』, 107쪽.

33) 김두식, 『평화의 얼굴』, 269쪽.

34) 위의 책, 270쪽. 보다 구체적으로, 1969년 7월 22일 대법원은 여호와의증인 신자가
제기한 병역법 위반 소송에서 “헌법 제25조의 규정에 의하면 모든 국민은 법률이 정

하는 바에 의하여 국방의 의무를 가진다고 되어 있어서 병역법은 위 헌법의 규정에 따라 제정된 것으로서 같은 법의 규정에는 특단의 사정이 없는 이상 모든 국민은 다 같이 이에 따라야 하며, 피고인이 '여호와의 증인'이라는 종교를 신봉하고 그 교리에 크리스토인의 '양심상의 결정'으로 군복무를 거부한 행위는 응당 병역법의 규정에 따른 처벌을 받아야 되며, 한 번 처벌을 받았다고 하여서 다시는 같은 법의 적용으로 처벌을 받지 않게 되는 것이 아니고, 논지에서 말하는 소위 '양심상의 결정'은 헌법 제17조에서 보장한 양심의 자유에 속하는 것이 아니라고 할 것"이라고 주장했다. 대법원 종합법률정보(https://glaw.scourt.go.kr)의 '대법원 1969.7.22. 선고 69도934 판결'에 따름, https://glaw.scourt.go.kr/wsjo/panre/sjo100.do?bubNm=%EB%8C%80%EB%B2%95%EC%9B%90&saNo=69%EB%8F%84934&panreGajiNo=00(2024.11.14. 검색).

35) 그러나 2004년 이후 순차적으로 도입된 '주5일 근무제'가 시행될 때까지는 안식일 문제에서조차 완전한 제도적 해결이 여의치 못했던 게 현실이었다.

36) 오만규, 『집총거부와 안식일 준수의 신앙양심』, 289쪽.

37) 위의 책, 111쪽.

38) 위의 책, 89-90쪽.

39) 위의 책, 95-106쪽.

40) 위의 책, 98, 110쪽.

41) 위의 책, 122쪽.

42) 위의 책, 119, 127쪽.

43) 오만규, 『네 검을 내려놓으라』, 232쪽.

44) 오만규, 『집총거부와 안식일 준수의 신앙양심』, 130쪽.

45) 위의 책, 134쪽.

46) 위의 책, 134, 203쪽.

47) 위의 책, 209-210쪽. 1976년 수감자 명단은 같은 책 134쪽에 의거하여 필자가 수정했다. 최장기 수감자인 최방원의 형기도 같은 책 477-487쪽에 의거하여 7.5년으로 수정했다. 여기서 '직책'은 집총거부 당시의 직책을 가리키는 것은 아니다.

48) 이지춘, "한국 재림교회 역사 속의 종교자유 논쟁", 70, 72쪽. 필자가 두 개의 표를 합친 것임.

49) 오만규, 『집총거부와 안식일 준수의 신앙양심』, 136쪽.

50) 위의 책, 141, 204쪽.

51) 강인철, 『종교와 군대: 군종, 황금어장의 신화는 어떻게 만들어졌나?』, 현실문화, 2017, 73-84, 199-204, 208-214쪽 참조.

52) 김경선, 『진리가 너희를 자유케 하리라: 제칠일안식일예수재림교회의 진실』, 여운사, 1996, 279쪽. SDA는 재림교회의 영문 약칭이다. 대총회에는 군종 업무의 담당 부서로 군목부(chaplaincy ministries)가 설치되어 있었다. 1996년 현재 미군에서 활동하고 있는 재림교회 군목 숫자는 육군 20명, 해군 17명, 공군 4명, 원호병원 5명, 군종 예비군 35~40명에 이르렀다(같은 책, 279-281쪽).

53) 오만규, 『집총거부와 안식일 준수의 신앙양심』, 148, 205, 617-622쪽 참조.

54) 위의 책, 31-32쪽.

55) 임재성, 『삼켜야 했던 평화의 언어』, 107쪽.

56) 권김현영에 의하면, "형평성이라는 국가의 동원 논리는 반드시 모두 군대를 가야만 한다는 전제를 전달함으로써, 형평성 원칙의 성공 여부와 무관하게 군대에 관한 불만의 유일한 해결책으로서 형평성이라는 원칙을 받아들이게 했던 것이다. 이때 특권층에 의한 병역비리와 여호와의증인의 집총거부, 동성애자의 입영 반대는 "군대를 가지 않으려 한다"는 기준 아래서 같은 문제로 취급된다." 권김현영, "병역의무의 성별 정치학", 『당대비평』 19, 2002년 여름, 44쪽.

57) 판례를 검토해보면, 1980년 9월 대법원 판결[유기치사·의료법 위반(예비적 업무방해)]을 비롯하여, 2009년 5월 대법원 판결(무의미한 연명치료장치 제거 등), 2009년 12월 광주지방법원 판결(업무상 과실치사), 2010년 10월 서울동부지방법원 판결(진료업무 방해 금지처분), 2014년 6월 대법원 판결(업무상 과실치사) 등의 사례를 확인할 수 있다. 대법원 종합법률정보(https://glaw.scourt.go.kr)에 따름(2023.2.16 검색).

58) 군의문사진상규명위원회, "군의문사진상규명위원회 결정문(2008.10.29)", 한인섭·이재승 편, 『양심적 병역거부와 대체복무제』, 경인문화사, 2013, 778-786쪽.

59) 법제처 국가법령정보센터(www.law.go.kr)의 '병역법 위반 등의 범죄 처벌에 관한 특별조치법' 항목 참조.

60) 경향신문, 1973.3.6, 7면.

61) 병무청의 발표에 따르면 1974년 7월 초 현재 "올해 발생한 병역기피자의 85%가 여

호와의증인 신도"였다(경향신문, 1974.7.6, 7면). 병무청은 1974년 들어 7월 말까지 발생한 병역기피자 78명 중 87%에 해당하는 68명이 여호와의증인 신자였다고 발표했다(동아일보, 1974.7.30, 7면). 1974년 12월 19일 경기도지방병무청에서 열린 병무당국과 여호와의증인 신자 대표 회의에 관한 언론보도에 의하면, "전국의 병역기피율 0.2%가 거의 여호와의증인 신도에 의한 것이며 경기도의 경우 금년 들어 일어난 기피자 13명 모두가 이들 신도였다"(조선일보, 1974.12.20, 7면).

62) 1974년 7월 말 병무청은 1974년 6월 1일부터 한 달 반 동안의 '병역기피자 특별검거 기간'에 539명을 구속했고, 6개 업소의 관허업 취소, 18개 업체의 고용주 고발 등의 조치를 이행했다고 발표했다. 또 언론보도에 따르면, 병무청은 1974년을 '병역기피일소의 해'로 정하고 "정초부터 기피자의 소재와 실태 등을 극비리에 사전 파악, 검찰 경찰과 합동단속반을 편성, 전국적으로 일제히 기습 단속에 나섰었다"(동아일보, 1974.7.30, 7면).

63) 평화박물관 건립추진위원회, 『총을 들지 않는 사람들』, 50쪽.

64) 위와 같음.

65) 경향신문, 1974.12.16, 7면; 조선일보, 1974.12.19, 7면; 조선일보, 1974.12.20, 7면.

66) 군의문사진상규명위원회, "군의문사진상규명위원회 결정문(2008.10.29)", 782쪽.

67) 위의 글, 785쪽.

68) 위의 글, 786-788쪽.

69) 경향신문, 1974.12.20, 7면.

70) 조선일보, 1975.8.1, 7면.

71) 홍영일, "양심적 병역거부와 관용의 증가", 17쪽. 예를 들자면, 1974년 1월 부산지방병 무청은 병역기피자 2명을 고발하면서 "친권자에 대한 사회활동을 제지시키기로 했다"고 밝혔고(경향신문, 1974.1.19, 7면), 같은 해 10월 경기도지방병무청은 1974년 상반기 동안 병역기피자의 "친권자" 4명을 찾아내 면직 또는 좌천시켰으며 이는 대통령 훈령 제34호인 병무행정 쇄신지침에 따른 것이라고 발표했다(조선일보, 1974.10.13, 7면).

72) 군의문사진상규명위원회, "군의문사진상규명위원회 결정문(2008.10.29)", 785-786쪽.

73) 평화박물관 건립추진위원회, 『총을 들지 않는 사람들』, 61-63쪽.

74) 임재성, "징병제 형성 과정을 통해서 본 양심적 병역거부의 역사", 『사회와 역사』 88, 2010, 401쪽.

75) 재림마을 뉴스센터(http://www.adventist.or.kr/nc), 2002.3.27 참조.

76) 법제처 국가법령정보센터(www.law.go.kr)의 '병역법 시행령' 항목 참조.

77) 홍영일, "양심적 병역거부와 여호와의증인", 222-227쪽.

78) 위의 글, 259쪽.

79) 위의 글, 225쪽.

80) 김두식, "양심에 따른 병역거부자들과 탈영병들의 슬픈 노래", 227-228, 230-231쪽.

81) 정인환, "27년 지속되는 집총거부 대가", 『한겨레21』, 2002.8.15, 25쪽.

82) 이석우, 『양심적 병역거부』, 35-57쪽 참조.

83) 박화춘, "여긴 호텔", 55쪽.

84) 군의문사진상규명위원회, "군의문사진상규명위원회 결정문(2008.10.29)", 789-790쪽.

85) 김영균, "구타·물고문·철창 타기·살해 위협....여호와의증인 5명 어떻게 죽었나: 군
의문사위가 밝힌 '양심에 따른 병역거부' 잔혹사", □오마이뉴스□, 2009.1.21.

86) 정인환, "둘 중 하나는 죽어야 풀릴 문젠가", 『한겨레21』(온라인판), 2007.4.10.

87) 위와 같음.

88) 위와 같음.

89) 권오성, "빨갱이 몰아 때리고 물고문 집총거부자 '고의적 타살'", □한겨레□(온라인
판), 2009.1.16.

90) 정인환, "둘 중 하나는 죽어야 풀릴 문젠가", 『한겨레21』(온라인판), 2007.4.10.

91) 김두식, "양심에 따른 병역거부자들과 탈영병들의 슬픈 노래", 219, 234쪽.

92) 김두식에 따르면, "이단이냐, 아니냐의 여부는 궁극적으로 기독교 내부의 문제다. 그
런데도 우리 사회는 기독교의 '이단' 정의를 너무나 자연스럽게 '사회 전체의 이단'
으로 확대해 받아들였다. 주류에 속한 특정 집단이 소수파를 '이단'으로 정의하는 순
간, 사회 전체가 그 소수파를 '이단'으로 받아들이는 특이한 시스템을 보여주고 있는
것이다. 반공, 애국, 기독교, 독재정권 등이 일체를 이룬 주류 사회가 소수자를 억압
하는 데 있어서 철저하게 연합하고 있었음도 알 수 있다." 김두식, "양심에 따른 병
역거부자들과 탈영병들의 슬픈 노래", 227쪽.

93) 필자가 지도한 석사학위논문에서 김돈회는 재림교회의 양심적 병역거부 '포기'와
여호와의증인 교단의 양심적 병역거부 '유지'를 대조시킨 바 있다. 김돈회, "양심적
병역거부의 포기와 유지: '재림교회'와 '여호와의 증인'에 대한 비교연구", 한신대학

교 석사학위논문, 2009.

94) 임재성, "징병제 형성 과정을 통해서 본 양심적 병역거부의 역사", 411쪽.

95) 오만규, 『네 검을 내려놓으라』, 236쪽.

96) 이진구, "병역거부, 신사참배, 그리고 독립유공자 추서", 『뉴스레터』(kirc.or.kr) 966,
   2023.2.14.

97) 홍영일, "양심적 병역거부와 여호와의증인", 214-215, 224-227쪽.

98) 김상협, "종교 신념 군 집총거부자 매년 증가", 「문화일보」, 2001.9.19.

99) 이석우, 『양심적 병역거부』, 27쪽의 표 참조.

100) 윤용복, "'여호와의 증인'의 역사와 특성", 297쪽.

101) 강인철·박정경수, "정의로운 전쟁 VS 정의로운 평화", 전쟁없는세상 편, 『저항하는
    평화: 전쟁, 국가권력에 저항하는 평화주의자들의 대담』, 오월의봄, 2015, 113-116쪽.

102) 김두식, "양심에 따른 병역거부자들과 탈영병들의 슬픈 노래", 231쪽.

103) 유인술, 『40년 여호와의증인, 질문 15개: 알고 싶습니다』, 파랑새미디어, 2014, 29쪽.

104) 위의 책, 136쪽.

105) 홍영일, "양심적 병역거부와 여호와의증인", 240쪽.

106) 유인술, 『40년 여호와의증인, 질문 15개』, 175쪽.

107) 위의 책, 163-164쪽.

108) 위의 책, 163쪽.

109) 위의 책, 174쪽. 유인술의 설명대로 "여호와의증인 종교에서 말하는 '개인의 양심에
    따라 하라'는 말은 일종의 '허가'를 의미한다. 즉, 그 일로 인한 개인의 결정에 대해
    서는 종교집단으로부터의 사법 처분을 하지 않겠다는 말이 된다"(같은 책, 175쪽).

110) 이지춘, "한국 재림교회 역사 속의 종교자유 논쟁", 68쪽.

제8장 다른 장소와 유형의 거부자들

1) 박문수, "6·25전쟁 중 탈영병", 『가톨릭평론』 46, 2024년 여름, 135-136쪽.

2) 위의 글, 141-142쪽.

3) 이길우, "87살 영원한 아나키스트 "주눅 든 국민에 의욕 불어 넣고파"", □한겨레□,

2014.8.12, 26면.

4) 임재성, 『삼켜야 했던 평화의 언어』, 99-100쪽에서 재인용.

5) 와다 하루끼, "일·한 연대운동의 사상과 궤적", 『창작과 비평』 61, 1988년 가을, 329쪽.

6) 권혁태, "파병 거부한 밀항자 김동희를 아십니까", 「한겨레」, 2014.1.4, 4면.

7) 이용석, "우리가 몰랐던 병역거부자", 2021.2.8, https://brunch.co.kr/@figtree1980/ 122(2021.2.11 검색).

8) 오만규, 『집총거부와 안식일 준수의 신앙양심』, 360쪽.

9) 이용석, 『병역거부의 질문들』, 24-25쪽.

10) 조현, "빈자의 벗 하늘의 별이 되다..김홍술 목사 별세", 「한겨레」(온라인판), 2022.2.16.

11) 김두식, "기독교도 양심적 병역거부 했다: 대체복무제를 '이단의 것'이라 욕하는 이여, 막시밀리안·퀘이커교도·존 스토트 목사를 아는가", 『한겨레21』, 2001.8.2, 37쪽.

12) 대천덕, 『나와 하나님: 항상 서로 사랑하며 함께 살게 하소서』, 예수원, 1993, 25쪽.

13) 최정민, "영국의 병역거부자, 총 드는 대신 한국인 살리다", 「오마이뉴스」, 2018.1.26. 이 기사에 존스의 글이 발췌 번역되어 있다.

14) 위와 같음.

15) 정성학, "존 쉘윈 콘스 박사가 바라본 '한국전쟁'", 「새전북신문」(온라인판), 2013.3.19.

16) 박노자, "왜 "아니오"라고 못하는가: 한국에서 승려 생활했던 스칸디나비아 불교학자 헨릭 씨의 한국 불교와 한국론", 『한겨레21』, 2000.9.28, 110-111쪽.

17) 김유태, "지한파 '한옥 전도사'의 쓸쓸한 장례식", 「매일경제」, 2021.5.25, 33면.

18) 김항제, "퀘이커교(Quakerism)의 한국 사회 이식과정과 그 의미", 『신종교연구』 29, 2013, 41-42쪽.

19) 김성수, 『함석헌 평전: 신의 도시와 세속 도시 사이에서』, 삼인, 2001, 121-122쪽. 아울러, 김성수, "한국 기독교사에서 퀘이커주의와 함석헌의 위치", 『한국기독교와 역사』 23, 2005, 173-175쪽도 참조.

20) 김항제, "퀘이커교(Quakerism)의 한국 사회 이식과정과 그 의미", 42-43쪽.

21) 김성수, 『함석헌 평전』, 122, 129쪽; 김성수, "한국 기독교사에서 퀘이커주의와 함석헌의 위치", 175-179쪽.

22) 김성수, 『함석헌 평전』, 131쪽.

23) 김종태, "안반덕(安盤德) 산 살림 이야기", 『씨올의 소리』 114, 1990년 7월호, 124쪽.

24) 이치석, 『씨올 함석헌 평전』, 시대의창, 2005, 422쪽.

25) 김성수, 『함석헌 평전』, 105쪽.

26) 김종태, "안반덕(安盤德) 산 살림 이야기", 124쪽.

27) 위와 같음.

28) 김성수, 『함석헌 평전』, 105쪽.

29) 위와 같음; 김두식, 『칼을 쳐서 보습을: 양심에 따른 병역거부와 기독교 평화주의』, 뉴스앤조이, 2002, 112쪽; 이치석, 『씨올 함석헌 평전』, 422쪽.

30) 조응태, "재세례파 형성 및 한국 유입 과정과 신종교적 의의", 『신종교연구』 30, 2014, 17-19쪽.

31) 위의 글, 15-17쪽.

32) 순복음교육연구소 편, 『하나님의 성회 교회사』, 서울서적, 1987, 34-44쪽.

33) 위의 책, 97-112쪽.

34) 오만규, 『네 검을 내려놓으라』, 295쪽.

35) 스튜어트 머레이, 『이것이 아나뱁티스트다』, 179쪽.

36) 순복음교육연구소, 『하나님의 성회 교회사』, 73-79쪽 참조.

37) 위의 책, 112-113쪽 참조.

38) 강인철, 『경합하는 시민종교들』, 517쪽.

39) 이지춘, "한국 재림교회 역사 속의 종교자유 논쟁", 70, 72쪽 참조.

40) 김웅호, "예비군훈련에서 집총을 거부하여 최초로 군법회의 재판에서 징역형을 선고받고 형무소에 수감되었던 이야기", 오만규, 『집총거부와 안식일 준수의 신앙양심』, 323-325쪽.

41) 조선일보, 1975.3.11, 7면.

42) 동아일보, 1975.3.12, 3면.

43) 동아일보, 1975.5.31, 7면; 조선일보, 1975.6.1, 7면.

44) 동아일보, 1975.7.3, 7면; 조선일보, 1975.7.4, 7면.

45) 동아일보, 1976.6.10, 7면; 조선일보, 1976.7.3, 7면.

46) 송병구, ""군이 본연의 임무 망각하고 비상계엄 확대하다니": 군사정권 준열히 꾸짖은 고 김영수 목사", 「한겨레」, 2025.3.27, 23면.

47) 양심에 따른 병역거부권 실현과 대체복무제도 개선을 위한 연대회의, 『양심에 따른

병역거부자들을 위한 가이드북』, 양심에 따른 병역거부권 실현과 대체복무제도 개
선을 위한 연대회의, 2004, 36-37쪽.

48) 정인환, "“예비군도 신념에 따르련다”", 『한겨레21』, 2003.2.20, 14쪽.

49) 정주진, "“폭력 시위” 운운하며 뒤로 숨는 ‘폭력 가해자들’", 「오마이뉴스」, 2008.6.9.

50) 임재성, 『삼켜야 했던 평화의 언어』, 221쪽.

51) 위의 책, 225-227쪽.

52) 신윤동욱, "여호와의 증인, 그들은 누구인가", 『한겨레21』, 2004.6.10, 79-80쪽.

53) 경향신문, 1973.6.4, 7면.

54) 양성희, "인터뷰/양심적 병역거부 수기 쓴 김재현 씨", 「문화일보」, 2002.5.31.

55) 김재현, "교도소보다 힘들었던 교련 수업 시간", 37-38쪽.

56) 오만규, 『집총거부와 안식일 준수의 신앙양심』, 129-130쪽.

57) 조선일보, 1974.9.13, 7면.

58) 오만규, 『집총거부와 안식일 준수의 신앙양심』, 538-541쪽.

59) 위의 책, 129-131쪽.

60) 한겨레, 1993.4.19, 5면.

61) 한겨레, 1993.5.18, 14면.

제3부 한국의 군사주의와 양심적 병역거부

제9장 한국의 특성들: 비교의 맥락에서 본 양심적 병역거부

1) 이에 대해서는 제10장에서 보다 상세히 고찰할 것이다.

2) 이에 대해서는 제11장에서 상세히 다룰 것이다.

3) 김신숙·박형준, "병역 대체복무제도의 변동과정 고찰과 변화요인 분석", 87쪽.

4) 당시 헌법재판소는 양심적 병역거부자들에게 대체복무제마저 허용치 않는 것은 위
헌이라고 결정하면서, 그 근거로서 "지금도 의경, 산업기능요원, 전문연구요원 등 14
개나 되는 다양한 사유에 의한 대체복무를 허용하면서 종교적 사유에 따른 병역거
부자들에 대해서만 대체복무를 인정하지 않는 것은 문제"라고 판단했다. 김신숙,

『역사와 쟁점으로 살펴보는 한국의 병역제도』, 14쪽.

5) 최장집, "과대성장국가의 형성과 정치균열의 구조", 『한국사회연구3』, 한길사, 1985, 193-195쪽.

6) 강인철, 『한국 기독교회와 국가·시민사회: 1945~1960』, 한국기독교역사연구소, 1996, 160쪽.

7) 미셸 푸코, 『감시와 처벌: 감옥의 역사』, 오생근 역, 나남, 2011; 조르조 아감벤, 『호모 사케르』, 박진우 역, 새물결, 2008.

8) 강인철, 『경합하는 시민종교들』, 527쪽.

9) 강인철, 『시민종교의 탄생』, 409쪽.

10) 이상민이 한국 메노나이트 최초의 양심적 병역거부자였다. 그는 2013년 10월 29일에 병역거부를 선언했고, 2014년 4월에 1년 6개월 형을 선고받고 투옥되었다. http: // www. withoutwar. org/?dc_member=%ec%9d%b4%ec%83%81%eb%af%bc-2014-4-30 (2015.2.12 검색).

11) 윤용복, "현대 한국 사회에서 '여호와의 증인'의 위치", 48-49, 52쪽.

12) 탁지원, "여호와의증인, 그 갈등의 역사", 『현대종교』(온라인판), 2018.9.7, www.hd-jongkyo.co.kr/news/view.html?section=22&no=16098(2023.7.15 검색).

13) 윤용복, "현대 한국 사회에서 '여호와의 증인'의 위치", 32쪽.

14) '정교분리'의 다양한 의미에 대해서는, 강인철, "정교분리 이후의 종교와 정치: 의미와 동학", 『민주사회와 정책연구』 26, 2014를 볼 것. 여기서 필자는 '종교적 규범'으로서의 정교분리, '법적 규범'으로서의 정교분리, '역사적 사실'로서의 정교분리를 각각 구분해야 한다고 주장했다.

15) 강인철, 『한국의 종교, 정치, 국가: 1945~2012』, 한신대학교출판부, 2013, 64-74쪽.

16) 위의 책, 75-87쪽.

17) 김두식은 "한국 기독교가 철저하게 평화주의를 무시하게 된" 요인으로, "기독교의 수용 시기부터 두드러지게 나타난 애국적 성향, 해방 이후 이승만 정권의 주도 아래 이루어진 반공이데올로기와 기독교의 결합, 군사독재로 인한 병역의 신성화", 덧붙여 "이단에 대해서 세계 어느 나라보다도 단호한 태도를 보이는 한국 기독교계의 분위기"를 꼽았다. 김두식, 『칼을 쳐서 보습을』, 113쪽.

18) 조국은 이렇게 말했다. "징병제를 실시하면서 대체복무제를 인정하지 않는 나라 중

에서 집총거부자에 대하여 우리나라만큼 중형을 선고하는 나라는 드물다. 전과자가 되어 사회적 불이익을 받는 것도 모자라 현역 복무기간보다도 장기간의 형량을 선고하는 것이 타당한 것인지는 의문이다." 조국, "양심적 집총거부권", 149쪽.

19) 한나 아렌트, 『폭력의 세기』, 김정한 역, 이후, 1999, 90쪽.

20) 위의 책, 86쪽.

21) 위의 책, 88, 131-132쪽.

22) 강인철, "한국 사회와 양심적 병역거부", 140쪽.

23) 위의 글, 140-141쪽. 이번에 재인용하면서 필자가 마지막 두 문장을 새로 추가했다.

제10장 한국의 군사주의와 양심적 병역거부

1) 서보혁, 『군사주의: 폭력의 이데올로기와 작동방식』, 박영사, 2024, 514쪽.

2) 위의 책, 25-28, 41-43, 48, 62, 515쪽; 김정수, "한국교회와 군사주의"(평화포럼 강연 자료), 한국기독교사회문제연구원·제3시대그리스도교연구소, 2003.5.2, 2쪽; 임재성, 『삼켜야 했던 평화의 언어』, 19, 121쪽.

3) 김정수, "한국교회와 군사주의", 2쪽. 홍두승은 '군사문화'의 특징을 권위주의, 획일주의, 형식주의, 보수주의, 집합주의, 완전무결주의, 공공조직주의의 일곱 가지로 제시한 바 있다[홍두승, 『한국 군대의 사회학』(증보판), 나남, 1996, 120-125쪽].

4) 임재성, 『삼켜야 했던 평화의 언어』, 329쪽.

5) 서보혁, 『군사주의』, 62쪽.

6) 위의 책, 516쪽.

7) 위의 책, 518쪽.

8) 위의 책, 512, 514쪽.

9) 위의 책, 513쪽. 양심적 병역거부 운동가인 알렉스 파루신은 이스라엘에서 어떻게 광고, 쇼, 드라마 등을 통해 군사주의적 고정관념이 형성되는지 언급한 바 있다: "이미지로서 '군인'은 사회 곳곳에서 자연스럽게 등장한다. 광고 속에서는 어머니는 군대에서 돌아올 아들을 생각하면서 치즈를 준비한다. 텔레비전 쇼나 드라마, 심지어 특별한 관련이 없는 교과서 속의 대화에서도 군인들은 매우 빈번하게 등장한다"(임

재성, 『삼켜야 했던 평화의 언어』, 324쪽).

10) 서보혁, 『군사주의』, 513-514쪽.

11) 임재성, 『삼켜야 했던 평화의 언어』, 324쪽.

12) 한겨레, 2024.3.25, 21면.

13) 한인섭, "양심적 병역거부", 13쪽.

14) 서보혁, 『군사주의』, 515쪽.

15) 문승숙, 『군사주의에 갇힌 근대』; 신병식, "박정희 시대의 일상생활과 군사주의"; 신병식, 『국가와 주체』.

16) 강인철, 『경합하는 시민종교들』, 544쪽.

17) 최근 한 칼럼에서 염상열 노무사는 "대한민국 기업은 군대 집단 그 자체라 봐도 과언이 아니다. 많은 기업인들이 군사문화를 철저히 신봉했다"면서, 대표적인 사례로 특수전사령부 부대 신조를 차용한 정주영 현대 회장의 "안 되면 되게 하라 정신", 박태준 포스코 창업자의 "우향우 정신"("포항제철소 건설에 죽기 살기로 달려들고 실패하면 우향우하여 바다에 빠져 죽자")과 "불도저 정신, 필사의 정신" 등을 예로 든 바 있다. 염상열, "아직도 군사문화 못 버린 대한민국 기업들", 「한겨레」, 2025.1.23, 25면.

18) 강인철, 『경합하는 시민종교들』, 514쪽.

19) 위의 책, 514-515쪽.

20) 위의 책, 516-517쪽. 이 밖에 오제연, "병영사회와 군사주의 문화"; 김영미, "해방 이후 주민등록제도의 변천과 그 성격: 한국 주민등록증의 역사적 연원", 『한국사연구』 136, 2007; 홍성태, "유신 독재와 주민등록제도", 『역사비평』 99, 2012; 고문현, "주민등록제도의 문제점과 개선방안", 『공법학연구』 13(4), 2012, 273-275쪽; 이상명, "주민등록 지문날인제도의 위헌성", 『한양법학』 36, 2011, 322쪽; 김학재, "자유진영의 최전선에 선 국민", 홍석률 외, 『한국현대생활문화사, 1950년대: 삐라 줍고 댄스홀 가고』, 창비, 2016, 50-51쪽; 문상석, "한국전쟁, 근대국민국가 형성의 출발점: 자원동원론의 관점에서", 『사회와 역사』 86, 2010, 102쪽 등을 볼 것.

21) 김동춘, 『전쟁과 사회: 우리에게 한국전쟁은 무엇이었나』, 돌베개, 2000, 399-400쪽.

22) 강인철, 『시민종교의 탄생』, 제2부 참조.

23) 김두식에 의하면, "민주화운동 세력도, 비교적 온건한 기독교 세력도 이들을 보호하려 하지 않았고, 여호와의증인들 자신도 국가에 대한 적극적 투쟁을 고려하지 않았

기 때문에, 군사정권 입장에서 이보다 더 만만한 희생양을 찾기도 어려웠을 것이다. 국기에 대한 경례, 애국가 제창, 병역의무 등을 모두 거부하는 데다가, 수혈 거부까지 하고 있는 이 조그만 종파에 대해 관용을 베풀 이유는 전혀 없었다.……국기에 대한 경례, 애국가 제창 등 국가주의를 고취하는 현장에서도, 여호와의증인들은 '시키는 대로 따라하지 않으면 학교에서 퇴학당한다(또는 사회에서 퇴출당한다)'는 시범 케이스로서의 주어진 역할을 다했다." 김두식, "양심에 따른 병역거부자들과 탈영병들의 슬픈 노래", 233쪽.

24) 강인철, 『경합하는 시민종교들』, 544-545쪽.

25) 전쟁저항자인터내셔널, 『병역거부』, 239쪽.

26) 위의 책, 223, 294쪽.

27) 권김현영, "병역의무의 성별 정치학", 44-45쪽.

28) 한국의 전사자 숭배와 그 시스템에 대해서는, 강인철, 『전쟁과 희생』을 볼 것.

29) 임재성, 『삼켜야 했던 평화의 언어』, 142쪽.

30) 위의 책, 264, 271-281쪽.

31) 오제연, "병영사회와 군사주의 문화", 202-203쪽.

32) 임재성, 『삼켜야 했던 평화의 언어』, 142-143쪽.

33) 정해구, 『전두환과 80년대 민주화운동: '서울의 봄'에서 군사정권의 종말까지』, 역사비평사, 2011, 163쪽.

34) 이성용·서보혁, "결장: 비폭력주의와 한반도", 서보혁·이성용·허지영 편, 『폭력개념 연구: 열 가지 사나운 힘의 해부』, 모시는사람들, 2024, 326쪽.

35) 이기범, "한반도 평화운동과 평화교육", 하영선 편, 『21세기 평화학』, 풀빛, 2002, 491쪽.

36) 서보혁·정욱식, 『평화학과 평화운동』, 184-189쪽.

37) 이기범, "한반도 평화운동과 평화교육", 492쪽. 2000년 6월에 최원경 목사는 태평양전쟁희생자유족회, 한국국제기아대책기구, 우리민족서로돕기운동, 자주평화통일민족회의, 평화를 만드는 여성회, 평화네트워크를 당시의 대표적인 한국 평화운동 단체로 소개한 바 있다(최원경, "전쟁과 평화", 『기독교사상』, 2000년 6월호).

38) 서보혁·정욱식, 『평화학과 평화운동』, 183쪽; 임재성, 『삼켜야 했던 평화의 언어』, 123, 127쪽.

39) 임재성, 『삼켜야 했던 평화의 언어』, 308쪽.

40) 임재성, "한국 평화운동 20년의 궤적과 미래①", □한겨레□, 2023.4.19, 27면.

41) 한홍구, "한국의 징병제와 병역거부의 역사", 314쪽.

42) 임재성, "징병제 형성 과정을 통해서 본 양심적 병역거부의 역사", 409-412쪽.

43) 위의 글, 409-410쪽.

44) 강인화, "한국 사회의 병역거부운동을 통해 본 남성성 연구", 28쪽.

45) 전쟁저항자인터내셔널, 『병역거부』, 232쪽. 아울러, 권인숙, 『대한민국은 군대다: 여성학적 시각에서 본 평화, 군사주의, 남성성』, 청년사, 2005; 이남희, 『민중 만들기: 한국의 민주화운동과 재현의 정치학』, 유리·이경희 역, 후마니타스, 2015; 김원, 『잊혀진 것들에 대한 기억: 1980년대 대학의 하위문화와 대중정치』, 이매진, 2011을 볼 것.

46) Fred Kniss, "Mapping the Moral Order: Depicting the Terrain of Religious Conflict and Change," Michele Dillon ed., *Handbook of the Sociology of Religion*, New York: Cambridge University Press, 2003, p. 336 참조.

47) 강인화, "한국 사회의 병역거부운동을 통해 본 남성성 연구", 30-33쪽.

제11장 한국의 종교적 군사주의: 개신교의 사례

1) 이번 장은 필자가 2018년에 처음 발표한 글을 한글로 옮기면서 보완한 것이다. Kang In-Cheol, "Militarism and Korean Protestant Churches," *Korea Journal* 58(3), 2018.

2) Samuel Z. Klausner, "Violence," Mircea Eliade ed., *The Encyclopedia of Religion*, vol.15, New York: Macmillan, 1987, p. 269.

3) Harvey G. Cox ed., *Military Chaplains: From a Religious Military to a Military Religion*. Nashville: Abingdon Press, 1969.

4) Charles Lutz, "What Now for the Military Chaplaincy?," *The Christian Century*, February 28, 1973, p. 258.

5) 강인철, 『종교와 군대』, 158-174쪽.

6) Kim Sung-Gyung, "Chaplains in Two Armies, U.S. & Korea: A Study in Comparative Ideology," PhD dissertation, University of Minnesota, 1984.

7) Richard M. Budd, *Serving Two Masters: The Development of American Military*

Chaplaincy, 1860~1920, Lincoln: University of Nebraska Press, 2002.

8) Ann C. Loveland, "From Moral Builders To Moral Advocators: U.S. Army Chaplains in the Second Half of the Twentieth Century," Doris L. Bergen ed., *The Sword of the Lord: Military Chaplaincy from the First to the Twenty-First Century*, Notre Dame: University of Notre Dame Press, 2004.

9) Vladimir Tikhonov, "Militarized Masculinity with Buddhist Characteristics: Buddhist Chaplains and Their Role in the South Korean Army," *The Review of Korean Studies* 18(2), 2015.

10) 양현혜, "식민지 시대 한국 개신교의 전쟁과 평화에 대한 이해", 328쪽.

11) 노치준, "한국전쟁이 한국종교에 미친 영향", 한국사회학회 편, 『한국전쟁과 한국사회 변동』, 풀빛, 1992; 노치준, "한국전쟁이 한국교회의 성격 결정에 미친 영향", 『기독교사상』, 1995년 6월호; 서정민, "한국전쟁과 기독교: 역사적 배경과 그 해석 문제에 유의하며", 채수일 편, 『희년신학과 통일희년운동』, 한국신학연구소, 1995; 허명섭, "한국전쟁과 한국교회 구조의 변화", 『한국기독교신학논총』 35, 2004; 박보경, "1950년 한국전쟁 당시 한국교회의 역할", 『선교와 신학』 26, 2010; 한국사목연구소 편, 『한국 천주교회사의 성찰과 전망2: 해방공간과 한국전쟁을 중심으로』, 한국천주교중앙협의회, 2001 등을 참조할 것.

12) 강인철, 『전쟁과 종교』, 235-260쪽 참조.

13) 윤선자, "베트남전쟁과 한국 천주교회", 『전남사학』 18, 2002.

14) Ryu Dae-young, "Korean Protestant Churches' Attitude Towards War: With a Special Focus on the Vietnam War," *Korea Journal* 44(4), 2004.

15) 육군본부 군종감실 편, 『군진신학』, 군복음화후원회, 1985; 대한예수교장로회총회 군선교부 편, 『군선교신학』, 대한예수교장로회총회 출판국, 1990.

16) 강인철, "한국 개신교와 양심적 병역거부: '정통'과 '이단'을 넘어서", 『한신인문학연구』 6, 2005.

17) 강인철, 『전쟁과 종교』, 191-198쪽.

18) 강인철, 『한국의 개신교와 반공주의: 보수적 개신교의 정치적 행동주의 탐구』, 도서출판 중심, 2007, 58-62쪽.

19) 위의 책, 68-74쪽.

20) 최태육, "남북분단과 6·25전쟁 시기(1945~1953) 민간인 집단희생과 한국기독교의 관계 연구", 목원대학교 박사학위논문, 2015.

21) 김진호, 『권력과 교회』, 창비, 2018, 202쪽.

22) Ryu, "Korean Protestant Churches' Attitude Towards War," p. 83.

23) 육군본부 군종감실 편, 『육군군종사』, 육군본부, 1975, 69-93쪽 참조.

24) 강인철, 『한국의 개신교와 반공주의』, 74쪽.

25) 김선주, 『한국교회의 일곱 가지 죄악』, 삼인, 2009, 49쪽.

26) 류대영, "2천년대 한국 개신교 보수주의자들의 친미·반공주의 이해", 『경제와 사회』 62, 2004, 64-65, 71쪽.

27) Ju Hui Judy Han, "The Politics of Homophobia in South Korea," *East Asia Forum Quarterly* 8(2), 2016, p. 7.

28) 강인철, "가톨릭 우파와 대한민국수호천주교인모임", 『기쁨과 희망』 13, 2014.

29) C. Peter Wagner, *Confronting the Powers*, Ventura: Gospel Light Publications, 1997; C. Peter Wagner, *Breaking Spiritual Strongholds in Your City*, Shippensburg: Destiny Image Publishers, 2015.

30) 정경일, "신앙이 흔들리는 겨울: 극우와 개신교", 『가톨릭뉴스 지금여기』, 2025.2.27; Lance Wallnau and Bill Johnson, *Invading Babylon: The 7 Mountain Mandate*, Shippensburg: Destiny Image Publishers, 2013.

31) 이재완, 『선교와 영적 전쟁』, CLC, 2011, 36쪽.

32) Mark Juergensmeyer, The New Cold War?, pp. 155-159.

33) 이진구, "개신교와 성장주의 이데올로기", 『당대비평』 12, 2000, 239-240쪽 참조.

34) 김진호, 『권력과 교회』, 205쪽에서 재인용.

35) 안점식, 『세계관과 영적 전쟁』, 죠이선교회, 1995; 안점식, 『세계관을 분별하라: 성경적 종교 신학 선교 변증론』, 죠이선교회, 1998.

36) 이태희, 『세계관 전쟁: 동성애가 바꿔 버릴 세상』, 두란노서원, 2016, 22쪽.

37) 이정연, "도시근대화와 종교: 1970~80년대 서울 신도심의 창출과 초대형교회의 형성", 서울대학교 박사학위논문, 2018, 특히 160-164쪽.

38) 강인철, 『종교정치의 새로운 쟁점들』, 한신대학교출판부, 2012, 478-484쪽. 개신교 해외선교사 숫자는 2010년 22,014명, 2011년 23,331명, 2012년 24,742명, 2013년 25,745

명 등 2009년 이후에도 한동안 증가세를 유지했지만, 2016년 이후 정체 혹은 감소세로 전환하여 2024년 말 현재로는 2009~2010년 수준(21,621명)으로 회귀했다. 국민일보(온라인판), 2025.3.13의 "체질 바뀌는 한국선교… 이주민 사역·파송 훈련 참가 늘었다"(조승현 기자) 기사; 국제기독신문(온라인판), 2019.1.8의 "2018 해외 한국인 선교사 파송 171개국 27,993명" 기사; 연합뉴스, 2014.2.2의 "개신교 파송 선교사 2만 5천여 명. 매년 1천여 명 증가"(조민정 기자) 기사 등을 볼 것.

39) 이재완, 『선교와 영적 전쟁』, 127쪽.

40) 김정수, "한국교회와 군사주의", 4쪽.

41) 위의 글, 6쪽.

42) 위의 글, 3쪽.

43) 노치준, "한국교회의 개교회주의에 관한 연구", 『기독교사상』, 1986년 5월호, 81쪽.

44) 강인철, 『한국 기독교회와 국가·시민사회』, 275쪽.

45) 강인철, 『저항과 투항: 군사정권들과 종교』, 한신대학교출판부, 2013, 265-268쪽 참조.

맺음말

1) 프레시안, 2004.5.21.

2) 재림마을 뉴스센터(http://www.adventist.or.kr/nc), 2002.7.5 참조.

3) 이남석, 『양심에 따른 병역거부와 시민불복종』, 68쪽; 김범태, "예비군도 '양심적 집총거부': 삼육대 신학과 이윤길씨 등 7명 집총 거부…군 당국 고발 조치", 「오마이뉴스」, 2004.6.18.

4) 김범태, "대법원, '양심적 집총거부' 현역병 항소 기각: 1년 6월형 원심 확정…평화적 군복무 신념 요구 끝내 물거품", 「오마이뉴스」, 2005.9.9.

5) 이지춘, "한국 재림교회 역사 속의 종교자유 논쟁", 77-78쪽.

참고문헌

가가와 도요히코, 『그리스도교 입문: 가가와 도요히코의 삶과 신앙을 읽다』, 김재일 역, 레베카, 2015.

가이 허쉬버그, 『전쟁, 평화, 무저항: 신앙과 실천으로 보는 메노나이트의 평화 개념』, 최봉기 역, 대장간, 2012.

강돈구, "'여호와의 증인'의 특징과 전개", 『종교연구』 43, 2006.

강만길·성대경 편, 『한국사회주의운동 인명사전』, 창작과비평사, 1996.

강사문, "정당전쟁론에 대한 성서적 해석", 『기독교사상』, 1991년 4월호.

강원돈, "일제하 사회주의운동과 한국 기독교", 김흥수 편, 『일제하 한국기독교와 사회주의』, 한국기독교역사연구소, 1992.

강인철, 『한국 기독교회와 국가·시민사회: 1945~1960』, 한국기독교역사연구소, 1996.

______, "해방 이후 북한교회의 역사", 북한교회사집필위원회, 『북한교회사』, 한국기독교역사연구소, 1996.

______, "한국전쟁과 사회의식 및 문화의 변화", 정성호 외, 『한국전쟁과 사회구조의 변화』, 백산서당, 1999.

______, 『전쟁과 종교』, 한신대학교출판부, 2003.

______, "한국 사회와 양심적 병역거부: 역사와 특성", 『종교문화연구』 7, 2005.

______, "한국 개신교와 양심적 병역거부: '정통'과 '이단'을 넘어서", 『한신인문학연구』 6, 2005.

______, 『한국 천주교의 역사사회학: 1930~1940년대의 한국 천주교회』, 한신대학교출

판부, 2006.

______, 『한국의 개신교와 반공주의: 보수적 개신교의 정치적 행동주의 탐구』, 도서출판
　　　　중심, 2007.

______, 『종교정치의 새로운 쟁점들』, 한신대학교출판부, 2012.

______, 『한국의 종교, 정치, 국가: 1945~2012』, 한신대학교출판부, 2013.

______, 『저항과 투항: 군사정권들과 종교』, 한신대학교출판부, 2013.

______, "정교분리 이후의 종교와 정치: 의미와 동학", 『민주사회와 정책연구』 26, 2014.

______, "가톨릭 우파와 대한민국수호천주교인모임", 『기쁨과 희망』 13, 2014.

______, 『종교와 군대: 군종, 황금어장의 신화는 어떻게 만들어졌나?』, 현실문화, 2017.

______, 『시민종교의 탄생: 식민성과 전쟁의 상흔』, 성균관대학교출판부, 2019.

______, 『경합하는 시민종교들: 대한민국의 종교학』, 성균관대학교출판부, 2019.

______, 『전쟁과 희생: 한국의 전사자 숭배』, 역사비평사, 2019.

강인철·박정경수, "정의로운 전쟁 VS 정의로운 평화", 전쟁없는세상 편, 『저항하는 평화:
　　　　전쟁, 국가권력에 저항하는 평화주의자들의 대담』, 오월의봄, 2015.

강인화, "한국 사회의 병역거부운동을 통해 본 남성성 연구", 이화여자대학교 석사학위
　　　　논문, 2007.

______, "병역, 기피·비리·거부의 정치학", 『여성과 평화』 5, 2010.

______, "한국 징병제와 병역의무의 보편화: 1960~1999", 서울대학교 박사학위논문, 2019.

______, "병역 대체복무제도의 역사적 구성: '잉여자원' 관리와 발전에의 동원", 『사회
　　　　와 역사』 132, 2022.

고문현, "주민등록제도의 문제점과 개선방안", 『공법학연구』 13(4), 2012.

국가인권위원회 편, 『양심적 병역거부 관련 청문회 자료집』, 국가인권위원회, 2005.10.19.

군의문사진상규명위원회, "군의문사진상규명위원회 결정문(2008.10.29)", 한인섭·이
　　　　재승 편, 『양심적 병역거부와 대체복무제』, 경인문화사, 2013.

권김현영, "병역의무의 성별 정치학", 『당대비평』 19, 2002년 여름.

권인숙, 『대한민국은 군대다: 여성학적 시각에서 본 평화, 군사주의, 남성성』, 청년사,
　　　　2005.

김경선, 『진리가 너희를 자유케 하리라: 제칠일안식일예수재림교회의 진실』, 여운사,
　　　　1996.

김나루, "유럽의 양심적 병역거부자를 위한 대체복무제의 비교법적 연구", 『유럽헌법연구』 29, 2019.

김돈회, "양심적 병역거부의 포기와 유지: '재림교회'와 '여호와의 증인'에 대한 비교연구", 한신대학교 석사학위논문, 2009.

김동춘, 『전쟁과 사회: 우리에게 한국전쟁은 무엇이었나』, 돌베개, 2000.

김두식, "여호와의 증인과 그 인권", 『복음과 상황』 91, 1999년 7월호.

______, "양심적 병역거부와 기독교", 『인권과 정의』 309, 2002.

______, 『칼을 쳐서 보습을: 양심에 따른 병역거부와 기독교 평화주의』, 뉴스앤조이, 2002.

______, "양심에 따른 병역거부자들과 탈영병들의 슬픈 노래", 박노자 외, 『'탈영자'들의 기념비』, 생각의나무, 2003.

______, 『평화의 얼굴: 총을 들지 않을 자유와 양심의 명령』, 교양인, 2007.

김명섭, "평화학의 현황과 전망", 하영선 편, 『21세기 평화학』, 풀빛, 2002.

김선주, 『한국교회의 일곱 가지 죄악』, 삼인, 2009.

김성수, 『함석헌 평전: 신의 도시와 세속 도시 사이에서』, 삼인, 2001.

______, "한국 기독교사에서 퀘이커주의와 함석헌의 위치", 『한국기독교와 역사』 23, 2005.

김신숙, 『역사와 쟁점으로 살펴보는 한국의 병역제도』, 메디치미디어, 2020.

김신숙·박형준, "병역 대체복무제도의 변동과정 고찰과 변화요인 분석", 『국정관리연구』 11(3), 2016.

김영미, "해방 이후 주민등록제도의 변천과 그 성격: 한국 주민등록증의 역사적 연원", 『한국사연구』 136, 2007.

김원, 『잊혀진 것들에 대한 기억: 1980년대 대학의 하위문화와 대중정치』, 이매진, 2011.

김재현, "죽이는 연습은 하되 죽이지는 않아야 민간인이 되는 사회", 『아웃사이더』 7, 2002.

______, "교도소보다 힘들었던 교련 수업 시간", 이석우 편, 『양심적 병역거부: 2005년 현실진단과 대안 모색』, 사람생각, 2005.

김재형, "양심적 병역거부자 소고", 안경환·장복희 편, 『양심적 병역거부』, 사람생각, 2002.

김정수, "한국교회와 군사주의"(평화포럼 강연자료), 한국기독교사회문제연구원·제3시대그리스도교연구소, 2003.5.2.

김종태, "안반덕(安盤德) 산 살림 이야기", 『씨올의소리』 114, 1990년 7월호.

김진호, "권력을 향한 욕망, 그 배타적 실천", 최형묵·백찬홍·김진호, 『무례한 자들의 크리스마스: 미국 복음주의를 모방한 한국 기독교 복음주의, 그 역사와 정치적 욕망』, 평사리, 2007.

______, 『권력과 교회』, 창비, 2018.

김창수·김승일, 『해석 손정도의 생애와 사상 연구』, 넥서스, 1999.

김학재, "자유진영의 최전선에 선 국민", 홍석률 외, 『한국현대생활문화사, 1950년대: 삐라 줍고 댄스홀 가고』, 창비, 2016.

김항제, "퀘이커교(Quakerism)의 한국 사회 이식과정과 그 의미", 『신종교연구』 29, 2013.

김흥수, 『손정도, 애국적 생애』, 숭실대학교출판부, 2020.

나태종, "한국의 병역제도 발전과정 연구", 『군사』 84, 2012.

______ 편저, 『군제 기본원리와 한국의 병역제도』, 충남대학교출판문화원, 2012.

노가원, 『남도부: 전설적 남한유격대 총사령관 하준수 일대기(상)』, ㈜월간말, 1993.

노명식, "평화주의의 역사적 타당성", 『민중시대의 논리』, 전망사, 1979.

노치준, "한국교회의 개교회주의에 관한 연구", 『기독교사상』, 1986년 5월호.

______, "일제하 한국 YMCA의 기독교사회주의 사상 연구", 한국사회사연구회 편, 『한국의 종교와 사회변동』, 문학과지성사, 1987.

______, "한국전쟁이 한국종교에 미친 영향", 한국사회학회 편, 『한국전쟁과 한국사회변동』, 풀빛, 1992.

______, "한국전쟁이 한국교회의 성격 결정에 미친 영향", 『기독교사상』, 1995년 6월호.

니시무라 아키라, "위령과 폭력: 전쟁 사망자에 대한 태도 이해를 위해", 『종교문화비평』 2, 2002.

대천덕, 『나와 하나님: 항상 서로 사랑하며 함께 살게 하소서』, 예수원, 1993.

대한민국공훈사발간위원회 편, 『대한민국 역대 삼부요인 총감』, 광복출판사, 1987.

대한예수교장로회총회 군선교부 편, 『군선교신학』, 대한예수교장로회총회 출판국, 1990.

로버트 실젠, 『가가와 도요히코 평전』, 서정민·홍이표 역, 신앙과지성사, 2018.

로버트 M. 바우만, 『여호와의 증인』, 장미숙 역, 도서출판 은성, 1997.

롤런드 H. 베인튼, 『전쟁, 평화, 기독교: 그 역사적 연구와 비판적 재평가』, 채수일 역, 대한기독교출판사, 1981.

루디 배르근, 『메노나이트 이야기』, 김복기 역, 한국아나뱁티스트출판사(KAP), 2005.

류대영, "2천년대 한국 개신교 보수주의자들의 친미·반공주의 이해", 『경제와 사회』 62, 2004.

류형우, "양심적 병역거부에 관한 연구", 건국대학교 석사학위논문, 1998.

메노나이트 신앙고백 편찬위원회, 『메노나이트 신앙고백』, 김경중 역, 한국아나뱁티스트출판사(KAP), 2007.

문상석, "한국전쟁, 근대국민국가 형성의 출발점: 자원동원론의 관점에서", 『사회와 역사』 86, 2010.

문수현, "전후 서독의 양심적 병역거부에 대한 논의", 『역사와 문화』 17, 2009.

______, "양심적 병역거부에 대한 서독 사회의 대응", 한인섭·이재승 편, 『양심적 병역거부와 대체복무제』, 경인문화사, 2013.

문승숙, 『군사주의에 갇힌 근대: 군인 만들기, 시민 되기, 그리고 성의 정치』, 또하나의문화, 2007.

미셸 푸코, 『감시와 처벌: 감옥의 역사』, 오생근 역, 나남, 2011.

박노자, "'국민'이라는 감옥: 구한말의 국민 담론을 중심으로", 박노자 외, 『'탈영자들'의 기념비: 한국 사회의 성과 속—주류라는 신화』(당대비평 특별호), 생각의나무, 2003.

______, 『우승열패의 신화: 사회진화론과 한국 민족주의 담론의 역사』, 한겨레출판, 2005.

______, 『나는 폭력의 세기를 고발한다: 박노자의 한국적 근대 만들기』, 인물과사상사, 2005.

______, "군대 가야 진짜 남자가 된다?", 전쟁없는세상·한홍구·박노자, 『총을 들지 않는 사람들: 병역거부자 30인의 평화를 위한 선택』, 철수와영희, 2008.

______, 『씩씩한 남자 만들기: 한국의 이상적 남성성의 역사를 파헤치다』, 푸른역사, 2009.

박문수, "6·25전쟁 중 탈영병", 『가톨릭평론』 46, 2024년 여름.

박보경, "1950년 한국전쟁 당시 한국교회의 역할", 『선교와 신학』 26, 2010.

박종천, "노동운동과 기독교사회주의: 관계유형과 발전단계를 중심으로", 『신학사상』 64, 1989년 봄.

박준현, “등대사 경성지부 불경 사건과 재림신앙 문제”, 『숭실사학』 49, 2022.

박형룡, “전쟁에 대한 기독교의 태도(1)”, 『신학지남』 44, 1929년 3월호.

______, “전쟁에 대한 기독교의 태도(2)”, 『신학지남』 45, 1929년 5월호.

박홍규, “일본 식민사상의 형성 과정과 사회진화론”, 강만길 외, 『일본과 서구의 식민통치 비교』, 선인, 2004.

______, 『우리는 꽃이 아니라 불꽃이었다: 프란시스코 고야부터 나오미 클라인까지, 세상과 맞서 싸운 이단아들』, 인물과사상사, 2022.

박화춘, “여긴 호텔”, 이석우 편, 『양심적 병역거부: 2005년 현실진단과 대안 모색』, 사람생각, 2005.

베네딕트 앤더슨, 『상상의 공동체: 민족주의의 기원과 전파에 대한 성찰』, 윤형숙 역, 나남, 2002.

베스 엘렌 보일 편, 『양심적 병역거부 관련 종교적 진술』, 한국기독교교회협의회, 2009.

병무청, 『병무행정사(상권)』, 병무청, 1985.

볼프강 후버·한스-리하르트 로이터, 『평화윤리』, 김윤옥·손규태 역, 대한기독교서회, 1997.

브라이언 다이젠 빅토리아, 『전쟁과 선』, 정혁현 역, 인간사랑, 2009.

서보혁, 『군사주의: 폭력의 이데올로기와 작동방식』, 박영사, 2024.

서보혁·이성용·허지영 편, 『폭력개념 연구: 열 가지 사나운 힘의 해부』, 모시는사람들, 2024.

서보혁·정욱식, 『평화학과 평화운동』, 모시는사람들, 2016.

서보혁·정주진, 『평화운동: 이론·역사·영역』, 진인진, 2018.

서정민, “한국전쟁과 기독교: 역사적 배경과 그 해석 문제에 유의하며”, 채수일 편, 『희년신학과 통일희년운동』, 한국신학연구소, 1995.

______, “중일·태평양 전쟁과 기독교: 한일 기독교 대응 상황 비교를 중심으로”, 『한국기독교와 역사』 21, 2004.

세계교회협의회 편, 『정의로운 평화동행』, 기독교평화센터 편역, 대한기독교서회, 2013.

손규태, “중동전쟁의 종교적 성격”, 『기독교사상』, 1991년 4월호.

송건호·김천배, 『한국 YMCA운동사: 1895~1985』, 노출사, 1986.

송인권, “양심적 병역거부권”, 『충남대학교 법률행정연구소 논문집』 11, 1984.

숀 페리·베스 엘렌 보일, "나는 양심적 병역거부자인가?", 베스 엘렌 보일 편, 『양심적 병역거부 관련 종교적 진술』, 한국기독교교회협의회, 2009.

순복음교육연구소 편, 『하나님의 성회 교회사』, 서울서적, 1987.

스튜어트 머레이, 『이것이 아나뱁티스트다: 기독교 신앙의 본질을 말하다』, 강현아 역, 대장간, 2011.

시오다 쇼오베에, 『일본 노동운동사』, 우철민 역, 동녘, 1985.

신병식, "박정희 시대의 일상생활과 군사주의: 징병제와 '신성한 국방의 의무' 담론을 중심으로", 『경제와 사회』 72, 2006.

______, 『국가와 주체: 라캉 정신분석과 한국 정치의 단층들』, 도서출판 b, 2017.

신윤동욱, ""우리는 감옥에 가지 않아요": 양심적 병역거부와 대체복무제를 아시아 최초로 도입한 대만, 그 현장을 가다", 『한겨레21』, 2001.3.29.

______, "여호와의 증인, 그들은 누구인가", 『한겨레21』, 2004.6.10.

C. 아놀드 스나이더, 『아나뱁티스트 신앙의 씨앗으로부터: 아나뱁티스드의 정체성에 관한 역사적 핵심』, 김복기 역, 대장간, 2020.

안경환·장복희 편, 『양심적 병역거부』, 사람생각, 2002.

안쏘니 기든스, 『민족국가와 폭력』, 진덕규 역, 삼지원, 1991.

안점식, 『세계관과 영적 전쟁』, 죠이선교회, 1995.

______, 『세계관을 분별하라: 성경적 종교 신학 선교 변증론』, 죠이선교회, 1998.

야마무로 신이치, 『일본 헌법 9조와 비폭력 사상: '긴급사태'의 해석과 결정에 대하여』, 윤인로 편역, 도서출판b, 2021.

양심에 따른 병역거부권 실현과 대체복무제도 개선을 위한 연대회의, 『양심에 따른 병역거부자들을 위한 가이드북』, 양심에 따른 병역거부권 실현과 대체복무제도 개선을 위한 연대회의, 2004.

양현혜, "식민지 시대 한국 개신교의 전쟁과 평화에 대한 이해", 『한국교회사학회지』 34, 2013.

에두아르트 부에스·마르쿠스 마트밀러, 『예언자적 사회주의: 블룸하르트, 라가츠, 바르트』, 손규태 역, 한국신학연구소, 1987.

엘리스 보울딩, "평화운동의 조직형태: 평화문화의 모태", 하영선 편, 『21세기 평화학』, 풀빛, 2002.

연규탁, "양심적 병역거부에 관한 법적 고찰", 고려대학교 석사학위논문, 1988.

연정은, "감시에서 동원으로, 동원에서 규율로: 1950년대 학도호국단을 중심으로", 김득중 외, 『죽엄으로써 나라를 지키자: 1950년대, 반공·동원·감시의 시대』, 선인, 2007.

오만규, 『초기 기독교와 로마군대: 마르쿠스 아우렐리우스로부터 콘스탄티누스까지』, 한국신학연구소, 1999.

_____, 『집총거부와 안식일 준수의 신앙양심』, 삼육대학교 선교와사회문제연구소, 2002.

_____, 『네 검을 내려놓으라: 재림교회와 비폭력』, 삼육대학교출판부, 2004.

오스기 사카에, 『오스기 사카에 자서전』, 김응교 역, 실천문학사, 2005.

오제연, "병영사회와 군사주의 문화", 오제연 외, 『한국현대생활문화사, 1960년대: 근대화와 군대화』, 창비, 2016.

오종권, 『별들의 노래: 양심적 병역거부로 법정에 선 젊은이들』, 중명출판사, 2007.

와다 하루끼, "일·한 연대운동의 사상과 궤적", 『창작과 비평』 61, 1988년 가을.

월터 딘 마이어스, 『더 그레이티스트: 무하마드 알리 평전』, 이윤선 역, 돌베개, 2017.

윈턴 U. 솔버그, 『미국인의 사상과 문화』, 조지형 역, 이화여자대학교출판부, 1996.

유인술, 『40년 여호와의증인, 질문 15개: 알고 싶습니다』, 파랑새미디어, 2014.

육군본부 군종감실 편, 『육군군종사』, 육군본부, 1975.

_____편, 『군진신학』, 군복음화후원회, 1985.

윤선자, "일제 전시하 총동원체제와 조선천주교회", 『역사학보』 157, 1998.

_____, 『일제의 종교정책과 천주교회』, 경인문화사, 2001.

_____, "베트남전쟁과 한국 천주교회", 『전남사학』 18, 2002.

윤용복, "'여호와의 증인'의 역사와 특성", 『종교연구』 47, 2007.

_____, "현대 한국 사회에서 '여호와의 증인'의 위치", 『신종교연구』 30, 2014.

이광규, 『재일한국인』, 일조각, 1983.

이기범, "한반도 평화운동과 평화교육", 하영선 편, 『21세기 평화학』, 풀빛, 2002.

이남석, 『양심에 따른 병역거부와 시민불복종』, 그린비, 2004.

이남희, 『민중 만들기: 한국의 민주화운동과 재현의 정치학』, 유리·이경희 역, 후마니타스, 2015.

이덕주, 『손정도: 자유와 평화의 꿈』, 밀알북스, 2020.

이상명, “주민등록 지문날인제도의 위헌성”, 『한양법학』 36, 2011.

이석우 편, 『양심적 병역거부: 2005년 현실진단과 대안 모색』, 사람생각, 2005.

이성용·서보혁, “결장: 비폭력주의와 한반도”, 서보혁·이성용·허지영 편, 『폭력개념 연구: 열 가지 사나운 힘의 해부』, 모시는사람들, 2024.

이영린, 『한국재림교회사』, 시조사, 1965.

______, 『한국재림교회사연구』, 선명문화사, 1968.

이용석, 『병역거부의 질문들: 군대도, 전쟁도 당연하지 않다』, 오월의봄, 2021.

이재승, “판례를 통해서 본 양심적 병역거부”, 이석우 편, 『양심적 병역거부: 2005년 현실진단과 대안 모색』, 사람생각, 2005.

이재완, 『선교와 영적 전쟁』, CLC, 2011.

이정연, “도시근대화와 종교: 1970~80년대 서울 신도심의 창출과 초대형교회의 형성”, 서울대학교 박사학위논문, 2018.

이지춘, “한국 재림교회 역사 속의 종교자유 논쟁”, 삼육대학교 박사학위논문, 2020.

이진구, “개신교와 성장주의 이데올로기”, 『당대비평』 12, 2000.

이치석, 『씨올 함석헌 평전』, 시대의창, 2005.

이찬수, 『평화와 평화들: 평화다원주의와 평화인문학』, 모시는사람들, 2016.

이태희, 『세계관 전쟁: 동성애가 바꿔 버릴 세상』, 두란노서원, 2016

임재성, “징병제 형성 과정을 통해서 본 양심적 병역거부의 역사”, 『사회와 역사』 88, 2010.

______, 『삼켜야 했던 평화의 언어: 병역거부가 말했던 것, 말하지 못했던 것』, 그린비, 2011.

임종운, 『북미 기독교 공동체 사회: 메노나이트, 아미쉬, 후터파, 퀘이커 사회의 이념과 현실』, 북랩, 2017.

임혜봉, 『친일불교론1·2』, 민족사, 1993.

장규식, 『일제하 한국기독교민족주의 연구』, 혜안, 2001.

장복희, “양심적 병역거부에 대한 국제법, UN에서의 논의 및 각국 상황”, 안경환·장복희 편, 『양심적 병역거부』, 사람생각, 2002.

______, “양심적 병역거부에 대한 국제법, 국가 관행 및 국내적 실천”, 이석우 편, 『양심적 병역거부: 2005년 현실진단과 대안 모색』, 사람생각, 2005.

______, "양심적 병역거부에 관한 국제인권법", 한인섭·이재승 편,『양심적 병역거부와 대체복무제』, 경인문화사, 2013.

장준하,『돌베개: 장준하의 항일 대장정』, 돌베개, 2015.

전용진, "양심적 병역거부에 관한 법적 고찰: 외국의 입법례를 중심으로", 한양대학교 석사학위논문, 1993.

전쟁없는세상 편,『우리는 군대를 거부한다: 양심에 따른 병역거부자 53인의 소견서』, 포도밭출판사, 2014.

______,『저항하는 평화: 전쟁, 국가권력에 저항하는 평화주의자들의 대담』, 오월의봄, 2015.

전쟁없는세상·한홍구·박노자,『총을 들지 않는 사람들: 병역거부자 30인의 평화를 위한 선택』, 철수와영희, 2008.

전쟁저항자인터내셔널,『병역거부: 변화를 위한 안내서』, 여지우·최정민 역, 경계, 2018.

정인섭,『재일교포의 법적 지위』, 서울대학교출판부, 1996.

정주성·정원영·안석기,『한국 병역정책의 바람직한 진로』, 한국국방연구원, 2003.

정춘국, "잊혀질 수 없는 기억에 대한 조사",『민주사회를 위한 변론』41, 2001.

______, "병역거부자 정춘국의 수기",『민주사회를 위한 변론』46, 2001.

정해구,『전두환과 80년대 민주화운동: '서울의 봄'에서 군사정권의 종말까지』, 역사비평사, 2011.

조국, "양심적 집총거부권: 병역기피의 빌미인가 양심의 자유의 구성요소인가?",『민주법학』20, 2001.

조르조 아감벤,『호모 사케르』, 박진우 역, 새물결, 2008.

조셉 L. 알렌,『기독교인은 전쟁을 어떻게 볼 것인가』, 김홍규 역, 대한기독교서회, 1993.

조응태, "재세례파 형성 및 한국 유입 과정과 신종교적 의의",『신종교연구』30, 2014.

조지 모스,『전사자 숭배: 국가라는 종교의 희생제물』, 오윤성 역, 문학동네, 2015.

존 D. 로스,『역사: 메노나이트의 존재방식』, 김복기 역, 대장간, 2020.

진상범, "한국 사회 양심적 병역거부에 대한 국가와 종교의 대응",『종교문화연구』8, 2006.

진석용, "'양심적 병역거부'의 현황과 법리", 한인섭·이재승 편,『양심적 병역거부와 대체복무제』, 경인문화사, 2013.

짐 포리스트,『잣대는 사랑: 도로시 데이 전기』, 유영난 역, 분도출판사, 1991.

최원경, "전쟁과 평화", 『기독교사상』, 2000년 6월호.

최장집, "과대성장국가의 형성과 정치균열의 구조", 『한국사회연구3』, 한길사, 1985.

최태육, "남북분단과 6·25전쟁 시기(1945~1953) 민간인 집단희생과 한국기독교의 관
　　　계 연구", 목원대학교 박사학위논문, 2015.

코넬리우스 딕, 『아나뱁티스트 역사: 메노나이트를 중심으로』, 김복기 역, 대장간, 2013.

탁명환, 『한국의 신흥종교: 기독교편 2권』(개정판), 국종출판사, 1992.

토마스 머튼, 『머튼의 평화론』, 조효제 역, 분도출판사, 2006.

＿＿＿, 『칠층산』, 정신석 역, 바오로딸, 2009.

평화박물관 건립추진위원회, 『총을 들지 않는 사람들』, 평화박물관 건립추진위원회,
　　　2005.

하영선 편, 『21세기 평화학』, 풀빛, 2002.

한국기독교교회협의회 편, 『기독교연감: 1970』, 한국기독교교회협의회, 1970.

한국기독교사료수집회 편, 『한국기독교연감(1967년도판)』, 백합출판사, 1967.

한국기독교역사연구소, 『한국기독교의 역사 II』, 기독교문사, 1990.

한국사목연구소 편, 『한국 천주교회사의 성찰과 전망2: 해방공간과 한국전쟁을 중심으
　　　로』, 한국천주교중앙협의회, 2001.

한국종교사회연구소 편저, 『한국종교연감: 1996-97』, 제4권, 고려한림원, 1997.

한나 아렌트, 『폭력의 세기』, 김정한 역, 이후, 1999.

한상봉, "빵과 십자가: 도로시 데이의 영성과 가톨릭일꾼운동의 한국적 적용"(우리신학
　　　연구소 2006년도 제5차 월례발표회 자료), 우리신학연구소, 2006.9.6.

한숭홍, "전쟁과 위기 속에 있는 창조질서", 『기독교사상』, 1991년 4월호.

한인섭, "양심적 병역거부: 헌법적·형사법적 검토", 안경환·장복희 편, 『양심적 병역거
　　　부』, 사람생각, 2002.

한인섭·이재승 편, 『양심적 병역거부와 대체복무제』, 경인문화사, 2013.

한홍구, "인권과 사회복지, 그리고 군정예화의 묘수: 타이완의 대체복무제", 『황해문화』
　　　32, 2001.

＿＿＿, "'여호와의 증인' 앞에서 부끄럽다", 『한겨레21』, 2004.6.3.

＿＿＿, "한국의 징병제와 병역거부의 역사", 전쟁없는세상·한홍구·박노자, 『총을 들
　　　지 않는 사람들: 병역거부자 30인의 평화를 위한 선택』, 철수와영희, 2008.

허동현·박노자, 『우리 역사 최전선: 박노자·허동현 교수의 한국 근대 100년 논쟁』, 푸른역사, 2003.

허명섭, "한국전쟁과 한국교회 구조의 변화", 『한국기독교신학논총』 35, 2004.

현민, 『감옥의 몽상』, 돌베개, 2018.

홍두승, 『한국 군대의 사회학』(증보판), 나남, 1996.

홍성태, "유신 독재와 주민등록제도", 『역사비평』 99, 2012.

홍영일, "양심적 병역거부와 여호와의증인", 안경환·장복희 편, 『양심적 병역거부』, 사람생각, 2002.

_____, "양심적 병역거부와 관용의 증가", 이석우 편, 『양심적 병역거부: 2005년 현실 진단과 대안 모색』, 사람생각, 2005.

_____, "시대의 물결이 만들어내는 굴곡들", 한인섭·이재승 편, 『양심적 병역거부와 대체복무제』, 경인문화사, 2013.

홍현설, "안식교도의 집총거부 사건에 대하여", 『기독교사상』, 1959년 3월호.

Aarek, Hans Eirik, "Conscription and Conscientious Objection in the Experience of Norwegian Friends," *Quaker Studies* 11(1), 2007.

Agøy, Nils Ivar, "Regulating Conscientious Objection in Norway from the 1890s to 1922," *Peace & Change* 15(1), 1990.

Aviram, Hadar, "How Law Thinks of Disobedience: Perceiving and Addressing Desertion and Conscientious Objection in Israeli Military Courts," *Law & Policy* 30(3), 2008.

Axelrad, Albert S., *Call to Conscience: Jews, Judaism, and Conscientious Objection*, New York: Ktav Pub & Distributors Inc., 1986.

Bassett, David R., Ratzlaff Steve and Tim Godshall eds., *A Persistent Voice: Marian Franz and Conscientious Objection to Military Taxation*, Telford: Cascadia Publishing House, 2009.

Beitzel, Terry, "Virtue in the Nonviolence of William James and Gandhi," *International Journal on World Peace* 30(3), 2013.

Bergman, Roger C., "Conscientious Objection to Unjust War: From Augustine to John Paul II," *Journal of Religion & Society*, Supplement Series 14, 2017.

Betz, Adam Thomas, "Epistemic Authority, Sovereignty, and Selective Conscientious Objection: A Critical Revision of McMahan's *Jus Ad Bellum* Court," *Social Theory & Practice* 44(4), 2018.

Braithwaite, Constance, *Conscientious Objection to Various Compulsions under British Law*, York: William Sessions, 1995.

Brock, Peter, "Belarusan National Identity as an Aspect of Conscientious Objection in Interwar Poland," *East European Quarterly* 29(3), 1995.

______, *Against the Draft: Essays on Conscientious Objection from the Radical Reformation to the Second World War*, Toronto: University of Toronto Press, 2006.

Budd, Richard M., *Serving Two Masters: The Development of American Military Chaplaincy, 1860~1920*, Lincoln: University of Nebraska Press, 2002.

Capizzi, Joseph E., "Selective Conscientious Objection in the United States," *Journal of Church & State* 38(2), 1996.

Carter, Paul Allen, *The Decline and Revival of the Social Gospel: Social and Political Liberalism in American Protestant Churches, 1920-1940*, Ithaca: Cornell University Press, 1956.

Casey, Shaun, "A Contemporary Case for Selective Conscientious Objection," Thomas H. Olbricht ed., *And the Word Became Flesh: Studies in History, Communication, and Scripture in Memory of Michael W. Casey*, Eugene: Pickwick Publications, 2009.

Center on Conscience & War(CCW), "Who is a Military Conscientious Objector?", http://www.centeronconscience.org/who-is-military-co.

Çınar, Özgür Heval, *Conscientious Objection to Military Service in International*

Human Rights Law, New York: Palgrave Macmillan, 2013.

______, *The Right to Conscientious Objection to Military Service and Turkey's Obligations under International Human Rights Law*, New York: Palgrave Macmillan, 2014.

Çınar, Özgür Heval and Coşkun Üsterci eds., *Conscientious Objection: Resisting Militarized Society*, London: Zed Books, 2009.

Coleman, Simon, "Communitas: A Trope Made to Travel," *Estudos de Religião* 33(2), 2019.

Collins, Peter M., "Selective Conscientious Objection," *Pacifica* 7(2), 1994.

Coombs, Moira, *Conscientious Objection to Military Service in Australia*, Melbourne: Parliamentary Library, 2003, http://apo.org.au/node6651.

Cornell, Tom, "A Brief Introduction to the *Catholic Worker Movement*," Catholic Worker Movement, September 11, 2005, https://catholicworker.org/cornell-history-html.

Cox, Harvey G. ed., *Military Chaplains: From a Religious Military to a Military Religion*. Nashville: Abingdon Press, 1969.

Daane, James, "Selective Conscientious Objection to War," *Reformed Journal* 20(10), 1970.

Davies, Gareth, "Conscientious Objection and the Freedom and Peace Movement in Poland," *Religion in Communist Lands* 16(1), 1988.

De Villiers, Dawid Etienne, "Putting the Recent Debate on Conscientious Objection into Perspective," *Scriptura* 8, 1983.

DeCew, Judith W., "Codes of Warfare," *Encyclopedia of Applied Ethics*, vol.4, San Diego: Academic Press, 1998.

Den Boggende, Bert, "Reluctant Absolutist: Malcolm Sparkes' Conscientious Objections to World War I," *Quaker Studies* 10(1), 2005.

Derby, Mark, "Conscription, Conscientious Objection and Pacifism," *Te Ara Encyclopedia of New Zealand*, 2012, http://www.TeAra.govt.nz/en/ conscription-conscientious-objection-and-pacifism.

Ellner, Andrea, Paul Robinson and David Whetham eds., *When Soldiers Say No: Selective Conscientious Objection in the Modern Military*, Abingdon-on-Thames: Routledge, 2014.

Engelke, Matthew, "An Interview with Edith Turner," *Current Anthropology* 41(5), 2000.

Evans, Christopher Hodge, *The Kingdom is Always but Coming: A Life of Walter Rauschenbusch*, Waco: Baylor University Press, 2010.

Fiala, Andrew, "Pacifism," *Stanford Encyclopedia of Philosophy*, http://plato.stanford.edu/entries/pacifism.

Finn, James, *A Conflict of Loyalties: The Case for Selective Conscientious Objection*, New York: Pegasus, 1968.

Flynn, Eileen P., *My Country Right or Wrong?: Selective Conscientious Objection in the Nuclear Age*, Chicago: Loyola Press, 1985.

Frame, T. R., "Christian Belief and Public Bureaucracy: Why Australia's Conscientious Objection Legislation Must Be Changed," *St Mark's Review* 156, 1994.

Friedman, Randy, "The Challenge of Selective Conscientious Objection in Israel," *Theoria: A Journal of Social & Political Theory* 109, 2006.

Gardiner, Juliet, "Prisoners of Conscience," *History Today* 54(11), 2004.

Gaynor, Adam, ""Neither Shall They Train for War Anymore": Reflections on Zionism, Militarism, and Conscientious Objection," *NWSA Journal* 18(3), 2006.

Goossen, Rachel Waltner, *Women against the Good War: Conscientious Objection and Gender on the American Home Front, 1941-1947*, Chapel Hill: University of North Carolina Press, 1997.

Griffiths, Richard, "A Note on Mosley, the 'Jewish War' and Conscientious Objection," *Journal of Contemporary History* 40(4), 2005.

Grossman, Guy, and Rami Kaplan, "Courage to Refuse," *Peace Review* 18(2), 2006.

Guest Editorial, "Manifesto against Conscription and the Military System," Gandhi Information Center(Berlin), Satyagraha Foundation for Non-violence Studies, December 23, 2013.

Hale, Frederick, "Conscientious Objection to Military Service in South Africa: The Watershed Case of Richard Steele," *Fides et historia* 37(1), 2005.

Han, Ju Hui Judy, "The Politics of Homophobia in South Korea," *East Asia Forum Quarterly* 8(2), 2016.

Hansen, Flemming S., "The Moscow Patriarchate and the Right to Conscientious Objection," *Religion, State & Society* 37(4), 2009.

Harris, Lucy, "Conscription and Conscientious Objection," *Conscription and Conscientious Objection: History of Government*, 2014, http://histoty. blog.gov.uk/2014/09/30/conscription-and-conscientious-objection.

Hulbert, Victor, "British Conscientious Objectors in World War I," *Encyclopedia of Seventh-Day Adventists*, http://encyclopedia.adventist.org.

Hütter, Reinhard, "Be Honest in Just War Thinking: Lutherans, the Just War Tradition, and Selective Conscientious Objection," *Dialog* 31(4), 1992.

Ingram, Norman, "*The Circulaire Chautemps*, 1933: The Third Republic Discovers Conscientious Objection," *French Historical Studies* 17(2), 1991.

Juergensmeyer, Mark, *The New Cold War?: Religious Nationalism Confronts the Secular State*, Berkeley: University of California Press, 1993.

Kang, In-Cheol, "Militarism and Korean Protestant Churches," *Korea Journal* 58(3), 2018.

Kelly, Tobias, "Citizenship, Cowardice, and Freedom of Conscience: British Pacifists in the Second World War," *Comparative Studies in Society & History* 57(3), 2015.

Kemerli, Pinar, "Religious Militarism and Islamist Conscientious Objection in Turkey," *International Journal of Middle East Studies* 47(2), 2015.

Kim, Sung-Gyung, "Chaplains in Two Armies, U.S. & Korea: A Study in Comparative Ideology," PhD dissertation, University of Minnesota, 1984.

Klausner, Samuel Z., "Violence," Mircea Eliade ed., *The Encyclopedia of Religion*, vol.15, New York: Macmillan, 1987.

Kniss, Fred, "Mapping the Moral Order: Depicting the Terrain of Religious Conflict and Change," Michele Dillon ed., *Handbook of the Sociology of Religion*, New York: Cambridge University Press, 2003.

Kornweibel, Theodore, "Race and Conscientious Objection in World War I: The Story of the Church of God in Christ," Theron F. Schlabach and Richard T Hughes eds., *Proclaim Peace: Christian Pacifism from Unexpected Quarters*, Urbana: University of Illinois Press, 1997.

Krehbiel, Nicholas A., *General Lewis B. Hershey and Conscientious Objection during World War II*, Columbia: University of Missouri Press, 2012.

Lamm, Maurice, "After the War: Another Look at Pacifism and Selective Conscientious Objection," Menachem Kellner ed., *Contemporary Jewish Ethics*, New York: Sanhedrin Press, 1978.

Langan, John P., S. J., "The Elements of St. Augustine's Just War Theory," *Journal of Religious Ethics* 12(1), 1984.

Langley, Silas, "Conscientious Objection in the United States: Individual or Corporate? The Case of Arthur Jost v the United States, 1954," *The Mennonite Quarterly Review* 69(1), 1995.

Law, Lois, Chris Lund and Harald Winkler, "Conscientious Objection: The Church against Apartheid's Violence," Charles Villa-Vicencio ed., *Theology and Violence: The South African Debate*, Grand Rapids: Eerdmans, 1988.

Lears, T. J. Jackson, "William James," *The Wilson Quarterly* 11(4), 1987.

Levi, Margaret, and Stephen DeTray, "A Weapon against War: Conscientious Objection in the United States, Australia, and France," *Politics & Society* 21(4), 1993.

Levy, Yagil, and Shlomo Mizrahi, "Alternative Politics and the Transformation of Society-Military Relations: The Israeli Experience," *Administration & Society* 40(1), 2008.

Lindenbaum, Manhew G., "Religious Conscientious Objection and the Establishment Clause in the Rehnquist Court: Seeger, Welsh, Gillette, and 6(j) Revisited," *Columbia Journal of Law & Social Problems* 36(3/4), 2003.

Livny, Adi, "A Matter of Security? Conscientious Objection and State Recognition," *LawLog*, Center for Global Constitutionalism, 2015, http://lawlog.blog.wzb.eu.

_____ , "Conscientious Objection and the State," *Armed Forces & Society* 44(4), 2018.

Long, Edward le Roy, *War and Conscience in America*, London: Forgotten Books, 2018.

Loveland, Ann C., "From Moral Builders To Moral Advocators: U.S. Army Chaplains in the Second Half of the Twentieth Century," Doris L. Bergen ed., *The Sword of the Lord: Military Chaplaincy from the First to the Twenty-First Century*, Notre Dame: University of Notre Dame Press, 2004.

Lutz, Charles P., "What Now for the Military Chaplaincy?," *The Christian Century*, February 28, 1973.

Martin, Jane Roland, "Martial Virtues or Capital Vices? William James's Moral Equivalent of War Revisited," *Journal of Thought* 22(3), 1987.

Matheson, John. H., "Conscientious Objection to Military Service," *The First Amendment Encyclopedia*, Middle Tennessee State University, 2009, https://www.mtsu.edu/first-ammendment/article/912/conscientious-objection-to-military-service.

May, Larry, "Contingent Pacifism and Selective Refusal," *Journal of Social Philosophy* 43(1), 2012.

Mccormick, R. A., and D. Christiansen, "Morality of War," *New Catholic*

Encyclopaedia, 2nd ed., vol.14, Detroit: Gale, 2003.

McNeal, Patricia F., *The American Catholic Peace Movement, 1928~1972*, New York: Arno Press, 1978.

Mead, George H., "The Conscientious Objector," *National Security League, Patriotism through Education Series*, pamphlet no.33, New York, 1917.

Merton, Thomas, "Application for Conscientious Objector Status: March 1941," *The Merton Annual* 28, 2015.

Minear, Larry, "Conscience and Carnage in Afghanistan and Iraq: US Veterans Ponder the Experience," *Journal of Military Ethics* 13(2), 2014.

Mirra, Carl, "Conscientious Objection in Operation Desert Storm," *Peace Review* 18(2), 2006.

Mittelstadt, Martin William, "'Canada's First Martyr': The Suspicious Death of Winnipeg's WWI Pentecostal Conscientious Objector," *Didaskalia* 28, 2017~2018.

Moore, Julie, "Conscientious Objection and Military Tribunals: An Introduction to Their Value As a Source for the Local Historian," *Everyday Lives in War*, 2015, http://everydaylivesinwar.herts.ac.uk/2015/02/conscientious-objection-and-military-tribunals.

Moskos, Charles C. ed., *The New Conscientious Objection: From Sacred to Secular Resistance*, New York: Oxford University Press, 1993.

Mylonas, Yiannis, "The Emergence of Political Subjectivity in 'A-political' Terrains: Conscientious Objection to the Military Service in Pre-crisis Greece," *Subjectivity: International Journal of Critical Psychology* 6(3), 2013.

Navin, Mark, "Sincerity, Accuracy and Selective Conscious Objection," *Journal of Military Ethics* 12(2), 2013.

Nehushtan, Yossi, "Civic Conscience, Selective Conscientious Objection and Lack of Choice," *Ratio Juris* 30(4), 2017.

Nehushtan, Yossi, and John Danaher, "The Foundations of Conscientious

Objection: Against Freedom and Autonomy," *Jurisprudence* 9(3), 2018.

Neufeld, Thomas R. Yoder, "From 'die Stillen im Lande' to 'Getting in the Way': A Theology for Conscientious Objection and Engagement," *Journal of Mennonite Studies* 25, 2007.

Office of the High Commissioner on Human Rights, "Civil and Political Rights, Including the Question of Conscientious Objection to Military Service: Report of the Office of the High Commissioner on Human Rights," E/CN/2004/55, United Nations Economic and Social Council, February 16, 2004.

______, *Conscientious Objection to Military Service*, Geneva: United Nations Publication, 2012.

Pemberton, John de J., "Selective Conscientious Objection," *Social Action(US)* 32, 1966.

Plott, John Culpepper, "Anglican Conscientious Objection," *Anglican Theological Review* 29(3), 1947.

Powers, R. T., T. Heath and M. W. Hovey, "Conscientious Objection," *New Catholic Encyclopaedia*, 2nd ed., vol.4, Detroit: Gale, 2003.

Ramsey, Paul, "The Vatican Council on Modern War," *Theological Studies* 27, 1966.

Restrepo, Laura Betancur, "The Promotion and Protection of Human Rights through Legal Clinics and Their Relationships with Social Movements: Achievements and Challenges in the Case of Conscientious Objection to Compulsory Military Service in Colombia," *Sur: International Journal on Human Rights* 19, 2013.

Reznik, S., "Political Culture in Israel in the Era of Peace: The Jewish Underground Organization and the Conscientious Objection Movement, 1979~1984," *Peace & Change* 27(3), 2002.

Robb, Linsey, "The 'Conchie Corps': Conflict, Compromise and Conscientious

Objection in the British Army, 1940~1945," *Twentieth Century British History* 29(3), 2018.

Robinson, Paul, "Integrity and Selective Conscientious Objection," *Journal of Military Ethics* 8(1), 2009.

Roth, Lorraine, "Conscientious Objection: The Experiences of Some Canadian Mennonite Women during World War II," *The Mennonite Quarterly Review* 66(4), 1992.

Ruesga, G. Albert, "Selective Conscientious Objection and the Right Not to Kill," *Social Theory & Practice* 21(1), 1995.

Ryu, Dae Young, "Korean Protestant Churches' Attitude Toward War: With a Special Focus on the Vietnam War," *Korea Journal* 44(4), 2004.

Saporiti, Michele, "For a General Legal Theory of Conscientious Objection," *Ratio Juris* 28(3), 2015.

Schroeder, Judah B., "The Role of Jehovah's Witnesses in the Emergent Right of Conscientious Objection to Military Service in International Law," *Kirchliche Zeitgeschichte* 24(1), 2011.

Sciarrino, Alfred J., and Kenneth L. Deutsch, "Conscientious Objection to War: Heroes to Human Shields," *BYU Journal of Public Law* 18(1), 2003.

Selective Service System, "Conscientious Objectors", http://www.sss.gov/conscientious-objectors.

Shaw, Amy J., *Crisis of Conscience: Conscientious Objection in Canada during the First World War*, Vancouver: University of British Columbia Press, 2009.

_____, "Conscientious Objection in Manitoba during the First World War," *Manitoba History* 82, Fall 2016.

Shoebridge, Tim, "Conscientious Objection and Dissent in the First World War", *New Zealand History*, 2016, http://nzhistory.govt.nz/war/first-world-war/conscientious-objection.

Silvonen, Katri, "Conscientious Objection in Finland," *Peace Review* 16(2), 2004.

Speck, Andreas ed., *A Conscientious Objector's Guide to the International Human Rights System*, London: War Resisters' International, Quaker United Nations Office Geneva, Conscience and Peace Tax International and CCPR Centre, 2012.

Stanfield, John H., "The Dilemma of Conscientious Objection for Afro-Americans," Charles C. Moskos ed., *The New Conscientious Objection: From Sacred to Secular Resistance*, New York: Oxford University Press, 1993.

Stanton-Rich, Diane, *Becoming Peacemakers: An Introduction*, Elgin: Brethren Press, 1987.

Stassen, Glen H. ed., *Just Peacemaking*: *The New Paradigm for the Ethics of Peace and War*, New edition, New York: Pilgrim Press, 2008.

Thiers, Naomi, "Coercion of Conscience: Is the Right of Conscientious Objection Vanishing? The Gulf War Policy Says Yes," *The Other Side* 27(4), 1991.

Tikhonov, Vladimir, "Violent Buddhism: Korean Buddhists and the Pacific War, 1937-1945," *Sai-gan-SAI 7*, 2009.

______, "Militarized Masculinity with Buddhist Characteristics: Buddhist Chaplains and Their Role in the South Korean Army," *The Review of Korean Studies* 18(2), 2015.

Torell, Curt, *Conscientious Objection: Is This for You?*, Fayetteville: Quaker House of Fayetteville, 2016.

Turner, Edith, *Communitas: The Anthropology of Collective Joy*, New York: Palgrave MacMillan, 2012.

______, "The Paradox of Victor Turner's Poetry: A Preface," *Anthropology and Humanism* 37(2), 2014.

Vicini, Giulia, "Conscientious Objection to Military Service and the Notion of Persecution in European Union Asylum Law: The *Shepherd* Judgment of the Court of Justice of the European Union," *Journal of International Criminal Justice* 13(4), 2015.

Wagner, C. Peter, *Confronting the Powers*, Ventura: Gospel Light Publications, 1997.

______, *Breaking Spiritual Strongholds in Your City*, Shippensburg: Destiny Image Publishers, 2015.

Wallach, Glenn, "The CO Link: Conscientious Objection to World War II and the San Francisco Renaissance," *Brethren Life and Thought* 27(1), 1982.

Wallnau, Lance, and Bill Johnson, *Invading Babylon: The 7 Mountain Mandate*, Shippensburg: Destiny Image Publishers, 2013.

Walters, LeRoy, "A Historical Perspective on Selective Conscientious Objection," *Journal of the American Academy of Religion* 41(2), 1973.

Wetter, Albert William, ""I Deny Your Authority to Try My Conscience": Conscription and Conscientious Objectors in Britain during the Great War," Bowdoin Digital Commons Honors Projects, No.117, 2020.

Wilson, Gary, "Selective Conscientious Objection in the Aftermath of Iraq: Reconsidering Objection to a Specific War," *International Journal of Human Rights* 12(5), 2008.

Wood, James E., Jr., "Conscientious Objection and the State," *Journal of Church and State* 11(3), 1969.

Yiannaros, Andreas, "The Historical Evolution of the Right of Conscientious Objection to Military Service in the UN Human Right System: 1950~2017," *International Journal of Human Rights and Constitutional Studies* 5(2), 2017.

______, "Refusing to Kill: Selective Conscientious Objection and Professional Military Duties," *Journal of Military Ethics* 17(2/3), 2018.

Yinger, J. Milton, *The Scientific Study of Religion*, London: Macmillan, 1970.

Yoder, Anne M., "Brief History of Conscientious Objection," *Conscientious Objection in America: Primary Sources for Research*, Swarthmore College Peace Collection, 2003, https://www.swarthmore.edu/library/peace/conscientiousobjection.

Yoo, Kwang Suk, "Expansion of Religious Pluralism in Korean Civil Society: A Case -Study of Conscientious Objection in South Korea," *Religions* 9(11), 2018.

Zuber, John T., "The Rationale of Selective Conscientious Objection," *Dissent in Church and State: 14th Annual Religious Liberty Conference*(conference proceedings), Baptist Joint Committee on Public Affairs, Washington, DC, August 4-6, 1970.

Zverev, Alexei, and Bruno Coppieters, "V. D. Bonch-Bruevich and the Doukhobors: On the Conscientious Objection Policies of the Bolsheviks," *Canadian Ethnic Studies* 27(3), 1995.

가

370~371

아미시 53, 57, 65, 72, 75, 370

아베 이소 211

아인슈타인, 알버트 14, 93, 100~101

아카시 준조 198, 210

아퀴나스, 토마스 63

안창률 15, 205

알리, 무하마드 15, 157~159

야나이하라 다다오 212

야베 키요시 212

양심선언 344, 346~348

양심적 납세거부 152

양심적 병역거부권 11, 14, 28, 31~32, 46,
    69, 84~85, 88~89, 96, 103~106,
    118~123, 125~126, 128, 133, 135,
    139, 141, 148, 155~156, 158~159,
    254, 262, 323, 367, 378

양심적 병역거부의 비범죄화·양심적 병
    역거부의 범죄화 9, 46, 365

양심적 집총거부 9, 41, 88, 120~121, 135,
    154, 230, 232~233, 235, 237, 242,
    247, 258, 260~261, 265~266, 268,
    270, 272, 277~279, 303, 340, 342,
    348, 352~353, 357~358, 376, 378,
    448, 450

어거스틴 63

에딩턴, 아서 86

에스페란토 운동 81, 91

역사적 평화교회 86, 95, 139, 146, 167,

171, 182, 192, 209, 329, 336, 339,
    365, 370~372, 406~407, 451

영적 전쟁·영적 전투·종교전쟁 181, 415,
    432~439, 441, 445~446

오스기 사카에 211~212

오정채 260, 262, 305~306, 353, 355~356

옥응련 197

우주적 전쟁 181, 435~436, 446

우치무라 간조 210, 212, 331

유럽병역거부사무국(EBCO) 85, 116

유럽인권재판소(ECHR) 9, 47, 121~122,
    262

유엔인권고등판무관실(OHCHR) 118

유엔인권위원회(UNCHR) 9, 47, 119~120,
    262, 412

유엔인권이사회(UNHRC) 47, 262

유엔자유권규약위원회(UNHRC) 9, 47,
    121

윤경빈 204

윤영철 450

이문창 16, 316~317, 449

이상민 451

이춘길 291, 296~299

인수미시온 57, 128

일본평화회 211

자의적 구금 262

27쪽 세계평화세금펀드(World peace tax fund)의 전쟁 납세 거부 포스터(1977, 출처 ⓒ Yanker poster collection, Library of Congress)

29쪽 대한민국 대법원 중앙홀(2015, 출처 대법원 청사갤러리)

56쪽 감옥에서 양심적 병역거부자들의 일상(1917, 출처 ⓒG. D. Micklewright, History of government)

69쪽 대체복무 중인 제정러시아의 메노나이트들(1907, 출처 wikimedia commons)

84쪽 국제화해연대 첫 회합(1919, 빌트호벤, 네덜란드, 출처 wikimedia commons)

90쪽 1차 대전 당시 병역거부자들을 수용한 뉴질랜드 와이케리아교도소(Waikeria Prison)(1923, 출처 wikimedia commons)

101쪽 '평화주의'의 날개를 떼버린 아인슈타인을 풍자한 카툰(1933, ⓒCharles R. Macauley, wikimedia commons)

110쪽 캘리포니아 스노라인캠프(Snowline Camp)의 민간공공서비스 소방대원들(1945, 출처 wikimedia commons)

138쪽 소식지 『평화주창자(Advocate of Peace)』 첫 페이지(1894, 출처 JSTOR)

139쪽 남북전쟁 당시 뉴욕 징병거부 폭동을 묘사한 일러스트(1863, 출처 뉴욕공립도서관 디지털컬렉션)

145쪽 긴급평화캠페인을 위해 제작된 미국친우봉사단(AFSC)의 포스터(1936, 출처 American Friends Service Committee)

147쪽 엉클 샘의 징병 광고, "I want you for the U.S. Army"(1941, 출처 ⓒJames Montgomery Flagg, Library of Congress)

151쪽 가톨릭일꾼운동 로고(출처 wikimedia commons)

153쪽 베트남전 당시 징집영장을 불태우고 있는 미국 젊은이들(1967, 뉴욕, 출처 Internet Archive)

176쪽 재림교회의 『구원의길』와 『신약안식일』(1909, 출처 재림교회120주년역사관)

총서 知의회랑을 기획하며

대학은 지식 생산의 보고입니다. 세상에 바로 쓰이지 않더라도 언젠가는 반드시 인류에 필요할 지식을 생산하고 축적하며 발전시키는 일을 끊임없이 해나갑니다. 오랫동안 대학에서 생산한 지식은 책이란 매체에 담겨 세상의 지성을 이끌어왔습니다. 그 책들은 콘텐츠를 저장하고 유통시키며 활용하게 만드는 매체의 차원을 넘어, 인간의 비판적 사유 능력과 풍부한 감수성을 자극하는 촉매의 역할을 충실히 해왔습니다.

이와 같은 '책을 읽는다'는 것은 단순히 지식과 정보를 습득하는 데 멈추지 않고, 시대와 현실을 응시하고 성찰하면서 다시 그 너머를 사유하고 상상함을 의미합니다. 그러므로 '세상의 밑그림'을 그리는 책무를 지닌 대학에서 책을 펴내는 것은 결코 가벼이 여겨선 안 될 일입니다.

이제 우리는 다양한 방식으로 존재하는 지식과 정보, 그리고 사유와 전망을 담은 책을 엮어 현존하는 삶의 질서와 가치를 새롭게 디자인하고자 합니다. 과거를 풍요롭게 재구성하고 미래를 창의적으로 기획하는 작업이 다채롭게 펼쳐질 것입니다.

대학의 심장부에 해당하는 도서관이 예부터 우주의 축소판이라 여겨져 왔듯이, 그곳에 체계적으로 배치된 다양한 책들이야말로 이른바 학문의 우주를 구성하는 성좌와 다름없습니다. 우리는 그 빛이 의미 없이 사그라들지 않기를, 여전히 어둡고 빈 서가를 차곡차곡 채워가기를 기대합니다.

앎을 쉽게 소비하는 시대를 살고 있지만, 다양한 앎을 되새김함으로써 학문의 회랑에서 거듭나는 지식의 필요성에 우리는 공감합니다. 정보의 홍수와 유행 속에서도 퇴색하지 않을 참된 지식이야말로 인간이 가야 할 길에 불을 밝혀줄 수 있기 때문입니다. 앞으로 대학이란 무엇을 하는 곳이며, 왜 세상에 남아 있어야 하는 곳인지 끊임없이 되물으며, 새로운 지의 총화를 위한 백년 사업을 시작하겠습니다.

총서 '知의회랑' 기획위원

안대회 · 김성돈 · 변혁 · 윤비 · 오제연 · 원병묵

■ 총서 '知의회랑'의 모색과 축조는 진행형입니다

지은이 **강인철**

1994년 서울대학교 사회학과에서 박사학위를 받았고, 1997년부터 2025년까지 한신대학교 종교문화학과 교수로 재직했다. 시민종교, 전사자 숭배, 한국의 종교정치, 군종제도, 종교와 전쟁, 양심적 병역거부, 종교사회운동, 종교권력, 개신교 보수주의, 한국 천주교, 북한 종교, 민중 개념사, 광주항쟁 등을 탐구해왔다. 현재는 기독교사회주의 운동, 그리고 종교와 폭력·평화의 관계에 대해 연구 중이다.

이번에 나온 '양심적 병역거부 2부작'을 포함해 지금까지 20권의 단독 저서를 출간했다. 2023년 여름에는 '민중 개념사 2부작'인 『민중, 저항하는 주체』와 『민중, 시대와 역사 속에서』를, 광주항쟁 40주년을 맞는 2020년 5월에는 『5·18 광주 커뮤니타스』를 선보였다. 또 2019년 초에는 '한국 시민종교 3부작'을 이루는 『시민종교의 탄생』, 『경합하는 시민종교들』, 『전쟁과 희생』을 동시에 펴냈다. 2017년에는 『종교와 군대』를, 2012~2013년에는 '한국 종교정치 5부작'인 『한국의 종교, 정치, 국가』, 『종속과 자율』, 『저항과 투항』, 『민주화와 종교』, 『종교정치의 새로운 쟁점들』을 차례로 상재한 바 있다. 이 밖에도 『종교권력과 한국 천주교회』(2008), 『한국의 개신교와 반공주의』(2007), 『한국 천주교회의 쇄신을 위한 사회학적 성찰』(2007), 『한국 천주교의 역사사회학』(2006), 『전쟁과 종교』(2003), 『한국 기독교회와 국가, 시민사회: 1945~1960』(1996) 등의 저서가 있다.

知의회랑
arcade of knowledge
052

전쟁과 양심
세계와 한국의 양심적 병역거부

1판 1쇄 인쇄 2025년 10월 20일
1판 1쇄 발행 2025년 10월 30일

지 은 이 강인철
펴 낸 이 유지범
책임편집 현상철
편   집 신철호·구남희
마 케 팅 박정수·김지현

펴 낸 곳 성균관대학교출판부
등   록 1975년 5월 21일 제1975-9호
주   소 03063 서울특별시 종로구 성균관로 25-2
전   화 02)760-1253~4 팩스 02)762-7452
홈페이지 http://press.skku.edu

ISBN 979-11-5550-678-3 93300

ⓒ 2025, 강인철
값 36,000원